PLAY AND EARLY CHILDHOOD EDUCATION

개정판 영유아 놀이와 교육

개정판 **영유아 놀이와 교육**

초판 발행 2009년 8월 31일
개정판 발행 2024년 8월 27일

지은이 엄정애
펴낸이 류원식
펴낸곳 교문사

편집팀장 성혜진 | **책임진행** 윤정선 | **디자인 · 본문편집** 김도희

주소 10881, 경기도 파주시 문발로 116
대표전화 031-955-6111 | **팩스** 031-955-0955
홈페이지 www.gyomoon.com | **이메일** genie@gyomoon.com
등록번호 1968.10.28. 제406-2006-000035호

ISBN 978-89-363-2604-3(93370)
정가 23,000원

저자와의 협의하에 인지를 생략합니다.
잘못된 책은 바꿔 드립니다.

PLAY AND EARLY CHILDHOOD EDUCATION

개정판

영유아 놀이와 교육

엄정애 지음

영유아의 놀이는 유아교육에서 매우 중요한 위치를 차지하고 있는 반면, 동시에 너무나 보편적이고 자연스럽게 사용되는 용어이기에 이제까지 놀이의 진정한 본질과 교육적 의미가 심도 있게 논의되지 못해 왔다. 유아교육자들이 당연시 생각하는 놀이가 곧 교육이라는 생각은 일반인들에게 그리 호소력을 갖지 못했던 것이 사실이다. 최근 들어서는 역사적으로 유아교육의 기본 원리로서 받아들여져 왔던 놀이를 중심으로 하는 교육이 영유아들의 진정한 놀이를 방해하고 있다는 학문적 지적까지 나오고 있다. 이는 한국 사회의 잘못된 교육열이 만들어낸 사교육 열풍과 기관 내 진정한 놀이의 부족에 대한 반성이 더해져 비구조적인 자유놀이를 강조하는 국가 수준의 교육과정 시행으로 이어졌다. 이러한 두 측면의 압력 속에서 놀이가 진정 교육과 조화를 이룰 수 있는 길이 무엇인지를 찾아내기 위해서는 진정한 놀이에 대한 의미 탐색이 선행되어야 하며, 교육현장에서 놀이의 본질을 방해하지 않고 영유아들의 진정한 놀이를 격려할 수 있는 방법에 대한 연구가 지속되어야 할 것이다.

놀이와 유아교육 간의 균형과 조화 및 진정한 통합을 추구하기 위한 노력으로 저자는《영유아 놀이와 교육》이라는 제목의 본서를 출간 및 개정하게 되었다. 유아교육전공 학부와 대학원에서 '놀이이론과 교육'이라는 교과목의 수업을 진행하면서 지금까지 해왔던 고민들을 부족하나마 정리하여 2009년 초판을 세상에 내놓은 뒤, 10년이 지나 2019년 국가 교육과정의 개정을 맞이하게 되었다. 그동안 후기 구조주의 이론의 강조와 이에 따른 비구조적인 놀이, 개방적 놀잇감에 대한 관심의 증가, 놀이시간과 공간 분절 및 교사의 놀이 개입에 대한 부정적 시각의 증대는 다소 유아교육 현장의 혼란을 가져왔다. 이에 개정판 작업에 착수하여 놀이에 대한 이해를 좀 더 심도 있게 하고 교육현장에서의 놀이 활용에 대한 지침을 제공하고자 한다. 본서는 유아교육을 전공하는 예비교사들을 위한 교재로 활용될 뿐만 아니라 현장에서 영유아를 가르치고 있는 현직 교사들과 유아교육에 관심이 있는 부모님들, 교육행정가들, 유아교육 전공 대학원생들에게도 도움이 되리라 생각한다. 어린 시기부터 구조화된 학습을 지나치게 강조하고 있는 우리나라 현 교육실정 속에서 본서를 접하는 사람들이 영유아의 놀이에 대한 생각의 지평을 넓히고 그 가치를 보다 더 인정하게 되었으면 한다. 즉, 진정한 놀이를 교육적으로 승화시키는 가운데 좀 더 여유로운 마음으로 영유아들이 스스로 원하는 놀이를 충분히 즐길 수 있도록 격려하는 사회 분위기가 조성되기를 진심으로 바란다.

이 책은 총 7장으로 구성되어 있다. 제1장에서 제4장까지는 진정한 놀이의 이론적 측면에 초점을 맞추었다. 제1장에서는 놀이가 무엇이며 왜 중요한지를 알아봄으로써 놀이의 본질을 밝히고자 하였다. 이를 위해 구체적으로 놀이의 특성을 설명하고 놀이의 발달적 중요성과 교육적 의의를 논하였다. 제2장에서는 놀이에 대한 역사와 이론을 고찰하였다. 역사적 맥락에서 영유아의 놀이를 살펴보고, 놀이가 사라진 사회와 놀이를 필요로 하는 사회로 나누어 문명의 발달과 함께하는 놀이에 대해 고찰해보았다. 더불어 고전적 놀이이론과 현대적 놀이이론 및 후기 현대적 놀이이론을 살펴보았다. 제3장에서는 놀이의 발달을 놀이 유형과 영유아의 연령별로 나누어 고찰하였다. 인지적 측면과 사회적 측면으로 나누어 놀이의 각 유형별 특징을 제시하였으며, 크게 영아기와 유아기 및 초등학교 저학년 시기로 나누어 각 연령별 놀이의 특징을 자세하게 제시하였다. 제4장에서는 놀이의 다양성을 개인차 요인과 맥락적 요인으로 나누어 살펴보았다. 개인차 요인으로는 성차와 성격, 맥락적 요인으로는 물리적 환경과 사회적 환경 및 문화에 따라 나타나는 놀이의 다양성을 살펴보았으며, 이에 대한 성인의 역할과 교육적 적용을 함께 제시하였다. 제5장에서 제7장까지는 놀이를 좀 더 교육적으로 승화시키기 위해 유아교육 현장에서의 놀이의 실제 적용 측면을 다루었다. 제5장에서는 놀잇감과 실내 · 외 놀이환경에 대해 살펴보았다. 우선 놀잇감의 특징과 유형을 살펴보고 놀잇감 선택과 관련하여 연령별로 발달에 적합한 놀잇감 및 누리과정에서 강조하는 마음대로 놀잇감을 소개하였다. 실내 환경은 유아교육기관의 실내 흥미영역을 기본적으로 제시하되, 유아와 교사가 함께 만들어가는 실내놀이 공간 구성의 실제를 살펴보았으며, 실외 환경은 놀이터의 유형과 구성뿐만 아니라 놀이터 안전에 대해 소개하였다. 제6장은 교육적 놀이, 놀이와 유아교육과정, 놀이 중심 교육의 방해 요인을 살펴봄으로써 유아교육에서 놀이의 위치를 확고히 하고, 더불어 교육현장에서 중요시되는 자유놀이시간을 소개하였으며, 놀이의 교육적 승화를 위해 가장 중요한 성인의 놀이 참여를 살펴보았다. 끝으로 제7장에서는 보다 구체적인 영유아 놀이의 실제로서 역할놀이, 블록놀이, 조작놀이, 운동놀이, 물놀이, 모래놀이, 목공놀이의 발달적 가치와 특징, 환경 구성과 효율적인 지원 방안을 제시하였다.

이 책이 출판되기까지는 많은 분들의 세심한 관심과 도움이 있었다. 늘 옆에서 지원과 격려를 해주시는 이화여대 유아교육과 전 · 현직 교수님들, 사진 촬영을 허락해준 이화여대 부속 유치원, 아이코리아 부속 유치원 및 영지 유치원 선생님들과 어린이들에게 감사를 드린다. 또한 보이지 않게 뒤에서 자료 수집과 사진 촬영 및 교정 작업을 위해 많은 수고를 해준 소중한 나의 제자들, 특히 개정판 교정을 맡아준 박사과정생 홍지연 학생과 사진 촬영을 위해 애써준 이지선 학생에게 고마운 마음을 전하며, 출판을 맡아주신 교문사의 사장님과 직원 여러분께도 감사의 마음을 전한다. 끝으로 그 누구보다도 부족한 이 책을 저술하는 과정에서 묵묵히 지켜봐준 사랑하는 남편과 딸, 부모님께 감사한 마음으로 본서를 바친다.

2024년 7월

저자 엄정애

차 례

3 놀이의 발달

4 놀이의 다양성

5 놀잇감과 놀이환경

6 놀이와 유아교육

7 영유아 놀이의 실제

CHAPTER

1

놀이의 본질

들어가는 말

영유아들이 신나게 노는 모습을 머릿속에 그려본다면 어떤 장면이 떠오르는가? 잔디밭에서 공을 차는 모습, 친구들과 어울려 엄마 · 아빠 역할을 맡아 역할놀이를 하는 모습, 여러 가지 블록으로 건축물을 짓고 있는 모습, 미끄럼틀을 내려오고 그네를 타는 모습, 모래밭에서 호스로 물을 끌어와 수로를 만들고 있는 모습 등 여러 장면이 연상될 것이다. 놀이란 무엇인가? 놀이란 어떤 공통적인 특성이 있는가? 또 과연 어떤 것이 진정한 놀이인가? 영유아들이 즐기는 놀이는 어떤 측면에서 중요한가? 이에 대한 해답을 얻기 위해 본 장에서는 놀이의 특성과 중요성에 대해 고찰해보고자 한다.

놀이의 본질을 알아보기 위해서는 우선 놀이와 유사한 행동으로 여겨지는 탐색, 놀이와 대비되는 개념으로 자주 비교되는 놀이가 아닌 행동으로서의 일과 학습을 놀이와 비교하여 살펴보고, 이를 통해 놀이가 아닌 행동과 구분되는 중요한 놀이의 특성을 제시해볼 것이다. 더불어 본 장에서는 놀이의 중요성과 의의를 발달적 측면과 교육적 측면으로 나누어 알아볼 것이다.

CHAPTER 1

놀이의 본질

사전 토의 주제

- 어렸을 때 어떤 놀이를 하면서 놀았나요? 지금 현재는 주로 어떤 놀이를 즐기나요?
  그렇다면 그런 놀이들은 과연 어떤 특성이 있을지 찾아보세요.
- 인간의 전인발달과 놀이의 관계에 대해 어떻게 생각하는지 토의해보세요.
- 효율적인 학습의 특성을 생각해보세요.
  생각해낸 특성들이 놀이의 특성과 어떤 관계가 있는지 토의해보세요.

1 놀이의 특성

놀이가 무엇인지를 정의하기는 매우 어렵다. 그 이유는 우선적으로 놀이가 매우 추상적이고 유동적이기 때문이다. 사랑이라는 용어와 같이 언뜻 생각하기에는 매우 익숙한 용어이기에 정의하기 쉬울 것 같지만 막상 정의하려고 하면 매우 추상적이고 맥락에 따라 유동적이기 때문에 정확한 정의가 내려지지 않는다. Millar(1968)는 《놀이의 심리학(Psychology of Play)》이란 자신의 책에서 놀이는 명사나 동사보다는 형용사나 부사에 더 가깝다고 하였다. 콧노래를 부르며 신나게 설거지를 한다면 보통 사람들이 귀찮아하는 일이라고 하더라도 설거지가 놀이가 될 수 있다. 친구가 축구를 하자고 하는데 가장 하기 싫은 것이 축구라면 그것은 분명히 일이 된다. 즉, 놀이는 '설거지'나 '축구'가 아니라 '즐거운' 또는 '하고 싶은' 것과 관련이 된다.

또한 놀이는 매우 다양한 의미가 있기 때문에 한마디로 정의하기 어렵다. 놀이의 어원은 영어 단어 'play'를 번역한 것으로, Turner(1983)는 영어 단어 'play'는 '스스로 움직이고 활발하게 옮겨 다닌다'는 의미의 고대 영어 'plegan'에서 파생되었다고 주장한다. 영어 어원사전을 참조해보면 앵글로 색슨어 'plega'는 게임, 운동, 싸움, 전쟁 등의 뜻이며, 이 용어는 '친다'라는 뜻의 라틴어 'plega'에서 차용된 것이다. 따라서 play라는 용어의 원 개념은 '춤으로 넘치는 활동' 혹은 '의례화된 싸움'이라고 넓게 정의된다(조용환, 1993). 이렇게 볼 때 영유아들이 하는 소꿉놀이나 블록놀이뿐만 아니라 사회에서 어떤 역할을 수행하는 것, 무대에서 공연하는 것, 성인들의 오락과 여가 추구 활동까지 모두 놀이에 포함된다(Johnson, Christie & Wardle, 2005). 놀이는 우리의 삶 속에 매우 다양한 방식으로 적용되기에 놀이의 종류는 매우 많다. 따라서 놀이를 명확하게 정의하는 것은 매우 어려운 일이다.

놀이의 본질을 규명하기 위해 놀이를 정의하는 것은 불가능하다고 판단한 Hutt(1971), Levy(1978), Dattner(1969), Wing(1995), Frost와 Klein(1979) 등은 놀이를 하나의 행동 범주로 개념화하면서 놀이와 유사한 행동이라고 생각되는 탐색, 놀이와 상반된다고 생각되는 놀이가 아닌 행동, 즉 일 또는 학습의 특징을 대비시켜 접근하였다. 본 절에서는 이러한 행동 범주들의 대비를 통해 궁극적으로는 놀이의 특성을 살펴보고, 이를 통해 놀이의 본질에 좀 더 가까이 접근해보고자 한다.

1) 놀이와 탐색

놀이와 유사한 행동으로 가장 많이 언급되는 행동은 탐색(exploration)이다. 놀이와 탐색은 모두 내적으로 동기화된 행동이며, 외적 목표를 직접 추구하지 않는다는 점에서 유사하다. 반면 Hutt(1971)와 Weisler와 McCall(1976)은 두 가지 행동 간의 중요한 차이점을 규명하면서 놀이의 특성을 설명하였다. 그들에 따르면 탐색은 영유아가 익숙하지 않은 새로운 사물에 호기심을 보이면서 '이 사물의 속성은 무엇일까(What does this object)?'라는 의문을 풀기 위한 행동인 반면, 놀이는 '이 물건을 가지고 무엇을 할 수 있을까(What can I do with this object)?'라는 의문에 관련되는 행동이다. 탐색은 특정탐색(specific exploration)과 다각적 탐색(diversive exploration)으로 나뉜다. 특정탐색은 새로운 자극에 접할 때 그 자극체를 만져보고 조작하여 시험해보는 반응을 말하며, 다각적 탐색은 자극체의 특성을 파악한 뒤에 좀 더 내적으로 동기화되어 오랜 시간 동안 지속되는 탐색을 말한다. 이렇게 볼 때 특정탐색보다는 다각적 탐색이 놀이에 가깝다고 볼 수 있다.

놀이는 놀이자의 욕구와 소망에 따라 유기체가 주도하는 유기체 지배적 행동인 반면, 탐색은 물체나 상황에 대한 정보를 추구하는 것과 관련된 자극이 주도하는 자극 지배적 행동이다. 따라서 놀이는 대상에 대한 자극의 생성에 중점을 둔 반면, 탐색은 자극을 주는 대상에 대한 정보의 획득에 중점을 둔다. 놀이는 유아의 요구와 흥미에 지배를 받고 행동이 일어나는 반면, 탐색은 탐색되는 대상의 자극적 특성에 지배를 받고 행동이 일어난다. 놀이는 즐겁고 다양하며 새로운 행동인 반면, 탐색은 심각하고 조심스러운 정형화된 행동이다. 놀이와 탐색의 중요한 차이점을 구체적으로 제시해보면 **표 1-1**과 같다.

놀이와 탐색은 개념적으로 구별은 되지만 어떤 유아가 놀이를 하는지, 탐색을 하는지를 말하기는 어렵다. 특히 영아와 동물의 경우에는 이 두 상태가 순간적으로 변할 수 있다(Weisler & McCall, 1976). 영아와 동물에게 놀이의 주요 기능은 탐색이다. 실제로 놀이와 탐색이라는 두 용어는 탐색적 놀이로 결합된다. 좀 더 나이 든 유아의 놀이 에피소드에서도 종종 놀이와 탐색을 함께 볼 수 있는데, 일반적으로 유아들의 활동을 보면 탐색이 선행되고 난 다음에 놀이가 진행된다. 즉, 유아들은 새롭고 신기한 자극에 접하면 먼저 탐색을 통해 새로운 물체에 대한 정보를 수집하고, 자극에 익숙해지면 수집된 정보를 활용하여 다양한 놀이를 하게 된다(Wohlwill, 1984).

표 1-1 놀이와 탐색의 비교

기준	놀이	탐색
시기	탐색 이후	놀이 전
상황	익숙한 사물을 대할 때	새로운 사물을 대할 때
목적	자극 창출	정보 수집
행동	다양한 행동	정형화된 행동
기분	즐거움	심각함
심장박동	많은 변화	적은 변화

출처 : Hutt, C. (1971). Exploration and play in children. In R. Herron & B. Sutton-Smith (Eds.), *Child's play* (pp. 231-251). New York : Wiley.

2) 놀이와 놀이가 아닌 행동으로서의 일

(1) 놀이와 놀이가 아닌 행동

놀이의 본질을 규명하기 위해 놀이와 놀이가 아닌 행동을 서로 대비시켜 놀이의 개념 탐색을 시도한 학자들도 있다. Levy(1978)는 놀이행동의 특성으로 내적 동기(intrinsic motivation), 현실의 유보(suspension of reality), 내적 통제(internal locus of control)를 제시하고 이러한 특성을 내포한 놀이를 통해 인간은 자신의 개성을 발현시켜 나간다고 주장하였다.

내적 동기란 행동 자체에서 만족을 얻는 것으로 행동의 결과에 만족을 얻는 외적 동기와는 구별된다. 현실의 유보는 현실적인 자아의 상실로 잠시 환상적인 자아나 상상적인 자아를 수용하는 것이다. 놀이하는 유아들은 가작화의 형태를 통해 현실세계에서 자유를 얻고 규칙, 역할, 기대 등이 없는 현실적인 자아의 상실을 경험할 수 있다. 즉, 놀이는 인간으로 하여금 물리적인 현실과의 접촉을 단절하게 하는 망각의 상태에 이르게 함과 동시에 자기통제와 몰입을 경험하게 한다. 내적 통제 신념은 사람들이 자신의 행동과 행동의 결과를 스스로 통제하고 있다고 자각하는 정도다. 놀이를 하는 유아는 자신에게 책임과 통제권이 있다고 믿음으로써 놀이가 아닌 행동을 할 때보다 외부 요인의 영향력을 덜 받게 된다.

반면 외적 동기, 현실감, 외적 통제의 특성을 보이는 행동은 놀이가 아닌 행동으로 이런 행동의 특성을 보일수록 개성의 결함을 보이게 된다고 하였다. Levy(1978)가 제시한 놀이행동을 도식화하면 그림 1-1과 같다.

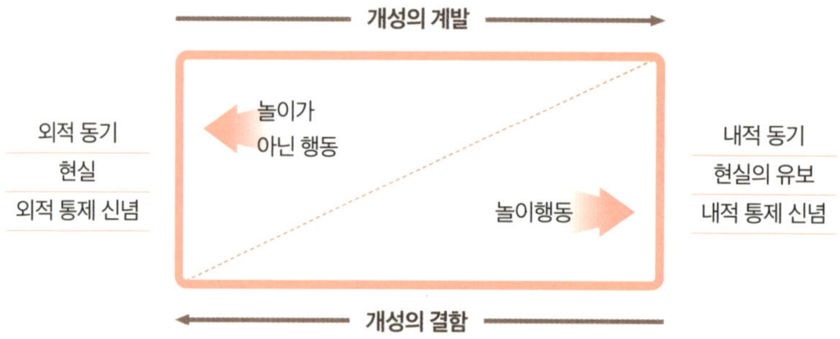

그림 1-1 놀이행동 : 개성의 발현(Levy, 1978)

(2) 놀이와 일

놀이와 대비되는 개념으로 우리는 쉽게 일을 생각해볼 수 있다. 놀이와 일은 어떻게 다른가? **그림 1-2**는 놀이와 일의 특성을 연속선상에서 대비시킴으로써 놀이의 필수 조건을 제시한 것이다(Frost & Klein, 1979).

Frost와 Klein(1979)에 따르면 놀이는 능동적이고 자발적이며 재미있고 과정 중심적인 특성이 강한 활동이다. 반면 일은 수동적이고 강요적이며 단조롭거나 고되고 외부에서 부과한 규칙의 구속을 받는 특성이 있다. 그들은 특성이 서로 상반된 놀이와 일을 하나의 일직선상에서 대비시킴으로써 인간의 모든 활동은 이 일직선상의 어느 한 부분에 위치한다고 하였다. 즉, 모든 활동은 완전히 놀이거나 일이기보다는 놀이에 가깝다든지, 또는 일에 가깝다고 할 수 있다.

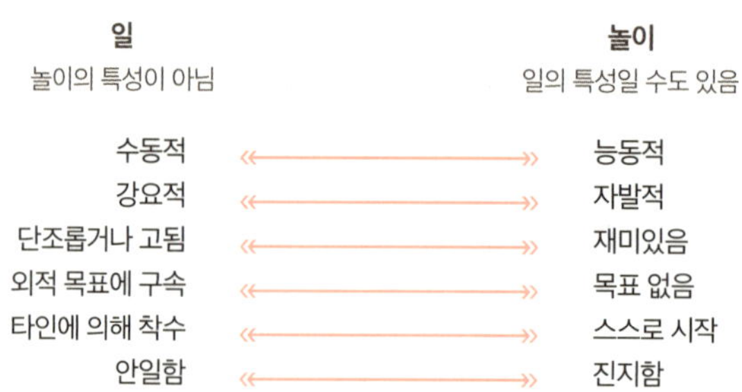

그림 1-2 놀이와 일의 연속체(Frost & Klein, 1979)

친구들끼리 모여 수다를 떠는 것은 놀이인가? 삼삼오오 모여 수다를 떨고 있는 사람들을 보면 대부분 능동적이다. 누가 시켜서 하는 일이 아니라 자발적이며 깔깔거리며 웃고 있는 것을 보면 재미있음이 분명하다. 또한 특별한 목표는 없어 보이지만 매우 진지하다. 그렇다면 친구들끼리 모여 수다를 떠는 행동은 분명 놀이의 특성에 가깝다. 순간 한 친구가 너무나 자기 자랑만을 해서 함께 수다를 떠는 친구들이 재미없어지고 고되고 친구관계를 유지하기 위해 눈치를 보며 할 수 없이 무사안일하게 앉아 있다면 그 행동은 분명 놀이기보다는 일에 가깝다.

학생들이 수업에 참여하며 공부를 하는 상황을 상상해보자. 수업을 받고 있는 대부분의 학생들은 수동적이고 강요적이며 성적을 따기 위해 할 수 없이 고되게 앉아서 공부를 하고 있는 경우가 많다. 따라서 수업을 받는 행동은 많은 사람들이 일이라고 본다. 하지만 어떤 수업의 경우, 또 어떤 학생들의 경우 수업을 통한 공부라는 일이 놀이스러울 수 있다. 좀 더 적극적으로 수업에 참여하고 듣고 싶은 수업을 자발적으로 선택했기에 그 수업시간이 재미있고 진지하다면 놀이의 특성에 가까운 행동이라고 볼 수 있다.

비슷한 시각에서 Dattner(1969)도 놀이와 일을 네 가지 측면에서 구별하였다. 첫째, 놀이는 자발적으로 표출되는 행동이고 일은 생계를 유지하기 위해 강요되는 것이다. 둘째, 놀이는 놀이 자체가 목적이지만 일은 생산과 관련되어 있다. 셋째, 놀이는 지배하는 규칙이 자발적이지만 일은 외부에서 강요된 규칙에 따르게 된다. 넷째, 놀이는 현실세계를 초월할 수 있으나, 일은 현실세계에서만 이루어진다.

Wing(1995)은 직접적인 교수활동을 덜 강조하는 두 교실을 선정하여 유치원과 초등학교 1, 2학년 아동 및 교사를 면담하고 교실활동을 관찰하여 아동이 일과 놀이의 관계를 어떻게 인식하는지 알아보았다. 교사들은 교실활동의 대부분이 놀이활동으로 이루어지며 직접 경험, 아동이 선택할 수 있는 기회 부여, 탐색과 발견학습 격려 등의 아동 중심적인 방법을 강조한다고 하였다. 그러나 이러한 교사의 신념과 노력에도 불구하고 아동들은 교실활동의 여러 가지 상황을 일관된 기준에 따라 일과 놀이로서 분명하여 구별하였다. 아동들이 제시한 일관된 기준을 소개하면 다음과 같다.

첫째, 일은 '해야 한다(have to)'는 것이며, 놀이는 '할 수 있다(can)'는 것이다. 일은 외적이고 통제된 행동이며 강제적인 반면, 놀이는 주로 내적으로 통제된 활동이며 자발적이고 자유로운 선택이다. 둘째, 교사의 기대와 참여 정도에 따라 구별된다. 즉, 일은 교사의 기대와 참여 의사가 많고 활동의 결과를 평가하는 반면, 놀이는 교사의 기대뿐만 아니라 평가가 거의 없다. 예를 들면, 그림 그리기, 역할놀이, 쌓기놀이, 컴퓨터 게임 등은 교사의 개입이 많지 않으나, 수세기 · 읽기 · 쓰기 등은 교사의 계획과 지시 및 기대가 많다. 셋째, 일은 '끝까지 하는 것(finish)'이고, 놀이는 '마음대로 그만두는 것(quit)'이다. 활동을 적절하게 수행하지 못했을 때, 놀이는 그 상태에서 그만둘 수 있지만 일은 끝까지 계속해야 한다. 넷째, 일은 인지적 활동이 많은 반면, 놀이는 대부분 신체적 활동이다. 놀이는 최소한의 인지적인 활동이 요구되며 자유롭게 움직이고 놀잇감을 조작하는 것이 많으며, 일은 생각하고 집중하며 공부하는 인지적인 활동이 많다. 다섯째, 일은 가끔 즐겁지만, 놀이는 항상 즐겁다. 끝으로 일과 놀이는 연속체다. 아동도 역시 모든 활동을 일과 놀이의 양극단으로 보지는 않으며 하나의 연속체로 본다. Wing(1995)은 이러한 아동들의 견해는 놀이와 일을 분명하게 구별하는 학자들이나 교사들의 견해와 일치하지 않는 부분이 있다고 하였다.

놀이와 일은 반대의 개념인가?

어떤 활동은 진정 놀이스러우면서도 동시에 매우 심각하고 신중할 수 있다. 집중하면서 오랫동안 블록으로 탑을 쌓는 영유아를 상상해보자. 영유아의 행동은 매우 놀이스럽지만 심각하고 신중하다. 성인과 영유아에게 놀이와 일은 종종 융합된다. Dewey(1934)는 놀이와 일을 혼돈(chaos), 놀이(play), 일(work), 고된 일(drudgery)이라는 네 단계의 연속선으로 제시하였다. Dewey가 제시한 연속선상에서 양극단에 있는 혼돈과 고된 일은 교실에서 찾아볼 수 없지만, 놀이와 일은 확실히 존재한다. 좋은 수업과 학습은 매우 심각하지만 동시에 매우 즐겁다. 그러나 너무 많이 일하거나 너무 많이 노는 것은 활동을 망치며, 의미 없는 행동이 되게 한다. Elkind(2001)는 Montessori(1964)가 '놀이는 영유아의 일이다'라고 했던 것에서부터 놀이와 일의 관계에 대한 오해가 시작되었다고 한탄하면서, 영유아기에 놀이는 일과 유사한 것도 아니고, 일의 반대도 아니라고 하였다. 놀이와 일은 적응과정에서 보완적인 부분으로 동화로서의 놀이와 조절로서의 일이 둘 다 필요하다. Elkind에 따르면 영유아의 일이 놀이에 선행하기도 하고, 반대로 놀이가 일에 선행하기도 하며, 때로 놀이와 일이 동시에 일어난다는 것을 깨닫는 것이 놀이와 일의 관계를 이해하는 적절한 방법이다.

출처 : Johnson, Christie & Wardle (2005). *Play, Development, and Early Education.* Boston, MA : Allyn and Bacon. p. 12.

(3) 놀이와 학습

교실현장에서는 일이 학습을 의미하기에 놀이와 학습을 구분해보는 것이 필요하다. 놀이와 학습을 구분하기 위해 Sponseller(1974)와 Bergen(1988)은 교육현장에 적용하기 쉬운 놀이와 학습에 관한 도식을 제시하였다. 그림 1-3을 보면 놀이와 학습은 연속선상의 양쪽 끝에 있으며, 놀이의 유형은 자유놀이, 안내된 놀이, 지시된 놀이, 놀이로 가장된 학습 그리고 학습(일)으로 나뉜다.

자유놀이(free play)는 가정이나 놀이터에서 흔히 볼 수 있는 놀이로 유아는 누구와 무엇을 하고, 언제 어디에서 어떻게 놀이를 할지 등 모든 것을 스스로 선택한다. 자유놀이는 어디에서든지 일어날 수 있지만 풍부한 환경이 제공될 때 보다 높은 수준의 놀이가 나타날 수 있다.

안내된 놀이(guided play)는 유아가 자유롭게 놀 수 있지만 교실 내에서 지켜야 할 규칙이 정해져 있는 경우다. 영역 선택에 대한 안내, 안전을 위한 지침, 영역 내에서 지켜야 할 규칙이 요구되어 유아 자신에 대한 내적인 통제가 요구된다. 안내를 위해 교사의 지도와 개입이 이루어지므로 자유놀이보다 교사가 더 적극적으로 참여하며 놀이를 위한 환경을 계획하게 된다. 유아교육기관에서 이루어지는 자유선택활동은 대개 안내된 놀이의 형태를 보이게 된다.

지시된 놀이(directed play)는 교사가 보다 주도적인 역할을 하며 대부분의 경우 교사의 지시에 따라 놀이를 한다. 놀이에 대한 선택이 유아에게 주어지지 않는다. 교실의 모든 유아가 교사의 지시에 따라 놀이에 참여하게 된다. 예를 들면, 유아교육기관에서 이루어지는 편게임이나 원게임 등이 해당된다.

놀이로 가장된 학습(work disguised as play)은 교사 중심적이고 과제 중심적인 활동으로 특정 개념을 배우기 위한 암기활동 혹은 반복적인 연습활동 등이 이에 속한다. 대부분 교사는 유아의 흥미를 끌 수 있는 활동으로 과제를 놀이 형태로 제시하지만 유아는 이를 놀이로 여기기보다는 학습으로 간주한다.

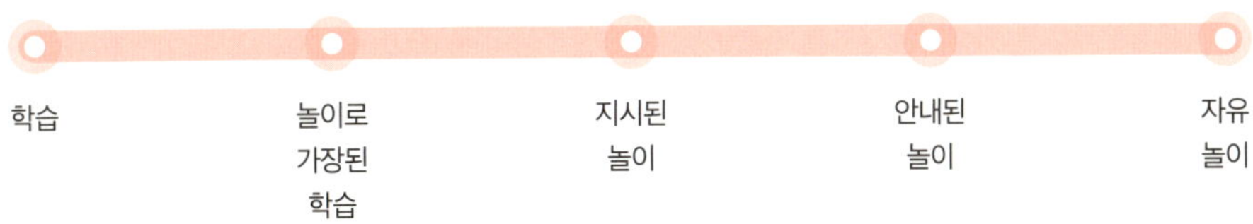

그림 1-3 놀이와 학습

학습(일, work)은 특정 목표를 달성하기 위해 이루어지는 활동으로 외적으로 동기화되어 있기에 유아가 무엇을 어떻게 할지 선택할 수 없다는 점에서 놀이와는 다르다. 놀이를 확장하기 위해서는 교사의 관찰과 다양한 놀이환경 제공 및 개입이 필요하지만 학습은 외적인 통제와 동기화를 요구하며 교사의 강도 높은 지시와 과제 수행이 필요하다.

King(1987)은 학교에서의 놀이를 도구적 놀이(instrumental play)와 진정한 놀이(real play)로 나누었다. 도구적 놀이는 교육적 놀이(educational play)라는 용어로 사용되며 진정한 놀이는 오락적 놀이(recreational play)라는 용어로 사용되기도 한다(Johnson, Christie & Yawkey, 1999). 이러한 입장과 맥을 같이하면서 Elkind(2003)는 학습을 돕는 놀이의 유용성을 강조하는 측면에서 성인-기능 관점과 유아의 입장에서 그들이 놀이하고 있을 때의 경험이 진정 어떠한 것인지를 이해하려는 측면에서 유아-경험 관점으로 유아의 놀이를 구별하였다. 성인-기능 관점의 놀이는 진정한 유아의 놀이에 반해 놀이가 아니거나 부적절하다는 견해가 아니라 어느 정도 제한적이라는 관점이다(Sheets-Johnstone, 2002). 유아교육기관에서 교사가 수·조작놀이 영역에 구슬과 끈을 내주었다고 가정해보자. 교사의 입장에서는 유아들이 끈에 구슬을 끼우면서 눈과 손의 협응력 및 패턴에 대한 개념이 길러질 것이라고 생각하면서 놀이활동을 제공해준 것이다. 유아들은 자신의 발달 수준에 맞추어 끈에 구슬을 끼우면서 놀이를 즐길 것이다. 이러한 활동은 제한적이지만 놀이가 아니거나 부적절한 놀이라고 볼 수는 없다. 반면 유아-경험 관점에서는 진정한 놀이가 되려면 놀이 그 자체의 즐거움 이외에 다른 목적이 없어야 한다. 성인이 놀이환경을 미리 준비하지 않은 지역사회 공터에서 몇 명의 유아들이 자유롭게 뛰어놀며 즐기는 모습을 상상해보자. 아마도 이것이 유아-경험 관점에서의 진정한 놀이라고 볼 수 있다.

이상을 통해 볼 때, 놀이와 일 또는 학습을 이분법적으로 나누는 것보다는 순수한 놀이와 비놀이의 연속선상에서 놀이를 고려하는 것이 가장 바람직하다.

놀이·게임·스포츠, 어떻게 다른가?

놀이와 놀이가 아닌 행동들을 비교하다 보면 게임과 스포츠는 놀이와 어떻게 다를지 의문이 들게 된다. 조용환(1993)은 〈체계적인 놀이 연구를 위한 '놀이' 개념의 검토〉라는 연구에서 놀이와 게임 및 스포츠의 차이를 언급하고 있다.

우선 놀이와 게임은 외재적 규칙과 경쟁이라는 두 측면에서 구별된다. 첫째, 외재적 규칙은 그 활동이 외부에서 주어지는 규칙에 의존하는가 하지 않는가에 대한 것이다. 놀이는 아무런 규칙이 없이 이루어질 수도 있고, 참여하는 사람들이 마음대로 규칙을 정하거나 바꿀 수도 있기 때문에 자율성과 창의성이 요구된다. 반면 게임은 참여자가 제멋대로 규칙을 정하거나 바꿀 수 없는 것으로, 한번 정해진 게임의 규칙은 상당한 정도의 지속성과 자기규제력을 가진다. 둘째, 승부를 둘러싼 경쟁의 유무가 놀이와 게임을 구별하는 또 하나의 요소다. 놀이는 승부경쟁이 필수적인 요소가 아니지만, 게임은 개념상 승부를 걸고 경쟁을 하게 되어 있다. 하지만 놀이와 게임 역시 명확하게 구분하기보다는 게임이면서 놀이적 요소가 가미될 수 있고, 놀이면서 게임의 성격을 띨 수도 있다. 스포츠는 각 민족의 전통적인 놀이나 게임이 제도화 · 체계화되면서 지금의 모습으로 변질된 것으로 일반적으로 게임보다 훨씬 더 융통성과 자율성이 없다. 종합해보면, 게임과 스포츠에 비해 놀이는 규칙도 경쟁도 없지만, 오로지 자유롭게 에너지를 발산하는 데서 오는 재미가 있기 때문에 행하는 가장 개발적인 인간활동이라고 볼 수 있다.

3) 놀이의 특성

놀이를 설명하기 위해서는 놀이의 행동적 측면을 강조하여 접근하기도 하고, 내적 상태나 성향을 강조하기도 하며, 상황적 요인을 강조하기도 한다. 많은 학자들(Garvey, 1977; Jenvey & Jenvey, 2002; Rubin, Fein & Vandenberg, 1983)은 긍정적 정서, 비실제성, 내적 동기, 과정지향, 자유 선택, 외적으로 부과된 규칙으로부터의 자유, 능동적 참여와 같은 행동적이면서 동기적인 요인으로 놀이가 아닌 것과 구분되는 중요한 놀이의 특성을 규정하고 있다. 이에 대해 구체적으로 살펴보면 다음과 같다.

(1) 긍정적 정서(positive affect)

놀이는 재미있고 즐거운 것이다. 사람들에게 놀이를 하고 싶은지 일을 하고 싶은지를 물으면 거의 모든 사람이 놀이를 하고 싶다고 말할 것이다. 그 이유는 무엇보다도 놀이가 재미있고 즐거운 활동이기 때문이다. 물론 일도 즐겁고 재미있게 할 수 있지만 대체로 놀이보다는 고되고 힘든 과업임에 틀림없다. 신나게 깔깔대며 노는 유아들을 보면 재미와 즐거움이 놀이의 중요한 특성이라는 것을 쉽게 짐작할 수 있다. 놀이가 지루해지고 권태로워지면 유아들은 더 이상 그 활동을 놀이로 즐기지 않는다.

(2) 내적 동기(intrinsic motivation)

놀이는 자발적인 것이다. 누군가가 시켜서 노는 사람은 없다. 스스로 놀고 싶기 때문에 놀이를 하게 된다. 따라서 놀이는 그 자체로 보상이 된다. 즉, 놀이는 그 자체가 목적이며 순수한 만족을 위해서만 놀이한다. 유아의 놀이를 살펴보면 성인이 무슨 놀이를 하라고 요구해서 그 놀이를 하는 것이 아니다. 명령에 의한 놀이는 이미 놀이가 아니다. 즉, 놀이는 내적으로 동기화된 자연스럽고 자발적인 행동이다.

(3) 비실제성(nonliterality)

놀이는 상상적 측면이 강하다. 놀이에는 '마치 ~처럼' 변화되는 가작화 요소가 많아 실제의 삶이 연출되고 다른 사람의 역할을 연기하는 경우도 많다. 3세 유아들은 세 살 된 유아 자신으로서만 놀지 않는다. 놀이 속에서 유아들은 30세의 의사도 되고, 자녀를 야단치는 엄마도 되고, 멋진 건축물을 설계하는 건축가도 된다. 현실에서는 할 수 없는 다양한 행동을 현실을 떠나 상상적으로 표현할 수 있는 것은 놀이라는 틀 속에서 가능한 일이다.

(4) 과정지향성(process orientation)

놀이는 행동의 결과보다 과정이 더 중요시된다. 놀이를 시작할 때 놀이를 통한 목표를 미리 세워놓고 노는 사람은 없다. 놀이하는 과정 자체가 중요한 것으로, 놀이자는 놀이가 끝난 뒤 얻게 되는 결과보다 놀이과정 속에서 만족을 얻는다. 즉, 놀이행동 자체가 목적이 되는 것이다. 반면 일은 외부 목표에 구속을 받는다. 즉, 어떤 목표를 향해서 나아가는 것이 일이다.

(5) 자유로운 선택(free choice)

놀이는 놀이자가 자유롭게 선택할 수 있는 활동이어야 한다. 유아가 스스로 선택해서 원하는 색의 크레파스를 골라 자신이 그리고 싶은 그림을 그린다면 그림 그리는 활동은 놀이지만, 성인이 시켜서 하는 활동은 놀이보다 일이라고 생각한다(King, 1979). 예를 들면, 유아교육기관에서 블록을 선택해 쌓기놀이를 하고 있는 유아에게 친구 생일축하를 위해 그림 한 장을 그려줄 것을 교사가 강요하여 유아가 억지로 그림을 그리고 있다면 이는 자유로운 선택에 의한 활동이 아니기 때문에 놀이라고 보기 어렵다.

(6) 외적으로 부과된 규칙으로부터의 자유(freedom from externally imposed rules)

놀이는 외부에서 부과된 규칙의 구속을 받지 않는다. 놀이는 외적인 규칙에 상대적으로 자유롭다. 외부에서 누군가가 정해준 규칙을 그대로 지키면서 놀이하는 경우는 드물다. 유아들은 놀이를 하는 가운데 미리 정한 규칙을 바꾸어간다. 즉, 놀이에 필요한 규칙은 대부분 놀이자가 정하고 융통성 있게 수정된다. 반면 규칙 있는 게임의 경우 중요한 놀이의 유형이지만 미리 설정된 규칙이 있다는 점에서 Johnson 등(2005)은 외적으로 부과된 규칙으로부터의 자유는 일반적인 놀이의 특성으로 보기는 매우 제한적이라고 지적하였다.

(7) 능동적 참여(active engagement)

놀이자는 놀이를 스스로 시작하고 대체로 능동적으로 참여한다. 실외 놀이터에서 땀을 뻘뻘 흘리며 뛰어노는 유아, 끈에 색 구슬을 꿰기 위해 온 정신을 다 쏟아 붓고 있는 유아를 보면 놀이가 얼마나 능동적인 활동인지 짐작할 수 있다. 남이 시켜서 억지로 시작하여 소극적으로 하는 활동은 진정한 놀이일 수 없다. 반면 극놀이는 성인이 되면서 점차적으로 공상으로 대치되는데(Singer & Singer, 1990), 공상은 능동적이기보다 수동적이다. 청소년이나 성인들에게 일반적인 놀이로서 공상은 능동적인 활동은 아니지만 분명히 놀이라는 점에서 Johnson 등(2005)은 능동적 참여 역시 전적으로 일반적인 놀이의 특성으로 보기는 어렵다고 지적하였다.

이상을 종합해보면, 놀이는 유아가 즐겁고 흥미롭게 행하는 활동이며, 자발적이고 능동적으로 참여하여 자기 동기화와 능력감을 발전시켜 나가는 데 도움을 주는 활동이다. 따라서 특히 유아에게 놀이는 가장 자연스러운 행동이고 유아의 생활 그 자체라고 볼 수 있다. 반면, 몇

몇 학자들(Garza, Briley & Reifel, 1985; Kelly-Byrne, 1989; Sutton-Smith, 1986)은 놀이에 대한 이러한 긍정적인 견해는 성인의 관점에서 놀이를 이상화하였기 때문이라고 주장한다. 즉, 실제적인 놀이행동에는 긍정적인 특성 이외에 무자비하고 부정적인 정서가 내포된 부정적인 측면도 포함된다고 하며, 놀이의 양면적 특성을 강조하기도 한다.

2 놀이의 발달적 중요성과 교육적 의의

유아교육에서 놀이는 발달 및 교육의 수단으로 중요시되고 있다. 놀이가 유아들의 전인발달에 중요하다는 것은 많은 연구를 통해 입증되고 있으며, 놀이 중심의 학습방법이 유아교육의 중요한 교육원리로 여겨지면서 놀이의 교육적 의의가 강조되고 있다.

따라서 본 절에서는 놀이의 중요성을 발달적 측면과 교육적 측면으로 나누어 고찰해보고자 한다. 우선 놀이와 전인발달—신체, 인지, 언어, 사회성, 정서발달—의 관계를 각각 살펴봄으로써 놀이의 발달적 중요성을 확인할 것이다. 더불어 놀이와 학습의 관계를 살펴봄으로써 놀이의 교육적 의의를 알아보고자 한다. 이를 통해 유아교육은 놀이를 통해서 이루어져야 한다는 점을 보다 강조하고 현장의 교사들뿐만 아니라 부모 및 주변의 성인들이 유아기에 놀이는 꼭 필요하며 중요하다는 것을 재확인할 수 있을 것이다.

1) 놀이의 발달적 중요성

유아교육은 영유아들이 전인으로서 성장할 수 있도록 하는 것에 기본 원리를 두고 있다. 이러한 유아교육에서 놀이는 영유아 발달의 매개체로 여겨진다. 놀이는 영유아의 모든 발달과 관계가 있으며, 전인으로서 유아가 성장하는 데 가교 역할을 한다. 특히 1920~1930년대 이후로 본격화된 놀이 연구의 동향을 살펴보면, 1970년 이후의 놀이에 관한 연구들은 놀이와 영유아의 발달관계를 많이 다루고 있다(이숙재, 2004; Ellis, 1973; Kelly-Byrne, 1989; Sponseller, 1982; Sutton-Smith, 1985). 즉, 그림 1-4에서와 같이 놀이 속에서 자연스럽게 신

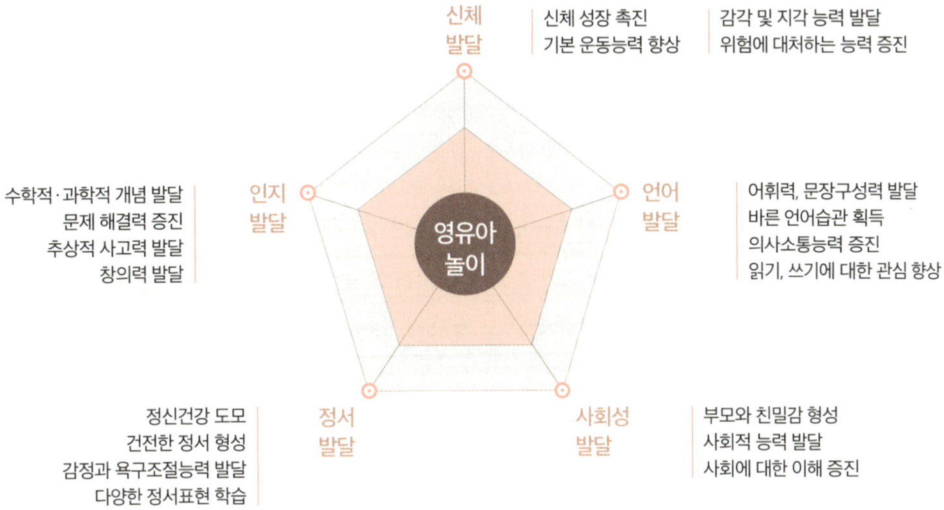

그림 1-4 놀이의 발달적 중요성

체, 인지, 언어, 사회성, 정서발달이 이루어진다는 것이다.

영유아는 언어적인 가르침보다 놀이를 통해서 훨씬 쉽게 새로운 지식을 배우며 자란다. '영유아는 놀면서 자란다'는 말도 있듯이 놀이는 영유아의 생활일 뿐만 아니라 발달의 효과적인 수단이다. 그만큼 놀이는 영유아가 인간답게 성장하고 발달하는 데 꼭 필요하며 가치 있는 활동이라는 것이다. 공을 차고 던지면서 키가 크고, 친구와 함께 블록으로 집을 지으면서 협동하는 것을 알게 된다. 또한 물과 모래로 놀이를 하면서 인지적 발달을 이루게 된다. 유아교육에서 놀이가 왜 중요한지를 발달적 측면에서 보다 구체적으로 살펴보면 다음과 같다.

(1) 놀이와 신체발달

영유아는 놀이를 하면서 신체를 움직여야 한다. 놀이 중에는 기어오르기, 뛰기, 던지기, 매달리기, 기어가기 등 온몸을 많이 움직여 대근육을 사용해야 하는 놀이가 있다. 예를 들면, 미끄럼틀 타기, 공차기 등이 이에 속한다. 또한 놀이 중에는 신체의 일부분만을 움직여 물체를 조작하는 등 소근육을 주로 사용하는 놀이도 있다. 예를 들면, 끈에 구슬 끼우기, 그림 맞추기, 작은 블록 쌓기 등이 이에 속한다. 즉, 영유아들은 놀이를 통한 대·소근육 움직임을 통해 **기본운동능력의 향상**과 함께 **신체 성장이 촉진**되고 **감각 및 지각 능력**이 발달한다. 성인이 영유아의 신체적인 안전에 지나치게 신경을 쓰거나 과잉보호하여 유아의 활동량이 적어지면 근육이 약해져 운동능력이 발달하지 못하게 된다. 신나게 뛰어노는 놀이를 많이 하는 영유아들은 민첩성과 유연성을 획득하게 됨에 따라 위험한 상황에 직면했을 때 스스로 자신의 **신체를 안전하게 보호**할 수 있게 된다.

이영자 등(2001)은 1세와 2세 영아들에게 탐색 및 놀이활동을 하도록 한 결과 대 · 소근육 운동기능이 증진되었다는 연구를 제시함으로써 영아들의 놀이가 신체발달에 영향을 미친다는 사실을 증명하였다. 그 밖에 운동놀이 활동이 유아의 기초체력을 증진시킨다는 연구(민현숙, 1998)도 있다.

(2) 놀이와 인지발달

놀이를 하면서 얻은 다양한 경험과 놀잇감을 통해 영유아는 환경과 **사물에 대한 지식과 개념**을 발달시켜 나간다. 여러 가지 놀잇감과 흙, 모래, 나무토막, 돌멩이, 나뭇잎 등 구체적인 사물을 가지고 노는 동안 각 물체의 모양, 질감, 색깔 등 속성을 알게 된다. 이 물체는 둥글고, 매끄럽고 굴러간다는 등 **과학적인 개념**을 형성하게 된다. 그뿐만 아니라 여러 가지 구체적인 사물끼리 서로 비교하게 된다. 어떤 사물이 더 길고 짧은지, 어떤 놀잇감이 더 많고 적은지 등 **수학적인 개념**을 터득해나간다. 이러한 개념 습득을 통해 사고력이 증진된다.

Smilansky(1968)는 유아들이 사회극놀이를 하면서 음식점놀이에서 메뉴를 고르고 식당 주인에게 돈을 지불하는 등 서로 관계없는 것처럼 보이는 경험들을 통합해나간다고 하였다. Saltz, Dixon과 Johnson(1977), Saltz와 Johnson(1974)도 사회극놀이와 주제 환상극 놀이는 분리되어 있는 사건들을 연결시키는 데 도움이 된다고 하였다. 최근 들어 Gmitrova와 Gmitrov(2004)는 교사의 안내된 놀이와 인지발달의 관계를 증명하였다. 교사가 3~6세 유아들의 자유놀이에 자연스럽게 들어가 안내자 역할을 하면 보다 수준 높은 인지행동이 놀이 속에서 나타난다는 것을 밝혔다. 반면 교사의 지시된 놀이는 유아의 인지행동과 관련이 없었다. 이러한 결과는 교사 주도적인 일을 수행하는 상황보다 또래 간의 상호작용을 통한 유아 주도적인 놀이 상황에서 유아들은 인지적 도약 수준이 좀 더 수준 높게 이루어진다는 엄정애(2007)의 연구와 맥을 같이한다.

놀이 상황에서 접하는 새로운 사물이나 상황을 탐색하고 실험하면서 **다양한 문제해결방안을 모색**하게 된다. 퍼즐이나 숫자 맞추기 등 수 · 조작 놀잇감을 많이 가지고 놀아본 유아들은 관련된 수렴적인 문제를 해결하는 능력이 증진된다. 반면 다양한 블록을 이용하여 자유롭게 놀이를 많이 해본 유아들은 발산적인 문제를 해결하는 능력이 증진된다. 특히 유아들은 역할이나 사물 또는 상황을 상징적으로 가작화하는 상징놀이를 많이 하게 되는데, 이러한 놀이를 통해 **추상적인 사고력이 증진**된다. 숟가락을 마이크로 사용하면서 눈에 보이는 사물의 용도인 숟가락을 머릿속에 가장된 사물의 용도인 마이크로 사용하면서 직관적 사고와는 다른 추상적인 사고를 하게 된다.

Wolfgang, Stannard와 Jones(2001)는 유아기 블록놀이 활동이 초등학교에서의 수학능력은 예측하지 못하지만, 중학교 시기에 요구되는 형식적 조작 사고를 향상시킨다고 보고하였다. 놀이와 문제해결력의 관계를 증명한 연구로는 Sylva, Bruner와 Genova(1976)의 연구가 대표적이다. 이들의 연구에 따르면, 조임쇄와 막대를 가지고 놀아본 유아들이 조임쇄 2개와 막대 3개를 함께 이용하여 멀리 있는 분필을 꺼내는 문제를 해결하도록 요구받았을 때 문제해결을 직접적으로 훈련받은 유아들만큼이나 문제를 잘 해결하는 것으로 나타났다. 문제를 해결한다고 할 때 그 문제가 수렴적인 문제인지, 확산적인 문제인지를 구분할 필요가 있다(Pepler & Ross, 1981). Wyver와 Spence(1999)는 가장놀이와 문제해결 유형의 관계를 조사한 결과, 확산적 문제해결 기술의 발달이 가장놀이 기술의 발달을 촉진하고 그 반대의 관계도 성립한다고 하며, 가장놀이와 확산적 문제해결 기술은 상호 간의 영향을 미치는 양방향 관계라고 보고하였다.

인지발달과 관련하여 놀이 속에서 나타나는 융통성은 **창의력**과도 관련이 있다. 잘 노는 영유아는 놀이 속에서 다양한 탐색을 하며 독창적인 아이디어를 발산해낸다. 놀이는 실수를 인정하기 때문에 다양한 실험행동이 많이 나타나며, 유아들이 자주 즐기는 마치 ~인 척하는 상상놀이를 하면서 상상력이 발달한다. 이러한 실험적 속성과 상징성, 융통성, 독창성은 영유아의 창의성 발달과 연결된다.

연구자들은 놀이와 확산적 사고의 정적 관계를 보고하였다. Lieberman(1977)은 놀이성이 높은 유아들이 확산적 사고 검사에서 더 높은 점수를 얻었다고 하였으며, Dansky와 Silverman(1975)은 사물을 가지고 놀아본 유아들이 이후에 그 사물을 더 창의적으로 활용하였다고 보고하였다. Russ와 동료들(1999)은 초등학교 1, 2학년 때 놀이점수가 4년 뒤 확산적 사고점수를 예측한다고 하였다. Lloyd와 Howe(2003)는 단독놀이 유형과 수렴적 및 확산적 사고의 관계를 연구하였는데, 혼자서 극놀이나 쌓기놀이를 즐기는 능동적 단독 놀이자는 확산적 사고점수가 높았고, 퍼즐 조각을 자동차로 사용하는 등 놀잇감을 비의도적으로 사용하려는 경향이 높았다고 보고하였다.

인지발달영역 중 사회인지의 한 영역인 **마음이론**(theory of mind)과 놀이의 관련성 연구도 활발하게 이루어지고 있다. 마음이론이란 자신과 타인의 정신세계에 관한 내재적이며 일상적인 인식으로(Leslie, 1987), 타인의 지식과 믿음을 이해하고 자신의 지식과 믿음과는 다를 수 있다는 것을 인식하는 것이다(Smith, 1999). 마음이론 연구를 위해 가장 많이 활용되고 있는

뇌 발달과 놀이

놀이와 뇌 발달 간의 관계에 대한 연구들이 적극적으로 이루어지고 있다(김유미, 2006; Bergen & Coscia, 2001; Power, 2000; Shore, 1997; Sutton-Smith, 1998). 다양한 놀이에 참여하는 영유아는 뇌의 중요한 연결이 다양하게 발달한다는 것이다.

뇌 연구에 따르면 뇌는 스트레스가 없고 지루하지 않으며 적절한 자극이 주어지는 상황에서 환경과 상호작용을 통해 최적으로 발달한다. 놀이를 하는 영유아들은 환경과의 상호작용에 적극적으로 참여하려고 한다. 놀이는 긍정적인 정서를 만들어내기 때문에 놀이 속에서 이루어지는 상호작용은 스트레스가 없고 즐겁다. 적절한 자극, 긍정적 정서, 스트레스가 없는 환경, 통합을 제공하는 가장 좋은 방법 중 하나로서 놀이는 뇌 발달을 촉진시킨다.

놀이를 할 때 영유아는 뇌의 사고 중추인 신피질과 뇌의 감정 중추인 편도체를 활성화시키고 이 두 중추 간의 연결을 통합한다. 신피질과 편도체 사이의 통합은 인지와 정서과정이 포함된 문제해결과 창의적인 사고 같은 행동에 긍정적인 영향을 미친다(Johnson et al., 2005). 영유아가 놀이에 몰입할 때는 자기 동기화된 행동이 강화되며 스트레스 수준은 감소한다. 정서적으로 스트레스 수준이 지나치게 높으면 창의성과 문제해결력 등 인지적 행동은 손상된다. 수준 높은 인지적 행동을 이끌어내려면 정서적으로 스트레스가 없어야 하는데, 이를 위해 영유아기에 가장 적절한 활동은 자기 주도적인 놀이라는 것이다.

종합하면, 영유아기에 놀이는 능동적인 참여, 자유로운 선택, 내적 동기 등을 제공하여 긍정적 정서를 유발하기 때문에 유아가 잠재력을 충분히 발휘할 수 있도록 도움을 제공함으로써 최적의 뇌 발달을 자극하는 역할을 수행한다.

측정과제는 틀린 믿음 과제(false-belief task)다. 틀린 믿음 과제는 위치이동 과제인 Maxi 과제(Wimmer & Perner, 1983)와 내용교체 과제인 Smarties 과제(Perner, Leekam & Wimmer 1987)가 대표적이다. Maxi 과제는 Maxi가 물건을 A에 놓고 방을 나간 후 다른 사람이 B로 옮겼는데, Maxi가 물건을 가지러 다시 방으로 들어오는 이야기로 이루어져 있다. 이야기를 듣고 Maxi가 방으로 들어와 물건이 어디에 있다고 생각하는지와 왜 그렇게 생각하는지를 묻는 것이다. Smarties 과제는 과자그림이 그려진 상자에 과자 대신 다른 물건이 들어 있는 것을 보여준 후 상자를 닫고 이 상자를 다른 사람에게 보여주고 그 상자 안에 무엇이 들어 있을 것이라고 생각하는지를 물어보는 과제다. 과제에서 마음이론이 없는 영유아들은 자기중심적으로 생각하여 물건이 B에 있다고 답하거나, 상자 안에 다른 물건이 들어 있다고 답하게 된다. Youngblade와 Dunn(1995)은 33개월경 가장놀이에 많이 참여한 유아는 동일한 시기에 가장놀이에 잘 참여하지 않은 유아들에 비해 40개월이 되었을 때 틀린 믿음 과제를 보다 잘 수행하였다고 보고하였다. 임은숙(2002), 박현경(2003), 송정(2007), Jenkins와 Astington(2000)도 가장놀이 또는 사회극놀이와 마음이론 과제 수행의 관련성을 발견하였다.

(3) 놀이와 언어발달

영유아가 말을 듣고 할 수 있게 되고, 어휘력이 늘어남에 따라 놀이도 복잡해지고 조직화된다. 또한 놀이 속에서 영유아들은 끊임없이 모방하고 시행착오를 겪으면서 언어를 배우고 연습한다. 놀이에의 참여는 영유아들에게 언어를 연습할 기회를 제공하고(성지현, 2000; Garvey, 1974), 특히 언어놀이는 영유아들이 획득한 언어기술을 연습하게 한다(Cazden, 1976). 가장놀이는 언어의 특징인 상징적 표상을 포함하고 있기에 가장놀이가 활발하게 이루어지기 시작하는 걸음마기 동안 상징놀이와 언어는 서로 밀접한 관련이 있다(Bornstein, Vibbert, Tal & O'Donnell, 1992; Tamis-LeMonda & Bornstein, 1993). 또한 유아기로 접어들면서 보다 사회적인 극놀이 또는 주제 극놀이를 많이 하게 되면서 이러한 놀이가 언어능력과 관련이 있다는 연구들(이시자, 1995; 임영심, 1994; 정남미, 1997)도 이루어져 왔다.

영아들은 소리내기 놀이와 말 연습 놀이를 즐긴다(Garvey, 1974). 옹알이를 하는 영아들은 자신이 잘 낼 수 있는 옹알이 소리를 계속적으로 내며 소리내기 놀이를 한다. 간단한 문장을 사용할 수 있게 된 영아들은 단어를 바꾸어 가며 언어구조를 반복하는 말 연습 놀이를 한다. 엄마에게 "새가 날아?"라고 물어본 영아는 조금 뒤, "비행기가 날아?", "종이가 날아?"라며 말 연습 놀이를 한다. 영아기를 지나 유아기로 접어들면 상호작용을 위한 대화로서 사회적 말놀이를 하게 된다. 두 명 이상의 유아가 함께 역할놀이를 할 경우 서로 의사소통을 해야 한다. 예를 들어, 병원놀이를 하려면 의사와 환자 역할을 맡은 유아가 자신이 맡은 역할에 알맞은 언어를 사용해야 놀이가 원만하게 진행될 수 있다. 또한 이러한 놀이를 통해 유아는 병원놀이 상황에 대한 자신의 생각을 표현해볼 수 있는 기회를 갖게 된다. 유아는 친구와 놀이하는 과정에서 서로 말을 주고받음으로써 자기중심적 언어에서 벗어나 좀 더 활발한 의사소통능력을 가지게 된다. 친구들과의 놀이 경험을 통해 자기중심적인 언어에서 벗어나 다른 사람의 말을 잘 듣고 이해하며 상황에 맞게 자신의 의견을 적절하게 표현할 수 있게 된다.

말하고 듣는 구어능력뿐만 아니라 놀이 속에서 영유아들은 읽고 쓰는 **문해능력**도 발달시켜 나간다. 놀잇감 중에 글자와 그림을 맞추는 퍼즐을 가지고 놀이하면서 영유아들은 그 그림에 해당되는 글자를 짝지어보면서 읽기능력을 발달시켜 나갈 수 있다. 특히 역할놀이 영역에서 식당놀이나 병원놀이 등을 하면서 간판과 메뉴판을 만들고 처방전을 쓰며 글자를 접할 기회를 가지면서 유아들은 읽기와 쓰기에 관심을 가지게 된다.

Becher와 Wolfgang(1977), Pellegrini(1980)는 상징놀이 참여의 양과 시각 기억 및 청각적 변별 등 읽기 준비도 기술과의 정적 상관을 검증하였다. Baghban(1984)은 사례연구를 통해 가장놀이를 하는 동안 영유아들은 발현적 형태의 읽기와 쓰기 활동에 빈번히 참여한다는 것을 밝혔다. 조금 더 나아가 초기 문해 연구자들은 문해가 풍부한 놀이영역에서 놀이를 하는 동안에 유아의 읽기와 쓰기 활동 출현이 크게 증가한다고 하였다(김정화, 1996; Christie & Enz, 1992; Neuman & Roskos, 1990, 1992). 더불어 문해가 풍부한 놀이영역과 함께 성인의 지원이 놀이 상황 속에서 영유아들의 문해활동의 양을 증가시킨다는 결과들도 보고되고 있다(김정화, 1996; Christie & Enz, 1992; Morrow, 1990). Christie와 Stone(1999)은 영유아들이 부모 및 또래와 놀이를 하면서 문해지식과 기술을 내면화하는 방법을 연구했는데, 놀이 상황에서는 협력적 문해 상호작용이 복잡하게 나타난다고 하였다.

(4) 놀이와 사회성 발달

생애 초기에 영아들은 부모와 놀이를 하면서 **친밀감을 느끼고 애착관계를 형성**한다. 대부분의 부모들은 자녀와 놀이를 할 때 놀이 참여를 격려하고 시범을 보이면서 놀이를 이끌어나간다(Frost, 1992). 부모와의 놀이를 통해 애착관계가 형성된 영유아들은 점차 안정된 상태에서 다른 사람들과 보다 원만한 대인관계를 맺을 수 있게 된다.

영유아들은 점차 자라면서 친구와 함께 놀이를 하게 된다. 친구와 함께하는 놀이 속에서 사회적 관계를 형성하고 친구관계에서 일어나는 문제에 대처하는 방법을 배우게 된다. 항상 성인들과만 지내고 또래와 어울리지 않으면 영유아는 자기중심적인 경향에 빠져 이기적인 성격으로 자라기 쉽다. 새롭고 신기한 작은 세계가 펼쳐지는 놀이 속에서 영유아는 풍부한 사회 경험을 하게 된다. 친구들과 놀잇감을 나눌 줄 알게 되고 서로 의견을 나누는 가운데 다른 사람의 관점을 이해하고 양보하며 협동하는 **사회적 기술**을 기를 수 있게 된다.

또한 놀이 속에서 서로 경쟁하고 싸움을 하면서 다른 사람과 함께 살아가는 지혜를 배우게 되고 **도덕적 기준과 성역할 및 규칙을 학습**하게 된다. 집단놀이를 잘 유지해나가기 위해서는 놀이의 규칙을 잘 이해해야 한다. 게임에서는 게임 내에서 정해진 규칙을 지켜야 하지만, 사회극놀이에서 규칙은 삶의 규칙이기 때문에 훨씬 더 복잡하다. 엄마 아빠 놀이를 하는 가운데 엄마 역할을 맡은 유아가 아빠 역할을 맡은 유아와 함께 회사에 나간다고 하자, 상대 유아가 "엄마는 회사에 가는 것이 아니야."라고 말한다. 이에 대해 엄마 역할을 맡은 유아는 "우리 엄마는 아빠와 함께 회사에 나간다."라고 말한다. 함께하는 놀이가 잠시 중단되면서 유아들 간에 남녀 성역할에 대한 논쟁이 시작된다. 이를 통해 유아들은 성역할에 대한 개념을 새로 설정하고 다시 놀이를 시작하게 된다.

다양한 놀이 중에서 사회극놀이와 사회성 발달의 관계를 살펴본 연구들이 있다. Connolly와 Doyle(1984), Rubin과 Hayvern(1981)은 사회극놀이 빈도와 또래 인기도 및 사회적 기술 점수 간의 정적인 상관관계가 있다고 보고하였다. 사회극놀이로서 미용실 놀이를 할 때 한 유아는 미용사가 되고, 또 다른 유아들은 머리를 하러 온 손님이 될 것에 동의해야 한다. 스탠드를 머리 말리는 기계로 사용할 것을 결정하고, 이야기의 진행순서에 대해 협동적으로 의견을 교환해야 한다. 손님이 오면 미용사가 어떤 머리를 할지 물어보고, 손님의 요구대로 머리를 자르거나 파마한다. 또 다른 손님이 오면 기다리는 의자에서 기다려야 한다. 집단 구성원이 결정한 의견에 따르지 않는 유아는 사회적 놀이에서 배제된다. 유아들은 사회극놀이를 하는 동안 삶의 규칙을 적용하면서 서로 협상하고 협동하게 된다. 따라서 사회적 기술이 뛰어난 유아들은 또래 간에 인기도 높고 사회극놀이에 빈번하게 참여하며, 반대로 사회극놀이에 빈번하게 참여하는 유아들은 대체로 사회적 기술이 뛰어나고 또래 간의 인기도가 높은 유아들이라고 볼 수 있다.

Sawyer(1997, 2003)는 유아들의 사회적 가장놀이를 즉흥 연주가 있는 재즈밴드에 비유하였다. 성인들이 연주하는 재즈밴드와 같이 유아들은 놀이 상황에서 참여자들 간에 암묵적인 지식을 공유한다는 것이다. 외형적으로 보이는 놀이 대본 이외에 공유된 또래문화에 의한 상호 교류적인 놀이를 위한 잠재되어 있는 많은 암묵적인 지식들을 공유한다는 것이다. 즉, 또래문화와 대중문화에서 나오는 슈퍼영웅 만화와 같은 유아들이 공동으로 공유하는 놀이 모티브는 재즈 연주의 반복악절과 유사한다는 것이다. 놀이 참여자들 간의 공유된 이해에 도달하기 위해 놀이 모티브는 계속 사용되면서 놀이 진행 중에 변화하고 반복되고 각색되기도 한다.

거친 신체놀이(rough and tumble play)도 유아의 사회인지능력 및 인기도와 정적 상관이 있다고 한다(Pellegrini, 1995). Reed와 Brown(2000)은 거친 신체놀이가 배려와 친밀감의 표현에 도움이 된다고 하였으며, Sheets-Johnstone(2002)은 거친 신체놀이가 유아들의 사회도덕성 학습에 중요한 원천이라고 하였다. 또한 Humphreys와 Smith(1984)는 거친 신체놀이가 또래 간의 우정을 강화시키는 기능을 한다고 보고하였다.

(5) 놀이와 정서발달

영유아들은 놀이 경험을 통해 자신의 감정을 표출한다. 자신이 하고 싶은 놀이를 선택하여 즐겁게 놀이에 참여함으로써 긍정적인 자아개념과 성취감 및 자신감 등 **건전한 정서를 형성**하게 된다. 또한 놀이는 억압된 감정을 풀어주고 공포, 갈등, 감정, 불안, 공격성, 적대감 등 부정적인 감정을 해소시켜 준다. 단순한 표현의 수준을 넘어서서 자신이 지닌 정서적 문제를 해소시키는 **감정 정화의 역할**까지 하는 것이다. 예를 들어, 새로 태어난 동생에 대한 질투심이 엄마의 눈을 피해 동생을 때리거나 심술을 부리는 행동으로 표현된다면 부정적인 행동으로 보여 엄마에게 꾸중을 듣게 된다. 하지만 역할놀이에서 아기 인형이 말을 안 듣는다고 때려주거나 야단을 치는 등 적대적인 행동을 자연스럽게 표출하고 나면 이러한 놀이 기회를 통해 질투심이 정화된다. 전날 텔레비전을 통해 지진이 나서 많은 사람들이 사망하고 다치는 광경을 본 유아들은 다음날 친구들과 함께 지진놀이를 함으로써 마음속의 두려움이나 공포감을 해소시켜 나간다. 최근 들어 어린 시기부터 새로운 것을 선행적으로 학습하도록 강요당하고 있는 영유아들은 놀이 속에서 스트레스를 해소하고 부정적인 정서를 표출함으로써 놀이가 **정신건강**을 돕는 데 기여하고 있다.

놀이와 자아의 관계를 중요하게 인식한 Sutton-Smith(1980)는 놀이에서 역할 가작화가 영유아의 통제감과 자율성을 증진시킬 수 있다고 하였다. 치과에 가서 의사 선생님의 치료를 받고 온 유아는 놀이에서 치과 의사 선생님이 되어 환자 역할을 맡은 인형의 치아를 치료하는 척한다. 치과에서 환자로서 유아는 전혀 선택권이 없이 통제감이 상실되었지만 놀이에서 역할을 바꾸어 가작화해 봄으로써 통제감 상실을 회복할 수 있다. 영유아들은 놀이를 통해 주변에 영향을 미칠 수 있는 자율적인 인간으로서 자아감과 정체성을 증진시켜 나갈 수 있게 된다.

놀이에서 영유아는 실제와 비실제, 존재와 비존재 사이의 경계선에서 조작을 하게 되므로 결과에 대한 걱정 없이 수많은 행동을 통한 모험을 할 수 있다(Vandenberg, 1998). 놀이에는 매우 거대한 개인적 자유와 힘이 있다는 것이다. 이렇게 볼 때 누군가가 계획한 교육적 놀이는 더 이상 자유롭고 즐거운 활동이 아닐 수 있다. 이에 Vandenberg(1998)는 여가적이고 표현적인 놀이가 영유아들을 위해 보다 더 유지되고 허용되어야 한다고 주장하였다.

스트레스 해소 및 대처와 관련하여 Elkind(1981)는 놀이가 서두름의 해독제라고 하며, 영유아들은 빨리 성장하도록 가해지는 압력으로 받게 되는 스트레스를 풀기 위해 놀이를 한다고 하였다. 따라서 현대사회를 살아가는 영유아들에게는 개인적 표현을 허용하는 놀이와 놀잇감을 적극적으로 허용해야 한다. 놀이는 개인적이고 자율적인 활동으로서 자신을 표현하고 스트레스를 해소시켜 줄 뿐만 아니라 추후 학교나 인생에서 부딪치게 될 문제에 대처할 수 있도록 준비시켜 준다. 결국 놀이를 통한 스트레스 해소와 같은 정서적 측면은 사회적 문제해결과 대처를 포함하는 창의적 인지능력을 향상시켜 준다(Russ, 1999). Singer와 Singer(1990)는 정서와 인지구조 간의 상호관련성을 설명하면서 놀이에서 상상력이 풍부한 영유아들은 자신의 정서체계에 개방적이므로 상징과 기억을 더 정교하고 풍부하게 발달시킬 수 있고 이를 통해 확산적 사고력을 배양할 수 있다고 하였다. 학자들의 이러한 견해는 놀이가 위기에 처한 영유아들에게 강력한 희망이 될 수 있음을 말해주는 것이다.

또한 영유아들은 놀이를 하면서 자신의 **정서를 표현**하고 타인의 **정서를 인식**할 뿐만 아니라 자신의 **정서를 조절**해나가는 방법을 배워나간다. 친구와 함께 놀이를 하기 위해 당장 갖고 싶은 놀잇감을 뺏지 않고 조금 기다리며 함께 가지고 놀자고 제안하는 유아는 자신의 감정을 통제하는 방법을 알고 갈등 상황을 잘 극복해나가고 있는 것이다. 사회극놀이와 자기조절력의 관련성을 탐색한 연구들(엄정애, 2004; Elias & Berk, 2002)에 따르면 보다 수준 높은 복잡한 사회극놀이가 유아들의 자기조절을 예측하였는데, 특히 충동성이 높은 유아들의 경우에 사회극놀이의 잠재적 가능성이 좀 더 자기조절력을 촉진한다고 보고되고 있다.

놀이와 발달의 관계에 대한 관점

놀이는 영유아의 발달을 촉진하는가? 단순히 영유아의 발달을 반영하는가? Johnson 등(2005)은 세 가지 관점에서 놀이와 발달의 관계를 제시하고 있다. 첫째, 놀이는 단순히 발달을 반영한다. 발달이 앞선 영유아들은 수준 높은 놀이를 한다는 것으로, 놀이는 발달을 반영하는 거울 또는 창 역할을 한다는 것이다. 즉, 놀이는 영유아의 현재 발달 상태를 다양한 발달영역에서 나타내준다.

둘째, 놀이는 발달의 원인이 된다. 즉, 놀이는 발달로 종결되고 귀착된다는 것이다. 놀이를 하면 영유아의 발달에 질적인 향상이 일어나고, 발달적 변화의 도구로서 놀이가 기능을 한다는 것이다. 그렇다면 모든 놀이가 영유아의 긍정적 발달에 원인이 될 수 있는가?

셋째, 놀이는 발달을 강화한다. 놀이는 새로운 학습기회를 제공함으로써 다양한 영역에서의 발달을 촉진시키기 위한 맥락과 매체로서의 역할을 한다. 놀이를 통해 또래 상호작용 및 성인-영유아 간의 상호작용이 적절하게 일어남으로써 발달이 강화된다는 것이다.

이 입장에 따르면 놀이 자체가 영유아의 발달에 직접적인 원인이 된다고 볼 수는 없다. 놀이가 맥락이나 매체의 역할이 되어 놀이를 통한 성인의 적절한 놀이 지도나 또래 간의 갈등이 영유아의 발달에 영향을 미친다는 것이다(Smith, Dalgleish & Herzmark, 1981)

발달에서 놀이의 역할은 너무 단편적으로 다루어져서도 안 되고, 놀이의 가치를 무조건적으로 과대평가해서도 안 된다. 놀이와 발달의 관계를 논하기 위해서는 어떤 유형의 놀이인지, 또 발달의 어느 영역이며 수준은 어떠한지, 영유아 개인과 상황적 맥락은 어떠한지 등 좀 더 많은 사항에 대한 고려가 필요하기 때문이다. 이러한 측면을 좀 더 쉽게 이해하기 위해 Fein(1997)은 놀이를 음식에 비유하였다. 음식과 인간의 성장 · 발달 관계를 논할 때 사람들은 음식을 구성하고 있는 영양소를 분석하고 어느 성분이 어떤 상황의 어떤 사람에서 언제 좋은지 등에 관해 의문을 제기한다. 놀이와 발달의 관계 역시 동일한 맥락에서 좀 더 깊게 탐구되어야 한다고 제안한다.

이상을 종합해보면 영유아는 놀이를 함으로써 신체적으로 건강을 유지하고 지적으로 성장하며, 정서적으로 안정되고, 사회적으로 다른 사람과 잘 어울리게 된다. 영유아는 놀이를 통해 자신뿐만 아니라 자기 주변 세계를 가장 자연스러운 방법으로 이해하게 되는 것이다. 궁극적으로 놀이는 영유아의 전인적 성장을 돕는다고 볼 수 있다.

2) 놀이의 교육적 의의

대부분의 사람들은 놀이가 영유아들에게 매우 재미있는 활동이라는 의견에는 동의하나, 과연 교육적인지에 대해 물으면 의견이 엇갈리게 된다. 놀이와 교육 사이에는 딜레마 관계가 발생한다. 딜레마란 '상호 대립적인 두 선택지 가운데 어느 하나를 골라야 하는 난처한 상황'이다. 딜레마는 두 선택지 가운데 어느 것을 골라도 불완전하고 불만족스러운 상태로 흔히 '진퇴양난' 혹은 '궁지'로 번역된다(조용환, 2000). 예컨대, '놀면서 큰다'고 믿는 부모들도 자녀들이 커 갈수록 '교육'을 더 걱정하며 '노는 것'과 '공부하는 것'을 구분하기 시작한다(남현숙, 1992; 조용환, 1993; Jo, 1989). 어린 자녀들의 경우에 놀이와 교육을 동의어 관계로 인식하던 부모들도 교육기관에 다니게 된 자녀들에 대해서는 양자를 반의어 관계로 인식하게 된다는 것이다. 놀이에 대한 부정적 인식, 또는 놀이와 교육의 분리는 학교교육의 맥락에서 더욱 심화되어 놀이는 점차 교육에 종속되기 시작한다. "제발 그만 놀고 공부 좀 해라.", "너무 놀아서 아는 게 없구나.", "숙제 다 했으면 놀아도 좋다.", "공부하느라고 힘들었으니 이제 좀 쉬어라." 등의 일상적 표현에서 놀이와 교육의 상호대립, 즉 딜레마 관계를 엿볼 수 있다.

놀이와 교육 사이에 이러한 딜레마 관계는 왜 발생하는 것일까? 특히 유아교육자들 사이에서 놀이가 영유아의 전인적 성장을 위해 무엇보다도 중요한 교육적 도구라는 시각은 진리처럼 받아들여지고 있음에도 불구하고 실제 교육현장에서 그대로 수용하기에 어려움이 따르고 있는 것은 무슨 이유 때문인가?

사실상 놀이가 영유아의 생활 자체이며, 교육적 가치가 있다고 해도 모든 놀이 경험이 영유아의 성장에 긍정적으로 작용한다고 단정할 수는 없다. 어떤 놀잇감은 영유아의 위생과 안정을 위협할 수도 있고, 어떤 놀이 친구의 언행은 다른 영유아에게 나쁜 영향을 줄 수도 있다. 또한 학습과는 무관하게 진부한 활동만을 반복할 수 있다.

> 연구들은 놀이를 통해서 정보가 습득됨을 실증적으로 보여주지만, … 반복적인 특성으로 놀이는 상당히 진부한 활동이 될 수 있으며, 학습을 실제로 저해할 수도 있다(Gehlbach, 1980, p. 114).

> 많은 놀이 전문가들은 놀이가 창의성 발달을 증진시킨다는 것을 소중한 신념으로 삼고 있다. … (그러나) 사실상 놀이로의 길은 창의성 발달을 증진시키기보다는 오히려 좌초시키는 수많은 장애물을 갖고 있다(Jeanrenaud & Bishop, 1980, p. 73).

이와 같은 견해들은 놀이가 완벽한 교육적 도구임을 강조하는 많은 이론이나 연구와는 대조적이다. 하지만 이러한 대조적인 견해들은 놀이의 불필요성을 의미하는 것이기보다 놀이가 어떤 요건을 갖추어야만 교육적 역할을 제대로 할 수 있음을 시사한다. Jeanrenaud와 Bishop(1980)은 부모와 교사가 이러한 '노상 장애물들(road blocks)'을 제거하기 위한 노력을 기울여야 하며, 만일 그렇게 하지 못할 경우에는 놀이 경험이라는 것도 결국 비창조적인 인간을 양산해낼 것이 틀림없다고 덧붙이고 있다. 즉, 교육에 적용되는 놀이는 교수적이어야 한다는 것으로 놀이활동이 보다 교육적이고 가치 있는 활동이 되기 위해서는 정비된 놀이환경을 제공하고 효율적으로 지도해야 할 필요성이 있음을 시사하는 것이다.

하지만 놀이가 교수적이어야 함을 시사하는 이러한 주장들을 인정한다고 해도 놀이와 교육은 함께 조화를 이루기가 어려운 나름대로의 특징이 있다. 교육은 무엇보다도 목표가 있어야 하고, 목표 달성의 가능성을 예측할 수 있어야 하며, 목표 달성의 정도를 평가할 수 있어야 한다. 반면 놀이는 외부의 통제나 평가에서 독립적인 특징이 있으며, 통제나 평가를 할 경우 놀이는 놀이가 아닌 것으로 변질되기 쉽다(이종희, 1995). 놀이와 교육을 관련시키는 데 반론을 제기한 유한구(1983)는 놀이가 교육에서 중요하다는 주장은 두 가지 의미가 있다고 보고 '유아 이해의 수단으로서의 놀이'와 '교육방법으로서의 놀이'는 구별되지 않으면 안 된다고 하였다.

놀이를 통해 유아를 보다 잘 이해할 수 있는 것은 무엇보다도 놀이가 유아에게 자연발생적이고도 자유로운 활동이기 때문이다. 그러나 교육방법으로서의 놀이는 교사의 의도나 계획이 포함되지 않을 수 없으므로 전자에서와 같이 놀이의 성격을 잃지 않을 수 없을 것이다. … 즉, 흥미와 자발적 참여라는 점에서 놀이와 교육은 구분되어서는 안 되는 것일지 모르나 이론적으로 보아 놀이는 교육과 같은 심각한 활동과 구분되지 않으면 안 될 것이다. 놀이가 놀이인 까닭은 그것이 심각한 목적을 추구하는 활동이 아니기 때문이다. 따라서 놀이를 교육방법으로 본다는 것은 심각하지 않은 활동을 심각한 활동으로 본다는 개념적 혼란을 반영하는 것이라고 할 수 있을 것이다(유한구, 1983, p. 319-320).

즉, 놀이의 비심각성이 논리적으로 교육적 기능성을 배제하며 교육적 기능이 강조되면 진정한 의미의 놀이일 수 없게 된다는 것이다. 결국 '교육적 놀이'란 패러독스일 수밖에 없다는 것이다. 따라서 교육자들은 패러독스를 패러독스로 철저히 인식하고 '놀이의 교육적 기능'의 한계를 분명히 하는 일이 중요하다는 것이다. 그러나 여기서 분명히 할 점은 놀이와 교육이 갖는 이러한 부조화가 놀이와 학습의 부조화를 의미하는 것은 아니라는 점이다. 놀이는 이제까지의 많은 연구들이 밝힌 바와 같이 영유아에게 즐거움과 배움을 함께 가져다주는 매개체다. 따라서 많은 학자들은 놀이활동이 전체 교육의 과정 속에 위치할 수 있다는 데 공감하고 있다.

역사적으로 Rousseau, Pestalozzi, Fröebel 등의 놀이 선구자들은 놀이 중심 교육의 개념을 주장하였으며, 1920년에서 1930년대에 일어난 아동 연구 운동과 Dewey의 진보주의 교육 운동이 놀이 중심 교육을 보다 더 가속화시켰다. 1960년대에는 '탐구 중심의 과학(inquiry-based science)'과 '새 수학(new math)' 등의 교육과정들이 놀이 중심의 교수전략을 선호하였다. 반면 1970년대 후반에서 1980년대 초에는 그 당시 교육계에 성행했던 '기본으로 돌아가자(back-to-basics)'는 운동에 힘입어 놀이 중심 교육이 쇠퇴하기 시작했다(Glickman, 1984; Varga, 1991).

최근 들어 학습에 대한 구성주의 모델과 발달에 적합한 실제에 대한 관심은 다시 놀이를 교육에서 중요한 위치로 끌어올리는 데 큰 역할을 담당하고 있다. 구성주의 모델에 따르면, 학습은 경험에 기초하여 자신의 이해를 형성해나가는 능동적인 사회적 과정이고 놀이활동은 능동적인 사회적 학습이 일어나게 하는 기회를 제공하므로, 놀이전략은 구성주의 교육에 중요한 요소가 된다고 본다(Johnson, Christie & Yawkey, 1999). NAEYC의 발달에 적합한 실제에서도 놀이는 영유아에게 발달적으로 적합한 학습의 기회를 제공하는 가장 좋은 수단이라고 믿는다. "놀이는 영유아들의 발달 상태의 반영일 뿐만 아니라 사회, 정서, 인지 발달을 위한 중요한 수단이다"(Bredekamp & Copple, 1997, p. 9). 위의 두 입장은 모두 교사들이 놀이를 교수전략으로 사용할 것을 권하고 있는 것이다.

교육에서 놀이의 중요성이 강조되는 이유는 놀이가 영유아의 생활일 뿐만 아니라 학습의 기본형식이라는 믿음 때문이다. 그렇다면 놀이와 학습은 구체적으로 어떤 관계가 있는 것일까? 이에 관련된 문제를 두 측면—효과적인 학습수단으로서의 놀이, 다양한 학습기회를 제공하는 놀이—으로 나누어 제시해보고자 한다.

(1) 효과적인 학습수단으로서의 놀이

놀이가 무엇인지를 명확히 정의하기는 쉽지 않다. 놀이를 규명하는 데 일반적으로 시도되었던 접근 중 하나는 놀이를 심리적인 성향으로 조명하는 것이었다. Levy(1990)는 놀이행동의 특성을 동기와 관련시켜 기질이나 성향을 중심으로 명료화하는 데 공헌하였으며, 놀이행동의 특징을 '인간의 가장 창의적이고 심오한 특성을 계발하도록 돕는 역동적인 과정'으로 설명하고 있다. 그는 놀이행동을 통한 개성의 계발을 제시하여 그 특성으로 내적 동기, 현실감의 부재, 내적 통제 신념을 들고 있다. 그뿐만 아니라 놀이와 일에 대한 구분은 여러 학자들(Frost & Klein, 1979; Hughes, 1995)에 의해 시도되었다. 그 결과, 놀이에는 놀이가 아닌 다른 행동과 구별되는 속성이 있음을 발견하였다. 긍정적인 정서, 비현실성, 과정지향성이 바로 그것인데, 놀이의 이러한 속성은 동시에 교육에서 학습의 효과를 높이기 위한 전략이 된다.

① 긍정적인 정서를 통한 자발적 동기 유발과 적극적 참여

놀이의 가장 분명한 특성은 재미와 즐거움이다. 거친 신체놀이의 경우 그것이 놀이인지, 싸움인지를 결정해주는 요소는 그 활동 속에 존재하는 웃음과 미소의 유무다. 놀이에는 웃음과 미소가 따른다. 이와 같이 재미있고 즐거운 활동으로서의 놀이는 자발적 동기를 제공하며 적극적인 행동을 하도록 한다. 동시에 효과적인 학습과정은 학습자의 즐거움, 자발적 동기, 적극적인 행동을 전제로 한다. 이는 강요에 의한 학습보다 배우고자 하는 자발적 동기에 의한 학습이 효과적임을 나타낸다. 즉, 자기가 하고 싶어서 학습을 하게 됨으로써 학습자는 보다 더 적극적으로 즐겁게 학습에 참여하여 결국 학습의 효과가 높아진다는 것이다. 이렇게 볼 때, 놀이에는 이미 효과적인 학습의 기본조건이 갖추어져 있다고 볼 수 있다.

놀이는 즐거운 것이다. 따라서 놀이와 학습이 연관되면, 놀이의 즐거운 감정이 곧 학습과 연관될 것이며, 결국 학습에 대한 긍정적인 태도가 형성될 수 있다. 그뿐만 아니라 즐거움은 곧 내적 동기화로 연결되고, 결국 영유아들로 하여금 학습과 연관된 놀이활동에 적극적으로 참여하도록 부추길 수 있다.

성현이와 몇 명의 친구들이 역할놀이 영역에서 놀고 있다. 성현이가 "난 편지 써야지."라고 말하고 편지봉투를 골라 글씨를 쓰기 시작한다. '윤'이라고 말하고 '윤'을 쓰고, '윤', '성'이라고 말하고 '성'을 쓰고, '윤', '성', '현'이라고 말하고 '현'을 쓴다. 성현이는 자신의 이름을 다 쓸 때까지 미소를 짓고 웃으면서 때때로 자신이 쓴 것을 친구들에게 보여주며 활동을 계속한다. 빈 종이에 선생님과 자신의 모습을 그린 뒤, 선생님께 다른 종이에 '선생님 진짜진짜 사랑해요'라고 써 달라고 한 뒤, 그 글씨를 보고 자신이 그린 그림 밑에 옮겨 적는다. 이 과정에서 성현이는 절대로 지치거나 지루해하지 않는다. 완성된 편지를 봉투에 넣은 뒤 역할놀이 영역에 비치되어 있는 우체통에 넣는다.

만약 이 활동이 교사가 내준 과제였다면 성현이는 매우 지루해했을 가능성이 높다. 그러나 성현이는 글씨 쓰는 활동을 자신이 선택하고 우체국 놀이와 연관지었기 때문에 보다 적극적이고 즐겁게 활동에 참여할 수 있었다.

② 비실제성으로 인한 자유롭고 융통적인 분위기 조성

놀이는 놀이의 틀(play frame)이 설정되면서 시작된다. 현실을 떠날 수 있는 놀이의 틀이 설정되면 역할, 사물, 상황이나 행동의 가작화가 이루어지게 된다. 즉, 놀이의 사건들이 외적 현실과는 분리되어 놀이에 참여하는 개인이 설정한 의미로 특징지어진다. 사물의 경우, '숟가락(실제적인 의미)'이 노래방 놀이의 틀 속에서는 '마이크(놀이자가 설정한 의미)'로 사용될 수 있다. 역할의 경우, '5세 유아 박경희(실제적인 의미)'가 '노래방 주인(놀이자가 설정한 의미)'이 될 수 있다. 또한 상황이나 행동의 경우 '역할놀이 영역에서 놀이하는 행동(실제적인 의미)'이 '노래방에서 노래하는 행동(놀이자가 설정한 의미)'이 될 수 있다.

효율적인 학습은 창의적이고 혁신적인 학습이며, 이를 촉진시키기 위해서는 자유로운 분위기와 융통성이 허용되는 학습 분위기가 중요하다. 따라서 놀이의 가작적인 요소, 즉 비실제성은 자유로운 분위기와 융통성을 제공해줌으로써 이를 통해 영유아의 창의적이고 혁신적 학습이 촉진될 수 있다. 동시에 놀이의 비실제적 속성은 학습과 연관됨으로써 영유아들의 학습활동을 보다 의미 있게 만들어준다.

역할놀이 영역 한쪽은 병원의 접수처로 꾸며져 있고, 다른 한쪽은 진찰실로 꾸며져 있다. 주연이는 의사 선생님이 되기 위해 의사가운을 입고 진찰실에 놓여 있는 의자에 앉는다. 범수가 환자로 들어온다. 주연이는 "어디가 아파서 오셨나요?"라고 말한다. 범수가 배가 아프다고 하자, 주연이는 연필을 들고 작은 종이에 긁적거린다. 간호사 역할을 맡은 미정이는 주연이에게 긁적거린 종이를 받아 범수에게 전해주면서 "여기 처방전이요."라고 말한다.

위의 예에서 제시된 병원놀이는 어떻게 놀이의 비실제성이 유아들에게 의미 있는 교육적 활동을 만들어내는지를 보여준다. 주연이가 긁적거린 종이는 놀이가 아닌 다른 상황에서는 무의미한 것이다. 그러나 병원놀이에서는 주연이가 긁적거린 종이가 주연이뿐만 아니라 놀이에 참여한 모든 유아들에게 처방전으로 간주된다. 이러한 가작화 활동을 통해 주연이는 쓰기의 실제적 기능에 대한 인식을 나타낼 수 있다.

③ 과정지향성을 통한 불안감 감소 및 자신감 증대

놀이를 할 때 영유아들의 관심은 활동의 목적이나 결과물보다는 활동 그 자체다. 영유아가 쌓기놀이 영역에서 블록으로 높은 탑을 멋지게 쌓은 뒤, 바로 무너뜨리는 것은 바로 블록을 높게 쌓아 만든 탑이라는 결과물보다 블록을 쌓는 과정을 즐기면서 이것을 놀이로 받아들이고 있음을 나타내는 것이다. 이러한 놀이의 특성은 결과물을 중요하게 생각하지 않기 때문에 위험부담이 적은 환경을 조성해줌으로써, 새로운 것이나 어려운 것을 기꺼이 시도해보도록 허락한다. 즉, 놀이의 이러한 특성은 평가되는 수행과 연관된 불안이나 위협으로부터 자유를 제공한다.

지원이는 여러 친구들과 기차 여행놀이를 하려고 한다. 활동실 한쪽에는 의자가 기차처럼 길게 놓여져 있고, 그 옆에는 기차표를 파는 매표소가 있다. 지원이는 매표소로 가서 색연필을 집어 들고 작은 종이조각에 휘갈겨 쓰기 시작한다. 승준이가 가방을 들고 지나가자, 지원이는 "여기 기차표가 있어요."라고 말한다. 승준이가 기차표를 받고 의자로 가서 앉자, 지원이는 "나도 표가 한 장 필요하지."라고 말하면서 기차표를 한 장 더 만든다. 지원이는 매표소를 떠나면서 게시판에 매직펜으로 휘갈겨 쓴다. 나중에 교사가 지원이에게 뭐라고 쓴 것인지 묻자, 자기가 잠시 여기 없을 것임을 다른 사람들에게 알려주려고 무엇인가를 썼다고 말한다.

위의 예에서 놀이가 아닌 상황이라면 정확한 기차표와 게시판의 글씨가 훨씬 더 중요하게 여겨짐으로써 지원이는 그것을 만들기 위해 대충 긁적거릴 수 있는 기회를 갖지 못했을 것이다. 놀이가 아닌 상황이라면 아직 정확한 글씨를 쓰지 못하는 지원이는 자신감을 상실하고 글씨의 기능을 학습할 기회를 박탈당했을 것이다.

(2) 다양한 학습기회를 제공하는 놀이

효율적인 학습을 위해서는 개인차를 존중하는 교육이 이루어져야 한다. 특히 발달에 적합한 실제의 중요한 특성 중 하나는 교사들이 영유아의 능력, 흥미, 요구에 맞는 학습활동을 제공해주는 것이다(Bredekamp & Copple, 1997). 하지만 한 학급에서 여러 명의 영유아가 함께 활동을 해야 하는 교육현장에서는 개인차를 인정해주는 교육을 수행하기가 쉽지 않다. 한 명의 교사가 많은 수의 영유아를 맡고 있는 현장의 교사들은 대개 중간 정도의 학습 능력을 가진 영유아에 맞추어 교육활동을 진행한다. 따라서 학습 능력이 중간 이하인 영유아는 교육활동이 어려워 이해하지 못하기 때문에 교육활동에 재미를 느끼지 못하게 된다. 학습 능력이 중간보다 높은 영유아는 교육현장에서 진행되는 교육활동이 자신의 수준보다 너무 쉬워 지루해하며 재미없게 생각한다. 이러한 교육이 이루어지는 상황에서 대부분의 영유아들은 학습에 흥미를 잃게 되는 것이다.

반면 여러 명의 영유아가 함께 어울려 놀고 있는 놀이활동을 자세히 들여다보면, 놀이에 참여하고 있는 많은 영유아들이 제각기 자신의 능력과 요구, 흥미에 맞게 다양한 기술과 개념들을 여러 방식으로 학습하고 있는 것을 엿볼 수 있다. Johnson, Christie와 Yawkey(1999)는 놀이가 어떻게 다양한 학습기회를 제공하는지를 문해 자료가 풍부한 놀이영역에서 일어나는 유아의 놀이 실례를 통해 제시하였다. 피자가게 놀이와 관련된 읽기, 쓰기 자료들이 역할놀이 영역에 풍부하게 제시되어 있을 때 영유아들은 음식점 놀이를 하면서 다양한 문해 기술을 다양한 방식으로 학습해나간다는 것이다.

① 다양한 기술을 학습할 기회의 제공

문해 자료가 풍부한 음식점 놀이환경은 다양한 문해 기술을 학습할 수 있는 기회를 제공한다. 인쇄물에 대한 개념 인식, 인쇄물의 기능적 사용, 발현적 읽기와 쓰기, 알파벳의 인식, 시각적 단어 인식, 글자와 소리의 관계 파악, 이해력은 다양한 문해 기술이다. 이와 같은 다양한 문해 기술이 놀이 속에서 동시에 일어날 수 있다. 문해 자료가 풍부한 놀이영역에서 자연스럽게 놀이를 하는 가운데 영유아들은 개인의 능력에 따라 다양한 문해 기술을 경험하고 학습해나가게 된다.

우선 기초적으로 인쇄물에 대한 개념을 학습할 수 있는 기회를 갖는다. 문해 자료들은 인쇄물이 의미가 있다는 것을 알려준다. 유아가 메뉴판을 보며 "여기 뭐라고 써 있어요?"라고 친구나 교사에게 물을 때, 그 유아는 인쇄물의 의미를 이해하면서 더 나아가 문자와 말 사이의 관계를 학습하고 있는 것이다. 문해 자료가 풍부한 놀이영역에서 유아와 교사는 '글자', '단어'와 같이 문해와 관련된 용어들을 종종 사용하게 된다.

놀이 속에서 메뉴에 대한 정보를 전달하기 위해 글자가 사용되거나, '주문하는 곳', '기다리는 곳'이라는 표시는 유아들로 하여금 인쇄물의 규정적 기능을 알도록 한다. 또한 음식점 놀이는 일상생활 속에서 자연스럽게 글씨를 읽고 쓰도록 격려한다(Neuman & Roskos, 1997). 손님 역할을 맡은 유아는 메뉴를 읽고, 주문을 받는 유아는 손님이 주문한 메뉴를 긁적거리게 된다.

유아들은 문해 자료들을 반복적으로 접하면서 자모음과 단어를 보고 인식할 수 있게 된다. 어떤 유아들은 짜장면의 자모음이 'ㅉ'으로 시작하는 것을 보고 자음 'ㅉ'을 자연스럽게 배우며, 어떤 유아들은 메뉴, 탕수육, 춘장과 같은 단어를 배운다. 좀 더 발달이 빠른 유아는 글자와 소리의 관계를 인식할 수 있다. 예를 들어, 짜장면, 짬뽕은 모두 'ㅉ'으로 시작하고 같은 발음으로 시작된다는 것을 놀이를 하면서 알게 된다.

끝으로 유아들은 놀이를 통해 문해에 대한 종합적인 이해력을 학습할 수 있다. Neuman과 Roskos(1997)는 글자가 풍부한 환경에서 놀이를 하면서 유아들은 이해를 위해 여러 가지 전략을 사용한다고 하였다. 첫째는 정보를 찾는 것(예 : 유아가 메뉴판에 어떤 글자가 써 있는지를 알기 위해 놀이 친구에게 물어보는 것), 둘째는 추측과 가설이 옳은지 검토하는 것(예 : 유아가 교사에게 "선생님, 이거 탕수육이라고 쓴 거 맞아요?"라고 탕수육의 철자가 맞는지 물어보는 것), 셋째는 실수에 대해 스스로 교정하는 것(예 : 메뉴판에 탕수육이라는 단어를 쓰는 동안에 유아가 "아이 참, 탕수육의 '탕'은 'ㄷ'이 아니라 'ㅌ'이지."라고 말하는 것)이다. 검토와 수정은 인지적 검색을 위한 자기규제인 것이다.

② 다양한 방식으로 학습할 기회의 제공

영유아들은 놀이 속에서 관찰, 탐색과 실험, 또래와의 협력, 교사의 비계설정, 연습, 교수적 연결 등의 다양한 방식을 통해 학습을 하게 된다. 어떤 영유아는 관찰을 통해 학습을 하기도 하고, 어떤 영유아는 친구와 함께 협력을 해나감으로써 학습을 하기도 한다. 또한 교사가 비계를 설정해줌으로써 학습을 하고 있는 유아도 있다.

문해 자료가 풍부한 음식점 놀이 속에는 간판, 메뉴판, 이름표에 써 있는 글자, 요리책과 같은 다양한 형태의 글자가 있다. 놀이에 참여하는 유아는 이러한 글자들을 관찰할 수 있으며, 동시에 놀이하면서 음식점과 관련된 자연스러운 문해활동을 통해 글자의 여러 가지 기능을 관찰할 수도 있다.

일상적인 문해활동을 즐기면서 유아는 읽고 쓰는 다양한 기술을 탐색하고 실험해본다. 손님 역할을 맡은 유아는 기억력, 인쇄물, 그림의 단서를 사용하여 메뉴판의 내용을 읽으려고 시도할 것이다. 종업원 역할을 맡은 유아는 자신의 수준에서 철자를 만들어내는 등 긁적거리면서 주문을 받아 적을 것이다. 이러한 가작화 놀이는 유아들로 하여금 긁적거리거나 읽는 척하는 행동을 허용해준다.

문해 자료가 풍부한 놀이 상황 속에서 유아들은 또래와 협력하며 다양한 기술을 학습한다. 유아들은 놀이 속에서 모델링을 보여주거나 직접 지도를 해주는 등 또래와의 다양한 사회적 상호작용 전략을 사용한다는 것은 이미 많은 연구로 밝혀진 바 있다(Neuman & Roskos, 1991; Stone & Christie, 1996). 친구 앞에서 할인쿠폰을 만들며 글씨 쓰는 모습을 보여주거나, 메뉴판을 보고 있는 친구에게 '삼선 짜장면'이라고 써 있다고 메뉴를 읽어주는 등 놀이 속에서 또래 간의 협력학습은 다양하게 일어난다.

놀이 중에 발생하는 교사-영유아 간 상호작용은 Vygotsky(1978)가 언급한 '근접발달지대'를 형성하게 해준다. 놀이 속에서 교사는 자연스럽게 비계를 설정해줄 수 있다(Enz & Christie, 1997; Roskos & Neuman, 1993). 예를 들어, 교사는 유아로 하여금 음식점 간판을 만들어보도록 할 수 있고, 유아가 메뉴판을 읽는 것을 도와주거나 유아가 메뉴판에 써 달라고 하는 글자를 써줄 수도 있다.

영유아들은 놀이 상황에서 자연스럽게 다양한 학습기술을 연습할 수 있다. 만약 한 유아가 짜장면, 볶음밥, 양파, 춘장, 해물 등과 같은 중국 음식점과 관련된 단어를 인식하기 시작했다면 그 유아는 메뉴나 다른 유아들이 쓴 주문표에서 반복적으로 자기가 알고 있는 단어들을 읽으려고 시도할 것이다. 이렇게 놀이 상황 속에서 글자를 읽는 연습을 하는 것은 학습용 카드나 연습지를 통해 연관성 없는 단어를 구별해내고 읽어야 하는 것보다 훨씬 더 의미 있고 흥미로운 일이다.

끝으로 놀이와 교육과정의 교수적 연결을 통해서도 영유아는 다양한 기술을 학습하게 된다. 예들 들어, 교사가 글자와 소리의 관계를 알려주려고 한다면, 놀이와 관련된 단어를 이용하여 연결시켜 줄 수 있다. 예를 들어, 중국 음식점 놀이에서 자주 사용되는 '짜장면', '짬뽕'과 같은 단어들은 유아들이 자음 'ㅉ'과 'ㅉ'이 나타내는 소리 사이의 관계를 발견하도록 도울 수 있다.

놀이 중심의 학습활동은 영유아들로 하여금 제각기 다양한 수준의 기술이나 개념을 배울 수 있는 기회를 제공하며, 이러한 기술이나 개념을 학습할 수 있는 여러 방식을 제공한다. 즉, 놀이는 다양한 학습과정을 통해 다양한 학습결과를 이끌어낸다. 놀이에 참여하는 모든 영유아들은 놀이 속에서 주어지는 다양한 학습기회를 통해 발달적으로 적합한 방식으로 자신에게 적절한 기술과 개념을 배우게 된다.

이상을 종합해볼 때, 학문적 교과를 놀이와 연결하는 것은 여러 가지 장점이 있으므로 바람직한 일이라고 볼 수 있다. 놀이가 영유아들에게 다양한 학습기회를 제공하고, 학습의 효과적인 수단이라면 놀이를 교육의 매체로 적극 활용할 필요가 분명 있는 것이다. 하지만 모든 놀이 경험이 영유아의 성장에 긍정적으로 작용하는 것은 아니며, 또한 놀이와 교육은 개념상 모순이 존재할 수 있다는 점을 인식해야 한다. 따라서 교사는 순수한 놀이의 특성을 방해하지 않으면서도 교육적으로 가치가 있는 영유아의 놀이가 교육현장에서 많이 활용될 수 있도록 해야 할 것이다.

최근 놀이가 발달과 유아교육에서 좀 더 중요시되는 이유

사회가 변화하고 발달하면서 교육에 대한 관점도 변화하듯이 놀이와 영유아의 발달 및 유아교육과의 관계에 대한 인식도 시대적 흐름에 따라 변화되어 왔다. 특히 성인들의 인식은 영유아를 위한 놀이 기회와 환경에 영향을 미치게 된다. 최근에는 학교에서의 학업적 책무성에 대한 강조와 선행학습 및 조기교육에 대한 부모들의 사회적 요구에 따라 교육에서 놀이의 역할이 도전받고 있다. 반면 이러한 사회적 요구가 진정 영유아들을 위한 것이 아님을 강조하면서 학계에서는 발달과 교육에서 놀이의 중요성에 대한 인식이 증가하고 있다.

뇌에 대한 최근 연구 결과들은 유아교육의 실제에 획기적인 영향을 미치고 있다(Shore, 1997). **인간의 뇌 발달에 대한 연구**는 인간이 성장하면서 매우 중요한 환경적 자극과 상호작용을 강조하면서 유아기 놀이의 중요성을 부각시키고 있다. 놀이는 영유아들로 하여금 환경과의 상호작용에 적극적으로 즐겁게 참여하도록 해줌으로써 최적의 뇌 발달을 돕는다. 즉, 다양한 놀이에 혼자 또는 또래나 성인들과 참여하는 영유아들은 놀이를 하는 동안 뇌의 중요한 연결이 다각적으로 발달한다는 것이다.

최근 **영유아들의 비만에 대한 관심**은 신체활동의 중요성을 부각시키면서, 신체를 많이 사용하는 전통놀이나 신체놀이에 대한 관심이 교육기관 및 가정에서 증가하고 있다(Simons, 2003). 현대의 정보사회에서 운동이 부족한 가운데 주로 앉아서 하는 활동이 생활의 많은 부분을 차지하고 더불어 고열량 식사가 일반화되면서 소아비만이 늘어나고 있다. 이러한 소아비만 문제를 줄이기 위해서는 영유아들의 신체놀이를 격려하고 지지하며 보다 많은 기회를 제공해주어야 한다.

현대사회로 오면서 사회적 요구로 **유아교육기관 시간이 연장됨**에 따라 점점 더 많은 영유아들이 유아교육기관에서 좀 더 오랜 시간을 보내고 있다. 긴 시간 동안 영유아들에게 적합한 프로그램을 제공하기 위해서는 조용한 활동뿐만 아니라 격렬한 신체활동을 요하는 활동과의 균형, 개별 활동과 대소집단 활동 간의 균형 등이 요구된다. 즉, 보다 아동 중심적이면서 체험적이고 덜 훈육적인 수업방식이 필요하게 된 것이다. 이를 위해서는 영유아들의 풍부한 신체적 놀이와 사회적인 놀이가 교육현장에서 중요시되게 되었다.

더불어 현대의 영유아들은 너무나 일찍부터 자신에게 요구되는 과도한 학업으로 많은 스트레스를 겪고 있고, 대중매체를 통해 끔찍한 사건과 사고들을 접하게 됨에 따라 **불안한**

정서 상태를 보이는 경우가 많다. 이러한 상황에서 영유아의 놀이는 치료적 측면에서 중요시 여겨진다. 놀이는 억압된 감정의 배출구로 자신의 욕구와 감정을 자연스럽게 분출할 수 있는 창구의 역할을 함으로써 영유아의 정서 부적응이나 문제 행동이 자연스럽게 치료된다. 놀이는 욕구를 만족시켜 주는 매체 역할을 하며, 놀이과정 중에 만족을 맛보고, 자신이 이전에 직접 또는 간접적으로 경험한 사건을 반복적으로 재현할 수 있는 기회를 제공함으로써 그 상황에 숙달되거나 동화되어 두려움을 감소시킬 수 있는 치료적인 가치가 있다(이숙재, 2004).

이상에서 제시된 몇 가지 최근 현대사회의 변화 요소들—뇌 발달에 대한 연구의 활성화, 소아비만의 증가, 유아교육기관 시간의 연장, 스트레스 증가에 따른 영유아들의 불안한 정서 상태—로 유아교육현장에서는 영유아들을 위한 놀이의 중요성을 보다 강조하게 되었다.

나 가 는 말

놀이를 이해하려는 노력은 오랫동안 이루어져 왔지만 놀이가 무엇인지에 대해 한마디로 정의하기는 쉽지 않다. 이는 놀이가 구체적인 물체나 장소, 행동이 아니라 추상적이고 유동적인 특성을 가지면서, 영유아들의 놀이로부터 공연, 오락, 여가까지 여러 가지 의미를 가진 채 우리의 삶 속에서 매우 다양하게 적용되기 때문이다. 따라서 본 장에서는 놀이에 대한 이해를 도울 수 있는 놀이의 특성과 중요성을 살펴보고 이를 토대로 놀이의 본질에 대해 좀 더 접근하고자 하였다.

놀이에 대해 좀 더 명확하게 알아보기 위해 **놀이를 유사한 행동인 탐색, 상반되는 행동인 일 또는 학습과 비교**하여 그 특징을 살펴보았다. 탐색과 일 또는 학습은 놀이와 개념적 차이를 보이지만 영유아의 놀이 속에서 살펴보면 명확하게 구분하기 힘들다. 탐색은 놀이의 주요 기능이기도 하며, 놀이와 결합되어 탐색적 놀이로 나타나거나 탐색이 선행된 후 놀이로 진행되기도 한다. 일 또는 학습도 영유아의 놀이에서 서로 선행되거나 동시에 일어나기도 하므로 이를 이분법적으로 나누는 것보다 순수한 놀이와 비놀이의 연속선상에서 놀이를 이해하는 것이 바람직하다. 이 과정에서 나타난 **놀이의 특성** 7가지는 즐겁고 재미있게 느끼는 긍정적인 정서, 자발적으로 참여하게 하는 내적 동기, 상상적 측면이 강한 비실제성, 행동의 결과보다 과정을 중요시하는 과정지향성, 놀이자가 주도하는 자유로운 선택, 외적으로 부과된 규칙으로부터의 자유, 능동적 참여다. 놀이는 유아가 즐겁고 흥미롭게 행하는 활동이며, 자발적이고 능동적으로 참여하여 자기 동기화와 능력감을 발전시켜 나가는 데 도움을 주는 활동인 것이다.

유아에게 놀이는 가장 자연스러운 행동이고 유아의 생활 그 자체라고 할 수 있다. 놀이는 유아교육에서 영유아의 전인발달과 학습의 효과적인 수단으로 중요하다. **발달적인 측면**에서 '아이들은 놀면서 자란다'는 말처럼 영유아들은 놀이를 함으로써 감각 및 지각 능력이 발달되며 신체적으로 안전하게 건강을 유지하고, 환경과 사물에 대한 지식과 개념을 발달과 더불어 문제해결력과 추상적 사고력이 증진되는 등 인지적으로 성장한다. 언어적으로는 문해가 풍부한 놀이환경 속에서 놀이하는 과정 동안 문해능력과 의사소통능력을 발달시켜 나간다. 놀이를 통해 긍정적인 정서 형성은 물론 부정적인 정서를 해소하고, 타인의 정서를 인식할 뿐만 아니라 자신의 정서도 조절하는 등 정서적으로 안정된다. 사회적으로는 친구와의 놀이를 통해 우정을 형성하며 협동하는 사회적 기술을 기르고 성역할 및 규칙을 학습하게 된다. 이처럼 놀이는 영유아의 신체, 인지, 언어, 정서, 사회성 발달의 전인적 성장을 돕는다.

교육적인 측면에서도 놀이는 영유아에게 즐거움과 배움을 함께 가져다주는 매개체이기 때문에 그 중요성이 강조되고 있다. 놀이의 특성을 토대로 살펴보면 놀이를 통한 즐거움이 학습과 연관될 때 학습에 대한 긍정적인 태도가 형성되고 내적 동기화로 연결되어 학습과 관련한 놀이활동에 적극적으로 참여하도록 부추길 수 있다. 놀이의 비실제성은 자유로운 분위기와 융통성을 제공해줌으로써 영유아의 창의적이고 혁신적인 학습이 촉진될 수 있고, 과정지향성은 평가와 연관된 불안이나 위협으로부터 자유롭게 해줘 자신감이 증대하게 한다. 이처럼 놀이의 다양한 특성은 교육에서 학습의 효과를 높이기 위한 전략으로 사용되고 있다. 놀이가 효과적인 학습수단으로서 역할을 하고 있는 것이다. 또한 놀이는 영유아들로 하여금 제각기 다양한 수준의 기술이나 개념을 배울 수 있는 학습기회와 여러 방식을 제공한다. 놀이에 참여하는 모든 유아들은 놀이 속에서 주어지는 다양한 학습 기회를 통해 발달적으로 적합한 방식으로 자신에게 적절한 기술과 개념을 배우게 되는 것이다.

요약해보면, 놀이는 명확히 정의하기는 어렵지만 특성을 통해 놀이의 본질을 보다 잘 이해할 수 있다. 그리고 영유아는 놀이를 통해 자신뿐만 아니라 자기 주변 세계를 가장 자연스러운 방법으로 이해하게 되므로, 놀이를 교육의 매체로 적극 활용해야 할 필요가 있다. 하지만 모든 놀이 경험이 영유아의 성장에 긍정적으로 작용하는 것은 아니며, 놀이와 교육은 개념상 모순이 존재할 수 있다는 점을 인식해야 한다. 따라서 교사는 순수한 놀이의 특성을 방해하지 않으면서도 교육적으로 가치가 있는 영유아의 놀이가 교육현장에서 많이 활용될 수 있도록 해야 할 것이다.

사후 활동 주제

- 영유아들의 부모나 교사를 만나 놀이가 무엇이라고 생각하는지, 놀이의 가치가 무엇인지, 영유아들의 놀이를 촉진하기 위해 어떤 역할을 하고 있는지 면담해보세요.
- 주변의 유아들을 만나 놀이에 대한 이야기를 나누어보세요. 유아들은 무엇을 놀이라고 생각하는지, 평소에 어떤 놀이를 즐기는지 물어보세요. 특히 유아교육기관에 다니고 있는 유아들은 가정이나 지역사회 이외에 유아교육기관에서 어떤 놀이를 즐기는지, 교육기관에서의 활동이 모두 놀이인지 면담해보세요.
- 대부분의 영유아들이 자연스럽게 즐기는 놀이를 하나 정해 그 놀이가 영유아의 전인발달과 어떻게 관련되는지 그룹별로 논의해보세요.

참 고 문 헌

김유미(2006). 뇌 발달 접근에서 본 유아교육의 방향. **유아교육연구**, **26**(4), 31-49.

김정화(1996). 극화놀이 영역에서 문식성 자료와 교사의 개입이 유아의 문식성 행동에 미치는 영향. 이화여자대학교 대학원 박사학위논문.

남현숙(1992). 한국 유아원 아동 어머니의 놀이와 일의 개념 : 질적인 접근. **아동학회지**, **13**(2), 229-240.

민현숙(1998). 운동놀이 활동이 유아의 기초체력에 미치는 영향. 중앙대학교 교육대학원 석사학위논문.

박현경(2003). 가장놀이에 대한 교사교육이 가장놀이와 마음이론 발달에 미치는 효과. 덕성여자대학교 대학원 박사학위논문.

성지현(2000). 1세 영아-어머니의 언어와 놀이. 연세대학교 대학원 석사학위논문.

송정(2007). 만 4세 유아의 사회극놀이에서의 정신상태 용어와 마음이론과의 관계. 이화여자대학교 대학원 박사학위논문.

엄정애(2004). 유아의 충동성 기질 및 사회극놀이 참여도와 자기규제 간의 관계. **아동학회지**, **25**(5), 41-58.

엄정애(2007). 유아주도적인 놀이 상황과 교사주도적인 일 상황에서 인지적 협력구성 비교 연구. **유아교육연구**, **27**(4), 161-185.

유한구(1983). 교육방법으로서의 놀이, 그 인식론적 고찰. **서울교육대학교 논문집**, **16**, 319-330.

이숙재(2004). **유아를 위한 놀이의 이론과 실제**(제3판). 서울 : 창지사.

이시자(1995). 극화놀이가 유아의 이야기 이해 증진에 미치는 영향. **미래유아교육학회지**, **1**, 161-174.

이영자 · 이종숙 · 신은수 · 곽향림 · 이정욱(2001). 탐색 및 놀이 활동 중심의 1, 2세 영아 프로그램 개발 및 그 효과에 대한 연구. **유아교육연구**, **21**(2), 133-154.

이종희(1995). 놀이와 교육 : 구성놀이에 대한 재고. **유아교육연구**, **15**(2), 91-104.

임영심(1994). 주제환상극놀이 교수방법이 유아의 이야기 이해도 및 자유회상에 미치는 효과. 중앙대학교 대학원 박사학위논문.

임은숙(2002). 잘못된 신념을 통한 유아의 정신이론 이해와 가장놀이와의 관계. 서울여자대학교 대학원 박사학위논문.

정남미(1997). 사회적 역할놀이가 유아의 말하기 듣기, 읽기, 쓰기에 미치는 효과. 중앙대학교 대학원 박사학위논문.

조용환(1993). 체계적인 놀이연구를 위한 '놀이' 개념의 검토. **교육연구**, **2**, 303-313.

조용환(2000). 놀이와 교육의 딜레마. **2000년도 중앙유아교육학회 추계 학술대회 논문집 : 다문화 시대의 유아교육** (pp. 69-81). 서울 : 중앙유아교육학회.

Baghban, M. (1984). *Our daughter learns to read and write : A case study from birth to three*. Newark, DE : International Reading Association.

Becher, R., & Wolfgang, C. (1977). An exploration of the relationship between symbolic representation in dramatic play and art and the cognitive and reading readiness levels of kindergarten children.

Psychology in the Schools, 14, 377 - 381.

Bergen, D. (1988). Using a schema for play and learning. In D. Bergen (ed.), Play as a medium for learning and development (169 - 179). Portsmouth, NH : Heinemann.

Bergen, D., & Coscia, J. (2001). *Brain research and childhood education : Implications for educators*. Olney, MD : Association for Childhood Education International.

Bornstein, M., Vibbert, M., Tale, J., & O'Donnell, K. (1992). Toddler language and play in the second year : Stability, covariation, and influences of parenting. *First Language, 12*, 323 - 338.

Bredekamp, S., & Copple, C. (1997). *Developmentally appropriate practice in early childhood programs* (Rev. ed.). Washington, DC : National Association fot the Education of Young Children.

Cazden, C. (1976). Play with language and meta - linguistic awareness : One dimension of language experience. In J. Bruner, A. Jolly & K. Sylva (Eds.), *Play and its role in development and evolution* (pp. 603 - 608). New York : Basic Books.

Christie, J., & Enz, B. (1992). The effects of literacy play interventions on preschoolers' play patterns and literacy development. *Early Education and Development, 3*, 205 - 220.

Christie, J., & Stone, S. (1999). Collaborative literacy activity in print - enriched play centers : Exploring the 'zone' in same - age and multi age groupings. *Journal of Literacy Research, 3*, 109 - 131.

Connolly, J., & Doyle, A. (1984). Relation of social fantasy play to social competence in preschoolers. *Developmental Psychology, 20*, 797 - 806.

Dansky, J., & Silverman, I. (1975). Play : A general facilitator of associative fluency. *Developmental Psychology, 11*, 104.

Dattner, R. (1969). *Design for play*. Cambridge, MA : MIT Press.

Dewey, J. (1934). *Art as experience*. New York : Capricorn.

Elias, C., & Berk, L. (2002). Self - regulation in young children : Is there a role for sociodramatic play? *Early Childhood Research Quarterly, 17*, 216 - 238.

Elkind, D. (1981). *The hurried child : Growing up too fast too soon*. Menlo Park, CA : Addison - Wesley.

Elkind, D. (2001). The adaptive function of work and play. *Play, Policy & Practice Connections, 6*(2), 6 - 7.

Elkind, D. (2003). Thanks for the memory : The lasting value of true play. *Young Children, 58*(3), 46 - 51.

Ellis, M. (1973). *Why people play*. Englewood Cliffs, NJ : Prentice - Hall.

Enz, B., & Christie, J. (1997). Teacher play interaction styles : Effects on play behavior and relationships with teacher training and experience. *International Journal of Early Childhood Education, 2*, 55 - 69.

Fein, G. (1997, April). *Play and early childhood teacher education : Discussant remarks*. Symposium

presented at the Association for the Study of Play Meetings, Washington, DC.
Frost, J. (1992). *Play and playscapes*. Albany, NY : Delmar.
Frost, J., & Klein, B. (1979). *Children's play and playgrounds.* Boston : Allyn and Bacon.
Garvey, C. (1974). Some properties of social play. *Merrill-Palmer Quarterly, 20,* 163-180.
Garvey, C. (1977). *Play*. Cambridge, MA : Harvard University Press.
Garza, M., Briley, S., & Reifel, S. (1985). Children's Views of Play. In J. L. Frost and S. Sunderline (Eds.), *When children Play* (pp. 31-37). Wheaton, MD : ACEI.
Gehlbach, R. D. (1980). Instructional play : Some theoretical prerequisits to systemic research and development. *Educational Psychologist, 15*, 112-124.
Glickman, C. (1984). Play in public school settings : A philosophical question. In T. Yawkey & A. Pellegrini (Eds.), *Child's play : Developmental and applied* (pp. 255-271). Hillsdale, NJ : Erlbaum.
Gmitrova, V., & Gmitrov, J. (2004). The primacy of child-directed pretend play on cognitive competence in a mixed-age environment : Possible interpretations. *Early Child Development and Care, 174*(3), 267-279.
Hughes, F. P. (1995). *Children, play & development*. Boston : Allyn and Bacon.
Hughes, M., & Hutt, C. (1979). Heart-rate correlates of childhood activities : Play, exploration, problem-solving and day dreaming. *Biological Psychology, 8*, 253-263.
Humphreys, A., & Smith, P. (1984). Rough-and-tumble play in preschool and playground. In P. Smith (Ed.), *Play in animals and humans* (pp. 241-270). London : Blackwell.
Hutt, C. (1971). Exploration and play in children. In R. Herron & B. Sutton-Smith (Eds.), *Child's Play* (pp. 231-251). New York : Wiley.
Jeanrenaud, C., & Bishop, D. (1980). Roadblocks to creativity through play. In P. F. Wilkinson (Ed.), *In celebration of play* (pp. 73-84). New York : St. Martin's.
Jenkins, M., & Astington, J. (2000). Theory of mind and social behavior : Causal models tested in a longitudinal study. *Merrill-Palmer Quarterly, 46*(2), 203-220.
Jenvey, V., & Jenvey, H. (2002). Criteria used to categorize children's play : Preliminary findings. *Social Behavior and Personality, 30*(8), 733-740.
Jo, Y. H. (1989). *Understanding the boundaries of make-believe : An ehnographic case study of pretend play among Korean children in a U.S. Community*. Unpublished doctorial dissertation, Urbana-Champaign : University of Illinois.
Johnson, J., Christie, J., & Wardle, F. (2005). *Play, Development, and Early Education*. Boston, MA : Allyn and Bacon.
Johnson, J., Christie, J., & Yawkey, T. (1999). *Play and early childhood development* (2nd ed.). New York : Longman.
Kelly-Byrne. (1989). *A Child's Play Life : An Ethnographic Study*. New York : Teachers College Press.

King, N. (1979). Play : The kindergartens' perspective. *Elementary School Journal, 80*, 81 - 87.

King, N. (1987). Elementary school play : Theory and research. In J. Block & N. King (Eds.), *School play* (pp. 143 - 165). New York : Garland.

Leslie, A. (1987). Pretense and representation : The origins of 'theory of mind.' *Psychological Review, 94,* 412 - 426.

Levy, J. (1978). *Play Behavior*. New York : John Wiley & Sons.

Levy, J. (1990). 놀이행동의 정의(Toward a definition of play behavior). 이은해 · 지혜련 · 이숙재(편역), **놀이이론**(pp. 11 - 36). 서울 : 창지사.

Lieberman, J. N. (1977). *Playfulness : Its relationship to imagination and creativity*. New York : Academic Press.

Lloyd, B., & Howe, N. (2003). Solitary play and convergent and divergent thinking skills in preschool children. *Early childhood Research Quarterly, 18*, 22 - 41.

Millar, S. (1968). *Psychology of play*. Baltimore, MD : Penguin Books.

Montessori, M. (1964). *Dr. Montessori's own handbook.* Cambridge, MA : Robert Bentley.

Morrow, L. (1990). Preparing the classroom environment to promote literacy during play. *Early Childhood Research Quarterly, 5*, 537 - 544.

Neuman, S., & Roskos, K. (1990). The influence of literacy - enriched play settings on preschoolers' engagement with written language. In S. McCormick & J. Zutell (Eds.), *Literacy theory and research : Analyses from multiple perspectives* (pp. 179 - 187). Chicago : National Reading Conference.

Neuman, S., & Roskos, K. (1991). Peers as literacy informants : A description of young children's literacy conversations in play. *Early Childhood Research Quarterly, 6*, 233 - 248.

Neuman, S., & Roskos, K. (1992). Literacy objects as cultural tools : Effects on children's literacy behaviors during play. *Reading Research Quarterly, 27*, 203 - 223.

Neuman, S., & Roskos, K. (1997). Literacy knowledge in practice : Contexts of participation for young writers and readers. *Reading Research Quarterly, 32*, 10 - 32.

Pellegrini, A. (1980). The relationship between kindergartens' play and achievement in prereading, language, and writing. *Psychology in the Schools, 17*, 530 - 535.

Pellegrini, A. (1995). A longitudinal study of boys' rough - and - tumble play and social competence : Contemporaneous and longitudinal relations. In A. Pellegrini (Ed.), *The future of play research* (pp. 107 - 126). Albany, NY : State University of New York Press.

Pepler, D., & Ross, H. (1981). Effects of play on convergent and divergent problem solving. *Child Development, 52,* 1202 - 1210.

Perner, J., Leekam, S. R., & Wimmer, H. (1987). Three - year - old's difficulty with false belief : The case for a conceptual deficit. *British Journal of Developmental Psychology, 5*, 125 - 137.

Power, T. G. (2000). *Play and exploration in children and animals*. Mahwah, NJ : Erlbaum.

Reed, T., & Brown, M. (2000). The expression of care in the rough and tumble play of boys. *Journal of Research in Childhood Education, 15*, 104 - 116.

Roskos, K., & Neuman, S. (1993). Descriptive observations of adults' facilitation of literacy in play. *Early Childhood Research Quarterly, 8*, 77 - 97.

Rubin, K., Fein, G., & Vandenberg, B. (1983). Play. In E. Hetherington (Ed.) & P. Mussen (Series Ed.), *Handbook of child psychology : Vol. 4. Socialization, personality, and social development* (pp. 693 - 774). New York : Wiley.

Rubin, K., & Hayvren, M. (1981). The social and cognitive play of preschool - aged children differing with regard to sociometric status. *Journal of Research and Development in Education, 14*, 116 - 122.

Russ, S. (Ed.). (1999). *Affect, creative experience, and psychological adjustment*. Philadelphia : Brunner/ Mazel.

Russ, S., Robins, A., & Christiano, B. (1999). Pretend play : Longitudinal prediction of creativity and affect in fantasy in children. *Creativity Research Journal, 12*(2), 129 - 139.

Saltz, E., Dixon, D., & Johnson, J. (1977). Training disadvantaged preschoolers on various fantasy activities : Effects on cognitive functioning and impulse control. *Child Development, 48*, 367 - 380.

Saltz, E., & Johnson, J. (1974). Training for thematic-fantasy play in culturally disadvantaged children : Preliminary results. *Journal of Educational Psychology, 66*, 623-630.

Sawyer, K. (1997). *Pretend play as improvisation : Conversation in the preschool classroom*. Mahwah, NJ : Erlbaum.

Sawyer, K. (2003). Levels of analysis in pretend play discourse : Metacommunication in conversational routines. In J. Roopnarine (Series Ed.) & D. Lytle (Vol. Ed.), *Play & Cultural Studies : Vol. 5. Play and educational theory and practice* (pp. 137 - 157). Westport, CT : Greenwood Publishers.

Sheets - Johnstone, M. (2002, October). *Child's play : A multidisciplinary perspective*. Keynote address for The Philosophic Society for the Study of Sport, The Pennsylvania State University, University Park.

Shore, R. (1997). *Rethinking the brain : New insights into early development*. New York : Families and Work Institute.

Simons, J. (2003). Games people should play. *Rocky Mountain News*, May 12, 3D, 16D.

Singer, D., & Singer, J. (1990). *The house of make - believe : Children's play and developing imagination*. Cambridge, MA : Harvard University Press.

Smilansky, S. (1968). *The effects of sociodramatic play on disadvantaged preschool children*. New York : Wiley.

Smith, P. (1999, February). *Pretend play and theory of mind : What is the relationship?* Paper presented at the annual meeting of The Association for the Study of Play, Santa Fe, NM.

Smith, P., Dalgleish, M., & Herzmark, G. (1981). A comparison of the effects of fantasy play tutoring and skills tutoring in nursery classes. *International Journal of Behavioral Development, 4*, 421-441.

Sponseller, D. (1974). *Play as a learning medium*. Washington, DC : National Association for the Education of Young Children.

Sponseller, D. (1982). Play and Early Education. In B. Spodek (Ed.), *Handbook of Research in Early Childhood Education* (pp. 215-241). New York : The Free Press.

Stone, S., & Christie, J. (1996). Collaborative literacy learning during sociodramatic play in a multiage (K-2) primary classroom. *Journal of Research in Childhood Education, 10*, 123-133.

Sutton-Smith, B. (1980). Piaget, play and cognition revisited. In W. Overton (Ed.), *The relationship between social and cognitive development*. New York : Erlbaum.

Sutton-Smith, B. (1985). Play Research : State of The Art. In J. L. Frost and S. Sunderlin (Eds.), *When Children Play* (pp. 9-16). Wheaton : ACEI.

Sutton-Smith, B. (1986). *Toys as culture*. New York : Gardner Press.

Sutton-Smith, B. (1998). *The ambiguity of play*. Cambridge, MA : Harvard University Press.

Sylva, K., Bruner, J., & Genova, P. (1976). The role of play in the problem-solving of children 3-5 years old. In J. Bruner, A. Jolly & K. Sylva (Eds.), *Play and its role in development and evolution* (pp. 244-257). New York : Basic Books.

Tamis-LeMonda, C. S., & Bornstein, M. (1993). Individual variation, correspondence, stability, and change in mother and toddler play. *Infant Behavior and Development, 14*, 143-162.

Turner, V. (1983). Liminal to liminoid in play, flow, and ritual : An Essay in comparative symbology. In J. Harris & R. Park (Eds.), *Play, game and sports in cultural contexts* (pp. 123-164). Champaign, IL : Human Kinetics Publishers.

Vandenberg, B. (1998). Real and not real : A vital developmental dichotomy. In O. Saracho and B. Spodek (Eds.), *Multiple perspectives on play in early childhood education* (pp. 295-305). Albany, NY : SUNY Press.

Varga, D. (1991). The historical origins of children's play as a developmental task. *Play and Culture, 4*, 322-333.

Vygotsky, L. (1978). *Mind in society : The development of higher mental processes*. Cambridge, MA : Harvard University Press.

Weisler, A., & McCall, R. (1976). Exploration and play : Resume and reflections. *American Psychologist, 31*, 492-508.

Wimmer, H., & Perner, J. (1983). Beliefs about beliefs : Representation and constraining function of wrong beliefs in young children's understanding of deception. *Cognition, 13*, 103-128.

Wing, L. A. (1995). Play is Not the Work of the Child : Young Children's Perceptions of Work and Play. *Early Childhood Research Quarterly, 10*(2), 223-247.

Wohlwill, J. F. (1984). Relationships between exploration and play. In T. D. Yawkey & A. D. Pellegrini (Eds.), *Child's play : Developmental and applied* (pp. 143–170). Hillsdale, NJ : Erlbaum.

Wolfgang, C., Stannard, L., & Jones, I. (2001). Block play performance among preschoolers as a predictor of later school achievement in mathematics. *Journal of Research in Childhood Education, 15*(2), 173–180.

Wyver, S., & Spence, S. (1999). Play and divergent problem–solving : Evidence supporting a reciprical relationship. *Early Education and Development, 10*(4), 419–444.

Youngblade, L., & Dunn, J. (1995). Individual differences in young children's pretend play with mother and sibling : Links to relationships and understandings of other people's feelings and beliefs. *Child Development, 66*, 1472–1492.

CHAPTER

2

놀이의 역사와 이론

들 어 가 는 말

사람들은 옛날부터 놀이를 해왔고, 특히 영유아들은 언제나 놀이를 해왔다. 그렇다면 놀이에 대한 태도는 시간이 지남에 따라 어떻게 변해왔는가? 고대부터 현대에 이르기까지 영유아들의 놀이에 대한 시대적인 관점은 어떠했는가? 후기 현대사회에서 영유아들의 놀이는 어떻게 여겨져 오고 있는가? 특히 인류 문명의 변화와 함께 놀이는 어떻게 변화되어 왔는가? 이러한 역사적 맥락 속에서 형성된 놀이이론에는 어떤 것들이 있는가? 인간은 왜 놀이를 하고 놀이가 왜 중요한지를 밝히기 위해 많은 학자들은 계속적인 연구와 노력을 기울여 왔다. 그 결과, 놀이의 본질을 규정하는 데 기초가 되는 몇 가지 이론들이 형성되었다. 다양한 놀이이론의 관점을 이해하기 위해서는 우선적으로 영유아 놀이에 대한 성인들의 입장을 역사적인 맥락에서 고찰해보고, 인류 문명의 변화에 따른 놀이의 소멸과 회복과정을 살펴보아야 한다. 더불어 학자들이 주장한 놀이이론들을 고전적 놀이이론, 현대적 놀이이론, 후기 현대적 놀이이론으로 나누어 고찰해보고자 한다.

놀이 역사와 함께 놀이이론을 살펴보는 것은 매우 추상적이어서 유아교육현장에서 영유아들을 실제로 교육해야 하는 예비교사 또는 현직교사들에게는 다소 부정적일 수 있다. 딱딱한 이론을 살펴보는 것보다는 실제로 어떻게 영유아들의 놀이를 지도해야 하는지 방법을 알려주는 것이 더 효율적이지 않느냐고 반문할 수 있다. 하지만 놀이이론은 놀이를 보는 개념적 렌즈이며, 영유아의 놀이행동을 어떻게 이해하고 반응해주어야 하는지에 대해 직접적인 영향을 미치기 때문에 매우 중요하다(Beyer & Bloch, 1996). 영유아 교사들이 인류 문명의 변화와 함께해 온 놀이의 역사를 토대로 특정 놀이이론을 정확하게 이해하고 믿음을 가진다면 놀이에 대해 부정적인 우리 사회의 부모들이나 행정가들에게 놀이의 중요한 발달적·교육적·사회적 가치를 확신시켜 줄 수 있을 것이다. 역사적 고찰과 이론을 통해 형성되는 신념이나 믿음은 행동과 연결될 것임이 분명하다.

CHAPTER 2

놀이의 역사와 이론

사전 토의 주제

- 영유아 놀이에 대한 당신의 신념과 태도는 어떠한가요?
- 사람들은 왜 놀이를 할까요? 성인과 영유아는 각각 왜 놀이를 할까요?
- 4차 산업혁명 · 인공지능 시대! 사라졌던 놀이의 회복이 왜 필요할까요?

1 영유아 놀이의 역사

영유아의 놀이에 대한 성인들의 입장은 역사적인 맥락에서 살펴볼 수 있다. 19세기 이전 고대 및 전통사회의 관점에서는 그리스, 로마, 중세시기 및 르네상스 시대를 포함하여 17~18세기 프랑스와 영국, 미국의 역사적 입장을 살펴볼 것이며, 더불어 19세기와 20세기로 대표되는 현대사회의 관점과 1980년대 이후 후기 현대사회의 관점을 고찰해볼 것이다.

1) 고대 및 전통사회의 관점(19세기 이전)

고대에는 영유아를 무기력한 존재로 간주하였으나, 놀이만은 영유아의 생활에서 수용되는 부분으로 여겨졌다. 고대 이집트의 벽화를 살펴보면 영유아들이 로프를 이용하여 줄넘기를 하거나 공과 인형을 가지고 놀이를 하는 모습이 나타난다(French, 1977). 고대 그리스에서는 영유아들이 태어나면서부터 놀이를 할 수 있다고 생각하여 영유아의 놀이가 허용되고 격려되었다. 그리스 철학자 Plato는 《공화국(Republic)》에서 영유아의 놀이는 경험을 통한 학습의 중요한 부분이라고 하였다(Cornford, 1951). 고대 로마인들은 영유아의 놀이를 그리스인들과 비슷하게 인정하였으나, 보다 훈련이 필요하다고 생각하였다. 중세시기에 영유아는 신에게 중요하며 영혼을 가지고 있기에 성인에게 학대받아서는 안 된다고 여겨지면서 놀이를 포함한 특별한 영유아기 활동을 수용하는 것이 적절하다고 생각되었다(Borstelmann, 1983).

르네상스 시기 동안에는 영유아의 놀이에 대해 부정적이었다. 성인과 영유아의 세계가 다르지 않다는 생각이 지배적이었기에 유아들에게도 일을 시켰다. 르네상스 시대에는 독일에서 놀잇감을 만드는 제조업이 시작되었는데, 이 당시 만들어진 놀잇감은 영유아를 위해서 만들어진 것이 아니고 영유아와 성인이 함께 사용하는 것이기에 대부분의 놀잇감들이 매우 정교하고 섬세하여 영유아들이 만지기에 무리가 있었다(Somerville, 1982).

르네상스가 끝나는 17세기가 되면서 영유아기에 대한 새로운 인식이 일어나 영유아와 놀이에 대한 유럽 사람들의 태도가 변하기 시작했다. 영유아들을 성인과는 다른 발달적 요구를 가진 존재로 보며 관심을 가질 가치가 있는 존재로 인식하기 시작했다. 특히 프랑스 사람들은 성인과는 다른 영유아기에 대해 명확히 인식하면서 영유아 위주의 활동으로서 놀이에 수용적인 태도를 보였다(Aries, 1962). 18세기 프랑스에 가장 영향을 많이 미친 Rousseau(1712~1784)는 《에밀(Emile)》에서 영유아들을 있는 그대로 인식해야 한다고 하면서 자연스러운 놀이의 중요성을 강조하였다.

반면 영국에서는 영유아와 성인들을 위한 일의 가치를 강조하면서 놀이를 훈련과 일하는 시간을 방해하는 어리석은 활동으로 간주하였다. 이러한 생각에 배경이 되는 것은 프로테스탄트라는 종교적 영향력이다. 즉, 신앙 이외에 노동과 자기 훈련이 필요하며 이를 통해 영원히 구원받고 물질적으로 성공하게 된다고 생각하였다. 따라서 놀이는 기분 전환이며, 나쁘게는 신에 대한 죄악이었다. 18세기 중기와 말기에 영국에서는 놀이를 실제로 억압하는 법을 실시하기도 하였다. 영국에서 영유아의 특성에 대해 언급한 철학자는 Locke(1632~1704)로 그의 견해는 17세기 말과 18세기 동안 영국뿐만 아니라 유럽과 신대륙에 폭넓게 펴졌다. Locke는 놀이를 경시하지는 않았지만 일, 합리성, 훈련이 영유아의 최적의 발달에서 중요한 요소라는 점을 분명히 하였다(Hughes, 1995).

미국 대륙의 최초의 정착민은 영국을 떠난 종교개혁집단으로서 청교도인들로 일과 놀이에 대한 미국인의 태도에 중요한 영향을 미쳤다. 청교도인들은 영유아를 권리를 가진 개인으로 보고 성인의 발달과 차이가 있는 영유아의 특별한 요구에 민감했으며 모든 형태의 놀이를 무시하지는 않았다. 하지만 놀이가 학습과 훈련을 방해하는 활동이라고 생각하였다. 즉, 영유아가 가족으로서의 책임, 집안일, 학업에 관심을 갖도록 놀이로부터 보호되어야 한다는 것이었다.

1800년대 초부터 계몽운동과 북미대륙의 서부 개척과 함께 영유아는 환경에 의해 새겨지는 백지 상태로 순수하고 보호가 필요한 존재로 여겨지기 시작했다. 엄격한 훈련이 중요시되긴 했지만 보다 진정한 관심과 영유아 중심적 경향이 나타났다. 따라서 놀이는 영유아들로 하여금 강하고 건강하게 성장하도록 돕고 사회생활에 적극적으로 참여할 수 있게 하는 긍정적인 힘이라고 여기기 시작하였다.

19세기 이전 고대 및 전통사회의 놀이에 대한 관점은 영유아라는 존재를 어떻게 바라보았느냐에 따라 시대적으로 변화되어 왔다. 성인과 영유아를 동일시하고 일을 중요시하면서 영유아의 놀이에 부정적인 시각을 보였던 시기도 있었지만, 놀이의 중요성은 고대 그리스의 Plato 이래로 많은 교육학자들과 사상가들이 계속적으로 강조해왔다.

2) 현대사회의 관점(19~20세기)

19세기에 들어오면서 20세기까지 미국에서는 일과 통합된 놀이가 강조되었다. 놀이와 일의 혼합은 초기 영국과 프랑스의 영향력이 혼합되어 반영된 결과로, 놀이에 대한 미국 사람들의 이중적인 태도가 형성되었다(Hughes, 1995). 부모들이 영유아들의 신체적인 억압보다는 자기감정을 억압하는 자기통제를 강조하면서, 환경을 통제하고 숙달하기 위해 놀이를 하도록 격려하였다. 20세기가 되면서 영유아들에게 길러져온 억압적인 내적 통제를 줄이고 영유아의 감정을 개방하여 잘 표현하고 유아의 의지력을 증가시키려는 노력이 있었다. 이러한 노력은 있는 그대로의 현재 영유아를 이해하려는 움직임이다.

이 당시 전 세계적으로 놀이를 교육활동으로 활용할 것을 주장한 학자로는 Fröebel(1782~1852)과 Montessori(1870~1952)를 들 수 있다. Fröebel은 《인간과 교육(The Education of Man)》이라는 저서에서 놀이가 인간 성장의 기본 요소임을 강조하고 영유아기 교육은 놀이를 통해 이루어져야 한다고 하면서 은물을 고안하였다. Montessori도 감각교육을 시키기 위해 감각교구를 개발하고 실제 교육현장에 적용함으로써 유아교육에서 놀잇감의 중요성을 피력하였다.

19세기 말엽에서 20세기 초에 들어서면서 특히 Spencer, Patrick, Groos, Hall 등이 놀이의 가치를 밝히기 위해 노력하였다. Spencer는 놀이가 잉여에너지의 발산이라고 하였으며, Patrick은 인간의 휴식 욕구를 충족시켜 주는 것이 놀이라고 하였다. Groos는 영유아들은 놀이를 통해 선천적인 능력을 연습하여 발전시킨다고 하였으며, Hall은 진화론에 근거하여 영유아기 놀이에는 인류의 역사가 재현된다고 하였다.

놀이에 대한 보다 체계적이고 과학적인 연구가 시작된 것은 1920년부터다. 진보주의 교육운동과 유아원 설치 운동 및 아동연구운동이 놀이 연구를 가속화시켰다(Sponseller, 1982). 즉, 영유아를 학습의 주체로 보고 경험의 재구성 과정을 교육으로 강조하는 진보주의 운동이 전개되면서 놀이에 대한 관심이 높아졌으며, 영유아를 교육기관에서 보호하고 교육하는 유아원 시설이 많이 설치되면서 놀이 연구가 더욱 활성화되었다. 또한 아동연구운동이 번성하면서 심리학에 기반을 둔 여러 발달이론들이 영유아의 놀이를 중요하게 연구하기 시작하였다.

20세기 중반과 후반에 이르러 놀이는 영유아의 발달에 중요한 위치를 차지하게 되었다. Freud의 정신분석이론은 놀이치료의 임상적 연구에 기여하였고, Piaget의 인지이론은 놀이와 인지이론의 관계를 검증하는 연구를 가속화시켰다. 즉, 정신분석학자와 인지발달론자의 영향으로 놀이는 유아의 정서적 해방뿐만 아니라 인지 및 사회적 발달을 위한 기회를 제공해준다고 생각하게 되었다.

현대로 분류되는 19세기와 20세기는 보편적인 지식, 미리 결정되어 있는 지식, 과학과 기술을 통한 합리적인 방법에 의해 발견되는 지식을 중요시하였다(Grieshaber & Cannella, 2001). 모든 영유아들은 미리 정해진 구조를 가지고 태어나며, 환경과 상호작용을 하면서 이러한 구조를 펼쳐나간다는 것이 현대주의자들의 개념이다. Freud, Erikson, Piaget의 발달단계와 같이 놀이도 단순하고 원초적인 것에서부터 좀 더 복잡하고 성숙한 것으로 발달해간다는 것이 현대주의자들의 생각이다. 제3장에서 소개될 Parten의 사회적 놀이단계, Piaget의 인지적 놀이단계, Smilansky의 사회인지적 놀이단계 모두 놀이에 대한 현대주의적 견해를 반영하고 있다.

개인이라는 개념이 매우 핵심적인 용어로 개별 주체는 합리적 사회의 기반을 형성하고 현대 심리학과 교육은 개인의 자아실현이나 성공에 초점이 맞추어진다(Maslow, 1959). 즉, 이상적인 개인은 미리 결정되며, 심리학과 교육은 개인이 이상을 향해 나아가도록 지지하고 지원하며 안내하는 역할을 한다. 그렇다면 다양한 문화권에 사는 영유아들은 모두 같은 방식의 놀이를 하는가? 문화적 맥락에 대한 고려 없이 영유아의 놀이가 절대적으로 보편적이라는 것은 놀이에 대한 현대주의적 관점을 논할 때 항상 논쟁의 대상이 되는 부분이다.

3) 후기 현대사회의 관점(1980년 이후)

1980년대와 1990년대에 이르러 보편적인 진리와 지식의 절대성을 강조하는 현대적 관점에 반대하는 후기 현대적 관점, 소위 말하는 포스트모던 방식이 보편적인 진리에 대한 도전을 제시하였다(Grieshaber & Cannella, 2001). 진리는 상대적이고 주관적이라는 것을 기저에 깔고 있는 후기 현대적 관점은 사회 · 문화적 이론, 비판이론, 혼돈이론 등을 포함한다.

후기 현대적 관점들은 다양성과 다문화주의를 강조한다. 모든 사회문화의 영유아들에게 동일하게 적용되는 발달이론에 반발하며 한 개인의 행동은 개인이 속한 사회문화 속에서 진정하게 이해된다고 하였다. 특히 중상류층의 영유아들을 대상으로 밝혀진 발달이론을 다른 계층 영유아들에게 동일하게 적용할 경우, 어느 한 계층의 영유아들이 부족해보이거나 문제가 있는 것으로 보일 수 있다. 각기 다른 사회문화 속의 영유아들을 한 잣대로 이해하고 심지어 평가하려고 하는 것은 문제가 있다고 주장한다.

후기 현대이론들은 합리주의, 과학과 기술공학을 통한 진보, 일반적으로 비판 없이 받아들여지고 있는 서구적 사고에 도전하고 있다. 영유아 교육과 관련해서도 발달에 적합한 실제(Bredekamp & Copple, 1997)와 같은 개념, 권력이 없는 영유아와의 관계에서 교사와 부모의 권력 등에 대한 교육자들의 믿음에 이의를 제기한다. 특히 미국의 비판이론가들은 영유아를 양육하고 교육하는 데에는 중류층 유럽 중심 미국 접근(middle-class, Eurocentric American approach)과 소수집단 접근(minority approach)이 있다고 주장한다(Banks & Banks, 1997; Gonzalez-Mena, 1993). 전자는 법 · 독립 · 권력의 가치를 중시하는 반면, 후자는 집단생존 · 협동 · 억압에 대한 저항과 반응에 기초하여 집단에의 충성과 복종 및 협동학습을 중시한다.

영유아의 놀이에 대해서도 무조건적으로 놀이가 영유아들의 전인적 발달을 돕고 사회에서 성공하는 데 필요한 보다 전문적인 기술 및 능력 습득에 중요하다는 관점이 지배적이지만, 후기 현대이론들은 이러한 관점이 하나의 편파적인 접근이라고 본다. 소수집단의 영유아들에게 놀이는 매우 하찮은 것이며 생존을 위해 필요하지 않은 것이거나 집단의 결속과 충성을 강조하는 것일 수 있다. 따라서 후기 현대적 관점에 따르면 놀이에 대한 인식이나 놀이 형태 등을 연구할 때는 보다 더 사회 · 문화적 맥락 속에서 진행되어야 한다.

2 인류 문명의 변화와 놀이

삶이 곧 놀이였던 인류 사회는 문명화 과정을 거쳐 점차 유희적인 것을 배척하고 이성이 세상을 지배하게 되면서 놀이가 사라진 사회로 변화되었다. 유희적 인간이 지성인, 직업인, 경제인으로 변화되면서 놀이의 본성이 상실된 것이다. 놀이는 단지 매우 하찮고 가벼운 것이기에 어른들의 일을 위해서는 되도록 멀리 해야 하는 것으로 여겨지면서 단지 영유아들을 위한 사소한 영역으로 자리매김하였다. 심지어 영유아들을 위한 놀이조차도 학습을 위해서는 멀리 해야할 것으로 치부되었다. 하지만 놀이가 사라진 건조한 오늘날을 살아가고 있는 인류는 4차 산업혁명이라는 새로운 시대의 전환에 직면하게 되면서 디지털 문화가 다시 놀이문화를 회복시키고 있다(진중권, 2016). 이러한 인류문명의 변화에 따른 놀이의 소멸과 회복과정을 놀이가 사라진 사회와 놀이를 필요로 하는 사회로 나누어 살펴보고자 한다.

1) 놀이가 사라진 사회

인간사회의 많은 행위에는 놀이 요소가 포함되어 있었다. 노래를 부르고 집단 게임을 하고, 심지어 노동을 할 때도 모내기를 하면서 선창을 하고 매기고 받으며 놀면서 일을 해왔으며, 종종 결혼식 · 축제 등을 통한 연회나 잔치를 벌려왔다. 인간은 유희하는 인간, 놀이하는 인간, 즉 호모루덴스(Homo Ludens)다. 놀이는 인간행동의 가장 근본적인 범주에 해당하기에 놀이가 없으면 문명도 존재할 수 없다(Rifkin, 2001/2023). 즉, 놀이란 단순히 노는 행위가 아니라 인간의 정신적인 활동을 포함하는 것이다. Huizinga(1938/2018)는 이러한 놀이가 분화하면서 바로 인간사회의 법과 제도, 철학, 예술, 문학 등이 되었다고 보고 있다. 예를 들어, 고대 게르만은 경쟁을 통해 중요한 법적 판단을 했으며, 달리기나 도끼 던지기를 통해 토지의 크기나 마을의 경계를 결정하였다. 또한 수수께끼를 통해 지혜를 겨루면서 탄생한 것이 고대 철학이다. 이렇듯 17세기 이전까지는 놀이가 매우 중요했다. 네덜란드 화가 Pieter Bruegel의 1560년대 그림인 〈어린이들의 놀이(Children's Games)〉에는 250명 이상의 어린이들과 성인이 말타

그림 2-1 Bruegel의 어린이들의 놀이(Children's Games)

기, 물구나무 서기, 말뚝박기, 인형놀이, 굴렁쇠 굴리기, 기차놀이 등 90여 개 이상의 놀이를 하고 있다.

프랑스 사상가 Caillois(1958/2018)도 놀이가 인간 이해의 가장 핵심요소라고 보며, 놀이를 네 가지—아곤(agon), 알레아(alea), 미미크리(mimicry), 일링크스(ilinx)—범주로 나누어서 기본 원리를 설명하였다. 아곤(agon)은 경쟁을 통해 승패를 가리는 게임으로 권투, 축구, 골프같이 서로의 실력을 겨루는 스포츠 경기가 이에 속한다. 알레아(alea)는 순전히 운에 의지하는 놀이로 제비뽑기, 주사위 던지기 등이 포함된다. 반면 승패가 없는 놀이도 있는데, 흉내라는 뜻의 미미크리(mimicry)는 소꿉놀이와 같이 참여자들이 각각 역할을 맡고 이에 맞는 행동을 수행하면서 즐거움을 찾는 놀이다. 가장 무도회나 특정 대상을 흉내내거나 연기하는 놀이가 이에 속한다. 끝으로 일링크스(ilinx)는 롤러코스터를 탈 때처럼 짜릿한 기분을 맛보려고 기꺼이 위험을 무릅쓰는 놀이들로 스릴이나 아찔함을 통해 쾌감을 얻는 놀이를 말한다. 술을 좋아하는 것도 일종의 일링크스에 속한다. 이러한 놀이는 인간을 평등하게 만드는 문화적 기제로, 인간은 놀이를 통해 일체감, 해방감, 카타르시스를 느끼게 된다. 놀이를 통해서 인간은 기본적인 욕구를 충족할 뿐만 아니라 '함께 재미있기', '재주를 칭찬받기', '승리의 기쁨 맛보기', '규칙 알아가기' 등을 익히게 되는 것이다.

이렇듯 그리스 · 로마 · 중세시대까지 인간은 놀이와 삶이 중첩되어 있었다. 가상과 현실의 세계가 중첩되는 삶을 살아왔던 것이다. 이후 근대에 이르러 이성이 세상을 지배하면서 문명화 과정을 통해 과거의 유희인(homo ludens)은 데카르트의 지성인(homo sapiens), 막스 베버의 직업인(berufsmensch)을 거쳐 신자유주의 경제인(homo economicus)으로 변화하게 되면서 놀이는 점차 소멸되었다(진중권, 2016).

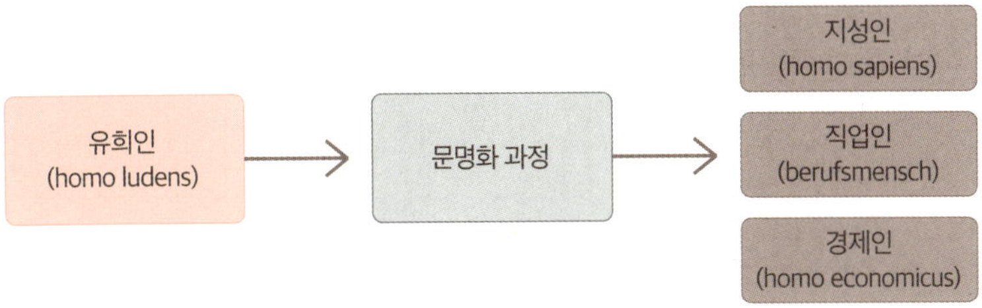

그림 2-2 문명화의 과정

출처 : 진중권(2016). 다시 읽는 호모루덴스. 행복한 가족을 위한 디지털 레시피 #10. 강연내용 중 ppt 자료 재구성

문명화 과정이란 사람들이 자신의 감정을 통제하는 데 있어서 더 큰 능력을 획득하게 되는 역사적 과정을 말한다(Elias, 1939/2019). 일반 중세인들은 아무데나 가래침을 뱉거나 손으로 음식을 먹거나 식탁에서 큰소리로 코를 푸는 등 인간의 감정을 있는 그대로 표출해왔다. 근대 사회로 들어서며 특정 개인이 이런 행위를 한다면 개인의 일탈이며, 국가나 사회에 속한 모든 사람들이 이런 행위를 한다면 미개하다고 말할 것이다. 사람이나 민족을 문명인 대 미개인, 문명국가 대 미개국가로 나눌 때, 그 기준선은 무엇인가? 서양 사회가 어떻게 오늘날의 매너, 예절 또는 에티켓의 발명을 통해 문명화되어 왔는지를 Elias(1939/2019)는 궁정적 합리화 과정을 통해 상세하게 설명하고 있다. 그는 손으로 먹거나 침을 뱉는 행위, 공공장소에서의 생리적 행위 등을 수치로 생각하는 사회적 규범이 먼저 궁정의 상류층에서 발전하게 되고, 나중에 시민계급으로, 나아가 사회 전반으로 확산되었다고 하였다. 문명화 과정 이전에는 자기 자신에 대한 규율과 타인에 대한 배려가 없었으며, 오로지 자신의 감정과 열정에 따라 행동했다. 예절 개념이 서구 사회에서 중요하게 된 시기는 기사 사회가 붕괴되고 절대주의 왕정이 형성되던 때였다. 자신의 감정과 열정을 방해받지 않고 발산할 수 있었던 기사 계급은 봉건제도의 몰락과 함께 절대주의 왕정으로 귀속되었고, 궁정 사회에서 행동하기 위해 자기통제와 타인의 배려가 싹트기 시작했다. 과거 타인에게 불쾌감을 줄 수 있는 행동은 외부적인 규범을 통해 규제되기 시작했고, 후에는 외부적 압력이 내면화되면서 자기통제로 발전하였다.

순간의 명예감에 따라 행동하고, 폭력을 사회문제 해결의 중요한 수단으로 여기며, 개인적 갈등은 결투로, 집단적 갈등은 전쟁으로 해결해왔던 중세의 전사들은 문명화 과정을 통해 군대의 귀족으로 변화하게 된 것이다. 즉, 문명화 과정을 통해 투박한 중세인과 중세의 전사들은 세련된 매너를 갖춘 근대의 문명인으로 진화한 것이다. 근대국가가 형성되면서 사회문제 해결은 폭력이 아닌 근대적 사법체계에 따라 이루어졌고, 중세시대에 명예를 위해 싸웠던 결투와 폭력은 불법으로 간주되었다. 문명화 이전에는 직접적인 무력 대결로 승패를 결정했다면, 궁정에서의 권력투쟁은 치밀한 전략과 술수가 판을 치게 된다. 이런 사회적 환경에서 자신의 감정을 거침없이 드러내고 즉흥적인 행동을 한다면 퇴출될 것이기에, 자신의 속마음을 잘 감추고 암암리에 상대의 속셈을 알아낼 수 있어야 했던 것이다.

문명화 과정을 통해 외향적이던 중세인이 내성적인 근대인으로, 중세의 열정이 근대의 냉정으로 변하면서 호모루덴스는 호모사피엔스로 변하게 되었다. 호모루덴스로서 인간은 환상의 공간이며 놀이의 공간인 매직서클에서 삶이 이루어져왔다. 현실이 곧 놀이이며 매직서클이었는데, 문명화 과정을 통해 매직서클이 사라지게 된 것이다. 진중권(2016)은 매직서클이 사라진 증거로 다음의 세 가지를 제시하였다. 첫째, 일상과 놀이의 분리 및 놀이의 주변화(직업인), 둘째, 놀이를 통한 열정의 소멸(경제인), 셋째, 놀이를 위한 상상적 공간의 붕괴(지성인)가 바로 그것이다. 이성으로 감정을 억제하고 감각을 믿지 말고 상상력을 버리며 합리화를 추구하게 됨에 따라 인간의 삶에서 놀이는 매우 하찮은 것으로 여겨지게 되었다. 놀이의 특성은 이성과 합리화를 방해하는 요소들이었던 것이다.

정신과 물질의 철저한 이원론을 주장한 Descartes(1637/2016)는 감정에 치우친 사람들을 이성적 존재로 만들어내고자 하였다. 상상력이 풍부한 사람은 합리적이지 않기에 비합리적 판단을 하지 않기 위해서는 이성의 힘으로 희노애락의 정념을 통제할 수 있어야 한다고 하였다. 정신적으로 명석판명한 것만이 참이라고 인정하고(명증성의 규칙), 문제를 가능한 한 작은 부분으로 나누어서 가장 단순하고 인식하기 쉬운 요소를 발견하고(분석의 규칙), 가장 단순한 것에서 가장 복잡한 것으로 사고를 순서적으로 유도하며(종합의 법칙), 빠진 것이 있는지를 충분히 재검토하는 것(매거의 법칙)을 중요한 법칙으로 여겼다. '나는 생각한다, 고로 존재한다'는 것이야말로 모든 것을 의심하더라도 더 이상 의심할 수 없는 진리라고 확신하면서 이를 모든 학문의 제1원리로 정립해나갔다. Descartes의 이러한 철학적 방법론은 근대의 수많은 학자들을 자극하여 자연과학과 수학에서 급격한 발전을 이끌어냈다. 이렇듯 서양이 중세를 벗어나게 된 그 결정적인 동력을 Descartes가 제공했기에 그를 '근대 철학의 아버지'라고 부른다.

독일의 사회과학자인 Max Weber(1905/2018)는 우리 시대의 운명은 합리화, 지성화, 세계의 탈마술화로 특징지어진다고 하며, 근대 유럽에서의 자본주의 발생을 프로테스탄티즘 특히 칼뱅주의의 교리하에서 금욕과 근로에 힘쓰는 종교적 생활 태도와 관련지어 설명했다. 중세시대 일반인들은 경쟁도 치열하지 않았고 돈을 더 많이 벌기 위해 지나치게 일을 하기보다는 적당히 일을 하고 나머지 시간은 자기 쾌락을 위해 쓰는 것이 당연한 삶이었다. 심지어 19세기 중반까지도 술과 유흥에 빠져 주말을 지낸 노동자들이 월요일에도 일에 복귀하지 않고 쉬는 문화로 성 월요일(st. Monday)이라는 전통이 있었다고 한다. 하지만 산업혁명 이후 올바른 삶의 자세는 최대한 많은 시간 동안 노동을 하는 것으로 변화되었다. 이 시기 칼뱅은 직업은 소명이며 노동은 신성한 것이라는 직업소명설을 주장하였다. 직업은 신이 불러 맡긴 것이므로 귀천이 없으며, 직업에서 얻어진 이윤은 신의 선물이라고 하였다. 자본주의가 뿌리를 내리기 시작하면서 노동이 최고의 가치로 여겨지고 놀이는 소멸하기 시작한 것이다. Weber는 프로테스탄티즘이 자본주의 사상의 기초가 됐다고 하며, 직업노동을 통한 부의 획득을 심지어 신의 축복이라고 보았다. 종교개혁으로 등장한 프로테스탄티즘은 근검절약과 성실한 노동을 통해 구원이 이를 수 있다고 하였는데, 이러한 논리가 곧 자본주의 논리와 일치했던 것이다. 절약은 곧 저축으로 이어져 근대적 자본 축적이 가능해졌고, 노동시간의 증대로 발생한 이윤은 자본의 재투자로 이어졌다.

직업을 갖고 성실하게 노동을 함으로써 획득한 부는 신의 축복이기에, 근대인은 무한한 물질적 소유 욕망을 가진 차가운 호모이코노미쿠스로 변화되었다. 물질적 소유 욕망은 모든 다른 격정을 억누르게 해주는 강력한 정념으로, 근대인을 움직이는 동력이 되었다. 단지 이성은 물질적 소유 욕망을 실현시켜 주기 위해 방법을 제시해주는 수단인 것이다. 더불어 산업혁명 이후 테일러 시스템과 포드 시스템의 등장은 노동의 합리화에 큰 기여를 하게 되었다. 테일러 시스템은 미국의 테일러가 주장한 과학적 경영관리법으로 노동자의 태만을 방지하고 노동자들로 하여금 최대의 능률을 발휘하도록 하기 위해 시간 연구와 동작 연구를 바탕으로 공정한 1일의 작업 표준량인 최적의 과업을 제시하는 과업관리를 말하는 것이다. 심지어 노동의욕을 고취시키기 위해 차별적인 성과급제를 채택하는 이른바 기능식 직공장 제도를 도입한 관리방식이라고 볼 수 있는데, 구성원은 수동적 존재라는 전제, 기계론적 인간과 인간노동의 비인간화, 노동조합의 부정, 인간의 감정 무시 등이 문제점으로 지적된다. 테일러 시스템을 더욱 진보시킨 형태로서 포드 시스템은 헨리 포드가 실시한 생산 합리화 방식을 통한 대량생산 시스템이다. 부품의 표준화, 제품의 단순화, 작업의 전문화 등으로 생산의 표준화를 이루고, 컨베이어 시스템에 의한 이동조립 방법을 채택해 작업의 동시관리를 꾀함으로써 원가절감을 통한 대량생산을 가능하게 하는 계기를 마련하였다는 데 의의가 있다. 하지만 작업과정을 분할하여 개개인의 노동자는 전체 작업의 일부분만을 반복적으로 수행하기 때문에 자기가 무엇을 만드는지도 모르고 일만 반복하게 되면서, 인간의 기계화가 일어났다. 하루 종일 동일한 동작만 기계적으로 반복하는 노동자들의 일 속에 유희란 없으며, 놀이가 비효율적으로 여겨지면서 여가와 노동의 분리가 일어나게 된 것이다.

호모루덴스였던 인간은 문명화 과정을 통해 호모사피엔스, 즉 지성인으로서 이성적 존재가 되면서 상상력, 감각, 감정을 억제하고 일상에서 놀이를 분리시켜 나가게 되었다. 특히 산업화 과정을 통해 과거의 유희인이 오로지 물질적 소유 욕망을 위해 쉬지 않고 일하는 직업인, 이해타산적인 차가운 인간으로서의 호모이코노미쿠스로 변모하게 된 것이다.

2) 놀이를 필요로 하는 사회

근대화 시기의 생산 자본주의는 새로운 소비지향 자본주의, 문화 자본주의로 발전해나가게 된다. 생산 자본주의를 통해 짧은 시간 내에 많은 상품을 생산하게 되지만, 재고는 쌓여가고 판로가 어려워지면서 기업가들은 이윤을 확대하기 위해 근대와는 다르게 예술가들의 저항적인 가치를 이용하기 시작하였다. 프로테스탄트 윤리에 입각한 자본주의가 창조성, 쾌락과 유희라는 욕망을 억누른 반면, 새로운 문화 자본주의는 억눌린 욕구를 예술이라는 분출구를 통해 발산해내도록 함으로써 거대한 소비문화를 만들어내고 있는 것이다. 즉, 예술을 문화적 영역에서 자본주의 시장으로 끌고 나온 것이다(Rifkin, 2001/2023).

물질적 가치와 재산 축적에 집착하는 산업사회의 억압 속에서 예술은 개인의 욕망을 표출하고 자유와 희열의 해방감을 느끼게 해주는 역할을 해왔다. 객관성과 근면성을 중요시하는 생산 자본주의와는 다르게, 예술은 주관성과 창조성을 강조하면서 자기표현과 자기실현의 가능성을 보여주었다. 이러한 예술을 활용하여 기능이 동일하더라도 디자인을 통한 미적 감동을 통해 구매 충동을 일으켜 소비문화를 더 창출시켰다. 건축물의 경우에도 실용성을 강조하던 모던의 기능주의 건축양식은 근대에 사라지고 장식, 기호, 상징이 중요시되는 미적 자본주의에 입각한 포스트모던 건축양식이 각광받기 시작하였다.

산업생산시대는 저물고 문화생산시대가 도래하면서, 소비자들에게 필요한 상품을 파는 것이 아니라 다양한 문화적 가치와 체험을 팔게 된 것이다. 예술의 영역에서 추구해온 창조성, 자기실현, 공동체적 소속감 등이 덧입혀진 상품을 팔고 산다. 예를 들면, 값이 싼 제품보다 값이 비싼 명품을 사는 경우로, 자본이 계급을 가르는 척도가 됨에 따라 사람들은 부자가 되길 원하고, 자신이 부자라는 것을 나타낼 수 있는 척도로 명품을 구입한다. 판매업자들은 단순히 제품을 파는 것이 아니라 그 제품을 가지면 소비자가 어떻게 보이는지 이미지를 판매하는 것이다. 점심식사 후에 모든 현대인들이 스타벅스 커피를 손에 들고 길을 걷는 것도 이러한 명품 구매와 비슷한 차원이다. 제품은 단지 무대의 소도구일 뿐 제품이 내포하고 있는 기호와 이미지가 중요해진 것이다. 문화적 생활을 상징하는 기호와 그 기호를 해석하는 예술적 의사소통의 형식, 심지어 살아 있는 체험 등을 팔게 된 것이다. 세계여행, 관광, 패션, 건강, 요리, 음악, 영화, 온라인 게임 등 문화적 경험에 대한 접속권 거래는 현대사회의 새로운 아이템으로 급부상하고 있다.

산업생산에서 문화생산으로 변하면서 노동 의식은 유희 의식으로 바뀌게 되었다. 산업사회는 노동을 상품화하였다면, 접속의 시대에는 놀이의 상품화가 대세를 이루게 되었다. 산업 자본주의가 문화 자본주의로 넘어가면서 노동 정신이 사라지고 놀이 정신이 회복되는 것이다. 즉, 매직서클의 귀환이 이루어지게 된 것이다(진중권, 2016). 놀이는 문화를 창조하는 것이며, 사람의 상상력을 해방시켜 공유할 수 있는 의미를 만들어낸다. 새로운 문화 자본주의 시대에는 이러한 놀이가 전면으로 등장하게 되면서 놀이의 회복이 자연스럽게 이루어지고 있다.

4차 산업혁명은 인공지능(AI), 사물인터넷(IoT), 로봇기술, 드론, 자율주행차, 가상현실(VR) 등이 주도하는 제2차 정보혁명으로, 놀이가 필요한 사회로의 귀환을 만들어내는 데 일조하고 있다. 1784년 영국에서 시작된 증기기관과 기계화로 대표되는 1차 산업혁명, 1870년 전기를 이용한 대량생산이 본격화된 2차 산업혁명, 1996년 인터넷이 이끈 컴퓨터 정보화 및 자동화 생산시스템이 주도한 3차 산업혁명에 이어 로봇이나 인공지능을 통해 실제와 가상이 통합되어 사물을 자동적 · 지능적으로 제어할 수 있는 가상 물리 시스템의 구축이 기대되는 산

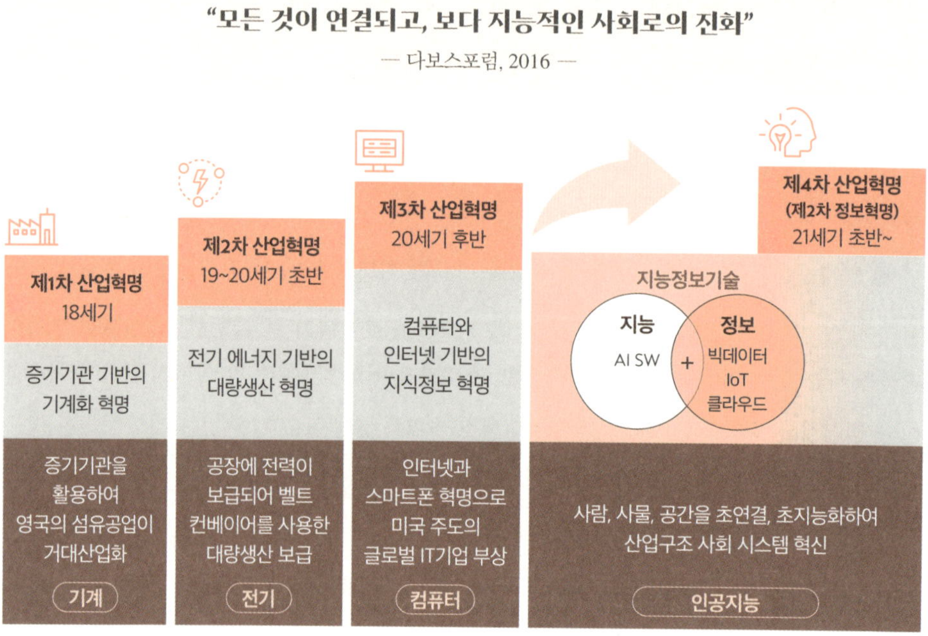

그림 2-3 1~4차 산업혁명의 특징

출처 : 오승균(2018. 5. 10.). 학부모를 위한 4차 산업혁명 시대의 인재상. 신도봉중학교 부모 강연회 자료, p. 4.

업상의 변화로서 4차 산업혁명은 전 세계 질서를 새롭게 만드는 동인이 되고 있다.

빅데이터 시대에는 고성능 컴퓨터 한 대가 처리할 수 있는 정보의 양이 과거 수백 명의 인력이 처리했던 정보의 양을 능가한다. 고성능 컴퓨터 한 대와 이를 다룰 수 있는 인력 한 명만 있으면 수백 명의 사무인력을 대체할 수 있게 된 것이다. 제조업 생산 분야도 제조 공정에 대한 자동화가 급속하게 진행되면서 기계가 사람을 대체하게 됨에 따라 수많은 사람들이 직업을 잃고 있다. 전반적으로 단순노동을 요구하는 일자리는 없어지는 반면, 하이테크가 요구되는 새로운 일자리는 더 만들어질 수 있다. 즉, 4차 산업혁명은 노동과 자본시장의 변화를 가져와 단순노동과 자본보다는 창의적인 재능과 기술이 중요한 생산요소로 부상하였다. 인터넷으로 광범위하게 얽히고설킨 상황에서는 새로운 기술과 반짝이는 아이디어만 있으면 많은 사람으로부터 빠른 시간 안에 자금을 모을 수 있게 된 것이다.

많은 사람의 능력을 집약한 컴퓨터, 세계의 모든 사람들을 연결할 수 있는 인터넷, 이를 제품화할 수 있는 3D 프린터, 작업을 보조해줄 수 있는 인공지능을 갖춘 오늘날의 개개인들에게는 무한한 가능성이 열려 있다. 창의적인 아이디어만 있으면 인터넷을 통해 직접 제품을 생산하고 배송하지 않아도 새로운 가치를 창출할 수 있게 된 것이다. 기호로 이루어진 디지털 세계에서 만들어진 비트 산업은 공간을 점유하지 않고 속도는 무한대이며 시간이 들지 않고 한계비용이 필요하지 않다. 즉, 디지털 세상에서는 제품이 아닌 정보의 생산, 가공, 유통에 초점이 맞추어지면서 노동과 여가를 시공간적으로 분리하지 않게 되었다. 또한 디지털 시대가 되면서 상상력이 그 어느 때보다 중요해졌다. 존재하는 것을 익히고 인식하는 것이 중요하기보다는 새로운 것, 아직 없는 것을 상상해내는 것이 더 중요해진 것이다. 인간에게 삶의 의미는 노동으로 무엇인가를 생산하는 것이 아니라 본래 놀이를 통해 즐거움을 얻는 것이었다. 문명화 과정을 통해 억눌려 있었던 인간의 이런 놀이성은 4차 산업혁명 · 디지털 시대에 다시 회복되기 시작하였다. 21세기 정보화시대에는 자신의 놀이 경험이 타인에게 공유되고 소통되어 새로운 의미와 즐거움뿐만 아니라 경제적 효과까지도 창출해낼 수 있게 된 것이다.

인류는 기존의 지식과 기술을 그대로 적용해서는 풀리지 않는 수많은 난제에 직면하고 있다. 이제까지 한 번도 경험해보지 못한 새로운 문제에 직면했을 때 이 문제를 풀기 위해서는 창의적이고 융합적인 사고가 요구된다. 최근 연구자들은 기존의 지식과 기술로 풀 수 없는 문제를 게임의 형식을 빌려 온 세계에 공유하고 많은 사람들이 즐겁게 게임을 즐기는 가운데 해결책을 도출해내고 있다. 게임이 아닌 분야에서 게임의 메커니즘을 적용하고 활용하는 것을 게이미피케이션(Gamification)이라고 한다. 게이미피케이션의 대표적인 사례로 즐겁게 게임에 몰입하고 지속하면서 여러 사람들과 결과를 공유하는 가운데 난제를 자연스럽게 풀어낸 사례가 유명학술지에 게재되었다. 미국 워싱턴 대학 연구진과 게이머들은 2011년 폴딧(Fold it)이라는 온라인 퍼즐게임을 활용해서 단백질의 3차원 구조를 밝혀 에이즈 치료제 개발에 실마리를 제공한 성공사례를 기반으로, 신종 코로나바이러스 감염증과 싸우기 위한 방법으로 또다시 항바이러스 단백질을 디자인하는 온라인 게임을 론칭하여 수천 명의 플레이어들이 퍼즐을 풀고 있다. 영유아들이 놀이를 하면서 직면하는 여러 가지 문제들을 풀어나가며 즐거움과 진지함을 함께 보이는 모습을 생각해보면 같은 맥락에서 이해가 되는 현 시대적 상황일 것이다. 게이미피케이션은 현재 우리의 일상에 많이 적용되고 있는데, 스타벅스 리워드나 마라톤 경주 등도 이에 속한다.

한국은 근대화 · 산업화 과정을 완벽하게 받아들이면서 발전해왔다. 새로운 시각이나 창조적인 생각보다는 기존의 지식을 완벽하게 습득하여 적용하는 것이 가치 있게 여겨져온 시대를 살아왔다. 놀지 않고 열심히 공부해야 좋은 대학에 가고 전문직을 갖거나 좋은 회사에 취업하여 사회적 · 경제적 지위를 가질 수 있다고 생각해왔다. 노는 것이 부정적으로 인식되는 사회를 살아오면서 부모들도 자녀가 노는 것보다는 공부하고 일하는 데 많은 시간을 보내기를 기대해왔다. 그래야 성공할 수 있다는 생각이 지배적이었던 것이다. 이제는 새로운 시대가 도래하고 있다. 놀이가 화두로 등장하는 문화 자본주의, 4차 산업혁명과 인공지능의 시대가 도래하고 있다. 인간의 육체노동과 정신노동은 로봇과 인공지능에 의해 대체되어 시간이 남아돌게 된 것이다. 전 세계가 디지털로 연결되면서 자본주의는 실제 체험을 판매하는 문화 자본주의로 전환되었다. 이러한 시대에 놀이를 이해하고 놀이를 통해 창의적이고 융합적인 생각과 활동을 통해 가치를 창출할 수 있는 역량을 함양하는 것이 중요해졌다. 사회적 압력을 극복하고 억압되어 있던 창의적 예술적 욕망을 표출함으로써 놀이를 통해 개인의 자기실현을 도모할 필요가 있게 된 것이다.

일하면서 놀고, 놀면서 일한다는 play와 labor가 합성된 playbor라는 용어가 탄생하듯이 문화 자본주의 시대의 도래, 4차 산업혁명으로 인한 인공지능의 발전과 함께 미래의 지배자는 호모루덴스다. 호모사피엔스가 필요하지만 호모루덴스 밑에서 일하게 되는 시대가 온 것이다. 디지털 문화가 놀이를 다시 회복시키고 있는 것이다.

3 놀이이론

놀이에 관한 최초의 이론은 19세기 말에서 20세기 초까지 여러 학자들에 의해 정립되었다. 이러한 이론들은 고전적 놀이이론(classical play theories)으로 분류되고 있는데 에너지, 본능, 진화에 대한 관심을 반영한다. 반면 과학적 방법론과 객관성에 높은 가치를 두고 있는 이론으로 현대적 놀이이론(modern play theories)은 정신분석학이나 인지발달론과 같은 심리학이 많은 영향을 미친 이론이다. 또한 놀이와 교육에 대한 전통적 관점에 의문을 제기하면서 다양성, 사회적 정의, 진실과 지식의 상대적 특성에 관심을 둔 후기 현대적 놀이이론(postmodern play theories)은 놀이와 교육에서 놀이의 역할에 대한 새로운 관점을 제시한다.

1) 고전적 놀이이론

놀이에 대한 최초의 이론으로는 19세기 말부터 20세기 초기에 유럽과 북미에서 시작된 Schiller와 Spencer의 잉여 에너지 이론, Lazarus와 Patrick의 휴식이론, Hall의 반복이론, Groos의 연습이론 등을 들 수 있다. 이러한 고전적 이론들은 실험연구가 아니라 철학적 사고와 추론에 의존한 이론(Beyer & Bloch, 1996; Ellis, 1973)으로 왜 놀이가 존재하고 놀이의 목적은 무엇인지를 설명하고자 했다. 잉여 에너지 이론과 휴식이론은 에너지의 역동성에 초점을 둔 이론들인 반면, 반복이론과 연습이론은 본능과 진화에 초점을 둔 이론들이다. 네 가지 이론을 간략하게 요약해보면 표 2-1과 같다. 이러한 고전적 놀이이론은 현대적 놀이이론을 형성하는 데 기초가 되었다.

표 2-1 고전적 놀이이론

놀이이론	주창한 학자	초점	놀이의 목적
잉여 에너지 이론	Schiller/Spencer	에너지	잉여 에너지의 발산
휴식이론	Lazarus/Patrick	에너지	일할 때 소모된 에너지의 재생산
반복이론	Hall/Gulick	진화	원시적 본능의 발산
연습이론	Groos	진화	성인 생활에 필요한 기술의 연습

출처 : Johnson, J., Christie, J., & Yawkey, T. (1999). *Play and early childhood development* (2nd ed.). New York : Longman. p. 6.

(1) 잉여 에너지 이론

잉여 에너지 이론(surplus-energy theory)은 18세기 독일의 시인인 Schiller와 19세기 영국의 철학자인 Spencer에 의해 주창되었다(Ellis, 1973). Schiller는 놀이를 잉여 에너지가 목적 없이 소비되는 것이라고 정의하였다. 인간은 기본적인 욕구를 충족시켜 나가기 위해 자신의 에너지를 사용하게 되는데, 이때 사용하고 남은 에너지를 놀이로 소모하게 된다는 것이다. Spencer 역시 놀이는 잉여 에너지의 발산이라고 주장하였다. 인간은 생존하는 과정에서 사용되는 에너지를 날 때부터 가지고 태어나는데, 만약 에너지가 생존하는 목적으로 사용되지 않는다면 다른 방향으로 어느 정도 소비해야 하며, 영유아는 이러한 과도한 에너지를 놀이에서 발산한다는 것이다. 즉, 하찮은 것으로 여겨지는 놀이는 인간과 동물이 이 잉여 에너지를 제거할 수 있도록 하는 중요한 역할을 한다.

잉여 에너지 이론에 따르면 놀이는 일을 함으로써 에너지를 많이 소모하는 성인들에 비해 과잉 에너지를 갖게 되는 영유아들이 더 많이 하게 되며, 진화적 관점에서 고등 동물이 하등 동물에 비해 더 많이 놀이를 하는지를 설명해준다. 고등 동물은 자신의 생존적 욕구를 효율적으로 충족시키기 때문에 놀이를 하기 위한 에너지가 하등 동물에 비해 더 많이 남기 때문이다.

반면 에너지 과잉 상태일 때 놀이를 하기도 하지만 극도로 피로한 상태일 때에도 흥미로운 놀이에 집중하고 있는 영유아의 놀이는 이 이론으로 설명하기 힘들다. 영유아들은 에너지가 완전히 소모될 때까지 놀이를 하며 심지어 놀이한 후에 더 활동적인 경우도 있다.

(2) 휴식이론

잉여 에너지 이론과는 반대로 휴식이론(recreation theory)은 일을 하면서 소비된 에너지를 충전시키기 위해서 하는 행위가 놀이라고 주장하는 이론이다. Lazarus와 Patrick은 인간이 활동을 함으로써 생기는 피로감을 풀고 휴식을 하고 싶을 때 놀이를 한다고 주장하였다. 사람들은 일을 해서 생긴 피로를 풀기 위해 레크리에이션을 하고 스포츠를 즐긴다. 또한 유아들은 뛰기, 달리기, 구르기 등을 하면서 내적 긴장을 이완시키며 정신적인 휴식을 가질 수 있다는 것이다. 힘든 일을 한 뒤 기분 전환을 위한 놀이는 에너지를 저장하게 하여 더 일을 할 수 있게 한다고 보았다. 즉, 일의 반대라고 여겨지는 놀이는 일에서 소모된 에너지를 복원하고 재생하는 역할을 한다.

현대사회의 사람들은 고도의 집중력이나 사고를 요하는 노동을 하게 되는데, 이러한 노동으로 쌓인 피로를 낚시나 골프 등과 같은 여가놀이를 통해 회복할 수 있다는 것으로 스트레스가 심한 현대사회에서의 놀이를 합리적으로 설명해준다.

반면 일을 거의 하지 않는 영유아들이 하는 놀이를 설명하기에는 설득력이 매우 부족하다. 또한 앉아서 하는 놀이는 설명할 수 있어도 하루 종일 격렬한 놀이를 하는 것은 설명이 어렵다.

(3) 반복이론

반복이론(recapitulation theory)은 인간이 하등 동물에서 진화되었다는 Darwin의 진화론에 기초하여 Hall과 Gulick의 주장을 바탕으로 하는 이론이다. 미국의 심리학자인 Hall은 영유아기의 놀이는 인류의 진화과정이 재현되어 나타나는 것이며 이전의 역사가 반복적으로 나타나는 것이라고 주장하였다. 즉, 영유아는 놀이를 통해서 동물, 야만인, 부족인 등의 인간의 발달적 단계를 재연한다는 것이다. 영유아가 물놀이를 하는 것은 조상들이 강가에서 물고기를 잡았던 일이 반복적으로 나타나는 것이며, 놀이기구를 기어오르는 놀이는 원숭이들이 나무에 올라가 열매를 따는 행동을 재연하는 것이라고 설명한다(Millar, 1977). 영유아들은 야만인들이 하는 집단놀이에 참여하기 전에 원숭이 조상이 하던 나무타기를 한다. Gulick도 놀이에서 개체 발생은 계통 발생을 반복한다는 진화론적 원리를 나타낸다고 하면서 현대 인류의 게임들은 원시인의 행동을 재연한 것이라고 하였다. 즉, 놀이는 과거 문화의 역사를 반영한다는 것이다. 예를 들어, 야구에서 달리기, 정확히 던지기, 방망이로 맞추기 등은 초기 사냥활동의 재연이라는 것이며, 거친 신체놀이는 원시적 특성이 매우 강한 놀이다(Sutton-Smith, 2001).

반복이론에 따르면 놀이의 목적은 현대인의 삶에서 더 이상 필요하지 않은 영유아들의 원시적 본능을 제거하기 위한 것이다. 이를 통해 초기에 획득된 원시적 본능은 약화되고 현대생활에 필요한 좀 더 복잡한 형태의 행동으로 발전될 수 있다는 것이다. 이는 놀이의 정화기능을 의미하는 것으로 놀이가 영유아의 성장에 정화작용을 한다는 정신분석이론에 영향을 미쳤다고 볼 수 있다.

반면 현대의 과학 기술을 반영한 전자매체 놀잇감이나 컴퓨터를 가지고 게임을 하는 놀이 등은 반복이론으로 설명하기 어렵고, 영유아의 놀이는 매우 다양해서 순서적이거나 직선적으로만 발달되지 않는다.

(4) 연습이론

철학자인 Groos는 놀이를 성인기의 생존에 필요한 기본적인 기술을 충분히 연습하기 위한 학습 수단으로 보았다. 즉, 놀이는 과거의 본능을 제거하는 것이기보다는 미래를 위해 필요한 본능을 강화시켜 주는 역할을 한다는 것이다(Ellis, 1973). 아주 어린 영아는 걷기 위한 기술을 습득하기 위해 몸 뒤집기, 기어가기, 앉기, 일어서기 등의 연습을 놀이를 통해 반복적으로 한다. 즉, 불완전하고 미성숙한 행동들을 연습하여 완전하고 정교하게 발달시켜 나가는 과정이 놀이라고 보았다. 고양이가 줄 위의 공을 추적하는 것은 추후 먹이를 추적할 때 사용할 기술을 연습하는 것이다. 마찬가지로 소꿉놀이에서 엄마, 아빠인 척하는 것은 성인이 되었을 때 필요한 부모 역할 기술을 연습하는 것이다.

연습이론(practice theory)에 따르면 놀이의 목적은 성인생활에서 필요한 기술을 발달시키는 것으로, 고등 동물이 하등 동물에 비해 놀이 기간이 긴 이유를 잘 설명해준다. 불완전한 능력을 가지고 태어난 고등 동물은 성인생활을 위해 요구되는 높은 수준의 기술을 놀이를 통해 연습하기 위해 오랜 시간 동안 놀이를 하게 된다. 반면 하등 동물은 생존을 위한 기본적인 능력만으로도 성인기를 살아갈 수 있기 때문에 놀이를 통해 오랫동안 준비할 필요가 없어서 놀이기간이 짧다는 것이다. 많은 놀이행동들이 적응적 중요성을 갖는다는 연습이론은 인지이론의 뿌리로 볼 수 있다.

그러나 놀이가 특정하게 생존에 필요한 기술만을 연습한다고 보기에는 어려움이 많다. 놀이는 성인기에 필요한 기술을 연습하여 충분히 획득한 후에도 계속된다는 점에서 한계를 드러내며, 왜 유아들이 반복이론이 지지하는 원시적 형태의 놀이를 하는지도 설명하기 어렵다.

2) 현대적 놀이이론

20세기에 들어서면서 현대 심리학의 영향을 받아 놀이이론은 보다 체계적인 이론으로 발전하였다. 이 시대에는 사람들이 더 이상 탁상공론적인 이론으로는 만족할 수 없었다. 과학적인 방법과 진리에는 역사적 · 사회적 맥락을 넘어서서 고정된 법칙이 있다는 실증주의에 영향을 받아(Beyer & Bloch, 1996) 보다 정확한 관찰과 실험연구를 통해 경험적으로 검증된 이론을 원하였다. 왜 놀이가 존재하는지에 대한 것에서 좀 더 나아가 영유아의 발달에 놀이가 어떤 역할을 담당하는지를 밝히려고 시도하였다.

표 2-2 현대적 놀이이론

놀이이론 및 주창한 학자		유아발달에서 놀이의 역할	초 점
정신분석이론	Freud	정신적 외상에 대한 극복 및 정화	정서
	Erikson	자아기능의 강화	사회 · 정서
인지이론	Piaget	학습된 기술의 연습과 강화	인지
	Vygotsky	• 추상적 사고의 촉진과 자기규제 • 근접발달지대 내에서의 학습	인지
	Bruner	사고의 융통성, 서술적 사고능력의 촉진	인지 · 언어
	신경생리학적 관점	뇌 신경망의 강화	인지 · 신체
그 밖의 이론들	각성조절이론	자극 조절을 통한 최적의 각성 수준 유지	정서 · 신체
	상위 의사소통이론	다양한 수준의 의미 이해능력의 촉진	사회 · 인지
	각본이론	개인적 경험의 이해	인지 · 언어
	Sutton-Smith 이론	적응적 잠재성, 적응적 가변성	인지

대표적인 현대적 놀이이론은 크게 정서발달에 초점을 두는 정신분석이론과 인지발달에 초점을 두는 인지이론으로 분류된다. 더불어 그 밖의 이론으로 각성조절이론과 상위 의사소통이론, 각본이론 및 후기 현대적 이론과 연계되는 Sutton-Smith의 이론이 현대적 놀이이론에서 다루어질 수 있다(표 2-2). 각각의 이론들은 어느 하나의 이론이 다른 이론보다 우세하여 놀이를 더 잘 설명한다고 여기기보다, 영유아의 놀이를 이해하려는 서로 다른 관점들로 이해되어야 할 것이다.

(1) 정신분석이론

1920년대 이후 아동연구운동과 함께 심리학에 기반을 둔 여러 발달이론 중 정서발달에 초점을 둔 정신분석이론(psychodynamic theories)은 영유아의 놀이를 설명하는 데 큰 기여를 하였다. 정신분석이론을 정립하고 발전시킨 양대 학자는 Freud와 Erikson으로 두 학자의 이론을 중심으로 정신분석이론에서 설명하는 영유아의 놀이이론을 살펴보고자 한다.

① Freud

영유아는 놀이에서 희망을 성취하고 기쁨을 느낀다. Sigmund Freud에 따르면 영유아는 무의식 속에 잠재되어 있는 내적 충동을 감소시키기 위해서 놀이를 한다고 본다. 예를 들어, 영유아는 놀이에서 원하는 모든 것을 해볼 수 있다. 의사, 간호사, 엄마, 아빠, 경찰관 등 현실에서 불가능한 역할을 스스로 해보면서 만족을 얻게 된다. 이와 같이 영유아는 욕구에 대한 성취감과 쾌(快)의 감정을 놀이를 통해 표현한다(Ellis, 1973). 즉, 주변의 사물이나 사람을 통제하고 지배할 능력이 없는 영유아들은 놀이에서 역할을 전환함으로써 막강한 힘을 발휘해보고 싶은 욕구를 갖게 되고 성취해낼 수 있는 것이다.

또한 놀이는 실생활에서 일어나는 불안, 갈등과 불만을 해소시키는 수단이 된다. Freud(1961)에 따르면 놀이는 영유아가 불유쾌한 사태를 다루도록 도와주며, 이러한 경험들이 영유아의 정서발달과 관련된다고 본다. 즉, 놀이는 외상적 경험과 연결된 부정적 정서를 스스로 제거하도록 함으로써 정화(카타르시스) 효과를 가진다는 것이다. 예를 들면, 동생을 미워하는 마음이라든지, 부모에 대한 섭섭한 마음을 놀이를 하면서 발산할 수 있기 때문에 자신의 마음속에 그들에 대한 적개심이 쌓이지 않게 된다.

이러한 정화기능은 놀이 속에서 역할을 전환해봄으로써 획득될 수도 있고, 나쁜 경험을 여러 번 반복해봄으로써 치료될 수도 있다. 동생 때문에 부모에게 야단을 맞은 유아는 역할놀이에서 부모 역할을 맡아 인형에게 야단을 쳐봄으로써 부정적인 감정을 전이시킬 수 있다. 또한 건물을 수리하던 사람이 떨어져 심한 부상을 당한 사건을 목격한 영유아는 사고 상황을 재연하는 놀이를 몇 주 동안 지속해봄으로써 점차 그 사건으로 더 이상 고통받지 않게 된다(Brown, Curry & Tinnich, 1971). 놀이를 하며 느끼는 유쾌한 기분은 영유아에게 그때그때의 갈등이나 증오와 같은 감정을 가볍게 해소해주며, 놀이에서 나쁜 경험을 여러 번 반복함으로써 경험에 대한 부정적인 감정을 서서히 수용할 수 있게 된다.

② Erikson

Erikson은 놀이의 동기를 주관적으로 해석하는 정신분석이론의 결점을 보완하여, 놀이가 주위 상황과 내적인 자아의 통합에 기여한다고 하였다. 영유아는 놀이라는 가상적 상황을 창조함으로써 자기 주변 세계에서 경험한 것을 다루어 보아 현실을 조정하고, 놀이 속에서 어떤 역할을 해봄으로써 주변 세계를 숙달하기 위해 연습하고 주도적으로 실험해보게 된다. 즉, 놀이는 영유아가 자발성과 책임감을 개발시키고 자신의 역할을 익혀 자아발달의 기회를 가지게 하는 데 중요한 역할을 한다(Hughes, 1995).

정신분석이론을 확대하여 적용한 Erikson(1950)은 놀이가 인성발달에 공헌한다고 보고,

《아동기와 사회(Childhood and Society)》에서 놀이는 영유아의 심리사회적 발달을 반영하는 단계를 거쳐 발달한다고 하였다. 첫째, 출생 후 영아는 자신의 몸을 탐색하면서 놀이 속에서 보기, 듣기, 말하기, 걷기 등의 기술을 익히고 자신의 손과 발을 가지고 노는 것을 볼 수 있는데, 이는 자기세계의 놀이(autocosmic play)단계다. 즉, 자신의 신체와 감각 운동적 기능을 연습하는 데 초점을 둔 놀이다. 둘째, 12개월이 지나면 점차 자신의 주변 세계 안에서 놀이를 하게 되는데 이는 미시영역의 놀이(microsphere play)단계에 해당한다. 영유아의 놀이가 사물과 놀잇감으로 확장되는 단계다. 셋째, 유치원 시기에 이르면 점차 사회적 기술을 익히고 또래와 상호작용하면서 놀이를 하게 되는데, 이는 거시영역의 놀이(macrosphere play)단계를 말하는 것으로 이 시기가 되면 유아들은 문화와 사회적 역할을 이해하게 된다고 하였다.

(2) 인지이론

1940년대와 1950년대에는 사회 · 정서적 적응에 대한 놀이의 영향에 초점을 둔 연구들이 많이 나왔던 반면, 1960년대와 1970년대에는 Piaget와 Vygotsky를 비롯한 인지이론가들을 중심으로 영유아의 사고발달에 대한 놀이의 역할에 초점을 둔 연구들이 많이 제시되면서 (Sutton-Smith, 1985), 놀이이론과 연구에 큰 변화가 일어나기 시작했다.

현대적 놀이이론으로서 인지이론(cognitive theories)은 영유아의 인지발달에서 놀이가 중요한 역할을 담당한다고 주장하는 이론이다. 영유아에게 놀이는 이 세상을 이해하는 데 도움을 주는 매개체일 뿐만 아니라 인지발달의 지표 또는 부산물이다. 영유아들은 놀이 자체에 만족을 느껴 스스로 적극적으로 참여하게 되므로 여러 가지 인지능력과 연관된 기술들을 숙달하게 된다는 것이다. 인지이론의 대표 학자인 Piaget, Vygotsky, Bruner의 이론과 신경생리학적 관점을 구체적으로 살펴보고자 한다.

① Piaget

스위스의 심리학자이자 철학자인 Piaget는 인지발달이론에 가장 많은 영향을 미친 사람이다. 그는 모든 유기체의 기능은 환경에 적응하는 것이라고 주장하였다. 흥분된 유기체가 신체의 열을 식히기 위해 땀을 흘리는 것이 신체적 적응이라면, 자신에게 제시된 새로운 정보를 통합시키기 위해 사고방법을 바꾸는 것은 심리적 적응이 될 수 있다고 보았다. 따라서 신체적 적응은 생존과 신체의 성장을 위해 필요한 반면, 심리적 적응은 인간의 지적 구조의 계속적인 성장을 가져온다고 볼 수 있다(Hughes, 1995).

적응은 동화와 조절의 두 가지 과정을 포함하게 되는데, Piaget(1962)는 영유아의 지적 발달이 동화와 조절의 과정을 거쳐 이루어진다고 하였다. 동화과정이란 영유아가 외부 세계에서 경험하게 되는 것을 현재 그의 인지 구조 속에 있는 내용들과 맞추어 보고, 맞으면 그대로 받아들이게 되는 것을 말한다. 조절과정이란 영유아가 외부 세계에서 새롭게 경험하게 되는 것을 현재 가지고 있는 인지 구조 속의 내용들과 맞추어 보고, 그 내용들과 잘 맞지 않을 경우 이미 알고 있는 것을 바탕으로 인지 구조를 확장하고 변형시켜 가는 것을 말한다. 이러한 과정에서 일어나는 연습활동을 놀이라고 보았다.

동화와 조절은 동시에 일어나지만 어떤 활동을 할 때 한 가지가 다른 것보다 상당히 더 많이 일어난다. Piaget에 따르면 놀이는 조절보다는 동화가 우세한 영역으로, 조절 행위가 강한 모방과는 대비되는 개념이다. 예를 들면, 아빠 역할을 맡은 4세 유아는 자신이 이미 알고 있는 아빠의 모습만을 놀이 속에서 표현한다. 만약 자신이 몰랐던 아빠의 다른 역할을 친구들이 놀이 속에서 요구하면 갈등이 일어나면서 잠시 놀이는 중단이 된다. 또한 상자를 자동차라고 가정하며 놀이를 하는 경우 실제의 규칙이나 제한에 구애됨이 없이 놀이활동에 상자라는 사물을 예속시키는 상징적 전환이 이루어지므로 실제를 자신의 사고에 순응시킨다. 즉, 놀이는 인지발달의 지표 또는 부산물이다.

Piaget는 영유아들이 자신의 현재 인지발달 수준에 부합되는 형태의 놀이를 한다고 보았다. 즉, 감각 운동기, 전 조작기, 구체적 조작기에 지배적인 놀이 형태가 세 단계를 거쳐 발달해 간다고 보았다. 표 2-3에서와 같이, 첫째는 연습놀이(practice play) 또는 기능놀이(functional play) 단계다. 0~2세 감각 운동기 영아들은 신체의 감각 운동을 연습하는 즐거움 때문에 행동을 반복하는 놀이를 한다. 둘째는 상징놀이(symbolic play) 단계다. 2~7세 전 조작기 유아들은 상징을 사용하는 능력을 획득하면서 작은 막대기로 담배를 피우는 시늉을 하거나 자신이 의사 선생님인 것처럼 놀이하는 등 내적인 사고와 생각을 가상 형태로 표현하는 놀이를 한다. 셋째는 규칙 있는 게임(games with rules) 단계다. 7세 이후 구체적 조작기에 들어서면서 유아들은 현실 세계의 정해진 규칙과 질서를 잘 이해하게 되고, 놀이 세계에서도 실제 세계에서 하는 것처럼 이러한 규칙과 질서에 자신의 사고를 적용시켜 가며 놀이를 하게 된다.

Piaget 이론에서 학습 또는 발달이 이루어지기 위해서는 동화와 조절 간의 균형이 요구된다. 영유아의 놀이는 동화가 우세한 불균형된 상태이기 때문에 진정한 의미의 학습과 발달은

표 2-3 Piaget의 인지발달단계와 놀이 형태

영유아의 연령	인지발달단계	주요 놀이의 형태
출생~2세	감각 운동기	연습놀이/기능놀이
2~7세	전 조작기	상징놀이
7~11세	구체적 조작기	규칙 있는 게임

출처 : Johnson, J., Christie, J., & Yawkey, T. (1999). *Play and early childhood development* (2nd ed.). New York : Longman. p. 10.

놀이를 통해 이루어지지 않는다. 영유아들은 놀이를 통해 새로 획득한 기술을 연습하고 내면화는 하지만, 새로운 기술을 학습하지는 못한다. 왜냐하면 놀이는 실제에 맞는 인지 구조의 조절을 필요로 하지 않기 때문이다.

놀이와 학습 및 발달은 동의어는 아니지만, 놀이는 확실히 학습과 발달에서 중요한 의미를 가진다. 새롭게 획득한 기술이 놀이를 통해 연습되고 내면화되면서 동시에 놀이는 주위 세계를 다루는 새로운 경험과 가능성을 부여하기 때문이다. 예를 들어, 딸랑이나 공 등을 가지고 노는 영아는 자신의 인지 구조를 반영하며 놀이를 하지만, 이러한 놀이 자체가 자연스럽게 눈과 손의 협응력 등 신체적 발달뿐만 아니라 물리적 세계에서 사물을 특징짓는 크기, 모양, 촉감, 무게 등에 관한 차이점 등을 학습할 수 있는 여건을 제공해준다. 놀이는 그 자체가 학습과 발달을 이끌어내고 촉진시키지는 않지만, 학습과 발달이 일어나는 조건으로서 매우 중요하다. 즉, 놀이는 영유아의 인지발달과 긴밀한 관계가 있으며, 주변 세계를 이해하는 데 도움을 주는 매개체 역할을 하기 때문에 영유아의 발달과 학습에 기여한다고 볼 수 있다.

② Vygotsky

러시아의 심리학자인 Vygotsky(1976)는 인지발달에 미치는 놀이의 역할을 Piaget보다 훨씬 더 적극적으로 강조하였다. 놀이는 영유아의 정신세계를 표현할 뿐만 아니라 인지발달에 중요한 역할을 하며 영유아 자신의 행동을 지배할 수 있도록 하는 정신적 도구라고 하였다.

어린 영유아들은 특정 사물과 그 사물의 의미를 분리하여 사고할 수 없으므로 추상적 사고가 불가능하다. 실제 말이 없으면, 그 말을 생각할 수 없다. 그러나 가상놀이에 참여하는 유아들은 대리 사물(막대기)을 실제 사물(말)과 대치하여 사용함으로써 사물에서 의미를 분리하여 생각하기 시작한다. 이러한 놀이는 후에 현실 세계를 돌아보지 않고도 명제를 평가하는 추상적 사고의 발달을 위한 필수 불가결한 준비의 역할을 한다. 따라서 상징적 놀이는 추상적 사고 발달에 결정적인 역할을 한다고 볼 수 있다.

> 놀이에서 사물 그 자체는 결정하는 힘을 잃는다. 영유아들은 어떤 한 가지 사물을 보지만 그가 본 것과는 다르게 행동한다. 어떤 조건하에서 영유아들은 자신이 본 것과는 독립적으로 행동하기 시작하는 지점에 이르게 된 것이다. … 놀이란 실제 상황으로부터 안전하게 자유로울 수 있는 성인의 사고와 전적으로 상황적 제한을 받고 있는 유아기의 사고 사이의 과도기적 단계라고 볼 수 있다(Vygotsky, 1978, p. 97-98).

놀이는 행동과 사물로부터 사고를 분리시키는 능력뿐만 아니라 의식적으로 융통성 있는 자기조절을 통해 충동적 행동을 자제할 수 있는 능력이 발현되도록 도와준다(Berk & Winsler, 1995). Vygotsky에 따르면 놀이는 자기조절력의 도구다. 영유아들은 놀이를 성공적으로 실행하기 위해 따라야 할 행동 규칙을 지키기 위해 자신의 욕구를 통제하고 조절하게 된다. 영유아들은 게임이나 가상놀이 상황의 규칙들을 따라야 하기 때문에 놀이는 그들의 즉각적 충동들에 대해 끊임없이 반대로 행동하기를 요구한다. 즉, 놀이는 앞으로 영유아들로 하여금 실제 행동과 도덕성의 기초적인 수준이 될 많은 성취들을 깨닫게 함으로써 영유아기의 탁월한 교육적 활동인 것이다. 영유아들은 놀이에 참여할 때, 자신을 통제하기 위해 혼잣말을 사용함으로써 스스로 자신의 비계(scaffold)를 설정하고 있다(Bodrova & Leong, 1996).

> 놀이는 계속해서 영유아에게 즉각적 충동에 반대로 행동할 것을 요구한다. 단계마다 영유아들은 놀이의 규칙과 갑자기 충동적으로 하고 싶은 행동 사이의 갈등에 직면한다. 놀이에서 영유아는 하고 싶은 것과 반대로 행동한다. 영유아의 가장 높은 수준의 자기조절은 놀이에서 일어난다. 놀이에서 직면한 유혹을 자제할 때 의지력을 최대로 발휘한다. 보통 영유아들은 그들이 원하는 어떤 것을 자제하고 규칙을 따르지만, 이렇게 규칙을 따르는 충동적 행동의 자제는 최대의 즐거움을 얻는 방법이다(Vygotsky, 1978, p. 99).

놀이를 인지적 측면에 국한시켜 설명한 Piaget와 달리 Vygotsky는 놀이의 사회 · 문화적 맥락을 중시하였다. 인간의 고등정신활동은 사회 · 문화적인 상황에서 시작되고 구성원들을 통해 공유되는데, 영유아들의 놀이는 이런 고등정신활동과 같이 사회적 활동이라는 것이다. 즉, 놀이는 사회적 지지를 받는 학습 맥락을 제공한다는 것으로, Vygotsky는 근접발달지대(zone of proximal development, ZPD)라는 개념을 통해 놀이 상황 속에서 유능한 성인이나 또래의 역할이 중요함을 강조하였다. 근접발달지대란 영유아들이 스스로 문제를 해결할 수 있는 수준인 실제적 발달과 다른 사람의 도움을 받아 문제를 해결할 수 있는 수준인 잠재적 발달의 차이를 의미한다. 유능한 성인이나 또래에 의해 어떤 지원이나 비계가 제공된다면 혼자서는 할 수 없었던 문제를 해결할 수 있게 되어 놀이에 참여하는 영유아의 지식이나 기술이 보다 더 높은 수준으로 끌어올려진다는 것이다. 즉, 놀이는 근접발달지대 내에서 비계설정이 일어남으로써 영유아의 발달을 촉진시켜 줄 수 있는 자연스러운 맥락이다.

> 놀이는 영유아 내부의 근접발달지대를 만든다. 놀이에서 영유아는 항상 자기 평균 나이보다 더 성숙하게 행동하고 평상시보다 훌륭하게 행동한다. 놀이에서 영유아는 마치 자신보다 머리 하나가 더 큰 아이처럼 행동한다. 돋보기의 초점과 같이 놀이는 압축된 형태의 모든 발달을 포함하면서, 놀이 그 자체가 발달에 중요한 원천이 된다(Vygotsky, 1978, p. 101).

결과적으로, 놀이는 추상적 사고력의 증진과 충동적 행동을 자제할 수 있는 자기규제 및 근접발달지대 내에서의 학습을 가능하게 해주는 역할을 담당함으로써 영유아들의 발달을 촉진시킨다고 볼 수 있다.

③ Bruner

Bruner(1972)는 놀이가 영유아의 창의성과 사고의 융통성을 촉진시킨다고 주장하였다. 놀이에서는 결과보다 과정이 중요시된다. 특정한 목표를 달성해야 하는 과제의 경우 영유아들은 부담을 가질 수 있으나, 놀이에 참여하는 유아는 목표 성취에 대한 부담이 없기에 새롭고 이전에 시도해보지 않았던 행동을 창의적으로 해볼 수 있게 된다. 놀이라는 안정한 상황 속에서 부담 없이 새로운 행동과 사고를 실험해볼 수 있다. 또한 놀이 중에 탐색한 새로운 연합적 행동을 일상생활의 문제를 해결하는 데에도 적용하게 된다. 이와 같이 놀이를 통해 영유아들의 행동 선택권이 증가하고 놀이 속에서 영유아들이 활용할 수 있는 다양한 방법을 사용하여 행동해 봄으로써 문제해결 상황에서 융통적인 사고가 촉진된다는 것이다.

결국 Bruner의 놀이에 대한 초기 이론은 영유아기의 놀이가 이후 성인기 삶에서 중요한 문제해결 능력에 기여한다는 것이다. 이런 의미에서 그의 이론은 고전적 이론 중 연습이론과 연결된다고 볼 수 있다.

1990년대 들어서면서 Bruner(1990, 1996)는 놀이가 서술적 사고능력을 촉진한다고 주장하였다. 즉, 사고의 서술적 양식 발달에 대한 놀이의 중요성을 강조하는 것으로 놀이와 인지의 언어 · 논리적 부분 간의 관계에 초점을 둔 이론이다. 영유아는 지식을 순서적이고 서술적인 방식으로 조직화하는데, 그들이 구성한 서술적 이야기가 놀이 속에서 실행되고 이러한 놀이에 참여함으로써 영유아들은 서술적 능력을 학습하고 완성할 기회를 가지며, 이를 통해 서술적 사고능력이 촉진된다는 것이다.

④ 신경생리학적 관점

신경과학자들은 기술공학이 발전하여 뇌를 세포 수준에서 연구할 수 있게 됨에 따라 뇌 영상 기술을 이용하여 뇌의 조직과 기능에 대한 새로운 정보를 얻고, 학습과 발달에 대한 신경생리학적 관점(neurobiological perspective)을 확립하였다(Shore, 1997). 뇌는 뇌세포와 뇌세포 간의 연결인 시냅스로 구성되는데, 뇌세포와 시냅스는 출생 전과 생후 3년 동안 발달하면서 뇌 신경망을 형성하게 된다.

뇌 발달에 대한 지식을 통해 사람들은 영유아기에 발달 수준에 맞는 반응적 상호작용, 안전과 영양, 스트레스 없는 환경, 지속적이고 반응적이며 적절한 자극이 필요함을 실감하게 되었다. 영유아는 놀이를 할 때 뇌 신경망을 강화하는 다양한 활동에 몰입한다(Johnson, Christie & Wardle, 2005). 놀이는 영유아가 신체적 · 사회적으로 환경과 상호작용하는 것이다. 이러한 반응적인 상호작용 속에서 영유아는 뇌의 연결을 발달시켜 나가게 된다.

또한 놀이는 매우 통합적인 활동으로 뇌 신경망을 강화하는 데 또 다른 의미를 제공한다. 가상놀이를 하고 있는 영유아는 정서적으로 활동에 몰입하여 여러 감각을 사용하는 동시에, 친구와 상호작용을 하며 언어를 사용하고 문제해결 및 추상적 사고를 한다. Weininger와 Fitzgerald(1988)는 놀이가 뇌의 우반구와 좌반구 간의 통합과 관련이 있다고 주장하였다.

인간 두뇌는 2개의 반구로 나뉘어 있으며, 각 반구는 서로 다른 지적인 기능을 담당한다. 우반구는 비언어적 · 공간적 · 지각적 · 정서적인 정보를 처리하는 데 우세한 반면, 좌반구는 분석적 · 개념적 · 추상적 방법으로 정보를 처리하는 데 우세하다. 영유아기 동안에는 우반구가 지배적이어서 지각적이고 구체적인 경향이 많으며, 두 반구 간의 신경통로가 성숙해지는 유아기 후기가 되어야 좌반구가 지배적인 논리적 · 개념적 기술이 발달하기 시작한다. 이 이론에 따르면 놀이는 주위 세계를 이해하는 두 개의 양식, 즉 우반구와 좌반구 각각이 수행하는 정보처리 양식을 통합하기 때문에 인간 두뇌의 성숙을 반영한다고 볼 수 있다.

뇌 연구 결과를 통해 볼 때, 인간의 두뇌발달을 위해서는 영유아기에 사회적 · 물리적 환경과의 풍부한 상호작용을 가능하게 하는 통합적 활동으로서의 놀이를 적극적으로 격려해야 한다. 즉, 신경생리학적 관점에 따르면 영유아의 놀이는 두뇌발달을 지원하는 역할을 한다고 볼 수 있다.

(3) 그 밖의 이론들

정신분석이론과 인지이론 이외의 현대적 놀이이론으로 각성조절이론, 상위 의사소통이론, 각본이론과 Sutton-Smith 이론을 살펴보고자 한다. 상위 의사소통이론, 각본이론, Sutton-Smith 이론은 하나의 독립된 이론이라기보다 각각이 보다 새롭게 놀이를 이해하려고 한 다양한 관점들이라고 볼 수 있다.

① 각성조절이론

각성조절이론은 각성 수준을 적정하게 유지시키려는 중추신경계의 욕구를 만족시키기 위해 놀이를 한다고 보는 입장이다. 자극과 놀이의 관계를 중요시한 이론으로 Berlyn(1960)이 제안하고 Ellis(1973)와 Fein(1981)이 수정하였다. 모든 놀이보다는 사물을 탐색하거나 혼자놀이를 하는 유아에게 좀 더 초점이 맞추어진다.

인간의 중추신경계는 적절한 각성 수준을 유지하고자 한다. 그러나 환경에 새 자극이 나타나면 영유아는 혼란을 느끼고 이때 중추신경의 각성 수준이 적정 수준에서 벗어나 증가하게 되어 흥분하게 된다. 각성 수준이 올라가면 환경을 탐색하여 적정한 수준으로 내려야 하며, 또한 지루함을 느끼는 경우 자극을 찾아 적절한 수준으로 각성 상태를 유지하려고 한다(Berlyne, 1960). 놀이는 각성을 최적의 상태로 유지하고자 하는 우리의 중추신경조직에 의해 유발되는 활동이라는 것이다. 너무 많은 자극이 주어졌을 때 내적 각성 상태가 불편할 정도로 높은 수준까지 증가하면 높게 유발된 자극을 감소시키려는 활동을 하게 된다. 예를 들어, 처음 보는 낯선 사물로 인해 각성이 증가하면 그 사물에 서서히 접근해 탐색함으로써 각성이 줄어들고 차츰 그 사물에 익숙하게 된다. 반면 주위의 자극 정보가 너무 적어 충분치 않다면 각성이 불쾌하게 낮은 상태로 떨어져 지루함을 느끼고 유기체는 자극을 찾기 위해 노력하게 된다.

Ellis(1973)는 놀이를 최적의 각성 수준으로 끌어올리는 '자극 추구 활동(a stimulus-seeking activity)'으로 간주하였다. 즉, 놀이 속에서 영유아들은 기발한 방법으로 사물과 행동을 사용하여 자신의 자극 상태를 증가시킨다는 것이다. 예를 들어, 미끄럼을 타는 놀이를 하는 영유아의 경우 미끄럼에 너무 익숙해져서 재미없고 싫증이 나면 거꾸로 올라가거나 미끄럼 손잡이에 앉아 내려오는 등 기발한 방식으로 자극 수준을 증가시킨다. 이러한 경우 놀이란 낮은 수준의 각성에서 기인하는 자극 생산 활동인 것이다.

Fein(1981)도 영유아의 놀이가 운동적 · 신체적 · 지각적 · 지적 자극 등 다양한 자극 형태를 제공한다고 하였다. 처음에 놀이하는 영유아는 새로운 상황에 대한 불확실함을 걱정하게 된다. 그러나 점차 상황의 불확실함이 감소되면서 놀이는 좀 더 적극적이 된다. 그 뒤 영유아는 또다시 새로운 불확실함을 만들게 되는데, 이와 같이 창조와 불확실함의 감소가 계속 순환된다. 영유아들은 불장난을 하고 나무에 오르고 귀신놀이를 하면서 신기하고 위험한 놀이를 즐기는데, 이러한 놀이를 통해 다른 활동에서는 얻기 어려운 자극을 찾는 것이다.

② 상위 의사소통이론

Bateson(1971)은 놀이를 하는 영유아들이 서로 어떻게 의사소통하는지에 대해 관심을 가지고 연구를 하였다. 놀이를 하는 모든 동물은 지금의 상황이 놀이인지 아닌지를 나타내는 신호를 하며, 인간의 경우 언어를 사용하여 혹은 비언어적으로 자신의 의도를 상대방에게 전달한다. 놀이 내에서의 의사소통을 위해 '지금은 놀이 중'이라는 맥락을 설정하기 위한 의사소통을 하게 되는데, 이를 상위 의사소통(meta communication)이라고 하였다. 상위 의사소통이란 놀이의 여러 가지 상황, 행동, 사물 등을 놀이 친구에게 이해시키고 설명해주기 위한 의사소통으로, 영유아들은 놀이를 하면서 상위 의사소통을 경험함으로써 다양한 수준의 의미 이해능력을 촉진시켜 나가게 된다.

영유아들은 놀이가 실제 상황이 아니라는 것을 알기 때문에 놀이에 참여할 때 자신이 놀이 틀(play frame) 안에 있다는 것을 이해한다. 예를 들어, 경찰이 도망가는 강도를 쫓아가 잡는 상황을 재연하면서 낄낄대고 놀이하는 영유아들을 생각해보자. 만약 실제 상황이라면, 붙잡힌 강도와 경찰이 서로 웃으면서 즐거워할 수 있겠는가? 놀이에 참여하는 영유아들 모두 놀이 틀에 대한 이해가 선행되었기 때문에 서로 웃음과 미소를 보이면서 놀이에 참여하고 즐거운 놀이를 유지할 수 있는 것이다. 놀이에 참여하는 영유아들은 놀이장면을 설정하고 놀이를 진행하며 놀이가 원하는 대로 진행되지 않으면 놀이를 일시적으로 중단하고 놀이에 참여한 또래 친구들과 놀이의 방향이나 주제, 역할에 대해 의논하는 것을 볼 수 있다.

Bateson 이론에 영향을 받은 Garvey(1977)는 놀이 상황의 설정, 유지, 종결, 재설정을 위해 영유아들이 사용하는 메시지에 대한 연구를 하였다. 놀이에 참여하는 동안 영유아들은 자신의 실체와 가상적인 역할을 계속 오가고 있다는 사실을 발견하였다. 즉, 영유아는 놀이 세계와 현실 세계를 필요에 따라 끊임없이 넘나들면서 의사소통을 통해 놀이를 유지해나간다.

만약 놀이에서 가상적 세계에 문제가 생기면 영유아들은 놀이의 틀을 깨고 곧바로 현실의 세계로 돌아가 문제를 해결하게 된다. 예를 들어, 산모 역할을 맡은 유아가 산모 역할을 잘하지 못할 경우, 상대 유아가 "아기를 가진 엄마는 배를 불룩하게 하고 다녀야지."라며 지적을 하는데, 이는 상위 위사소통에 해당한다. 문제가 해결되면 놀이에 참여하는 영유아들이 맡은 역할에 맞는 의사소통—가상적 의사소통(pretend communication)—을 하면서 놀이를 유지해나가게 된다. 즉, 영유아는 자신과 또래 친구가 현실에서 누구인지를 알고 동시에 놀이 속에서 가장한 역할에 대해서도 이해한다. 영유아들은 놀이의 틀 안에서 놀이에 필요한 가상적 의사소통뿐만 아니라 놀이 진행에 필요한 상위 의사소통 또한 사용한다.

상위 인지, 상위 의사소통, 상호주관성

상위 인지(meta cognition)는 인지를 위한 인지로, 어떻게 생각하는지를 생각하는 과정이다. 영유아들은 연령이 높아지면서 자신의 인지과정을 보다 많이 인식하게 되는데, 이러한 상위 인지는 인지발달의 매우 핵심적인 요인이다. 영유아들은 사회적 가상놀이에서 놀이 참여자들 간의 사회적 상호작용을 위해 놀이의 틀을 설정하는 상위 의사소통(meta communication)을 한다. 사회적 가상놀이에서 상위 인지, 특히 상위 의사소통은 매우 중요하게 연구되어 왔다(Johnson, Christie & Yawkey, 1999).

영유아들은 사회적 가상놀이를 위해 놀이의 틀을 사이에 두고 놀이 안과 밖으로 자유롭게 드나들면서 놀이 전반에 대한 계획과 협상을 하게 된다. 사회적 가상놀이에 참여하고 있는 영유아들의 언어적 상호작용을 관찰해보면, 두 가지 유형의 언어적 교환이 나타나는데, 그 하나는 가상적 의사소통과 상위 의사소통이다(Garvey, 1977). 가상적 의사소통은 영유아가 설정해 놓은 놀이의 틀 내에서 이루어지며, 영유아가 역할을 맡아 그 역할에 적절하게 말투를 사용하는 것이다. 반대로 영유아가 일시적으로 놀이의 틀을 깨뜨리고 놀이 밖으로 나와 놀이를 위해 협상하는 의사소통이 상위 의사소통이다. 이러한 의사소통은 놀이 속에서 발생한 갈등을 해결하는 데 이용된다. Göncü와 Kessel(1984)은 24명의 중산층 영유아들의 놀이 상호작용을 녹화하여 계획하기, 초대하기, 협상하기, 의견 수용하기 등의 다양한 상위 의사소통을 분석한 결과, 연령이 높은 영유아가 낮은 영유아보다 보다 다양한 범위의 상위 의사소통을 많이 사용하였다고 보고하였다.

영유아들은 자신이 맡은 역할을 효과적으로 수행하기 위해 의사소통을 하는 과정에서 상호주관성(intersubjectivity)을 이루게 된다. 상호주관성이란 활동에 참여하는 구성원들 사이에 존재하는 공유된 이해(Göncü, 1993; Kaye, 1982; Wertsch, 1985)로서, 구성원들 간의 상호작용 속에서 유아들은 아이디어와 경험을 협상해나감으로써 상호주관성을 발달시키게 된다(엄정애, 1996). 계속되는 상호작용 과정 속에서 참여자들은 개인적인 이해에서 나온 차이를 협상함으로써 서로 수용적인 상호작용을 하게 된다. 상호주관성은 역동적인 과정으로 상대자와 계속해서 지식 교환과 협상을 함으로써 생성되는 것으로 어느 한 관점에서 다른 관점으로 변화되는 것이다(Rogoff, 1990). 사회적 가상놀이는 두 명 이상의 놀이자가 놀이 주제를 공동으로 택하고 진행하기 위해, 언어나 행동을 통해 공유된 이해를 구성하려고 노력하는 협상과정으로 상호주관성이 요구되는 활동이다(Göncü, 1993). 이러한 상호주관성을 이루기 위해 영유아들은 상위 의사소통을 하며, 상위 의사소통은 결국 넓은 의미의 상위 인지과정이라고 볼 수 있다.

③ 각본이론

한 편의 드라마 제작이 대본에 의하여 이루어지는 것과 같이, 영유아들이 놀이에 참여하기 위해서는 놀이 진행을 위한 각본(script)이 필요하다. 각본이론에 따르면 놀이는 영유아의 개인적 경험에 대한 지식을 드러낸다고 본다. 즉, 경험에 근거하여 사건을 구성할 수 있게 되는 것으로, 경험에 대한 영유아들의 해석이 놀이내용으로 표현된다는 것이다. 놀이내용으로서 각본은 영유아의 인지 구조를 반영하는 것으로, 유아의 지적 발달이 이루어질수록 놀이를 진행하는 각본 또한 복잡해진다.

놀이의 내용은 영유아의 경험에 대한 자신의 이해 정도를 나타내고, 각본은 기억으로부터 활성화된 지식 구조라고 볼 수 있다(Wolf & Grollman, 1982). 즉, 영유아의 연령이 높아지면 영유아가 수행하는 놀이 각본이 좀 더 통합되고 복잡성이 증가하게 된다. Wolf와 Grollman(1982)은 놀이 중에 표현되는 이야기 체제의 수준을 분석함으로써 영유아의 인지 및 언어발달의 지표를 제시하였다. 놀이 속에서 나타나는 이야기 체제는 쉐마 수준, 사건 각본 수준, 에피소드 수준으로 나누어진다. 쉐마 수준은 하나의 사건과 관련된 하나의 단순한 행동(예 : 머리 빗기, 우유 먹이기 등)을 말한다. 사건 각본 수준은 하나의 사건을 위해 두 가지 이상의 쉐마를 연결하는 것(예 : 우유 먹이고 토닥거려 재우기 등)을 말한다. 끝으로 에피소드 수준은 한 가지 목적을 달성하기 위해 두 가지 이상의 사건을 연결하여 행하는 것(예 : 식당에 가서 음식을 주문하고 먹은 뒤 계산하기 등)을 말한다.

즉, 각본이론에 따르면 놀이 속에서 나타나는 이야기 체제 수준은 영유아들의 인지적 · 언어적 성숙도를 나타내는 것으로, 놀이를 영유아의 인지적 · 언어적 능력과 관련된 중요한 활동으로 본다.

④ Sutton-Smith 이론

30년 이상 놀이에 대한 이론을 연구해 온 놀이 연구의 대표 학자로서 Sutton-Smith는 초기 이론과 후기 이론이 구별된다. 그의 초기 이론은 인지발달에 대한 놀이의 역할을 강조한 반면, 후기에는 좀 더 놀이에 대한 복잡한 이론을 제안하면서 놀이에 대한 현대적 이론과 후기 현대적 이론을 연결해준다.

초기에 Sutton-Smith(1967)는 숟가락을 마이크로 사용하는 것처럼 가상놀이에서 일어나는 상징적인 변형은 인지적인 면에서 상징적 능력을 촉진시키고 이를 통해 유아의 정신적 융통성을 확장시킨다고 보았다. 그는 가상놀이에서의 가상성과 놀이행동의 다양성을 중시하였으며, 이를 통한 놀이가 창의성과 문제해결에 미치는 긍정적인 영향을 강조하였다. 영유아는 가상적 변형을 통해 관습적인 생각에서 벗어나 새롭고 독특한 방법으로 아이디어를 결합하게 된다. 이러한 전환은 창의적 사고를 촉진한다. 즉, 가상놀이에서의 가작화 경험은 기존의 사고

방식에서 벗어나 독특한 방식으로 사고할 수 있도록 도움으로써 결국 창의력을 증진시킨다.

Sutton-Smith 이론은 Bruner 이론과 마찬가지로 놀이의 중요성을 유기체의 적응능력 향상에 두고 놀이를 융통성의 발달이나 융통성에 대한 잠재력의 발달을 통한 성인생활을 위한 준비라고 봄으로써 고전적 놀이이론 중 연습이론과 맥을 같이한다. Sutton-Smith(1979)는 놀이를 적응적 잠재성(adaptive potentiation)이란 개념으로 보았다. 적응적 잠재성이란 놀이를 통해 영유아들은 다양한 선택을 하게 되며, 그 결과로 융통성을 가지게 된다는 것이다.

후기에 들어서면서 Sutton-Smith(1998)는 놀이에 대한 보다 복잡한 이론으로 적응적 가변성(adaptive variability)의 개념을 제시하였다. 환경 자체가 급격하게 변화하는 미래를 인류는 예측할 수 없으며, 미래에 필요한 지식과 기술도 예측할 수 없다. 따라서 진화하는 종으로서 발달하는 영유아의 적응적 잠재력은 고정된 적응이 아니라 행동 자체의 유연성으로 급변성이나 예측 불허성을 의미한다(Gould, 1995). 이러한 특징이 바로 놀이행동의 특징이라고 봄으로써 인간발달에서 놀이의 중요성을 강조하고 있다.

Sutton-Smith(1998)는 적응적 가변성을 제시하면서 동시에 《놀이의 모호성(Ambiguity of Play)》이라는 저서를 통해 놀이에 대한 수사학이 있음을 제안하였다. 예를 들면, 놀이로부터 유용한 어떤 것을 배운다는 측면을 강조하는 교육학이나 심리학 분야에서는 놀이를 진보로서 여기는 반면, 집단 정체성을 만들어내는 측면을 강조하는 인류학이나 민속학 분야에서는 놀이를 정체성으로 본다. 예술과 문학 분야에서는 놀이를 주로 상상으로 보며, 사회학이나 문화심리학 분야에서는 권력으로서 놀이를 보고, 놀이를 도박이나 확률 게임에 적용하는 경제학 · 통계학 · 수학 분야에서는 놀이를 운명으로 본다. 즉, 놀이를 무엇에 비유하고 어떤 측면에서 놀이를 강조하느냐에 따라 놀이를 해석하고 이해하는 방식이 달라지기 때문에 놀이에 대한 진리는 상대적이라는 것이다. 이러한 관점은 후기 현대적 이론과 연결되는 점이라고 볼 수 있다.

3) 후기 현대적 놀이이론

객관적이고 보편적인 진리가 있다는 가정에 도전하면서 지식은 언제나 주관적이라는 것을 강조하는 포스트모던 관점에서 놀이를 해석하는 후기 현대적 놀이이론으로는 사회 · 문화적 관점, 비판적 교육이론, 혼돈이론이 대표적이다(Johnson, Christie & Wardle, 2005). 세 가지 후기 현대적 놀이이론을 우선 간략하게 요약해보면 표 2-4와 같다.

표 2-4 후기 현대적 놀이이론

놀이이론	놀이를 바라보는 초점
사회 · 문화적 관점	• 사회 · 문화적 맥락의 산물 • 놀이를 문화적 활동과 해석으로 이해
비판적 교육이론	• 사회 · 정치적 맥락 중시 • 놀이 속 권력에 초점
혼돈이론	• 놀이의 혼돈스러운 능력에 초점 • 혼돈스러운 세계에서 유아의 생존을 준비

(1) 사회 · 문화적 관점

사회 · 문화적 관점(sociocultural perspectives)은 오래전부터 지속적으로 연구되어 온 분야지만, 최근 들어 영유아의 행동과 발달에 관련된 문화를 좀 더 잘 이해하고자 하는 노력과 함께 보다 체계적으로 조직화되고 있다. 다양한 배경의 영유아들을 위해서 교육적이면서도 사회 · 문화적으로 적합한 서비스를 제공하려 한다면 사회 · 문화적 요소를 무시할 수 없다(Roopnarine, Shin, Donovan & Suppal, 2000). 특히 미국 사회의 경우에는 사회 · 문화적으로 다양한 영유아들이 교육기관에 모여 있기 때문에 일찍부터 사회 · 문화에 대한 고려가 중요시되어 왔다. 우리나라의 경우에도 국제결혼 가정이나 탈북자 가정 및 외국인 노동자 가정 등 다문화 가정의 영유아들이 많아짐에 따라 이들을 이해하려는 노력의 한 측면으로 이들의 사회 · 문화에 대한 고려가 필수가 되었다.

놀이에 대한 문화적 · 맥락적 접근이라고 불리는 사회 · 문화적 이론에 따르면 놀이를 포함한 행동과 발달은 생물학적 · 사회적 · 문화적인 요인으로 구성되는 발현적 과정의 한 부분이라는 것이다. 문화는 매개적인 것으로 영유아와 환경 간의 역동적인 상호작용에서 성장과 발달을 위한 조건을 창출한다. 이러한 역동적이고 복잡한 상호작용이 전개되는 방법은 다양한 문화에서 다양하게 나타나는데(Cole, 1996), 놀이는 이러한 문화적 맥락의 산물이다.

Whiting과 Whiting(1975)은 여섯 문화 속의 어린이들에 관한 연구와 후속 연구(Whiting, 1980)를 통해 역사, 기후, 지리뿐만 아니라 문화적 습관과 제도 등이 놀이의 특정 행동과 어떻게 연결되는지에 대해 조사하였다. 이러한 문화와 놀이의 관계에 대해서는 세 가지 모델이 제시될 수 있다(이은화 · 정진 · 박현주 · 김현정, 2000). 첫째는 문화는 놀이 속에서 놀이로서 발생하고 놀이와 같은 것으로 보여진다는 것으로, 문화 자체가 놀이의 성격을 띤다고 보는 입장이다(Huizinga, 1993). Caplan와 Caplan(1989)은 Huizinga의 의견에 찬성하면서 놀이가 곧 문화로 변화한 것이 아니라 문화의 초기 형태가 놀이의 모습과 양식을 띠고 있다고 재해석하였다. 둘째는 놀이를 문화화 기제의 한 형태로 보는 입장이다(Schwartzman, 1978). 놀이는 발달의 지표인 동시에 문화 학습과 전파에서 중요한 배경이나 매개물로 문화를 전승하는 역할을 한다는 것이다. Schwartzman의 관점에서 보면 성인은 영유아의 놀이에서 문화적인 메시지를 전달하며, 영유아는 문화적 가치에 영향을 받는 놀이를 하게 되고, 문화 안에서 공유된 이해를 실행해봄으로써 놀이를 통해 문화를 습득하게 된다. 셋째는 변증법적 모델로서, 문화는 놀이로부터 생겨나고, 일단 문화가 창조되면 문화는 놀이에 영향을 미치고 놀이는 문화의 나머지 부분을 변화시키게 된다는 것이다. 즉, 놀이는 문화의 원인인 동시에 결과이고, 나아가 문화를 창조하고 변화시키기까지 한다(Harris, 1981).

또한 Göncü, Tuermer, Jain과 Johnson(1999)은 거대한 문화 내에서 작용하는 경제적 · 사회적 · 정치적 요소에 의해 이루어지는 사회적 맥락 내 활동으로서 놀이행동이 연구되어야 한다고 주장하였다. 문화적 맥락 내에서 영유아들의 놀이의 의미를 이해하기 위해서는 간학문적 사고와 연구를 필요로 하기 때문이다.

사회 · 문화적 이론은 어떤 문화 또는 한 문화의 하위집단으로서 문화 공동체에서의 놀이와 비놀이 행동의 의미를 밝히려 할 뿐만 아니라 문화를 인간과 환경이 만나는 지점으로 봄으로써, 인간과 환경을 함께 섞어서 두 가지의 이원성을 극복하려고 시도한다. 서로 분리되어 있는 인간과 환경의 상호작용을 부정하고, 경험을 개인과 맥락 간의 혼합으로 보는 것이다(Shweder, 1991). 즉, 사회 · 문화적 이론의 중심목표는 놀이를 문화적인 활동과 해석으로 이해하려는 것으로, 유아교육에서 문화적으로 적합한 교육과정을 실천하도록 하는 데 정보를 제공해줄 수 있다.

(2) 비판적 교육이론

비판적 교육이론(critical educational theory)은 교육을 사회 · 정치적 맥락에서 분석하고 해석하는 이론이다. 교육이 사회 내에서 성, 계층, 인종의 불평등성을 어떻게 지속시켜 나가는지에 초점을 둔다(Beyer & Bloch, 1996). 이제까지의 교육을 저소득층 영유아들이 자신의 낮은 지위를 비판 없이 수용하도록 조건화시킴으로써 중상류층이 누리는 현재의 권력을 유지시키기 위한 것으로 본다. 따라서 비판적 교육이론가들은 현 교육 체제를 비판하면서 교육을 바로 세우기 위해서는 억눌려온 구성원들이 이러한 교육 체제의 문제점을 인식하고 해방될 수 있도록 해주어야 한다는 것이다. 즉, 교육기관과 사회에서의 불평등은 권력에 기반하고 있다는 데 관심을 갖는 이론이다.

비판적 교육이론은 놀이를 하나의 교육적 활동으로 보고 놀이 속에서의 권력에 초점을 맞춘다. Johnson 등(2005)은 비판적 교육이론을 후기 현대적 놀이이론으로 소개하면서 독자의 이해를 돕기 위해 King의 연구를 실례로 제시하고 있다. King(1979)은 놀이와 일에 대한 유치원생 아이들의 개념을 조사하는 연구에서 활동의 통제권이 유아들에게 있으면 놀이라고 보고, 통제권이 교사에게 있으면 일이라고 보는 경향이 있다고 제시하였다. 하지만 초등학교 5학년 어린이들을 대상으로 같은 연구(King, 1982)를 반복했을 때, 대상 어린이들이 통제권보다는 즐거움과 기쁨이 놀이와 일을 구별하는 중요한 요인이라고 생각한다는 것을 밝혔다. 이와 같이 두 연구가 차이점을 보이는 것을 비판적 교육이론에 의해 해석해보면, 교육기관에서 오랜 기간을 보내면서 어린이들이 학교에서는 활동의 통제권이 자신들에게 있지 않다는 사실을 수동적으로 받아들인 결과라는 것이다. 즉, 좀 더 나이 든 어린이들은 학교에서의 놀이는 절대 자유선택이 이루어질 수 없기 때문에 교사가 통제한 활동일지라도 재미있고 즐겁다면 그것은 놀이라고 여기는 것이다. 따라서 교육과정이 좀 더 교사 주도적일수록 초등학교 교실에서는 적법하지 않은 위법 놀이(illicit play)—선생님이 보지 않을 때 친구에게 종이뭉치 던지기, 쪽지 돌리기, 킥킥대며 웃기, 일그러진 표정 짓기 등—가 많이 일어나는데, 이러한 놀이들은 어린이들에게 진정한 자율권과 통제권을 제공하기 때문인 것이다(King, 1987). 이러한 현상은 권력 관계가 영유아의 놀이에 어떠한 영향을 미치는지에 대한 연구의 필요성을 제기하는 것이다.

우리나라 교육계에서는 유아교육기관에서 이루어지는 놀이가 학습과 인지발달의 강조로 지나치게 규칙과 통제 속에 제한되고 구조화됨으로써 영유아들에게 진짜 놀고 싶은 놀이는 억눌림을 당하고, 자유놀이시간의 놀이는 선생님이 만든 규칙에 따라 놀아야 하는 것으로 인식되는 경향이 있다는 우려가 나오고 있다(유혜령, 2004). 이러한 상황에서 교사들은 계획된 놀이가 훼손되지 않도록 통제하고 감시하는 역할을 할 수밖에 없는 상황이 되기 때문에 구조적인 자유놀이의 제한점을 지적하고 비구조적인 자유놀이의 필요성을 제시한 연구(임부연 · 오정희 · 최남정, 2008)도 이루어졌다. 유아교육기관에서 자유로운 놀이 정신이 훼손되고 있는 점을 비판하면서 이러한 체제 속에서 영유아들을 해방시키기 위해서는 놀이의 창조성과 즐거움을 최대한 배려할 수 있는 대안적인 모색이 이루어져야 함을 제안하는 것이다. 하지만 전적으로 비구조적인 자유놀이만이 교육현장에서 이루어진다면 그것이 진정한 교육현장인지에 대한 의문이 제기될 수 있다.

비판적 교육이론은 분명 교육현장에서 영유아들의 놀이를 이해하는 데 이전에는 간과했던 놀이의 중요한 측면을 인식할 수 있도록 혜안을 제공해준다. 하지만 교육적 놀이에 대한 전면적인 부정으로 나아가서는 안 될 것이며, 비판적 놀이이론에 대한 보다 심도 있는 이해는 현장의 교사들에게 유아교육현장에서 이루어지는 학습을 보다 놀이로 생각하도록 영유아들에게 교실활동의 선택과 통제권을 제공하라는 지침으로 연결되어야 할 것이다.

(3) 혼돈이론

모든 것에 질서가 명확하게 존재하고 이러한 질서 속에서 무엇이든지 예측이 가능하다는 현대적 개념에 도전하면서 후기 현대사회의 특징을 복잡 · 비직선적 · 상호의존 · 예측불가능 · 혼돈이라고 본다(Goerner, 1994). 따라서 혼돈이론(chaos theory)에 따르면 놀이 역시 직선적으로 해석하기는 매우 어렵다는 것이다. 특히 놀이 속에 매우 복잡한 상호 관련인 질서가 있기는 할지라도 그 질서를 인간이 확인하거나 이해하기는 매우 어렵다는 것이다. Ormrod(1999)는 인간의 기억과 연관하여 모든 사람들은 각자 정보를 저장하고 회상하는 독특한 방법이 있기에 이러한 방법을 서로 비교한다는 것은 매우 혼돈스러운 일이라고 하였다.

영유아들의 놀이를 자세히 들여다보면 혼돈스러운 내용과 개념을 표상하고 상징하며, 자신의 경험에서 의미를 창출하고, 매우 역동적이다. 동시에 주제, 상황, 사람 간의 나름대로의 연결을 하고 있고, 매우 창의적이기에 확산적 사고를 발달시킨다. 즉, 놀이의 특징은 '혼돈스러운 능력' 그 자체다(Vander Ven, 1998).

2세 영아가 어느 날 부모들이 자주 듣는 CD 2장을 케이스에서 꺼내 자신이 씹던 껌을 CD 2장 사이에 끼워 먹는 척하며 놀이하는 상황을 상상해보자. 껌을 끼워 넣은 CD를 크림이 사이에 든 도넛으로 표상하면서 빵집에서 도넛을 사서 먹은 경험을 재현하며 의미를 창출하다, 갑자기 CD를 팔찌처럼 손에 끼우고 즐거워한다. 이 얼마나 역동적이며 창의적인가? 성인들이 생각하기에는 2세 영아의 이런 놀이가 매우 혼돈스럽다. 하지만 이러한 놀이는 복잡하고 급변하는 혼돈의 세계에서 영유아들이 생존할 수 있도록 준비시킬 수 있다.

다만, 영아들이 위의 예에서와 같이 혼돈스러운 놀이를 많이 할수록 창의적 학습 능력이 증가한다고 단편적으로 결론내릴 수는 없다. 놀이행동과 긍정적인 발달 간의 단순하고 직선적인 관계를 예측하는 것은 매우 어려운 일이다. 영유아들이 이러한 놀이를 할 때는 놀이행동 이외에 놀이에 대한 문화적 가치, 주변 성인의 반응과 태도, 놀이 상황 이외에 다른 영유아 주변의 상황들 등 보다 많은 요인이 학습에 영향을 미치기 때문이다.

따라서 후기 현대사회에서는 더 이상 하나의 특정 사실을 가르치는 것은 의미가 없고 정보 습득 방법과 개개인 나름대로의 정리 및 평가 방법을 가르칠 필요가 있다고 본다. 놀이에 대한 혼돈이론은 후기 현대사회의 이러한 교육적 관점을 중요시하며 놀이를 바라보는 하나의 이론이다. 혼돈이론에 따르면 유아교육기관의 교사들은 교실에서의 획일적인 구조를 되도록 감소시키고 시간 계획을 융통성 있게 만들어야 하며, 영유아들이 다른 영역의 교재와 교구들을 혼합하여 관계짓도록 적극 격려해야 할 것이다.

(4) 그 밖의 이론

후기 구조주의와 포스트모던 시대에 들어서면서 Nietzsche, Foucault, Deleuze, Guattari와 같은 철학자들의 사상에 대한 관심이 높아졌다. 놀이가 갖는 즉흥성과 불확실성 등의 속성은 세상을 하나의 법칙으로 설명하려는 전통 철학의 사유 방식과는 차이가 있기에 놀이는 전통 철학에서 중요하게 고려되지 않았다(정낙림, 2014). 절대 진리가 있다는 서구의 전통적인 형이상학에 대한 비판과 함께 차이와 생성에 대한 관심이 생겨나면서부터 놀이에 대한 철학적 관심이 다시 솟아나게 되었다. 서구 철학사에서 탈근대적 사유로 진입하는 선구자적인 철학자는 Nietzsche다. Nietzsche의 사상에 영향을 받아 오늘날 많은 관심을 받고 있는 탈구조주의 철학의 대표자는 Deleuze다. 후기 현대이론을 대표하는 그 밖의 이론으로 두 철학자의 중요한 사유 개념을 소개하면서 놀이와의 연관성을 살펴보고자 한다.

① Nietzsche

근대 독일 철학자로서 Nietzsche(1844~1900)는 삶에 대한 사랑(Amor fati)과 영원회귀에 대한 개념을 설명하면서 놀이의 지위를 격상시켰다는 평을 받고 있다. 영원히 회귀하는 삶 앞에서 인간은 놀이하는 어린이의 정신으로 우연의 소용돌이에 몸을 맡기고 춤추고 즐김으로써 새로운 생성으로 향해 나갈 수 있어야 한다(류미향, 2020). 《차라투스트라는 이렇게 말했다》에서 Nietzsche(1983/2009)는 인간의 세 단계의 정신 변화에 대해 설명하면서, 인간은 끊임없는 자기 변신을 통해 새롭게 거듭나고 궁극적으로는 자신을 넘어서는 초인(위버멘쉬)이 되어 자신을 극복하는 삶을 살아야 한다고 하며, 인간이 지향해야 할 이상적인 모습과 함께 놀이의 본질적 가치에 대해 역설하였다.

세 단계의 정신 변화는 낙타, 사자, 어린이로 비유되는데, 이를 좀 더 구체적으로 살펴보면 다음과 같다. 첫 번째 단계는 낙타의 정신으로 가장 낮은 단계의 순종을 말한다. 낙타를 보면 짐을 지고 다니는 모습이 떠오르는데, 이것은 곧 사회의 틀, 즉 규범이나 관습, 타인 등에 의해 그저 복종하고 순종하는 모습이다. 불평불만 없이 당연한 듯 의무감으로 메마른 사막을 걸어가는 낙타와 같이, 인간은 삶에 대한 책임감과 의무감, 고통 등의 무거운 짐을 짊어지고 자신의 사막으로 묵묵히 걸어가는 존재다. 세상에 존재하는 가치체계를 절대적인 것으로 믿고 의심하지 않은 채 해내야만 한다는 당위성을 절대 부정하지 않으며 묵묵히 주어진 의무를 성실히 수행하는 인내심이 강한 존재인 것이다. 낙타는 고된 삶에 반항하며 현존하는 가치체계를 뒤집으면서 더 나은 삶을 위해 새로운 가치체계를 만들어내려고 애쓰지 않는다. 짊어진 짐이 무거울수록 자신의 몸을 희생시켜 가면서 주어진 삶을 살아내고 있음에 안도한다.

두 번째 단계는 사자의 정신으로 부정과 자유를 은유한다. 자신이 스스로 먹잇감을 찾기에 주어진 규범이나 관습 등에 얽매이지 않고 타파하면서 주도적인 삶을 살아가는 모습이다. 기존의 가치를 배척하고 스스로 자유를 창조하면서 의무감 등의 틀에 얽매이지 않고 그것을 부정하는 것이다. 너는 해야만 한다는 당위적인 의무를 부정하고 나는 하려고 한다고 하면서 자유를 누리려는 존재다. 무조건적으로 절대가치에 복종하는 낙타의 정신에 회의를 느끼고, 용으로 비유되는 전통적인 도덕 규범과 절대 가치를 부정하면서 자유를 챙취하는 것이다. 낙타에서 사자로의 변신은 기존의 가치를 파괴함으로써 새로운 가치를 창조하게 한다. 다만 가치창조를 위해 기존의 절대가치를 부정하고 자유를 쟁취하기는 했지만 가치의 공백이 발생하면서 허무주의에 빠질 위험이 있다(정낙림, 2008). 사자는 창조를 유희하지는 못한다. 낙타보다는 좀 더 자유로운 세계이나 사자의 자유는 자유를 위한 진정한 자유가 아니라 옭아매는 속박에서 벗어난 부정을 통한 자유로 하루라도 편할 날이 없는 상태인 것이다.

세 번째 단계는 어린이의 정신으로 유희와 창조를 은유한다. 자신의 의지로 신성한 긍정을 통해 노래하고 춤추는 존재로서 어린이는 사자가 하지 못한 창조를 유희하는 존재다. 어린아이는 천진난만 그 자체이며 망각이다. 새로운 시작이자 유희다. 스스로 굴러가는 바퀴이고 움직임이며, 신성한 긍정이다. 어린이는 놀이에 열중하며 그 자체를 즐긴다. 진위와 미추와 선악을 초월하면서 무언가 되려고 하지 않고 자연스럽게 받아들인다. 환경과 관습에 얽매이지 않고 자신마저 받아들이는 순수와 긍정의 마인드로 새로운 가치와 가능성을 탐험하며, 창조적인 에너지로 새로운 세상을 꿈꾼다. 어린이의 모습을 보면 편견도 체면치레도, 남에게 잘 보이려고 하거나 그 어떤 선입견도 없다. 순진무구하다는 것이다. 거짓도 꾸밈도 없이 잘 울고 잘 웃고 잘 망각한다. 망각은 곧 또 다른 여백에 자기만의 그림을 그릴 수 있게 한다. 그것은 곧 새로운 출발점인 것이다. 어린이의 특징은 고정관념, 기존의 형식에 얽매이지도 얽매일 줄도 모르는 자연스러움 그 자체다. 무엇보다도 긍정의 특징이 중요한데, 부정이 아닌 긍정적인 마인드에서 창조력이 솟아나는 것이다.

Nietzsche가 추구하는 정신적인 삶의 최종 종착지는 세 단계의 변화 중 어느 단계일까? 낙타처럼 전통적인 가치에 기반을 두고서 무거운 짐을 짊어져야 할 의무감이나 복종이 아닌, 개인의 삶과 자유를 찾지만 더 이상 창조성이 없이 자신의 한계에 머무는 사자가 아닌, 순진무구함과 긍정의 가치를 창조하는 어린이 정신으로의 변화이다. 머뭇거림 없이 스스로 자신으로부터 시작하여 자신으로 돌아오는 수레바퀴의 원운동처럼 영원회귀하며 앞으로 굴러가는 어린이로의 변화를 참된 가치와 인식의 높은 단계로 본 것이다. Nietzsche가 어린이 정신을 통해 강조하고자 했던 것은 자신의 삶에 대한 절대적 긍정이며, 자기애(아모르 파티)다. 인간이 자신에 대한 사랑을 간직할 때 삶에 대한 부정을 긍정으로 바꿀 수 있는 힘을 얻게 되며, 어린이 정신에 내재된 놀이, 춤, 웃음은 무엇이든지 전환할 수 있는 긍정적인 힘의 역할을 한다.

Nietzsche가 말하고자 한 인간 정신 변화 단계의 마지막인 어린이 정신은 놀이하는 유아의 모습과 유사하다. 놀이는 인간이 부단한 자기 극복을 통해 더 나은 자신의 모습으로 성장하고자 하는 노력의 과정에서 마지막으로 나타나는 어린이 정신의 가장 본질적 특성으로 유아뿐만 아니라 모든 인간이 더 나은 삶을 위해 회복해야 할 본성인 것이다. 즉, 어린이 정신을 통해 놀이의 유희성과 창조성을 강조하면서 삶을 놀이와 같이 만듦으로써 새로운 가치를 창조해내는 것이야말로 인간이 추구해야 할 삶의 자세인 것이다.

어린이 정신을 통해 본 놀이의 교육적 가치를 살펴보면 다음과 같다(류미향, 2016). 첫째, 놀이는 미리 짜여진 규칙의 지배를 받지 않고 정해진 결과를 지향하지 않아 실패의 기준이 없기 때문에 적극적으로 참여하고 실험하고 창조해낼 수 있다. 둘째, 놀이는 언제든지 다시 시작하고 그만둘 수도 있고 실패나 위험에 대한 두려움도 없기에 마음껏 자유롭게 변신할 수 있는 장을 열어준다. 셋째, 놀이의 본질적인 특성이 즐거움이기 때문에 놀이 속의 웃음과 춤은 인간이 자기 극복을 통해 전환할 수 있는 긍정적인 힘을 제공해준다. 즉, 생성과 창조, 유희 속에 내포된 긍정의 힘을 자유롭게 펼치고 연습할 수 있는 자유놀이는 자주적인 인간으로 살아갈 수 있는 가치 있는 장을 제공하기에 교육적인 경험으로 전환시켜 나가야 할 것이다.

이를 위해 교사는 놀이 상황에서 유아들이 스스로 놀이를 선택하고 놀이전략을 변경하고 창조할 수 있도록 자유를 최대한 보장하고 인정해주어야 한다. 또한 놀이를 바라보는 성인의 시각 변화가 필요한데, 유아의 놀이 경험은 교사에게 전수받은 지식을 재현해보는 수동적인 앎의 과정이 아니라 능동적으로 탐구하고 지속적으로 새로움을 창조해가는 과정에서 진정한 배움이 발생하는 순간(김재춘 · 배지현, 2016)이라는 것을 이해해야 한다. 더불어 교사는 유아의 놀이 주변에 위치하면서 놀이 속 유아들의 경험이 계속적이고 확장되어 교육적 성장이 이루어지도록 지원해주어야 할 것이다.

② Deleuze

프랑스 철학자로서 Deleuze(1925~1995)는 Nietzsche의 사유에 많은 감흥을 받아 구조의 역사성과 상대성을 중시하는 후기 구조주의의 대표적인 인물이다. 후기 구조주의는 포스트모더니즘과 밀접히 연관된 사상계 움직임으로 Foucault(1926~1984)가 '아마도 어느 날이 세기는 Deleuze의 시대라고 불릴 것이다'라고 예언했던 것처럼 현대 철학에서 Deleuze의 사상은 다양한 분야에서 재해석되고 새롭게 주목받고 있다(Olsson, 2009/2017). 특히 Guattari(1930~1992)와 함께 저술활동(Deleuze & Guattari, 1980/2001)을 하며 자본주의와 정신분석을 비판적으로 논함으로써 프랑스 사상계에 스타가 되었다.

Deleuze는 의미를 이미 세상에 존재하는 것을 발견하는 데서 찾지 않고, 반복되는 삶에서 새로운 배치와 접속을 통해 생성해내야 하는 것으로 보았다. 이를 통해 사람들은 끊임없이 이주민으로서 나의 **~되기**를 실험해보는 배움의 삶을 살아야 한다는 것이다. Nietzsche와 Deleuze의 철학에서 강조되는 우연과 반복 속에서의 차이 생성을 Deleuze의 용어를 중심으로 차이의 반복, 새로운 생성으로서의 욕망, 변신과 **~되기**의 사유(류미향, 2020)로 나누어 살펴보고, 이러한 사유가 영유아들의 놀이를 어떤 측면에서 가치롭게 여기는지를 유추해보고자 한다.

첫째, 차이의 반복은 Nietzsche가 주장한 영원회귀의 개념을 계승한 것으로 단순한 반복을 뛰어넘어 동일한 반복이 아닌 차이의 반복이다. 영원회귀란 펼쳐지고 있는 삶을 다시 한 번 새롭게 회귀시킴으로써 현재의 목적과 의미를 와해시키고 이를 통해 다른 것이 되어가도록 차이의 잠재성을 열어주는 것을 말한다(배지현 · 김재춘, 2018). 즉, 가치전환의 의미이며 긍정 그 자체로부터 파생되는 것이다. Deleuze 역시 일반성 안에서 반복을 사유하는 것이 아니라 일반성 바깥에서 반복을 새롭게 개념화한다. 교환 불가능하고 대체 불가능한 독특성 또는 특이성과의 관계 속에서 반복을 사유하는 것으로, 우연에 대한 긍정이 전제되어야 한다. 반복에 대한 상식을 전복시키는 반복의 역설로, 다시 시작할 수 없는 어떤 것을 반복하는 것이다.

인간은 교육을 통해 존재를 열정적으로 성장시키고 존재 역량을 최대한으로 확장해나간다. 우월한 학생이든 열등한 학생이든 각자의 차이를 실험하고 전개할 수 있을 때 평등한 교육이 될 수 있다. 배우는 학생이든 가르치는 교사든 '차이 생성' 또는 '다르게 ~**되기**'를 충만하게 실현할 수 있을 때 교육이라는 붓은 유쾌한 울림을 그려갈 수 있는 것이다. '기호와 마주치는 활동으로서의 배움'이라는 Deleuze의 생각은 배움이란 결코 미리 존재하는 어떤 것을 동일하게 재인식하는 것이 아니다. 감성적인 작용 없이 의식과 지성만으로 추상적 지식을 이해하는 것 역시 배움이 아니라고 말한다. 배움이란 기존의 지식체계에 따라 현상을 동일하게 보는 '동일성의 재생산' 활동이 아니라, 특이적으로 감각되는 기회의 이끌림에 따라 새로운 지식을 생성하는 '차이의 창조' 활동이다(김재춘 · 배지현, 2016). 반복을 통한 차이는 겉으로 드러나는 성질의 변화가 아니라 한 존재를 다른 존재로 변신하게 하는 자기극복의 과정인 것이다.

둘째, 새로운 생성으로서의 욕망은 Nietzsche의 '힘에의 의지'라는 개념과 연결된다. 영원히 반복되는 삶과 맞닥뜨린 인간이 자신의 삶을 긍정하는 데에 필요한 것이 힘에의 의지로 본질적인 내적 본성이며 자기 극복과 창조의 원동력이다. 삶에 대한 긍정과 사랑에 기반한 것으로 차이에 대한 열정이며 성장하고자 하는 의지로 존재하지 않는 것을 욕망함으로써 이를 통해 변화와 생성을 가져오는 것이다. 새로운 생성으로서의 욕망은 새로운 접속을 향해 뻗어나가는 경향이 있으며, 이러한 접속을 통해 특정한 양상의 배치를 만들어내는데, 배치를 통해서 또 다른 욕망이 만들어지고 유지된다. 모든 욕망은 특정한 배치의 결과지만 배치는 영토화와 탈영토화란 방식으로 작용한다. 영토화된 배치로부터 탈주하려는 의지를 가지고 탈영토화를 시도하는 유목민의 삶을 이상적으로 보고, 가치 있는 사유는 리좀적 사고라고 하였다. 리좀(rhizome)이란 땅속 줄기식물의 뿌리줄기라는 의미로 뿌리가 없이 서로 연결되어 있는 다양체들의 체계를 의미한다(Deleuze & Guattari, 1980/2001). 리좀은 인터넷 연결망과 같으며, 겉으로 볼 때에는 단순하게 두 개의 줄기가 접속되어 있는 것 같지만 실제로 무한한 복잡성을 가지고 지속적인 변화를 만들어간다. 리좀은 반복을 통한 동일한 것이 재생되거나 하나의 규정된 사고의 형식으로 현상을 바라보고 이해하는 것을 넘어서는, 즉 끊임없이 펼쳐지고 나아가며 연결되는 수평적 차원에서의 사고의 흐름을 통한 변화와 차이 그 자체를 말한다.

셋째, 변신 그리고 **~되기**는 Nietzsche의 어린이 정신과 연계된다. 유희와 창조로 대변되는 어린이 정신은 기존의 자신을 죽이고 다시 새롭게 탄생하는 과정으로 자기 극복의 고통을 겪으면서도 이러한 삶의 반복을 긍정하고 즐길 수 있는 망각이 있기에 가능하다. Deleuze는 새로운 것을 생성하기 위해서는 기억이 아닌 반-기억을 통해 탈영토화할 때 기억된 사실을 새로운 배치로 변형시킴으로써 재영토화하는 것이 가능해진다고 보았다. 모든 존재는 고정된 것이 아니라 변화하는 것으로, 존재 사이에서 벌어지는 변화의 내재성을 **~되기**로 보고, 끊임없이 하나의 존재에서 다른 존재로 탈영토화하고 변이하는 삶을 사는 것에 의미를 부여하였다(Deleuze & Guattari, 1980/2001). 이러한 **~되기**를 이루기 위해서는 변화를 만들어내고자 하는 욕망이 필요한 것이다.

유아들은 자발적으로 놀이에 참여하면서 즉흥적으로 놀이 세계를 만들어가며 불확실한 놀이를 즐긴다. 이러한 놀이 경험을 자세히 들여다보면, Deleuze가 강조한 사유 개념들과 연계하여 연결과 접속을 통한 사물의 변형, 단절과 탈주를 반복하며 생성되어 가는 놀이 내러티브, 탈영토화와 재영토화를 통해 열림과 닫힘이 반복되는 놀이 공간, 이질성의 접속을 통한 다양성을 지닌 존재되어 가기를 엿볼 수 있다(강주희 · 이진화, 2021). 우연과 즉흥성이 반복되는 세계로서의 놀이는 무한한 창조와 변형의 가능성을 열어주는 장인 것이다. 따라서 우연과 반복의 축제에서 생성을 함께 노래하고 춤추며 날아오를 수 있는 삶을 향유하는 교사 **~되기**가 필요하다고 볼 수 있다(류미향, 2020). 반복되는 놀이 속에서 만들어지는 우연한 상황들을 긍정적으로 바라보고 이해하며, 우연이라는 찰나의 축제를 즐기면서 유아들이 보다 실험을 즐기고 탈주를 통해 예측하지 못했던 복잡한 연결과 새로운 배치를 만들어내고자 하는 의지의 발현을 적극적으로 격려해주는 성인들의 시선이 요구된다.

그 밖의 후기 현대이론에서 살펴본 Nietzsche와 Deleuze의 철학적 사유에 따르면 유아들에게 놀이는 특정한 목적을 위해 참여하는 경험이 아니라 놀이 그 자체에 대한 욕망을 바탕으로 매일 반복되는 놀이에 참여하고, 자신의 모든 힘과 열정을 다해 마주치는 새로운 상황을 해석하고 끊임없는 차이를 만들어가면서 유희하는 삶의 현장이다. 놀이는 유아들이 다른 사람과 다른 사물을 만나며 관계 맺음 속에서 스스로 변신하고 거듭남으로써 무수한 **~되기**를 경험해볼 수 있는 장이다(류미향, 2020). 이러한 점에서 잠재적이고 변화 가능한 특성을 지닌 놀이는 유아들의 삶 그 자체이기에 그 어떤 목적을 위한 수단으로 대체될 수 없는 절대적 가치가 있다.

나 가 는 말

여러 시대에 걸쳐 다양하게 형성된 놀이에 대한 관점을 이해하고 오늘날의 놀이에 대한 태도를 살펴보기 위해 놀이이론에 대해 숙지하는 것은 중요하다. 놀이이론은 유아의 놀이행동을 이해하고 반응하게 하는 개념적 렌즈이기 때문이다. 따라서 본 장에서는 다양한 놀이이론 관점을 이해하기 위해 역사적 맥락에서 영유아기와 놀이에 대한 성인들의 입장을 고찰해보았고, 문명의 발달과 놀이를 놀이가 사라진 사회와 놀이를 필요로 하는 사회로 나누어 살펴보았으며, 끝으로 여러 학자들이 주장한 놀이이론을 시대별로 나누어 살펴보았다.

먼저 영유아와 놀이에 대한 성인들의 인식 변화를 살펴보면 19세기 이전 **고대사회의 놀이 관점**은 그리스의 Plato 이래로 많은 학자들이 계속 강조하고 격려해왔지만 성인과 영유아를 동일시하고 일을 중시하면서 놀이를 일하고 학습하는 시간을 방해하는 어리석은 활동으로 간주하는 등 부정적이었던 시기도 있었다. 19~20세기 **현대사회의 놀이 관점**은 전 세계적으로 Fröebel을 비롯해 많은 학자들이 놀이가 유아발달에 중요한 역할을 하므로 교육활동으로 활용할 것을 주장하였다. 특히 이 시기는 영유아들이 환경과의 상호작용을 통해 생득적인 구조를 발달시켜 나간다고 보았기 때문에 Freud, Piaget의 발달단계에서와 같이 놀이도 단순하고 기초적인 것에서부터 보다 복잡하고 성숙한 것으로 발달해 간다고 보았다. 1980년대 이후 **후기 현대사회의 관점**은 다양성과 다문화주의를 강조하여 모든 영유아들에게 동일하게 적용되는 발달이론에 반발하며 개인의 놀이는 개인이 속한 사회 · 문화 속에서 진정하게 이해되어야 한다고 주장하였다. 그동안 지배적인 관점이었던 놀이가 영유아들의 전인적 발달을 돕고 사회에서 성공하는 데 필요한 전문적인 기술과 능력의 습득에 중요하다는 생각은 편파적일 수 있으므로 사회 · 문화적 맥락 속에서 놀이 인식과 형태가 다양하게 이해될 필요가 있다고 보았다.

인간의 삶 자체가 놀이였던 호모루덴스로서의 인류는 문명화 과정을 통해 호모사피엔스가 되면서 일상에서 놀이는 소멸되었다. 중세시대까지의 유희적 인간이 근대사회로 접어들면서 생산 자본주의 활성화를 위해 사유인, 직업인, 경제인으로 변화되면서 놀이의 본성이 상실된 것이다. 하지만 후기 현대사회로 진입하면서 생산 자본주의는 문화 자본주의와 소비 자본주의로 변화되고, 4차 산업혁명으로 인한 인공지능의 발전과 함께 다시 인류사회는 호모루덴스의 귀환을 서두르고 있다. 문명화 과정을 통해 놀이가 사라진 사회가 다시 디지털 문화를 통해 놀이를 필요로 하는 사회로 변화하면서 놀이를 회복시키고 있는 것이다.

놀이를 설명하고 이해하기 위해서는 오랫동안 다양한 이론이 제시되었는데, 시대별로 살펴보면 다음과 같다. 19세기 후반과 20세기 초에 형성된 **고전적 놀이이론**은 놀이가 인간에게 존재하는 이유와 놀이의 목적에 대해 설명하려 했다. 고전적 놀이이론에는 놀이를 에너지로 조절하는 수단으로 본 잉여 에너지 이론과 휴식이론, 놀이를 본능과 진화의 의미로서 설명한 연습이론, 반복이론이 있다. 고전적 놀이이론은 철학적 사고와 추론에 기초를 두고 있으며, 놀이에 대하여 전반적으로 설명하지 못한 한계점을 지니고 있지만 오늘날의 현대적 놀이이론의 토대를 제공하였다. **현대적 놀이이론**은 20세기 후반부 동안 놀이에 대한 생각을 지배했으며, 과학적 방법론과 객관성에 높은 가치를 두고 정확한 관찰과 실험연구를 강조하였다. 영유아 발달에 대한 놀이의 역할에 대해 관심을 가지고 놀이가 유아의 인지, 사회, 정서발달과 깊은 관계가 있다는 측면에 초점을 맞추고 있다. 놀이가 억압된 감정을 표현하고 불쾌한 경험을 극복한다고 여기는 정신분석이론, 유아의 지적 발달과 연관이 있다는 인지이론, 자극을 통해 적절한 각성 수준을 유지하게 한다는 각성조절이론, 다양한 수준의 의미 이해능력이 촉진된다는 상위 의사소통이론, 개인적 경험을 이해하게 한다는 각본이론, 적응적 잠재성과 가변성을 발달시킨다는 Sutton-Smith 이론 등이 현대적 놀이이론에 속한다. 각각의 이론들은 특정 이론이 다른 이론보다 놀이를 더욱 잘 설명한다고 여기기보다는 놀이에 대해 서로 다른 관점을 살펴보았다는 점에 그 의의가 있다. **후기 현대적 놀이이론**은 최근에 영향을 미치기 시작했고, 포스트모더니즘 관점인 다양성, 사회적 정의, 진실과 지식의 상대성을 반영하고 있다. 놀이를 사회·문화적 맥락의 산물로 보고 문화적 활동과 해석으로 이해한 사회·문화적 관점, 사회·정치적 맥락을 중시하며 놀이 속에서 보이는 권력에 초점을 두고 있는 비판적 교육이론, 놀이의 혼돈스러움에 초점을 두며 혼돈스러운 세계에서 유아의 생존을 준비하는 것으로 놀이를 본 혼돈이론 등이 후기 현대적 놀이이론에 속한다. 최근 들어 후기 구조주의와 포스트모던 시대가 도래하면서 Fröebel, Dewey, Piaget, Vygotsky 이론에 대한 관심은 Foucault, Nietzsche, Deleuze, Guattari 이론에 대한 연구로 변화하였다.

요약해보면, 다양한 놀이이론은 놀이의 가치, 필요성 및 기능에 대해 설명하면서 유아의 놀이행동과 발달을 이해하는 이론적 틀을 제공해주고 있지만 영유아의 발달에서 놀이를 완전하게 설명한 특정 이론은 없다. 각각의 이론들은 유아의 놀이행동과 발달에 대해 더 잘 이해할 수 있도록 서로 도움을 주고 있다. 따라서 교사로서 놀이이론의 다양한 관점을 이해하여 놀이에 대한 믿음을 가지고 영유아의 놀이행동에 대해 이해하는 것은 물론 놀이와 교사의 역할에 대한 새로운 관점을 발달시켜 나가야 할 것이다. 나아가 놀이에 대해 부정적인 우리 사회의 부모들이나 행정가들에게 놀이의 가치와 중요성에 대해 확신시켜 줄 수 있어야 할 것이다.

사후 활동 주제

- 제2장에서 소개된 다양한 놀이이론들을 각각 옹호하는 집단을 구성해보세요. 특히 현대적 놀이이론 중에서 정신분석이론, 인지이론 중에 Piaget와 Vygotsky, 후기 현대적 관점을 지지하는 집단으로 나누어보세요. 각 집단에 속한 구성원들은 왜 그 이론을 지지하나요? 이론을 보다 구체적으로 고찰하고 정리해서 발표한 뒤, 서로 집단 대 집단으로 논쟁해보세요.
- 자신만의 놀이이론을 개인적으로 구축해보세요. 머릿속으로만 생각하기보다 본 장에서 소개된 여러 이론들을 통합하고 자신의 아이디어를 덧붙여 놀이에 대한 자신의 관점을 기록해보세요. 영유아들은 왜 놀이를 하며, 놀이의 목적이 무엇이고 놀이는 어떤 역할을 하는지, 놀이와 학습은 어떤 관계가 있으며, 과연 유아교육 프로그램에서 놀이가 격려되어야 하는 것인지 등에 대해 자신의 입장을 정리해보세요.

참 고 문 헌

강주희 · 이진화(2021). 들뢰즈와 가타리의 리좀 특성으로 살펴본 유아 상상놀이 경험. **교육과학연구**, **52**(2), 104-130.

김재춘 · 배지현(2016). **들뢰즈와 교육 : 차이 생성의 배움론**. 서울 : 학이시습.

류미향(2016). 니체의 '어린이의 정신'을 통해 본 놀이중심 유아교육의 방향 탐구. **유아교육연구**, **36**(3), 541-568.

류미향(2020). 우연과 반복의 축제로서 놀이와 배움 : 니체와 들뢰즈에게서 배우는 놀이(237-273). 임부연 · 정낙림 · 조상식 · 정광순 · 곽영순 · 최승현 · 류미향 · 전가일 · 이진희 · 이연선, **미래학교를 위한 놀이와 교육** I. 파주 : 교육과학사.

배지현 · 김재춘(2018). 니체의 영원회귀의 교육적 함의 : '신체-자기'의 변신을 중심으로. **교육철학연구**, **40**(3), 21-44.

엄정애(1996). 주제와 통합된 극놀이 영역이 유아의 놀이행동 및 상호주관성에 미치는 영향. 이화여자대학교 대학원 박사학위논문.

오승균(2018. 5. 10.). 학부모를 위한 4차 산업혁명 시대의 인재상. 신도봉중학교 부모 강연회 자료. 미래융합연구원.

유혜령(2004). 유아의 역할놀이에 나타난 모방과 창조의 미학. **유아교육연구**, **24**(3), 277-303.

이은화 · 정진 · 박현주 · 김현정(2000). 문화와 놀이의 관계. **유아교육연구**, **20**(1), 43-58.

임부연 · 오정희 · 최남정(2008). 비구조적인 자유놀이 시간에 유아들이 보여주는 '진짜 재미있는 놀이'에 대한 현상학적 연구. **유아교육연구**, **28**(1), 185-209.

정낙림(2008). 놀이, 정치, 그리고 해석 : 놀이에 대한 철학적 연구 : 니체의 놀이 개념을 중심으로. **니체연구**, **14**, 159-190.

정낙림(2014). 놀이사유의 근대적 유형과 니체의 비판 : 쉴러 비판을 중심으로. **니체연구**, **26**, 7-49.

진중권(2016). 다시 읽는 호모루덴스. **행가레 : 행복한 가족을 위한 디지털 레시피 #10**. https : //youtu.be/JGQNSlqmbAE?si=Aa3x7m3wKeC8mKJM에서 2024년 4월 1일 인출.

Aries, P. (1962). *Centuries of childhood : A social history of family life*. New York : Knopf.

Banks J., & Banks, C. (Eds). (1997). *Multicultural education : Issues and perspectives*. (3rd ed.). Boston, MA : Allyn and Bacon.

Bateson, G. (1971). The message 'This is play?' In R. E. Herron & B. Sutton-Smith (Eds.), *Child's Play* (pp. 261-266). New York : Wiley.

Berk, L. E., & Winsler, A. (1995). *Scaffolding Children's Learning : Vygotsky and early childhood education*. Washington, DC : NAEYC.

Berlyne, D. (1960). *Conflict, arousal and curiosity*. New York : McGraw-Hill.

Beyer, L., & Bloch, M. (1996). Theory : An analysis (part 1). In J. Chafel & S. Reifel (Eds.), *Advances in early education and day care : Theory and practice in early childhood teaching* (Vol. 8, pp.

3-39). Greenwich, CT : JAI Press.

Bodrova, E., & Leong, D. (1996). *Tools of the mind : The Vygotskian approach to early childhood education. Englewood Cliffs*, NJ : Prentice-Hall.

Borstelmann, L. J. (1983). Children before psychology. In P. H. Mussen (Ed), *Handbook of child psychology*. New York : Wiley.

Bredekamp, S., & Copple, C. (1997). *Developmentally appropriate practice in early childhood programs* (Rev. ed.). Washington, DC : National Association fot the Education of Young Children.

Brown, N., Curry, N., & Tinnich, E. (1971). How groups of children deal with common stress through play. In N. Curry & S. Arnaud (Eds.), *Play : The child strives towards self-realization* (pp. 26-38). Washington, DC : National Association for the Education of Young Children.

Bruner, J. (1972). The nature and uses of immaturity. *American Psychologist, 27,* 687-708.

Bruner, J. (1990). *Acts of meaning.* Cambridge, MA : Harvard University Press.

Bruner, J. (1996). *The culture of education*. Cambridge, MA : Harvard University Press.

Caillois, R. (2018). **놀이와 인간 : 가면과 현기증**. 이상률(역). 서울 : 문예출판사.(원본발간일, 1958)

Caplan, F., & Caplan, T. (1989). **놀이와 아동**. 강문희(역). 서울 : 교육과학사.(원본발간일, 1974)

Cole, M. (1996). *Cultural psychology : A once and future discipline*. Cambridge, MA : Harvard University Press.

Cornford, F. (Ed., & Trans.). (1951). *The republic of Plato*. Oxford, UK : Oxford University Press.

Deleuze, G.(2004). **차이와 반복**. 김상환(역). 서울 : 민음사.(원본발간일, 1968)

Deleuze, G., & Guattari, F. (2001). **천 개의 고원 : 자본주의와 분열증** 2. 김재인(역). 서울 : 새물결.(원본발간일, 1980).

Descartes, R. (2016). **방법서설**. 김진욱(역). 파주 : 범우사.(원본발간일, 1637)

Elias, N. (2019). **문명화 과정** I . 박미애(역). 파주 : 한길사.(원본발간일, 1939)

Ellis, M. (1973). *Why people play*. Englewood Cliffs, NJ : Prentice-Hall.

Erikson, E. (1950). *Childhood and society*. New York : Norton.

Fein, G. G. (1981). Pretend Play : An intergrative review. *Child Development, 52,* 1095-1118.

French, V. (1977). History of the child's influence : Ancient Mediterranean civilizations. In R. Q. Bell & L. V. Harper (Eds.), *Child effects on adults*. Hillsdale, NJ : Erlbaum.

Freud, S. (1961). *Beyond the pleasure principle*. New York : Norton.

Garvey, C. (1977). *Play*. Cambridge, MA : Harvard University Press.

Goerner, S. (1994). *Chaos and the evolving ecological universe*. Langhorne, PA : Gordon & Breach.

Göncü, A. (1993). Development of Intersubjectivity in the Dyadic Play of Preschoolers. *Early Childhood Research Quarterly, 8*, pp. 99-116.

Göncü, A., & Kessel, F. (1984). Children's play : A contextual-functional perspective. In F. Kessel & A. Göncü (Eds.), *Analyzing children play dialogues* (pp. 5-22). San Francisco : Jossey-Bass.

Göncü, A., Tuermer, U., Jain, J., & Johnson, D. (1999). Children's play as cultural activity. In A. Göncü (Ed.), *Children's engagement in the world : Sociocultural perspectives* (pp. 148 - 170). New York : Cambridge University Press.

Gonzalez - Mena, J. (1993). *The child in the family and the community*. New York : Merrill.

Gould, S. (1995). *Full house : The spread of excellence from Plato to Darwin*. New York : Harmony Books.

Grieshaber, S., & Cannella, G. S. (Eds.). (2001). *Embracing identities in early childhood programs*. New York : Teachers College Press.

Harris, J. C. (1981). Beyond Huizinga : relationships between play and culture. In A. T. Cheska (Ed.), *Play as context* (pp. 26 - 36). West Point, NY : Leisure Press.

Hughes, F. P. (1995). *Children, play & development*. Boston : Allyn and Bacon.

Huizinga, J. (1993). **놀이와 문화에 관한 한 연구 : 호모루덴스**. 김윤수(역). 서울 : 도서출판 까치.(원본발간일, 1955)

Huizinga, J. (2018). **놀이하는 인간 : 호모루덴스**. 이종인(역). 파주 : 연암서가.(원본발간일, 1938)

Johnson, J., Christie, J., & Wardle, F. (2005). *Play, Development, and Early Education*. Boston, MA : Allyn and Bacon.

Johnson, J., Christie, J., & Yawkey, T. (1999). *Play and early childhood development* (2nd ed.). New York : Longman.

Kaye, K. (1982). *The Mental and Social Life of Babies*. Chicago : University of Chicago Press.

King, N. (1979). Play : The kindergartens' perspective. *Elementary School Journal, 80*, 81 - 87.

King, N. (1982). Work and play in the classroom. *Social Education, 46*, 110 - 113.

King, N. (1987). Elementary school play : Theory and research. In J. Block & N. King (Eds.), *School play* (pp. 143 - 165). New York : Garland.

Maslow, A. (1959). *New knowledge in human values*. New York : Harper and Row.

Millar, S. (1977). *The Psychology of Play*. New York : Penguin Books.

Nietzsche, F. (2009). **차라투스트라는 이렇게 말했다**. 홍성광(역). 서울 : 펭귄 클래식 코리아.(원본발간일, 1883)

Olsson, L. (2017). **들뢰즈와 가타리를 통해 유아교육 읽기 : 운동과 실험**. 이연선 · 이경화 · 손유진 · 김영연(공역). 서울 : 살림터.(원본발간일 2009)

Ormrod, J. (1999). *Human learning* (3rd ed.). Columbus, OH : Merrill.

Piaget, J. (1962). *Play, dreams and imitation in childhood*. New York : Norton.

Rifkin, J. (2023). **소유의 종말**. 이희재(역). 서울 : 민음사.(원본발간일, 2001)

Rogoff, B. (1990). *Apprenticeship in Thinking*. New York : Oxford University Press.

Roopnarine, J., Shin, M., Donovan, B., & Suppal, P. (2000). Sociocultural contexts of dramatic play : Implications for early education. In K. Roskos & J. Christie (Eds.), *Play and literacy in early childhood : Research form multiple perspectives* (pp. 205 - 230). Mahwah, NJ : Erlbaum.

Schwartzman, H. (1978). *Transformations : The anthropology of children's play*. New York : Plenem.

Shore, R. (1997). *Rethinking the brain : New insights into early development*. New York : Families and Work Institute.

Shweder, R. (1991). Cultural psychology : What is it? In R. Shweder (Ed.), *Thinking through cultures : Expeditions in cultural psychology* (pp. 73 - 110). Cambridge, MA : Harvard University Press.

Somerville, J. (1982). *The rise and fall of childhood*. Beverly Hills, CA : Sage.

Sponseller, D. (1982). Play and Early Education. In B. Spodek (Ed.), *Handbook of Research in Early Childhood Education* (pp. 215 - 241). New York : The Free Press.

Sutton - Smith, B. (1967). The role of play in cognitive development. *Young Children, 22*, 361 - 370.

Sutton - Smith, B. (1979). Play as metaperformance. In B. Sutton - Smith (Ed.), *Play and learning*. New York : Gardner Press.

Sutton - Smith, B. (1985). Play research : State of the art. In J. Frost & S. Sunderlin (Eds.), *When children play* (pp. 9 - 16). Wheaton, MD : Association for Childhood Education International.

Sutton - Smith, B. (1998). *The ambiguity of play*. Cambridge, MA : Harvard University Press.

Sutton - Smith, B. (2001). Reframing the variability of players and play. In S. Reifel (Ed.), *Theory in context and out* (pp. 27 - 49). Westport, CT : Ablex.

Vander Ven, K. (1998). Play, Proteus, and paradox : Education for a chaotic and supersymmetric world. In D. Fromberg & D. Bergen (Eds.), *Play from birth to twelve and beyond : Contexts, perspectives, and meanings* (pp. 119 - 132). New York : Garland.

Vygotsky, L. (1976). Play and its role in the mental development of the child. In J. Bruner, A. Jolly & K. Sylva (Eds.), *Play : Its role in development and evolution* (pp. 537 - 554). New York : Basic Books.

Vygotsky, L. (1978). *Mind in society : The development of higher mental processes*. Cambridge, MA : Harvard University Press.

Weber, M. (2018). **프로테스탄트 윤리와 자본주의 정신**. 박문재(역). 서울 : 현대지성.(원본발간일, 1905)

Weininger, O., & Fitzgerald, D. (1988). Symbolic play and interhemispheric integration : Some thoughts on a neuropsychological model of play. *Journal of Research and Development in Education, 21*, 23 - 40.

Wertsch, J. (1985). *Vygotsky and the Social Formation of Mind*. Cambridge MA : Harvard University Press.

Whiting, B. (1980). Culture and social behavior : A model for the development of social behavior. *Ethos, 8*, 95 - 116.

Whiting, B., & Whiting, J. (1975). *Children in six cultures : A psycho - cutural analysis*. Cambridge, MA : Harvard University Press.

Wolf, D., & Grollman, S. (1982). Ways of playing : Individual differences in imaginative style. In D. Pepler & K. Rubin (Eds.), *The play of children : Current theory and research* (pp. 46-63). Basel, Switzerland : Karger.

MEMO

CHAPTER

3

놀이의 발달

들어가는 말

놀이와 발달은 서로 밀접한 불가분의 관계다. 놀이를 하면서 발달이 이루어지기도 하지만, 발달이 이루어지면서 유아들의 놀이 역시 변화한다. 즉, 영유아들은 자라면서 놀이행동에 변화가 나타난다. 놀잇감을 빨면서 즐거워하던 영아가 어느덧 놀잇감을 쌓아 무엇인가를 만들기 시작하고, 놀잇감을 쌓아 만든 상상의 자동차에 올라타서 운전사와 승객의 역할을 흉내내며 놀이하기 시작한다. 좀 더 큰 유아들은 편을 나누고 가위바위보를 하여 자기편 자동차에 승객을 좀 더 많이 태우는 게임을 하면서 승부를 가리는 놀이에 몰두한다. 한편 혼자서만 놀이하던 유아가 다른 또래 친구들과 어울려 협상하며 놀이를 진행하는 모습을 보면 대상 유아의 발달을 예측해볼 수 있다.

영유아들의 놀이행동 발달은 현장에서 중요시되는 주제다. 놀이 발달 규준에 대한 정보는 놀이의 의미와 중요성을 보다 분명하게 해준다. 부모와 교사들이 영유아기의 놀이 발달 과정을 이해하게 되면 가치 있는 놀이가 무엇이며, 영유아의 놀이를 어떻게 확장시켜 줄 수 있는가에 대해 답을 구할 수 있다. 본 장에서는 놀이의 발달을 알아보기 위해 놀이 유형과 영유아의 연령으로 구분하여 살펴보고자 한다. 특히 놀이 유형별 발달에서는 인지적 측면의 놀이와 사회적 측면의 놀이로 나누어 많은 놀이 문헌에서 발달적 순서로 제시하고 있는 놀이 유형을 발달적 진보 관점에서 알아볼 것이다. 더불어 0세 영아부터 4~5세 유아에 이르기까지 연령별 놀이 발달을 제시할 것이다.

CHAPTER 3

놀이의 발달

사전 토의 주제

- 영유아들의 놀이는 어떻게 발달해갈까요?
  주변에서 관찰할 수 있었던 영유아들의 놀이 사례를 중심으로 토의해보세요.
- 영유아들의 놀이를 유형별로 나누어본다면 어떻게 나눌 수 있을까요?
  나누어본 유형을 발달적 순서대로 나열해보세요.
- 2세 영아의 놀이와 5세 유아의 놀이를 발달적으로 비교해서 설명해보세요.

1 놀이 유형별 발달

놀이의 특성에서 살펴보았듯이 놀이는 복합적인 현상이고, 따라서 이러한 놀이의 발달은 매우 복잡하다. 그럼에도 불구하고 표면적으로 구별할 수 있는 놀이의 유형이 있다. 영유아들이 기관에서 놀이하고 있는 모습을 관찰해보면 다양한 형태의 놀이가 일어나고 있음을 발견할 수 있다. 학자들은 이러한 놀이 유형을 기준에 따라 범주별로 구분하고 하위 유형을 나누어 제시해왔다. 일반적으로 놀이 문헌에서 통용되고 있는 놀이 유형은 Piaget의 놀이단계를 중심으로 한 인지적 측면의 놀이 유형과 Parten의 놀이단계를 중심으로 한 사회적 측면의 놀이 유형으로 나누어볼 수 있다.

1) 인지적 측면의 놀이 유형

놀이의 발달을 인지적 측면에서 살펴보기 위해서는 Piaget로 거슬러 올라간다. Piaget(1962)는 영유아들의 인지가 발달함에 따라 즐기는 놀이 유형도 복잡해진다고 하면서 인지발달 단계에 따른 놀이 유형을 세 단계로 제시하였다. 즉, 출생에서 2세까지 감각 운동기에는 연습놀이(practice play)를 주로 즐기며, 3~5세 전 조작기에는 상징놀이(symbolic play), 6~9세 구체적 조작기에는 규칙 있는 게임(games with rules)을 즐긴다. 이러한 인지적 측면의 놀이 유형은 Piaget 이후 Smilansky(1968), Frost와 Klein(1979) 등에 의해 좀 더 구체화되었다.

Smilansky(1968)는 연습놀이를 기능놀이(functional play)라는 용어로 사용하면서, 기능놀이, 구성놀이, 극놀이, 규칙 있는 게임으로 발전해간다고 하였다. 현재까지도 놀이문헌에서 많이 사용되고 있는 인지적 측면의 놀이 유형을 Frost와 Klein(1979)은 기능놀이, 구성놀이, 상징놀이, 사회극놀이, 규칙 있는 게임 순으로 제시하였다. 인지적 측면의 놀이 유형을 발달적 차원에서 구체적으로 살펴보면 다음과 같다.

(1) 기능놀이

기능놀이(functional play)는 감각 운동기 영유아들이 기능적인 즐거움을 위해 반복적으로 되풀이하는 단순한 놀이행동을 말한다. 즐거움이 있는 이미 동화된 감각 행동의 끊임없는 반복이라고 볼 수 있다(Hughes, 1995). 주로 '빨기' 또는 '잡기'와 같이 그 자체가 목적인 행동이 반복적으로 이루어지는데, 이러한 반복적 행동이 과연 놀이인지 아닌지는 상황적 맥락에 따라 판단할 수 있다. 이러한 행동들은 점차 영유아의 발달과 함께 협응된 형태로 발전하게 된다. 예를 들어, 오뚝이 놀잇감을 우연히 건드려 오뚝이가 소리를 내며 흔들거리는 것을 발견한 영유아는 신기해하며 오뚝이를 건드리는 행동을 반복한다. 놀잇감 바구니 속에 담겨 있는 플라스틱 블록을 만지려다 블록끼리 서로 부딪쳐 소리가 나는 것을 발견한 영유아는 자신의 행동의 결과로 소리가 나게 된 것을 매우 기뻐하며 계속해서 바구니 속의 블록을 뒤섞는 행동을 반복한다. Piaget(1962)는 특별한 놀이기술이나 상징을 포함하지 않는 이러한 기능놀이를 연습놀이 또는 연습게임이라고 지칭하며, 감각 운동기의 발달단계에 따라 연습놀이를 6단계로 세분화하였다.

① 1단계(출생~1개월) : 선천적인 반사행동

빨기, 쥐기 등 간단한 선천적인 반사행동을 주로 하는 시기다. 배가 고픈 기본 욕구가 충족되었음에도 불구하고 손을 계속 빠는 등의 행동을 놀이로 간주할 수도 있으나, 빠는 행동의 숙달을 위한 적응적 목적으로 그런 행동이 이루어진다고 볼 때 이 시기의 반사행동들은 진정한 놀이라고 보기는 어렵다.

② 2단계(1~4개월) : 자신의 신체를 이용하여 행동을 반복하는 놀이

인지적으로 1차 순환반응이 일어나는 시기로, 영아가 우연히 신체와 관련된 흥미 있는 감각

그림 3-1 기능놀이

적 경험을 인지하고 이를 즐거워하며 계속해서 반복하는 것이다. 하지만 이 시기의 행동은 의도적인 요소가 없다는 것이 특징이다. 사물을 사용해서 놀이를 하게 되면 좀 더 의도적인 특성이 가미되는데, 이러한 의도적인 요소는 좀 더 지적인 인식을 포함하게 된다. 이 시기의 놀이는 영유아가 단순히 재미로 자신의 신체를 주로 이용하여 행동을 반복하는 것이 특징으로, 예를 들면 손가락을 폈다 오므렸다 하는 행동 등이 나타난다.

③ 3단계(4~8개월) : 주변 환경에 영향을 미치는 행동을 반복하는 놀이

인지적으로 2차 순환반응이 일어나는 시기로, 자신의 신체를 통한 반복활동뿐만 아니라 자신의 행동이 외부 세계에 미치는 영향에 흥미가 생기는 시기다. 즉, 반응을 야기하는 외적인 결과에 흥미를 갖기 시작하는 것으로, 자신의 주변 세계에서 기쁨을 주는 행동을 반복하는 것이다. 이 시기 놀이의 대표적인 형태는 눈에 보이는 놀잇감을 손으로 잡는 행동을 반복하는 것으로, 그 밖에도 신문지 구기기나 책상 치기와 같이 환경에 영향을 미치는 행동을 즐기며 반복한다.

④ 4단계(8~12개월) : 학습한 행동을 적용하여 반복하는 놀이

이미 학습한 행동들을 새로운 상황에 보다 적극적으로 적용하는 시기다. 목적 달성을 위해 장애물을 제거하는 것을 학습한 영아는 베개 뒤에 있는 놀잇감을 찾기 위해 장애물이 되는 베개를 치우는 것과 같이 의도적이고 목표지향적인 행동을 보이기 시작한다. 이 시기에 영유아는 종종 수단 그 자체가 놀이가 되어 목적을 포기하게 되는데, 예를 들면 숨겨진 놀잇감을 찾는 목적은 잊어버리고 베개를 치우는 반복적인 행동이 재미있는 놀이가 되어 버리는 경우가 종종 있다.

⑤ 5단계(12~18개월) : 의도적으로 다양한 시도를 하는 놀이

인지적으로 3차 순환반응이 일어나는 시기로, 재미있는 행동의 결과를 즐기기 위해 실험을 시도하기 시작한다. 또한 12개월이 지나면서 영아는 더 나아가 행동을 정확하게 반복하는 대신 활동을 다양하게 하기 위한 시도를 수반하게 된다. 이 시기가 되면 놀이와 유사한 재미있는 요소가 분명히 존재하게 된다. 예를 들면, 우연히 식탁에서 떨어진 숟가락이 딸그락 소리를 내자, 식탁 위에 있는 다양한 물건을 계속해서 떨어뜨리며 식사를 할 때마다 이런 행동을 즐기는 경우다. 영유아는 이제 흥미 있는 사건을 정확히 반복하는 것 이상으로 더 재미있는 놀이를 하기 위해 사건을 의도적으로 다양하게 만든다. 즉각적이며 의도적으로 놀이 경험을 좀 더 재미있게 하기 위해 복잡하게 함으로써 기능놀이가 매우 다양해지는 시기다.

⑥ 6단계(18개월 이상) : 표상화를 동반하는 놀이

한 사물을 가지고 다른 사물을 표상하는 능력인 상징화가 나타난다. 이 시기가 되면 영유아들은 외부 세계의 여러 가지 현상을 내적으로 표상하여 사고할 수 있는 능력을 보이기 시작하면서, 기능놀이를 점점 상징놀이나 가상놀이로 대치한다. 자신이 좋아하는 도넛이 연상되는 CD-ROM을 보자 움켜쥐고 먹는 흉내를 내는 경우가 이에 속한다. 이러한 유형의 놀이가 주로 이후 발생하는 유아의 놀이를 지배하게 된다.

(2) 구성놀이

구성놀이(constructive play)는 놀이자료를 활용하여 창조적으로 무엇인가를 만들어내는 놀이다. 블록을 끼워 맞추어 무엇인가를 만드는 놀이, 목공놀이 도구나 조형활동자료 및 물 · 모래 등을 이용하여 성을 쌓거나 터널을 만드는 놀이 등이 이에 속한다. 기능놀이가 사물을 가지고 또는 사물 없이 하는 운동적 연습 또는 정형화된 방식으로 사물을 사용하는 것이라면 구성놀이는 무엇인가를 만들기 위해 놀잇감을 사용하는 조직화되고 목표지향적인 놀이다 (Johnson, Christie & Wardle, 2005). 즉, 기능적인 활동에서 창조적 활동으로의 전환을 의미

그림 3-2 구성놀이

하는 놀이로, 사물을 조작하는 단계에서 사물을 구성하는 단계로 변화되는 것이다(Smilansky, 1968). 영유아들은 22~24개월 정도 되면 다양한 놀잇감을 활용하여 무엇인가를 구성하는 놀이를 시작하게 되는데, 처음에는 단순히 놀잇감을 조작하다가 점차 어떤 것을 만들어내는 수준으로 발달하게 된다.

구성놀이는 상징놀이나 규칙 있는 게임보다 덜 발달된 놀이로 여겨지고 있다. 이러한 인식은 구성놀이를 기능놀이와 상징놀이(극놀이) 사이에 존재하는 놀이로 제시한 Smilansky(1968)의 시각에서 기인한 것으로, 이후 놀이 연구자들은 구성놀이보다 좀 더 우수한 지적 기술을 요구하는 것으로 여겨지는 상징놀이에 대한 연구에 몰두하게 되었다. 특히, Piaget(1962)는 구성놀이를 하나의 독립된 놀이단계라고 보지 않았다. 영유아가 블록을 연결하여 자동차나 로봇을 만들고 있다면 이러한 행동을 놀이로 볼지, 자발적인 작업이나 모방으로 볼지 의문을 가지게 된다. 따라서 Piaget는 이러한 구성놀이를 놀이와 모방의 중간, 또는 놀이와 지적인 활동의 중간에 있다고 하였다.

유아교육기관에서의 자유놀이시간을 관찰한 Rubin과 그의 동료들(1983)에 따르면, 4세경 유아들의 놀이 중 50% 이상이 구성놀이라고 한다. 특히 1~2세 유아들보다 좀 더 나이가 든 유아들의 경우 교실 환경 속에 레고 등 구성놀이를 위한 놀잇감들이 많이 채워지면서 좀 더 구성놀이가 격려된다(Bronson, 1995). 점차 연령이 증가하면서 유아들은 구성놀이 과정 자체보다 자신이 만들려고 하는 결과물에 더 관심을 갖게 되며, 이러한 관심은 초등학교에 가면서 예술과 공예활동 및 다른 창의적 놀이로 전환된다(Christie & Johnsen, 1987; Trageton, 1997). 즉, 확산적인 구성놀이 형태에서 수렴적인 구성놀이 형태로 전환되는 것이다.

우리나라에서 이루어진 연구로서 이종희(1995)는 구성놀이가 놀이와 교육을 연결시킬 수 있는 중요한 놀이라고 주장하면서, 구성놀이의 질적인 수준을 평가할 수 있는 기준으로 놀이시간의 지속성, 놀이내용의 풍부성, 놀이자료의 다양성, 놀이행동의 연계성을 제시하였다. 영유아들이 지속적으로 빈번하게 즐기는 구성놀이는 영유아의 놀이에서 중요하게 다루어져야 할 놀이 유형의 하나이기에 앞으로 좀 더 많은 연구들이 이루어져야 할 것이다.

사물놀이 : 탐색과 조작에서 구성과 상징적 사용으로 발달

놀이의 발달을 놀이 유형별로 나누어 살펴보면 기능놀이, 구성놀이, 상징놀이에서 모두 중요하게 다루어지는 놀이가 사물을 가지고 하는 놀이라고 볼 수 있다. 영유아 놀이의 발달과 관련하여 사물의 사용이 어떻게 변화되어 가는지에 초점을 맞추어보면 사물 탐색과 조작에서 구성 및 상징적 사용으로 발달됨을 발견할 수 있다.

영유아의 관심이 자신의 신체에서 주변 세계로 이동하면서 사물을 이용한 놀이가 많이 나타나게 된다. 신생아는 반사능력과 감각능력이 있으나 사물을 가지고 노는 놀이는 보이지 않는다. 4개월 반 정도 되면 사물을 잡는 시도를 하지만, 사물을 가지고 노는 놀이는 사물을 다룰 수 있는 운동기술이 발달하는 생후 5~6개월경이 되어야 나타나기 시작한다. 9개월 정도 되면 사물 자체의 성질에 관심을 기울이기 시작하여 친숙한 사물보다는 새로운 사물에 좀 더 많은 관심을 보인다. 초기에는 사물이 영유아의 행위를 유도했다면, 그 이후에는 영유아가 통제권을 가지게 되면서 사물에 대해 행위를 반복(재생적 동화)하고 이러한 행위를 다른 사물에게까지 일반화(일반화된 동화)하게 된다(Piaget, 1962). 높은 곳에서 숟가락을 계속해서 떨어뜨리던 영유아가 숟가락이 아닌 공을 떨어뜨리는 행위를 예로 들어볼 수 있다.

탐색적이고 조작적으로 사물을 사용하던 영유아들은 연령이 증가하면서 보다 체계적이고 계획적으로 사물을 사용하게 된다. 입으로 빨거나 두드리는 등 대근육을 사용하여 사물을 조작하는 수준에서 기능적 또는 상징적 사용에 대한 사물의 다양한 잠재적 측면에 초점을 맞추면서 두 손을 사용하여 놀이하는 능력이 점차 증가하게 된다(Power, 2000). 2세가 되면 조작적이거나 운동적으로 사물을 사용하던 것에서 탈피하여 의식적이고 관습적인 방법으로 사물을 이용하는 빈도가 잦아지고, 사물을 표상적으로 사용하는 특성이 급진적으로 증가하게 된다.

탐색과 조작놀이를 통해 사물에 보다 친숙해지고, 사물에 대한 통제감을 갖게 되면서 개인적 놀이 목표에 부합하는 놀이에 점차 참여할 수 있게 된다. 즉, 사물을 사용하여 무엇인가를 구성하고 동시에 표상하게 되는 것이다.

(3) 상징놀이

상징놀이(symbolic play)는 역할(너와 나), 사물(이것과 저것), 공간과 시간(여기와 지금)이 실제와 다르게 자율적으로 변형되는 가작화 요소가 내포되어 있는 표상적 놀이를 말한다. 영유아들이 빈 컵에 물이 있다고 생각하고 마시는 시늉을 하거나 상자를 로켓으로 가정하고 우주인처럼 행동하는 등의 놀이가 이에 속한다. 상징놀이라는 용어는 가상놀이(make-believe play), 가장놀이(pretend play), 상상놀이(imaginative play), 환상놀이(fantasy play), 극놀이(dramatic play), 역할놀이(role play) 등 다양한 동의어와 혼용되고 있는데, 위의 용어들은 '마치 ~인 척' 표상하는 인지적 요소가 내포되어 있다는 점에서 공통점이 있다.

2세경 표상능력이 나타나면서 영아는 모방활동으로부터 상징을 불러일으킬 수 있게 되고, 상징놀이에 적극적으로 참여하게 된다. 초기의 상징놀이 징조는 12~13개월경 갑자기 나타나지만, 연령이 증가하면서 점차 정교해진다(Rubin, Fein & Vandenberg, 1983). 단독으로 이루어지던 상징놀이가 점차 사회적 차원에서 이루어지고, 자신뿐만 아니라 타인에 대한 가장행동을 하게 되며, 사물을 다른 것으로 대체하면서 가상행동을 하고, 상징놀이 자체가 좀 더 길고 계획적으로 수행되면서 통합적이게 된다(Fenson, 1986; Fenson & Ramsay, 1980). 발달적 차원에서 볼 때 상징놀이는 다음의 세 가지 구성요소, 즉 탈중심화 · 탈상황화 · 통합을 포함한다. 세 가지 구성요소들을 중심으로 12개월에서 24개월 영아들의 상징놀이 발달 경향을 표로 제시해보면 **표 3-1**과 같다.

표 3-1 12~24개월 영유아의 상징놀이 발달 경향

단계	탈중심화	탈상황화	통합
12개월	상징놀이 행동의 중심이 유아 자신에게 있음. 보통 혼자 있을 때 일어나며 일상생활에서 친숙한 의식을 놀이로 나타냄	현실적인 방법으로 대체용 사물을 사용함	다양한 상징놀이 행동들이 상호 연관이 없음
18개월	가상행동의 주도자는 유아지만, 의인화된 사물의 행동을 포함함	한 사물을 다른 사물로 대체할 때 모습과 기능 면에서 현실성이 적어짐	단일 도식의 결합으로, 관련된 행동을 연결함
24개월	의인화된 사물이 가상행동의 수용자일 뿐만 아니라 주도자가 됨	대체용 사물이 원래의 기능과는 거리가 먼 방식으로 표상되기 때문에 물리적인 유사성이 없을 수도 있음	다중 도식의 결합으로 각각의 주제가 다른 2개 이상의 활동을 연결함

출처 : Hughes, F. P. (1995). *Children, play & development*. Boston : Allyn and Bacon. p. 57.

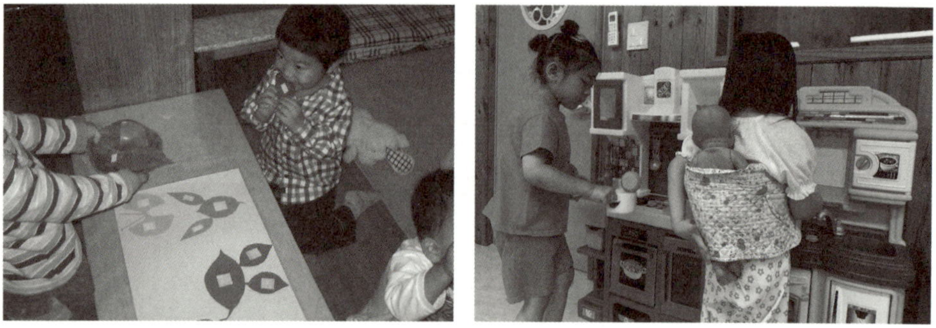

그림 3-3 상징놀이

① **탈중심화**

자기중심성을 벗어나서 자신과 타인의 관점에서 대상을 바라보고 인식할 수 있게 되는 것이다. 상징놀이가 나타나는 12개월경에는 자기를 향한 상징놀이 행동이 출현한다. 상징놀이에서 표상 행동의 대상이 자신인 것으로 잠자는 것, 머리 빗는 것, 먹는 것 등 일상생활 경험에서 익숙한 행동을 흉내내게 된다. 모든 놀이행동이 자아에 초점을 두고 있기 때문에 초기의 상징놀이는 중심화의 특성을 보여주며, 영유아 자신이 상징놀이의 주도권을 쥐고 있는 것이다. 이후 영유아들의 상징놀이는 그 대상이 영유아 자신에게서 사물이나 타인에게 향하게 된다(Fenson, 1986). 예를 들어, 자신이 먹는 척하는 것이 아니라, 인형이나 동생에게 먹이는 척하는 행동이 이에 속한다. 이러한 탈중심화(decentration)는 2세 후반기에 새로운 성숙 수준에 도달하면서 유아가 놀이에서의 주도자가 아니라 사물이 상징놀이 행동의 주도자가 된다. 즉, 상상놀이 속 상상의 인물인 동물 인형들이 상상의 차를 타고 가면서 상상놀이를 주도하도록 하는 경우다.

② **탈상황화**

한 사물을 다른 사물로 대치하는 것을 의미한다. 초기에 영유아는 실물과 유사한 사물을 대체물로 사용하지만, 점차 유사성이 없는 사물도 상징놀이에 사용하는 등 융통성이 증가하게 된다. 가장 초보적인 탈상황화(decontexualization)는 실제 이불과 유사한 천 조각을 가지고 잠자는 것처럼 이불을 표상하는 것과 같이 현실적인 방법으로 사물을 사용하다가, 영유아들이 좀 더 성숙해지면 실제 그 사물이 사용되는 방식과는 아주 다르게 사물을 대체하게 된다. 예를 들면, 숟가락을 빗으로 가상하여 사용하거나 사물이 없을 경우 빗이 있는 것처럼 자신의 손으로 머리를 빗는 가상행동을 하는 경우 등이 이에 속한다. 연령이 어린 영아들의 경우 누군가가 숟가락을 빗으로 가상하게 했을 때 그렇게 하지 못하고 숟가락을 입으로 가져갈 것이다.

③ 통합

놀이가 점차 패턴화되는 것을 의미한다. 연령이 어린 영아들의 경우에는 서로 상호 연관이 없는 다양한 상징놀이 행동을 단편적으로 보이는 반면, 연령이 점차 증가하면서 '단일 도식들이 결합'된 상징놀이 행동들을 보이게 된다. 인형에게 우유를 먹이는 행동과 등을 토닥거리는 행동은 각각 단일 도식들인데, 이를 결합하여 우유를 먹이고 등을 토닥거리면서 소화를 시키는 단일 주제의 행동을 반복하게 된다. 이러한 반복을 통해 활동은 좀 더 연속적으로 통합된다.

통합은 영유아가 2세가 되면서 좀 더 복잡해진다. '다중 도식의 조합', 즉 2개 이상의 각각 다른 주제를 포함하는 활동으로 구성된 놀이가 나타난다. 인형에게 우유를 먹이고 등을 토닥거리는 행동과 또 다른 주제로서 옷을 입히고 나들이를 나가는 행동이 조합을 이루면서 연속적으로 통합된다. 상징놀이가 점차 조화롭고 체계적인 상태로 발달되는 것이다.

종합해보면, 이러한 상징놀이는 영아기에서 유아기로 성장함에 따라 세 가지 차원에서 변화한다. 첫째, 자신이 중심이었다 점차 다른 사람으로 중심이 이동하고, 둘째, 보다 정교한 가작적 변형이 사용되며, 셋째, 보다 연속적이고 조직적이 된다(Johnson et al., 2005). 12개월경 전화하는 척하는 등 주로 자신을 행위자로 나타내는 초보적인 상징놀이를 하던 영아는 점차 다양한 대체물을 사용하여 블록으로 전화하는 것처럼 가장할 수 있게 된다. 하지만 모두 자기 지향적이다. 18개월경이 되면 외부 지향적 상징놀이를 보이게 되는데, 인형에게 장난감 전화를 내주면서 전화를 하는 것처럼 가삭화할 수 있게 된다. 이후 2~3세경이 되면 상상적인 사물과 대체물을 자신의 놀이에 통합하기 시작하며, 장난감 전화기를 다리미로 대체하거나 전화기가 없는데도 손에 무엇인가를 쥐고 있는 것처럼 가장하여 전화놀이를 할 수 있게 된다(Gowen, 1995). 또한 음식을 만들어 인형에게 주면서 놀이를 연속적으로 이끌어나가는 등 보다 복잡하고 연속적인 상징놀이에 참여하게 된다.

초기 상징놀이의 발달을 Gowen(1995)은 9단계, 즉 전 가작화(prepretence), 자기 가작화(pretend self), 타인 가작화(pretend other), 사물 대체(substitution), 상상적 사물 또는 존재의

가상(imaginary objects or beings), 존재를 표상하는 놀잇감의 능동적 행위(active agent), 연속적이지만 이야기가 없는 상징놀이(sequence no story), 연속적이면서 이야기가 있는 상징놀이(sequence story), 계획된 상징놀이(planning)로 제시하였다. McCune(1986, 1995)은 사물 대체와 관련된 내용들을 축약하여 5단계, 즉 전 상징적 단계(pre-symbolic stage), 자기 가작화 단계(self-pretending stage), 타인 가작화 단계(other-pretending stage), 결합적 가작화 단계(combinatorial pretending stage), 위계적 가작화 단계(hierarchical pretending stage)로 상징놀이의 발달을 설명하였다. Gowen(1995)의 9단계 범주를 보다 구체적으로 살펴보면 다음과 같다.

- 제1단계 **전 가작화 단계** : 영유아가 사물의 용도를 인지하여 가상행동과 유사한 활동에 참여하지만 가상행동을 한다는 확실한 증거가 없는 단계다. 예를 들면, 영아가 단순히 전화기를 귀에 대거나 빗을 머리에 대는 행동을 말한다.
- 제2단계 **자기 가작화 단계** : 영유아가 자신과 관련된 명백한 가상행동에 참여하는 단계다. 예를 들면, 컵을 들어 입에 대고 마시는 소리를 내는 행동을 말한다. 1단계와 달리 이런 행동이 가상적 행동임을 표현하기 위해서 행동과 관련된 효과음을 내는 경우가 많다.
- 제3단계 **타인 가작화 단계** : 가상행동이 영유아 자신에게서 벗어나 다른 사람을 향하여 진행되거나 다른 사람의 행동을 가상하는 것을 말한다. 즉, 타인 가작화는 두 가지 유형으로 나타난다. 첫째는 유아가 일상생활에서 연습한 가작화 쉐마를 다른 놀잇감이나 사람에게 적용하는 것으로, 예를 들면 컵으로 인형이나 엄마에게 우유를 먹이는 가상행동을 하는 것이다. 둘째는 다른 사람이나 사물의 행동을 가작화하는 것으로, 유아가 걸레를 가지고 마루를 열심히 닦는 흉내를 내는 경우가 해당된다.
- 제4단계 **사물 대체 단계** : 외형적으로 의미가 없는 사물을 창의적이고 상상적인 방법으로 사용하거나, 사물을 일상적인 사용과 다르게 가상행동에 사용하는 단계다. 예를 들면, 블록을 젖병이라고 하면서 인형에게 먹이고, 밀가루 반죽 조각을 햄버거라고 하면서 접시에 놓는 경우다.
- 제5단계 **상상적 사물 또는 존재의 가상 단계** : 사물, 물질, 사람, 동물이 실제로 없을지라도 상상적으로 있다고 가작하는 단계다. 예를 들면, 빈 주전자를 컵에 따르면서 "커피."라고 말하고, 상상의 자동차를 탄 것처럼 자동차 소리를 내며 방을 돌아다니는 경

우가 이 단계에 속한다.

- 제6단계 **존재를 표상하는 놀잇감의 능동적 행위 단계** : 인형이나 모형 동물 등 존재를 표상하는 놀잇감을 살아서 움직이는 것으로 가장하여 놀잇감이 능동적으로 행위를 수행하도록 하는 단계다. 예를 들면, 모형 동물이 마루 위에서 달리는 것처럼 뛰게 하거나, 인형이 스스로 먹는 것처럼 인형의 손을 인형의 입에 가져가는 경우 등이 이에 속한다.
- 제7단계 **연속적이지만 줄거리가 없는 단계** : 단일 가상행동이나 도식을 다양한 대상자들에게 반복하여 적용하는 단계다. 예를 들면, 유아가 엄마나 인형에게 주스를 마시라고 컵을 주는 경우, 자신의 머리를 빗고 난 뒤 인형의 머리도 빗겨주는 경우 등이 해당된다.
- 제8단계 **연속적이면서 이야기가 있는 단계** : 한 가지 이상의 관련된 도식을 가상활동을 위해 사용하는 상징놀이 단계다. 예를 들면, 유아는 컵 속에 무엇인가를 휘젓는 척한 뒤, 컵을 들고 마시고 나서 "아, 맛이 좋은데."라고 말하는 경우가 이에 속한다. McCune(1995)은 이야기의 유무에 관계없이 연속적인 상징놀이 단계를 결합적 가작화 단계라고 표현하면서 결합의 형태를 두 가지로 제시하였다. 상징적 쉐마가 여러 대상에게 적용되는 경우가 첫 번째 결합으로 Gowen(1995)의 제7단계에 해당되며, 여러 개의 쉐마가 일련의 순서로 결합되는 경우가 두 번째 결합의 형태로 실례를 들면 인형에게 입맞춤하고 침대에 눕힌 후 젖꼭지를 물려주는 경우 이 단계에 속한다.
- 제9단계 **계획된 단계** : 사전에 이미 계획된 가상놀이에 참여하는 상징놀이 단계다. 이 단계의 유아는 가상놀이를 하기 전에 미리 계획을 세우고 이를 말이나 행동으로 표현하게 된다. 예를 들면, 유아가 인형의 입에 모형 젖병을 물리기 전에 아기에게 젖을 줄 것이라고 미리 말을 하는 경우, "우리 식당놀이 하자."라고 말을 하고 탁자 위를 정리하는 경우가 이에 해당된다. McCune(1995)은 이 단계를 위계적 가작화 단계라고 표현하였다.

이상에서 소개된 상징놀이는 유아가 성숙하면서 사물을 가지고 하는 가상행위가 점차 정교화되기 시작하며, 동시에 상징놀이 속에서 유아들이 역할을 수행(role enactment)하게 된다. 사물을 사용하는 초기의 가상행위와는 다르게 유아들이 상징놀이 속에서 역할을 추리하고 가작화하기 시작하면서 역할놀이는 좀 더 계획적이고 의미 있게 진행되어 역할놀이를 즐기는 유아들은 놀이에 좀 더 지속적으로 몰두하게 된다.

Garvey와 Berndt(1977)는 유아들의 상징놀이 속에서 나타나는 역할의 유형을 네 가지로 구분하였다. 첫째는 기능적 역할(functional roles)로 사물이나 놀이 주제에 의해 조직되는데, 놀잇감 욕조를 보고 인형을 목욕시키는 역할을 수행하거나 여행놀이를 하기 위해 운전하는 역할을 수행하는 경우를 말한다. 둘째는 관계적 역할(relational roles)로 교사 - 학생, 아내 - 남편

거친 신체놀이

인지적 놀이 중 상징놀이 요소를 포함하면서 사회적 놀이 요소를 함께 내포하고 있는 놀이로서 거친 신체놀이(rough and tumble play)는 2명 이상의 유아들이 잡고 뒹굴며 몸을 부딪치고 거칠게 노는 신체놀이의 한 유형이다(Garvey, 1977). 거친 신체놀이 행동 유형에는 큰소리 지르기, 씨름하기, 뛰어다니기, 쫓고 도망가기, 차기, 덤비기, 올라타기, 밀고 당기기, 때리기, 찌르기 등과 같은 신체적 운동이 포함된다(Sutton - Smith, Gerstmyer & Meckley, 1988).

거친 신체놀이는 놀이 친구의 신체와 행위가 주된 놀이 대상이 되며, 거친 신체놀이를 즐기는 유아는 실제 공격에 가담하기보다 서로를 공격하는 척 가장한다. 즉, 친구와 함께하는 실제 싸움이 아니라 싸움놀이다. 또한 경쟁적이고 심각한 표정이 나타나며 서로 밀치면서 거부하는 행동이 많이 나타나는 공격적 행동과 비교해볼 때, 거친 신체놀이는 경쟁이 없고, 미소와 웃음이 나타나며, 서로 끌어당기며 친근한 관계를 유지하려고 하는 특징이 있다.

동물의 싸움놀이는 유아기에 시작하여 소년기에 최고조에 달했다가 이후에 사라진다(Power, 2000). 이러한 역 U자형(종 모양)의 발달 경향은 인간에게도 동일하게 나타난다. 거친 신체놀이는 2세경에 처음 시작되어 유아기와 아동기에 점차 발생 빈도가 증가하고 거칠어지다가 청년기에는 감소한다(Pellegrini & Smith, 1998).

거친 신체놀이는 신체적 접촉, 사회적 의사소통, 가작화가 포함되어 있다는 측면에서 가치 있는 놀이다. 하지만 현장의 많은 교사들은 거친 신체놀이의 가치에 대해 부정적이며, 교육현장 특히 실내에서는 금지하는 경우가 많다. 그 이유에 대해 Johnson 등(1999)은 거친 신체놀이를 하다 보면 쉽게 안전사고가 발생하고, 거친 신체놀이의 강도가 높아지면 심각한 싸움으로 진행되는 경우가 많으며, 놀이 자체가 공격성의 폭력적 행동을 상징하기 때문에 교사들이 수용하는 가치에 위배되기 때문이라고 설명하였다.

과 같은 역할이다. 셋째는 인물 역할(character roles)로 경찰, 회사원, 유령 등 정형화된 인물과 배트맨, 둘리와 강시, 헨젤과 그레텔 등 영화, 이야기, 책, 텔레비전에 나오는 허구적인 인물로 나뉜다. 끝으로, 주변적 역할(peripheral roles)은 놀이 속에서 언급되기는 하지만 유아가 직접 수행하지는 않는 역할로, 유아가 짜장면 배달놀이를 위해 전화하는 대상으로서 놀이에는 직접 모습을 드러내지 않는 중국집 주인과 같은 역할이다. 이러한 역할이 수행되는 역할놀이는 놀이 주제와 연결되어 초기에는 가정사 중심의 일상적이고 친숙한 주제의 놀이를 즐기다가 점차 유아들이 성숙해지고 자신이 살고 있는 세계에 대해 보다 많은 지식을 습득하면서 환상적이거나 일상성을 벗어난 주제의 놀이를 즐기게 된다.

상징놀이는 구체적 조작기가 되면서 백일몽이 많아지고 컴퓨터와 비디오 게임 또는 소형 놀잇감을 이용한 서술적 이야기 형태의 상상놀이로 내면화되기 시작한다(Piaget, 1962; Singer, 1973). 물론 구체적 조작기가 되면서 학교 운동장이나 교실에서는 외현적인 상징놀이가 사라진 것처럼 보이지만, 가정이나 이웃의 지역사회 놀이터에서는 여전히 외현적인 상징놀이도 많이 관찰된다는 보고(Johnson et al., 2005)도 있다.

(4) 사회극놀이

사회극놀이(sociodramatic play)는 상징놀이가 좀 더 발전된 놀이 유형으로 한 명 이상의 친구와 함께 다양한 역할을 가상으로 수행하면서 극놀이에 참여하는 것을 말한다. Smilansky(1990)는 유아가 역할을 맡아서 극놀이를 하는 동안 여러 상황에서 많은 사람들과 직접적 또는 간접적으로 경험한 것들을 재현하게 되는데, 이때 놀이 주제가 적어도 다른 한 명의 상대 놀이자와 협동해서 진행되고 놀이 참여자들 간에 언어나 행동으로 상호작용이 일어나면 그 놀이는 사회극놀이가 된다고 하였다.

유아들은 극놀이를 통해 다양한 역할을 가상으로 수행해봄으로써 그들이 사는 세계가 어떻게 기능하고 있는지를 알게 되고, 그 과정 속에서 새로운 개념을 학습하며, 의사결정과 문제해결에 참여하게 된다. 특히 친구와 함께하는 사회극놀이를 통해 유아들은 협동적으로 놀이를 진행해가며 자신이 맡은 역할을 수행하면서 타인과의 확장된 사회적 상호작용과 언어적 의사소통을 경험하게 된다.

이스라엘 유아들을 대상으로 사회극놀이의 효과를 연구한 Smilansky(1968)는 〈사회극놀이가 문화실조 유아들에게 미치는 효과(The Effects of sociodramatic play on desadvantaged preschool children)〉라는 논문을 통해 수준 높은 사회극놀이의 조건을 여섯 가지로 제시하였다.

① **역할의 가작화** : 역할을 가상해서 언어나 행동으로 표현하는 것

예 "내가 의사 선생님이야. 너는 환자 할래?"

② **사물의 가작화** : 사물의 용도를 다양하게 가상해서 표현하는 것

예 숟가락을 들고 "이거 마이크라고 하자." 또는 손으로 컵 모양을 만들어 마시는 시늉을 하는 것

③ **행동과 상황의 가작화** : 상황이나 행동을 가상해서 표현하는 것

예 "지금 음식을 만들고 있는 중이야."

④ **지속성** : 한 가지 놀이 주제를 적어도 10분 이상 지속하는 것

예 준호와 상현이가 10분 이상 식당놀이를 지속하는 것

⑤ **상호작용** : 동일한 놀이 주제를 가지고 두 명 이상의 놀이자가 서로 상호작용을 하는 것

예 준호 : 앞치마를 입고 있는데, 상현이가 다가오자, "어서 오세요. 여기 앉으세요."
상현 : 고개를 끄덕이며 준호가 안내한 탁자 앞의 의자에 앉는다.

⑥ **언어적 의사소통** : 놀이 주제에 대해 놀이자 간의 언어적 의사소통이 있는 것

예 준호 : "어서 오세요. 여기 앉으세요."
상현 : "네, 고맙습니다. 메뉴 좀 보여주세요."

사회극놀이에는 현실적 요소(reality element)와 비현실적 요소(nonreality element)가 내포되어 있다. 현실적 요소란 모방 요소를 말하는 것으로 유아들이 현실 속에서 실제 경험한 상황을 중심으로 가능하면 정확하게 재현하면서 극놀이를 하는 것이다. 반면 비현실적 요소는 상상적 요소가 포함되는 것으로 극놀이 내용이 좀 더 다양하고 창의적으로 발전되어 실제 상황에서는 볼 수 없었던 내용이 창출되는 경우다. 상상적 요소가 포함될수록 사회극놀이는 유아들에게 더 큰 만족감을 줄 수 있다.

사회극놀이와 관련하여 유아들이 즐기는 이야깃거리를 극놀이를 통해 재현해보는 놀이로 Saltz와 Johnson(1974)은 주제 환상극놀이(thematic fantasy play)라는 용어를 제시하였다. 주제 환상극놀이는 유아가 동화 속의 등장인물이 되어서 이야기 내용을 극화하는 놀이로 유아교육기관 현장에서는 '동극'이라는 용어로 주로 사용되고 있다. 예를 들면, 동화 《커다란 무》의

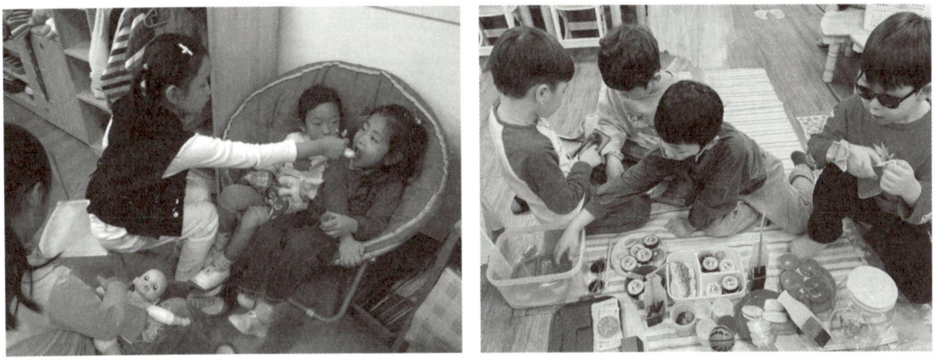

그림 3-4 사회극놀이

할아버지, 할머니, 언니, 오빠, 쥐 등의 역할을 유아들이 맡아서 동화내용에 따라 극놀이를 하는 것이다. 역할, 사물, 행동과 상황이 가작화되고 참여하는 유아들 간의 상호작용과 언어적 의사소통이 이루어지는 집단놀이라는 점에서 사회극놀이와 유사하지만 시간, 내용과 소품, 공간, 참여 시기와 집단 크기, 역할 분담과 교사의 역할 등 몇 가지 점에서 차이가 있다(이숙재, 2004; Johnson, Christie & Yawkey, 1999).

우선 놀이가 이루어지는 시간의 경우, 주제 환상극놀이는 계획된 집단활동 시간에 소집단으로 이루어지는 반면, 사회극놀이는 자유놀이시간에 주로 이루어지며 유아들이 원하는 시간에 시작하고 원하는 시간에 끝맺을 수 있으므로 시간 조절을 주도적으로 자유롭게 할 수 있다. 내용과 소품의 경우, 주제 환상극놀이는 동화 이야기의 시작부터 끝까지 전 과정을 놀이하기 때문에 놀이할 내용이 미리 정해져 있고 내용에 적합한 소품이 활용되는 반면, 사회극놀이는 유아들이 원하는 내용을 스스로 구성할 수 있으며 따라서 소품도 창의적으로 다양하게 사용될 수 있다. 공간의 경우, 주제 환상극놀이는 별도의 공간을 마련하여 이루어지는 경우가 많으나, 사회극놀이는 역할 및 쌓기놀이 영역이나 실외 놀이터 등 놀이할 수 있는 공간이 좀 더 자유롭다. 참여 시기와 집단 크기의 경우, 주제 환상극놀이는 사전에 등장인물의 수와 역할이 결정되므로 놀이 중간에 참여할 수 없고 집단 크기도 미리 결정된다. 반면 사회극놀이는 유아들의 놀이 참여가 자유롭고 놀이구성원의 허락을 받으면 참여 인원수에 상관없이 언제든지 참여할 수 있다. 끝으로 주제 환상극놀이는 주로 역할 분담을 교사가 하는 경우가 많으며 놀이가 진행되는 동안 교사는 유아들의 성공적인 역할 수행을 위해 좀 더 적극적으로 개입하게 된다. 반면 사회극놀이는 유아들 스스로 자신이 원하는 역할을 분담하며 의견 조정이 필요한 경우에만 교사가 개입하고 놀이가 진행되는 동안에도 주제 환상극놀이에 비해 교사는 소극적으로 개입하게 된다.

발달된 사회극놀이의 중요한 특징은 상위 인지(metacognition)를 기반으로 한 상위 의사소통 또는 상위 놀이(metaplay)다(Howes & Matheson, 1992; Sawyer, 1997). 상위 인지는 어떻게 생각하는지를 생각하는 과정이고, 상위 의사소통은 의사소통을 위한 의사소통이며, 상위 놀이는 놀이를 위한 놀이다. 상위 인지에 기반을 둔 상위 의사소통은 사회극놀이에서 중요하게 다루어진다.

사회극놀이 참여 시 유아들이 사용하는 두 가지 유형의 언어적 상호작용은 가작화 의사소통과 상위 의사소통이다(Garvey, 1977). 가작화 의사소통은 유아가 역할을 맡아 그 역할에 적절한 말투로 놀이의 틀 내에서 대화를 하는 것이라면, 상위 의사소통은 유아가 일시적으로 놀이의 틀을 벗어나 놀이 진행에 대해 언급하는 것을 말한다. 즉, 유아는 발달된 사회극놀이를 위해 놀이의 틀 안과 밖을 자유롭게 드나들면서 놀이 속의 역할, 사물, 상황이나 행동 전반에 대한 계획과 협상을 해야 한다.

Göncü와 Kessel(1984)은 24명의 중산층 유아들의 놀이 상호작용에 관한 녹화 자료를 분석하여 계획하기, 초대하기, 협상하기, 의견 수용하기 등 다양한 상위 의사소통적 행동을 근거로 사회적 상호작용을 점수화하였다. 상위 의사소통은 놀이의 틀이나 놀이 상황 맥락 그 자체와는 분리된 것으로 놀이자의 의도와 행동을 연계시키는 데 필수불가결한 것으로 증명되었으며, 연령이 높은 유아가 낮은 유아보다 연계된 발화의 범위가 유의하게 높게 나타났다.

(5) 규칙 있는 게임

규칙 있는 게임(games with rules)은 구체적 조작기의 유아들이 주로 하는 가장 발전된 형태의 놀이로, 미리 정한 규칙에 따라 두 명 이상의 유아가 상대와 경쟁하면서 승부를 겨루는 놀이다(Hughes, 1995). 규칙 있는 게임을 즐기기 위해서는 규칙을 이해하는 논리적 사고와 두 명 이상의 놀이자가 요구된다. Piaget(1962)의 관찰에 의하면, 구슬을 몇 개 주었을 때, 전조작기의 3세 유아는 구슬을 새 둥지에 있는 알로 가정하여 상징놀이를 하였다고 한다. 반면 구체적 조작기의 유아들은 옆에 있는 친구와 함께 규칙을 정하고 구슬을 목표물 안에 넣는 게임을 즐길 것이다. 규칙 있는 게임을 즐기는 유아들은 나이 많은 또래에게서 규칙을 배울 수도 있고, 특별한 게임을 할 때 자기들 나름의 규칙을 자연발생적으로 만들어낼 수도 있다.

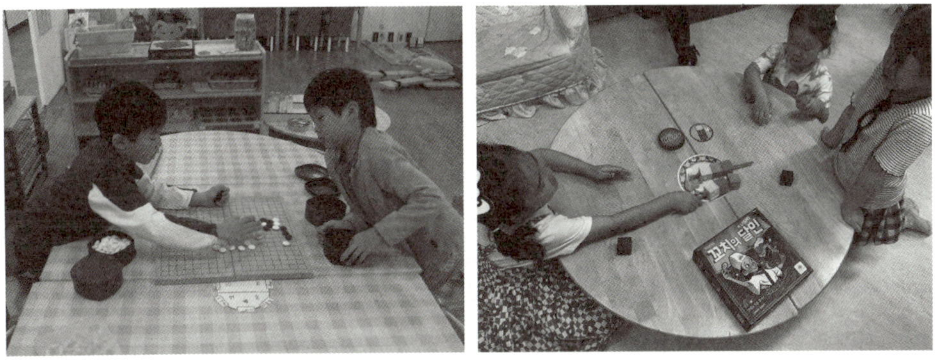

그림 3-5 규칙 있는 게임

유아들이 즐기는 게임의 종류는 다양하다. 유아교육기관에서는 주로 자유놀이시간에 소집단으로 이루어지는 그룹게임이 많이 활용되고, 집단활동 시간에 이루어지는 게임은 집단 형태에 따라 원게임(예 : 수건 돌리기, 오뚝이 맞추기 등), 자유대형게임(예 : 짝짓기 등), 편게임(예 : 목적물 돌아오기 등) 등으로 나누어볼 수 있다. 그 외에 Parker(1984)는 규칙 있는 게임의 종류를 경기장 게임(field games), 테이블 게임(floor and table games), 영상 게임(iconic games), 단어 게임(word games)으로 구분하였다. 한편 Kamii와 DeVries(1980)는 Piaget 이론에 근거하여 규칙 있는 게임을 유아교육 프로그램의 하나인 구성주의 프로그램에서 중요시되는 활동으로 제시하면서 집단 게임(group games)이라는 용어를 사용하고 그 종류를 놀이 참여자의 행동에 따라 8가지로 제시하였다.

① **목적물 맞추기 게임(aiming games)** : 어떤 물체를 표적으로 정하고 이를 맞추는 놀이로, 목적물을 맞출 때 떨어뜨리기, 던지기, 굴리기, 밀기, 차기, 불기 등의 방법을 이용할 수 있다.
예 **옷핀 떨어뜨리기, 구슬치기, 고리 던지기, 비사치기, 과녁 맞추기, 볼링 등**

② **경주(races)** : 똑같은 시기에 출발하여 빨리 목표점까지 다다르도록 하는 놀이
예 **숟가락으로 나르기, 불어서 나르기, 다리 묶고 달리기, 손수레 경기, 굴렁쇠 놀이, 의자 뺏기 등**

③ **알아맞히기 게임(guessing games)** : 한정된 단서로부터 '누가?', '무엇을?'에 대한 여러 가지 문제를 추측하는 놀이
예 **비밀 주머니 물건 찾기, 숫자 알아맞히기, 팬터마임, 열 고개 등**

④ **쫓기 게임(chasing games)** : 한 사람이 다른 사람을 잡으려고 하고 그 사람은 잡히지 않으려고 피하는 형태의 놀이

예 **수건 돌리기, 여우야 여우야 뭐하니, 고양이와 쥐, 꼬리치기 등**

⑤ **숨기기 게임(hiding games)** : 숨기는 사람이 술래가 생각해낼 수 없는 장소에 물체를 숨기거나 몸을 숨기는 놀이

예 **숨바꼭질, 동전 숨기기, 보물찾기, 강아지 먹이 찾기 등**

⑥ **언어적 지시 게임(games involving verbal commands)** : 언어적 지시에 따라 움직이는 놀이

예 **코코코, 가라사대, 다리 세기, 줄넘기, 무궁화꽃이 피었습니다 등**

⑦ **카드게임(card games)** : 그림카드를 이용한 놀이

예 **똑같은 것끼리 짝짓기, 합해서 숫자 만들기, 도둑 잡기, 도미노 게임 등**

⑧ **판 게임(board games)** : 게임판을 이용한 놀이

예 **윷놀이, 미끄럼과 사다리, 빙고 게임, 앵두 따기, 돌 차기, 땅따먹기 등**

규칙 있는 게임은 스포츠, 컴퓨터와 비디오 게임 등이 활발한 초등학교 저학년 동안 많이 이루어진다. 좀 더 어린 유아들은 규칙 있는 게임을 즐긴다고는 하지만 대개 단순한 규칙을 활용하거나 아니면 규칙을 단순화시켜서 게임을 하며, 게임을 위해 성인의 지원이 필요하다. 구체적 조작기 사고 수준에 도달한 유아들은 인지적 · 사회적 요구를 내포한 보다 복잡한 게임이 가능하다. 더불어 Piaget(1962)는 유아들이 성숙해짐에 따라 게임의 종류가 증가해서 성인기에도 규칙 있는 게임은 계속된다고 하였다.

규칙 있는 게임은 놀이가 아닌 것으로 간주되는 경우가 있다(Garvey, 1977; Rubin, Fein & Vandenberg, 1983). 놀이는 그 자체가 목적이 있는 활동이기 때문에 어떠한 외부적인 목적도 포함하고 있지 않은 반면, 규칙 있는 게임은 경쟁을 포함하고 있기 때문에 외부적인 목적이 있다. 하지만 경쟁적인 요소에도 불구하고 그 활동을 단순히 즐길 수 있으며, 친구들과 함께 뛰고 어울리는 가운데 마음속에 있는 목표를 잊어버리기도 한다.

사회극놀이에도 규칙이 있는가?

규칙 있는 게임을 하기 위해서는 정해진 놀이 규칙을 지켜야 하며 규칙을 변경하려면 다른 놀이 친구의 동의를 얻어야 한다. 그렇다면 사회극놀이를 위한 규칙이 있는가? 결론부터 말하면 구체적 조작기 유아들이 즐기는 게임에서의 규칙과는 다르지만 사회극놀이에도 규칙은 있다.

상징놀이를 좀 더 사회적으로 즐기기 위해서는 놀이 참여자들 간에 역할, 사물, 상황이나 행동에 대한 협상이 이루어지게 되는데 이러한 협상을 통한 합의가 곧 규칙으로 작용하여 놀이 에피소드를 지속시켜 준다. 하지만 사회극놀이를 진행해나가면서 역할이나 주제는 계속 바뀔 수 있기 때문에 규칙 있는 게임의 규칙보다 덜 엄격하다. 반면 규칙 있는 게임에서의 규칙은 미리 놀이 전에 결정되며, 모든 놀이자들이 게임을 시작할 때 놀이하면서 규칙을 수정할 수 있다고 결정하지 않는 한 놀이 도중에 수정이 일어나지 않는다(Rubin, Fein & Vandenberg, 1983).

사회극놀이에 존재하는 규칙은 임의로 정할 수 있는 규칙이 아니라 일상의 삶 속에서 이미 정해져 있는 규칙이기에 규칙 있는 게임에서의 규칙보다 융통성이 없다고 설명하는 경우도 있다. 사회극놀이에서 의사가 된 유아는 환자를 치료해주어야 하고, 미용사를 맡은 유아는 손님의 머리를 손질해주어야 한다. 다시 말해 사회극놀이의 규칙은 대부분 삶의 규범에 근거한다고 볼 수 있다. 유아가 마음대로 규칙을 세워서 의사가 미용사 역할을 하거나 미용사가 의사 역할을 할 수는 없다. 그러나 게임에서는 놀이 친구들 간의 합의만 이루어지면 독특하고 임의적 규칙을 설정할 수 있다.

2) 사회적 측면의 놀이 유형

사회적 놀이의 초기 경험은 주로 양육자와의 상호작용을 통해 이루어진다. 영아는 양육자와 신체적 · 언어적으로 긴밀하게 접촉하면서 사회적 놀이를 할 수 있는 기본 능력이 발달한다. 연구에 따르면 놀이를 잘하는 영유아는 그들의 놀이 기술 발달 변화에 민감한 양육자인 어머니를 곁에 두고 있다고 보고하고 있다(Damast, Tamis-LeMonda & Bornstein, 1996; Fiese,

1990). 대개 양육자로서 부모들은 자녀의 놀이 수준에 적합하게 또는 한 단계 높게 놀이를 조절해준다. 즉, 영유아는 자신의 한계와 능력을 잘 아는 사람, 놀이가 보다 순조롭게 진행되도록 도와주는 사람과 놀이를 하게 되는데, 영유아 시기 이러한 즐거운 놀이의 반복은 사회적 놀이 발달의 기초가 된다.

또한 놀잇감은 영유아의 놀이가 병행놀이에서 상호작용 놀이로 바뀔 수 있게 해주는 매개체로서 영유아기 사회적 놀이 발달의 중요한 요인이 된다(Mueller & Lucas, 1975). 즉, 놀잇감은 '사회적 윤활유' 역할을 하며(Johnson, Christie & Wardle, 2005) 영유아 또래 간의 상호작용을 촉진시켜 준다.

연령이 증가하면서 사회적 기술도 발달하여 유아들의 놀이는 사회적 측면에서 다른 유형을 보이게 된다. 놀이의 발달을 사회적 측면에서 분석한 가장 대표적인 학자로는 Parten(1932)을 들 수 있다. 그는 유아들의 자유놀이시간을 관찰하여 사회적 참여도에 따라 유아들의 놀이를 네 가지 유형과 놀이 이전의 두 행동으로 분류하였다.

(1) Parten의 놀이 유형 분류

① 비참여 행동(unoccupied behavior)

놀이로 볼 수 없는 행동으로 순간적인 흥미에 따라 어떤 것을 몰두해서 바라볼 뿐인 행동을 말한다. 흥미 있는 것이 없을 때에는 자신의 몸을 만지작거리거나 의자에 앉았다 일어서는 행동을 반복하기도 하며, 여기저기 돌아다니거나 선생님을 따라다니기도 한다.

② 방관자적 행동(onlooker behavior)

다른 친구의 놀이를 지켜보는 것으로 구경꾼으로 참여한 것을 말한다. 가끔 자신이 구경하고 있는 친구에게 말을 걸거나 질문을 하기도 하며, 제안을 하기도 한다. 하지만 놀이에 직접 참여하지는 않는다. 그때그때 생기는 흥미로운 어떤 사건보다 특정 유아 집단을 바라본다는 점과 가까운 거리에서 지켜봄으로써 필요한 경우에는 말을 걸 수도 있다는 점이 비참여 행동과는 다른 점이다. 유아가 타인의 존재에 관심 갖기 시작했다는 점에서 사회적인 능력의 진보를 의미한다고 볼 수 있다.

③ **혼자놀이**(solitary play)

혼자서 노는 단계로, 주변에 있는 유아들과 이야기를 나눌 수 있는 위치에 있어도 친구가 사용하는 놀잇감과는 다른 놀잇감을 가지고 혼자서 독자적으로 놀이하는 형태다. 곁에 있는 친구와 가까워지려는 시도를 전혀 하지 않는 단계로 사회적 상호작용의 정도가 매우 낮은 놀이 유형이라고 볼 수 있다.

④ **병행놀이**(parallel play)

나란히 놀이를 하지만 함께 노는 것은 아닌 단계로, 주변의 다른 친구들과 동일한 놀이를 하지만 서로 접촉하거나 간섭하지 않고 혼자서 놀이하는 형태다. 다른 유아들과 함께 논다기보다 다른 유아 곁에서 논다고 볼 수 있다. 이 단계의 유아들은 서로의 존재를 분명히 알고, 서로를 자기에게 의미가 있는 다른 사람으로 인식하지만 결과적으로는 따로따로 놀이를 한다.

⑤ **연합놀이**(associative play)

유아가 같이 놀이하고 공유하는 집단놀이 단계로, 놀이내용에 대해 이야기를 주고받거나 놀잇감을 빌려주는 행동이 나타나며 차례를 지키고 친구가 하는 활동에 함께 참여하며 폭넓은 의사소통이 이루어지기도 한다. 하지만 공동의 특정한 목적이나 의도를 가지고 놀이하는 것은 아니기 때문에 역할을 분담하거나 놀이내용이 조직적으로 전개되지는 못한다.

⑥ **협동놀이**(cooperative play)

역할의 분담과 목적의 공유가 이루어지는 단계로, 한두 명의 유아가 지휘권을 갖고 역할을 서로 분담하여 공동의 목적을 달성하기 위해 집단적으로 조직적 놀이에 참여하는 것이다. 이 단계의 유아들은 어떤 물건을 만들기 위해, 경쟁에 이기기 위해, 다양한 에피소드를 극화하기 위해, 규칙 있는 게임을 즐기기 위해 집단을 조직하고 놀이를 진행하게 된다.

위의 사회적 놀이 유형은 발달적 측면에서 가장 보편적으로 많이 인용되고 있는 것으로, Parten(1932)의 연구 결과 영유아들의 놀이는 혼자놀이(2~2.5세)에서 병행놀이(2.5~3.5세), 연합놀이(3.5~4.5세), 협동놀이(4.5세 이상)의 순서로 발달한다고 하였다.

그림 3-6 병행놀이

그림 3-7 연합놀이

그 이후 Howes(1980)는 사회적 놀이 특히 병행놀이를 Parten의 분류보다 좀 더 세부적으로 분석하였으며, Howes와 Matheson(1992)은 놀이에 참여하는 영유아들 간 상호작용의 상호성, 복잡성, 의사소통 및 상위 의사소통을 중심으로 사회적 놀이를 6단계로 분류하였다. Howes와 Matheson(1992)의 사회적 놀이 범주를 소개하면 다음과 같다.

(2) Howes와 Matheson의 사회적 놀이 6단계

① 단순 병행놀이(parallel play)

다른 영유아와 동일한 놀이를 하지만 또래에게 관심을 보이지 않고 눈을 마주치거나 언어를 통한 사회적 상호작용 행동을 전혀 하지 않는 놀이단계다. 예를 들면, 몇몇 영유아가 블록을 가지고 서로 가까이 앉아서 놀이하지만 서로의 존재에 관심을 보이지 않는 경우다.

② 관심을 가진 병행놀이(parallel aware play)

또래와 동일한 놀이를 하면서 눈맞춤 등의 호의를 보이지만 상대에게 말을 거는 등의 사회적 시도는 하지 않고 상호인식만 하는 단계다. 예를 들면, 블록을 가지고 놀이하는 두 명의 유아가 가끔 서로 쳐다보면서 각각 다른 블록을 구성하는 경우다. 사회적 상호작용은 하지 않지만 다른 유아의 존재에 관심을 갖는 단계로 종종 다른 유아의 놀이를 모방하기도 한다.

그림 3-8 협동놀이

③ **단순 사회적 놀이**(simple social play)

또래와 동일한 놀이를 하면서 눈맞춤뿐만 아니라 미소짓기, 이야기하기, 주기, 잡기 등의 단순한 사회적 접촉을 시도하는 단계다. 예를 들면, 블록을 가지고 놀이하는 유아들이 서로 블록을 빌려주거나 상대의 구성물에 대해 "그거 멋있다." 등과 같은 이야기를 하는 경우다.

④ **상호 보완적 놀이**(complementary and reciprocal play)

또래와 함께 놀이를 하면서 사회적 접촉의 시도뿐만 아니라 쫓고 도망가기, 숨고 찾기 등 놀이 참여자 간의 상호 보완적 행동 교환이 이루어지는 단계다. 예를 들면, 블록을 가지고 놀던 유아 중 한 유아가 다른 유아에게 블록을 하나 주고, 그것을 받은 유아는 다른 블록을 다시 주는 경우, 숨고 찾는 숨바꼭질 놀이에 함께 참여하는 경우가 이에 속한다.

⑤ **협동 사회적 놀이**(cooperative social play)

친구와의 놀이에서 보완적 역할수행과 의사소통을 하면서 조직화된 구성놀이 또는 사회극놀이를 수행하는 단계다. 예를 들면, 엄마 · 아빠 역할을 서로 맡아 극놀이를 진행해나가거나 모래를 파고 물을 부으면서 공동의 구성물을 만들어가는 경우가 이에 속한다.

⑥ **복합 사회적 놀이**(complex social play)

또래와 함께 놀이 의사소통뿐만 아니라 놀이에 대한 의사소통(상위 의사소통)을 하면서 보다 계획적이고 조직화된 구성놀이나 극놀이에 참여하는 단계다. 예를 들면, 놀이를 하기 전에 참여자들 간에 어떤 에피소드의 놀이를 어떻게 할지 역할이나 사물, 상황 등에 대해 미리 협의를 하고("너는 아기고, 나는 엄마야. 엄마와 아기가 길을 잃었다고 하자.") 놀이를 수행하거나, 놀이를 수행하는 가운데 원활한 놀이 진행을 위해 "아기는 길을 잃어버리면 울어야 해."라고 놀이를 위한 의사소통을 하면서 놀이를 유지시켜 나가는 경우이다.

Howes와 Matheson(1992)은 연구 결과, 연령이 증가하면서 단순 병행놀이와 관심을 가진 병행놀이는 감소하는 반면, 상호 보완적 놀이, 협동 사회적 놀이, 복합 사회적 놀이는 증가한다고 하였다. 단순 사회적 놀이는 연령에 따른 변화가 없었으나, 6단계의 놀이 유형 중 보다 높은 수준의 놀이가 나타나는 것은 모든 유아들의 경우에 동일하였으며 순서가 뒤바뀌지 않았다고 보고하였다.

반면 Whaley(1990)는 생후 첫 해 동안 어머니와 영아 간의 사회적 놀이 변화를 분석하였는데, 또래 간의 사회적 놀이 척도를 거꾸로 거쳐 간다고 밝혔다. 즉, 어머니와 영아 간에 이루어지는 놀이는 처음에는 어머니의 지지와 비계설정을 통해 매우 협동적으로 나타나다가 영유아의 놀이 기술이 발달하면서 어머니 자신의 역할을 줄여나가면서 병행놀이 형태로 변화된다고 하였다.

종합해보면, 양육자와 영유아 간에 이루어지는 사회적 놀이는 협동놀이에서 병행놀이 형태로 변화되는데, 이러한 1차적인 사회화 체계로서 가족 간의 놀이가 2차적인 사회화 체계인 또래 간의 사회적 놀이에 필수 요인이 된다. 더불어 놀잇감이 또래 간 사회적 상호작용에 매개체가 되어 영유아들은 혼자서 놀이하다가 점차 또래와 함께 놀이하게 되고, 보다 상호적이고 복잡한 의사소통과 상위 의사소통이 포함된 놀이가 나타난다고 볼 수 있다.

혼자놀이와 병행놀이가 진정 사회적으로 미성숙한 놀이인가?

이후의 연구들은 Parten(1932)의 혼자놀이와 병행놀이의 발달적 단계에 의문을 제기하고 있다. 우선 혼자놀이를 상호작용이 있는 다른 놀이에 비해 미성숙한 놀이로 속단해서는 안 된다고 지적한다(Asendropf, 1991; Coplan et al., 2001; Lloyd & Howe, 2003). 즉, 혼자놀이 경험은 유아가 자신만의 독창적인 방법으로 사물을 다루는 기회를 제공함으로써 문제해결력과 자기통제에 대한 신뢰감을 형성하도록 돕는다.

주로 혼자서 책을 보거나 퍼즐 맞추기, 만들기 등을 하며 혼자놀이를 즐기는 성향의 유아들이 있다. 이러한 성향의 유아들은 발달적으로 협동놀이를 할 수 없어서가 아니라 친구들과 함께 협동놀이를 즐길 수도 있지만 개인적 특성이 혼자놀이를 선호하기에 연령이 증가해도 혼자놀이의 빈도가 감소하지는 않는다. 물론 연령이 어린 유아는 단독 기능놀이를 많이 하는 반면, 나이 든 유아는 단독 구성놀이에 좀 더 많이 참여한다. 즉, 혼자놀이 내에서의 질적인 변화는 있을지라도 발달적으로 성숙한 뒤에도 혼자놀이를 지속적으로 즐기는 유아들이 있다는 사실은 혼자놀이가 다른 사회적 놀이들에 비해 덜 발달된 놀이라고 보기에는 무리가 있다는 것을 증명해준다.

이러한 논의와 관련하여 몇몇 학자들은 혼자놀이에서 보인 유아의 행동을 사회적 개입과 놀잇감에 보인 흥미의 질에 따라 억제된 행동, 동적인 혼자놀이, 정적인 혼자놀이의 세 가지로 구별하여 제시하였다(김민정 · 엄정애, 2005; Coplan, Rubin, Fox, Calkins & Stewart, 1994; Lloyd & Howe, 2003). 학자들이 제시한 혼자놀이의 하위범주를 보다 구체적으로 제시하면 다음과 같다.

억제된 행동(reticent behavior)

Parten(1932)의 사회적 놀이 분류 중 방관자적 행동과 비참여 행동이 이에 속한다. 방관자적 행동은 유아들이 다른 유아들의 활동을 쳐다보지만 참여하는 행동은 보이지 않는 것이고, 비참여 행동은 유아들이 아무것도 하지도 않고 바라보지도 않는 행동이다. 말 없는 행동을 보이는 유아들은 다른 유아들과 놀기를 원하지만 두려움과 염려를 가진 유아들로 사회적 불안을 보이고, 사회적 기술이 떨어지며 문제행동을 보이고, 또래에게 배척받는 경우가 많다(김민정 · 엄정애, 2005; Asendorpf, 1991; Hart, Yang, Nelson, Robinson, Olsen, Porter, Jin, Olsen & Wu, 2000).

동적인 혼자놀이(solitary-active play)

혼자서 기능놀이를 하거나 극놀이를 하는 경우가 이 범주에 포함된다. 혼자서 기능놀이를 하는 것은 사물을 사용하거나 사물 없이 반복적인 근육의 움직임을 혼자서 수행하는 것을 말하며, 혼자서 극놀이를 하는 것은 혼자 가작화에 참여할 때 발생된다. 동적인 혼자놀이를 하는 유아들은 또래들과 함께 놀기를 원하지만 친구들로부터 고립되는 경우가 많아(Asendorpf, 1991) 미성숙이나 충동성과 관련이 있는 것으로 여겨지기도 한다. 하지만 이후 연구들에서 동적인 혼자놀이가 발산적 사고와 긍정적인 관련이 있고(Lloyd & Howe, 2003) 두려움과 충동적 공격성 및 산만함과는 직접적인 관련성을 보이지 않아(김민정 · 엄정애, 2005; Coplan et al., 1994) 좀 더 연구될 필요가 있다.

정적인 혼자놀이(solitary-passive play)

혼자서 조용히 물건을 탐색하거나 구성하는 경우로, 사물을 다루면서 무엇인가를 만들거나 창조해내는 경향이 있다. 이 범주의 놀이를 많이 하는 유아들은 사물 지향적인 경우가 많으며, 부모나 교사 및 동료들에게 긍정적으로 받아들여지고 문제해결력이 높은 것으로 나타났다. 따라서 정적인 혼자놀이 행동을 보이는 유아들은 정서적으로 조절이 안 되거나 사회적인 기술이 덜 발달되어 있다고 보기 힘들다(Lloyd & Howe, 2003).

이상의 논의를 통해 볼 때, 혼자놀이를 무조건적으로 발달적으로 미성숙한 놀이라고 보기는 어렵다. 놀이가 일어나는 상황의 물리적 배치가 유아들의 사회적 놀이에 큰 영향을 줄 수 있다는 연구(Petrakos & Howe, 1996)는 혼자놀이에 집중하는 유아들에 대해 좀 더 신중하게 판단해야 할 필요가 있음을 제시해준다.

병행놀이는 사회적 성숙 수준이 낮은 혼자놀이와 사회적 성숙 수준이 높은 협동놀이 사이의 전환점에 나타난다고 하지만, 또 다른 측면이 논의되기도 한다. 병행놀이가 숙련된 놀이자들에 의해 다른 유아의 놀이에 자연스럽게 참여하거나 다른 유아를 자신의 놀이로 이끄는 방법으로 사용된다는 것이 관찰되면서 때에 따라 사회성이 상당히 높은 상태의 놀이 유형으로도 표현될 수 있다고 여겨지고 있다(Bakeman & Brownlee, 1980). Rubin, Bukowski와 Parker(1998)는 진행 중인 놀이에 참여하는 전략으로 방관자적 행동, 병행놀이, 놀이에 대한 대화를 제시하였다. 또한 Robinson, Anderson, Porter, Hart와 Wouden-Miller(2003)는 4세 유아들의 자유놀이시간 놀이 관찰을 통해 유아들이 놀이 에피소드에 참여하기 위해 방관자적 행동에서 관심을 가진 병행놀이로, 그 후 협동 사회적 놀이로 진행해나간다고 하였다.

2 영유아의 연령별 놀이 발달

8개월된 준영이는 퍼즐을 가지고 조각을 맞추기는커녕, 조각을 입에 넣어 빨아보고 씹고 있다. 엄마는 퍼즐을 입에 가져갔다고 준영이에게 화를 내며, 이것은 맞추기를 하는 놀잇감이라고 설명한다. 엄마의 머릿속에는 조각 그림을 여러 번 맞추는 동안 준영이의 머리가 좋아질 거라는 생각으로 가득 차 있다. 하지만 퍼즐 맞추기는 준영이에게는 너무 수준이 높은 놀이다. 준영이는 모든 사물을 입으로 느껴보면서 탐색하고, 자신의 생각을 형성해나가는 발달단계에 있기 때문이다. 따라서 엄마가 준 퍼즐을 입으로 가져갈 수밖에 없었던 것이다.

영유아들이 즐기는 놀이는 성장과 함께 변화되고 발달해나간다. 연령 증가에 따라 놀이 유형에 많은 변화가 나타난다. 영유아의 연령별 놀이 발달을 이해하는 성인은 영유아들의 놀이 촉진을 위해 발달 수준에 알맞은 놀잇감을 제공하고 발달에 적합한 놀이 참여를 해줄 수 있을 것이다. 따라서 본 절에서는 영유아의 연령에 따른 놀이의 발달 특성을 영아기(0~2세), 유아기(3~5세), 초등학교 저학년(6~7세)으로 나누어 살펴보고자 한다.

1) 영아기(0~2세)

영아기는 걷기 시작하기 전의 영아 전기(0~1세)와 걷기 시작한 후의 영아 후기(1~2세)로 나누어 놀이 발달 특성을 살펴볼 수 있다.

(1) 영아 전기

0~1세 영아들은 어떤 사물이든지 냄새를 맡아보고, 소리를 들어보고, 맛을 보고, 입에 넣으려고 한다. 손과 입으로 사물을 탐색하는 놀이를 즐기며 소리에 민감하게 반응하여 노래나 음악소리에 따라 몸을 움직인다. 손과 다리의 운동능력이 발달하기 시작하면서 감각 운동을 활용한 기능놀이를 보다 적극적으로 즐기고, 행동을 모방하기 시작하면서 단순한 모방놀이를 시작한다. 또한 이 시기 영아들은 짝짜꿍이나 까꿍놀이처럼 성인이 함께하는 놀이에 참여하는 것을 좋아한다. 따라서 성인은 놀잇감만 제시해주기보다는 영아와 함께 놀잇감을 탐색해보며

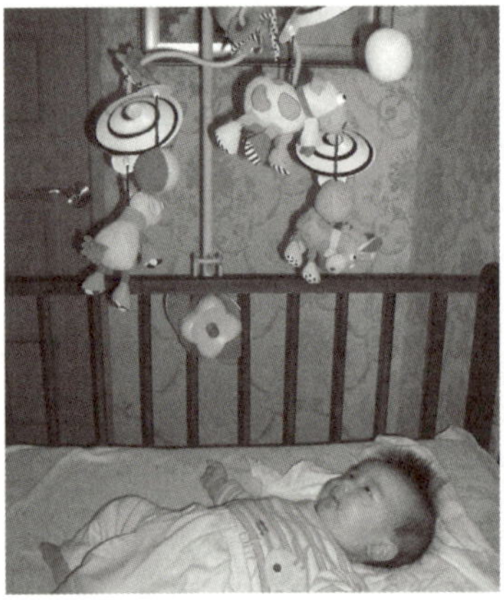

그림 3-9 모빌 탐색하기

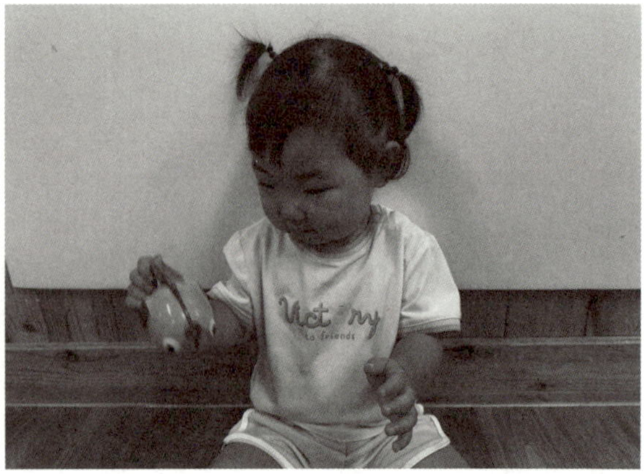

그림 3-10 딸랑이 흔들기

놀아주는 것이 효과적이다. 예를 들어, 딸랑이를 유아의 손에 쥐여 주고 흔들어 본다거나, 침대 위의 모빌을 손으로 가리키며 보게 하거나, 흔들어서 소리를 들어보게 하는 등 놀잇감을 통해 많은 자극을 주어야 한다.

4개월 된 주연이는 아기 침대 위에 달린 모빌이 흔들리는 대로 눈이 왔다 갔다 한다. 8개월 된 민영이는 손에 쥐어준 딸랑이를 입에 넣고 쭉쭉 빨고 있다. 우연히 딸랑이를 건드려 소리가 나자 매우 신기해한다. 10개월 된 승주는 손과 다리 근육의 운동기능이 발달하면서 보다 다양한 탐색을 한다. 아무 물건이나 입에 넣고, 잡아 흔들어서 소리를 내며, 물이나 주스 등을 엎질러 놓고 손으로 휘젓거나 문지르는 감각 운동적 놀이를 반복하며 즐거워한다. 또한 빗을 머리에 갖다 대거나 컵 안에 숟가락을 넣고, 전화기를 들어서 귀에 대는 등의 단순한 모방놀이를 한다.

---

(2) 영아 후기

1~2세 영아들은 혼자 걷게 되면서 이동영역이 확대되고 대소근육 운동능력이 발달하여 흔들 목마 타기, 공 던지고 받기를 좋아하며 끌고 다니는 놀잇감을 좋아한다. 눈과 손의 협응력도 발달하여 물건을 다른 물건 위에 포개어 쌓는 놀이나 모양 조각을 모양 구멍에 넣는 놀이를 재미있어 하고 수성 매직을 잡고 긁적거리는 놀이도 할 수 있다. 일상생활에서 부모를 통해 경험한 내용의 단순한 역할놀이, 예를 들어 전화놀이, 인형 돌보기 등의 놀이를 좋아한다. 하

그림 3-11 자동차 끌고 다니기

지만 아직까지는 감각 운동놀이를 많이 하는 시기다. 즉, 밀가루 반죽, 모래, 물 등을 가지고 주무르고 냄새를 맡는 등 감각적으로 탐색하는 놀이를 즐긴다. 이 시기의 자녀를 둔 부모들은 바깥 세상을 궁금해하는 영아들의 욕구 때문에 힘들어한다. 걷는 데 익숙해진 영아들이 보다 넓은 공간인 실외에서 마음껏 걸어 다니고, 공놀이를 하며, 자동차나 강아지 놀잇감을 끌고 다니고 싶어 하기 때문이다.

18개월 된 준희는 밖으로 나가자고 엄마를 조른다. 엄마가 비가 와서 못 나간다고 하자, 몇 번 떼를 쓰다가 끈이 달린 자동차를 끌고 신나게 방 안 여기저기를 돌아다닌다. 준희의 엄마는 부엌에서 일을 하다 준희가 갑자기 조용해져서 하던 일을 멈추고 준희가 무엇을 하고 있는지 살펴본다. 준희는 끌고 다니던 자동차는 옆에 두고 앉아서 모양을 맞추어 넣는 상자에 동그라미 모양을 끼워 넣느라고 애를 쓰고 있다.

---

2) 유아기(3~5세)

(1) 3세 유아

이 시기에는 기초적인 신체 운동능력이 발달하여 대근육 운동놀이, 예를 들어 세발자전거 타기, 달리기 등을 좋아할 뿐만 아니라 소근육 조절능력과 관련이 있는 구슬 꿰기, 가위질하기, 퍼즐 맞추기, 그림 그리기, 블록 쌓기 등의 놀이에도 관심을 많이 보이고 적극적으로 해보려고 한다. 또한 행동의 결과에 관심을 보여서 자기가 자유롭게 그리거나 만들고 꾸민 것을 다른 사람에게 보여주고 자랑하면서 만족스러워한다. 그러나 미리 계획해서 놀이하지는 못하며 단지 놀이하는 과정을 즐긴다.

3세 유아들은 언어발달이 뚜렷이 나타나 말하는 것을 즐기고 우스갯소리나 말놀이하는 것

그림 3-12 엄마 · 아빠 놀이

을 좋아한다. 또한 실제 사물이나 동물 등이 그려진 그림책, 간단한 줄거리의 이야기책, 사진 등에 관심을 보인다. 유아는 자기중심적이고 또래와의 관계를 증진시키는 능력 및 기술이 서툴고 부족해서 혼자 노는 것을 즐기지만, 또래 친구에게 관심을 보이고 친구 옆에서 나란히 놀이를 하는 경우도 많다. 또한 유아는 어른의 역할에 관심이 많아지고 상상력도 풍부해져 엄마 · 아빠 역할과 같이 가정생활에 관한 역할놀이를 주로 즐긴다.

36개월의 수진이는 크레파스로 종이에 무엇인가를 열심히 그려서 엄마에게 자랑을 한다. 또 퍼즐 조각을 맞추고 혼자 손뼉을 치며 아빠 얼굴을 쳐다본다. 소꿉 놀잇감을 가지고 와서 앞치마를 두르고 요리를 하다가, 엄마의 커다란 구두를 신고 핸드백을 메고 "나, 갔다 올게."라고 하며 엄마처럼 행동한다.

---

(2) 4세 유아

4세 유아는 신체적인 기술이 발달하여 활동적인 운동과 협응력이 요구되는 단순한 활동을 성인의 도움 없이 독자적으로 수행할 수 있다. 한 발로 서서 균형잡기, 놀이시설물 오르내리기 등이 가능해지고 작은 조각들을 조립해서 구성하거나 퍼즐을 맞추는 등 조작놀이에 적극적으로 참여하면서 자신감이 생기게 된다.

탐구력도 증가하여 논리적으로 사고하려는 경향이 발달하고 지적 자극에 민감하게 반응하기 시작하면서 분류놀이, 수놀이, 문자놀이 등 학습과 연관되는 놀이에도 흥미가 많아진다. 또한 단순히 물과 모래의 감촉을 즐기던 수준에서 벗어나 물에 뜨고 가라앉는 물건을 구별하고 비눗방울 놀이를 하는 등 놀이 속에서 과학적인 탐색을 즐기고, 조형활동을 할 때도 크레파스뿐만 아니라 물감, 매직, 색연필, 풀 등 여러 재료를 사용하여 창의적으로 표현한다.

사회적인 면에서 친구에게 관심이 많아져 친구를 좋아하고 타인을 이해하는 능력이 조금씩 생겨나기 시작하면서 친구들과 함께하는 놀이에 적극적으로 참여하지만 조직적인 놀이를 하기에는 인내심과 협상능력이 부족하여 놀이를 협동적으로 진행하지는 못한다. 한편 언어능력이 발달하면서 과장이나 유머를 사용한 익살을 부리는 말장난을 즐기지만, 놀이 계획의 경우 아직 조직적으로 진행하지는 못한다. 가정생활에 관련된 놀이 이외에 병원놀이와 가게놀이 등 자신이 직접 경험한 내용의 역할놀이를 즐기기 시작한다.

4세 정주는 주연, 혁재와 함께 실외 놀이터 종합놀이기구에서 오르내리는 놀이를 하다가 모래놀이터로 간다. 서로 이야기를 주고받으며 모래와 물을 이용해 수로를 만들다가 물에 뜨고 가라앉는 물건을 구별하는 것에 흥미를 느끼고 여러 가지 물건을 물에 넣어보며 친구들과 함께 즐거워한다.

그림 3-13 친구들과 놀이하는 4세 유아들

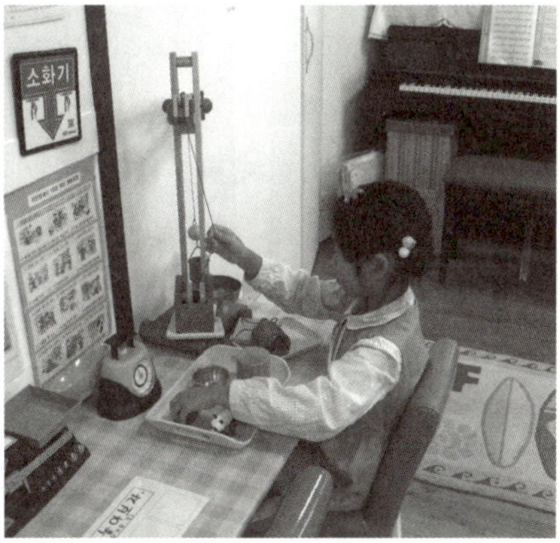

그림 3-14 관찰 · 실험 놀이에 열중하는 5세 유아

(3) 5세 유아

초등학교에 입학하기 전 5세 유아는 자유롭게 뛰고 달리기, 한 발 뛰기 등이 가능해지고 소근육 발달도 정교해지면서 자신의 운동능력을 다양하게 시험해보는 놀이를 많이 한다. 나무 위를 기어올라가거나, 그네를 엎드려 타는 등의 놀이를 즐기고, 모양 따라 가위질하기, 점토 빚기, 색종이 접기 등을 할 수 있다. 또한 구체적인 사물의 지각 경험과 논리적인 사고력 및 언어 표현력도 발달하고 주변 세계에 대한 호기심도 많아지면서 관찰하고 실험하는 놀이를 즐기고 책 읽기와 이야기 꾸미기, 수수께끼 놀이 등을 즐긴다.

이 시기 유아들은 3~4세 때에 비해 보다 질적으로 발전되고 확장된 역할놀이를 한다. 역할놀이의 내용이 매우 다양해져서 일상적으로 경험하는 가정생활 내용뿐만 아니라 텔레비전이나 책에 나오는 여러 유형의 상상적 인물이나 사건을 표현하며 때로는 유아 스스로 내용을 창의적으로 꾸며서 놀이를 하기도 한다. 보다 조직적인 역할놀이를 위해 미리 계획을 세우고 또래들과 함께 역할을 정하며 놀잇감도 4세에 비해 다양하게 사용할 뿐만 아니라 실제 사물과 비슷하지 않은 형태의 놀잇감을 많이 사용한다.

다른 친구와 상호작용하는 기술이 발달하고 협동하기, 돕기, 협상하기 등의 사회적 기술과 규칙을 습득해나감에 따라 자기중심적인 성향이 약해지고 관대하며 우호적이게 되어 친구들과 원만한 상호작용을 하면서 협동놀이를 하게 된다. 특히 5세가 되면 유아는 주사위 놀이나 카드 게임, 운동 등과 같이 두 명 이상의 유아가 함께하는 규칙 있는 게임도 즐기기 시작한다.

5세 진우는 성진, 민우, 지혁이와 함께 '황금배'라는 동극을 하기 위해 역할을 정하고 있다. 첫째 아들 역할을 맡은 진우는 공을 배라고 하자는 의견을 내고 친구들의 동의를 얻은 뒤 협동적으로 극놀이에 참여한다. 극놀이가 계획대로 끝나자, 게임판이 있는 곳으로 가서 민우와 함께 주사위를 던져 나온 수만큼 말을 이동하는 게임에 참여한다.

---

3) 초등학교 저학년(6~7세)

초등학교에 갓 입학한 6~7세 아동들은 또래 집단을 형성하고 스포츠나 운동경기에 적극적으로 참여한다. 사회성 측면에서 풍선껌 시기(bubblegum years)로 불리는 이 시기 아동들의 또래 집단 형성은 폭발적이다(Thornburg, 1979). 더불어 대근육 힘과 협응, 균형감각의 발달과 소근육 사용 기술의 증가로 보다 정교하고 도전적인 운동놀이가 가능해지고, 발레 · 춤 · 체조 · 아이스 스케이팅 · 태권도 · 수영 등의 조직화된 운동놀이 활동에 적극적으로 참여할 수 있게 된다. 개인적인 경쟁뿐만 아니라 집단경쟁을 유발하는 야구 · 축구 · 발야구 등의 집단게임도 즐기게 된다.

구체적 조작기에 들어선 이 시기 아동들은 규칙 있는 게임을 즐기게 된다. 스포츠와 다양한 신체적 게임, 판게임, 컴퓨터와 비디오 게임 등은 초등학교 저학년 아동들에게 매우 인기가 높은 놀이다. 초기에는 단순한 규칙과 기술이 요구되는 쉬운 게임을 친구들과 함께 즐기다가 좀 더 성숙해지면서 전략적 계획과 진정한 협동이 요구되는 정교한 게임에 흥미를 느끼고 참여하게 된다.

Johnson 등(1999)은 6~7세 아동들이 즐기는 놀이를 인지적 놀이와 창의적 놀이라는 용어를 사용하여 구별하였다. 물론 인지적 놀이와 창의적 놀이는 엄격하게 구별되지 않고 상호 보완적이지만 좀 더 수렴적 사고가 우세하면 인지적 놀이라고 보았고, 확산적 사고가 우세하면 창의적 놀이라고 보았다. 대표적인 인지적 놀이로 규칙 있는 게임, 교육용 놀잇감, 책을 포함하였다. 교육용 놀잇감에는 확대경, 자석, 계산기 등의 과학 놀잇감과 컴퓨터, 교육용 소프트웨어 등이 속한다. 창의적 놀이로는 미술과 공예, 미시세계와 소우주 놀이 및 서술적 이야기, 음악적 표현을 포함하였다. 이 시기 아동들은 다양한 매체를 이용하여 정교한 작품을 만들어내는 것을 즐기고, 미시세계를 표현하는 작은 사물들을 이용하여 혼자 또는 집단으로 상상놀이를 하면서 놀이 장면에 대해 서술하거나 이야기를 만들어내는 활동을 즐긴다. 또한 초등학교 저학년 아동들은 실제 악기 연주와 악보 읽기를 학습하면서 집단으로 노래를 부르고 춤을 추게 되면서 녹음이나 녹화하기, 음악적 이미지를 혼합하여 재구성하기 등 음악적 표현을 통한 창의적인 놀이에도 적극적으로 참여한다.

표 3-2 영유아의 연령별 놀이 발달 특징

<table>
<tr><th colspan="2">연 령</th><th>놀이 발달 특징</th></tr>
<tr><td rowspan="2">영아기</td><td>0~1세</td><td>• 탐색놀이 : 손과 입으로 사물을 탐색하는 놀이
• 기능놀이 : 손과 다리의 감각운동을 활용한 놀이
• 역할놀이 : 단순한 행동 모방놀이
• 사회적 놀이 : 성인과 함께하는 놀이에 참여</td></tr>
<tr><td>1~2세</td><td>• 운동놀이 : 대·소근육을 활용한 놀이
• 감각 운동놀이 : 감각적으로 탐색하는 놀이
• 쌓기 및 조작놀이 : 눈과 손의 협응력이 발달하여 물건을 포개거나 맞추는 놀이
• 역할놀이 : 일상생활에서 경험한 내용의 단순한 역할놀이</td></tr>
<tr><td rowspan="3">유아기</td><td>3세</td><td>• 운동놀이 : 달리기 등의 대근육을 활용한 놀이
• 쌓기 및 조작놀이 : 소근육이 발달하여 퍼즐 맞추기, 구슬 꿰기, 큰 블록 쌓기 등의 놀이
• 언어 : 말놀이, 그림책 보기 등의 놀이
• 역할놀이 : 가정생활과 관련된 엄마 · 아빠 역할놀이
• 사회적 놀이 : 혼자놀이를 즐기거나 친구 옆에서 나란히 병행놀이</td></tr>
<tr><td>4세</td><td>• 운동놀이 : 신체 기술이 발달하여 놀이시설물 오르내리기 등의 놀이
• 조작놀이 : 수에 대한 관심이 증가하여 분류놀이, 퍼즐 맞추기 등의 놀이
• 쌓기놀이 : 큰 블록은 물론 작은 조각들을 조립해서 구성하기 등의 놀이
• 조형 : 크레파스, 물감, 매직, 풀 등 여러 재료를 사용하여 창의적으로 표현하는 놀이
• 언어 : 과장, 유머, 말장난, 문자놀이 등의 언어놀이
• 역할놀이 : 가정생활 이외에 병원놀이, 가게놀이 등 자신이 경험한 놀이
• 사회적 놀이 : 친구와 함께하는 놀이, 놀잇감을 교환하는 연합놀이</td></tr>
<tr><td>5세</td><td>• 운동놀이 : 그네 엎드려 타기 등 자신의 운동능력을 다양하게 시험해보는 놀이
• 조작놀이 : 가위질하기, 색종이 접기, 주사위 놀이, 카드 게임 등의 놀이
• 쌓기놀이 : 다양한 재료를 활용하여 복잡한 구조물을 구성하는 놀이
• 조형 : 여러 재료를 사용하여 상상적인 사고를 표현하고, 창의적으로 만드는 놀이
• 과학 : 확대경, 온도계 등으로 관찰하고 실험하는 놀이
• 언어 : 책 읽기, 이야기 꾸미기, 수수께끼 놀이
• 역할놀이 : 사전에 계획을 세워서 역할을 정하는 다양한 놀이
• 사회적 놀이 : 친구와 역할을 분담해서 하는 협동놀이, 규칙 있는 게임</td></tr>
<tr><td>초등
저학년</td><td>6~7세</td><td>• 운동놀이 : 발레, 수영 등 정교하고 도전적이며 조직화된 다양한 놀이
• 쌓기 · 조작놀이 : 작은 블록으로 정교한 구성물을 만드는 놀이
• 조형 : 다양한 대상을 표현한 미술과 공예 등 창의적인 표현놀이
• 언어 : 서술적 이야기, 이야기 만들어내기 등의 놀이
• 과학 : 확대경, 자석, 계산기 등으로 관찰하고 실험하는 놀이
• 음악 : 실제 악기 연주, 노래 부르기, 춤추기 등의 창의적 음악놀이
• 사회적 놀이 : 전략적 계획과 협동이 요구되는 정교하고 다양한 게임</td></tr>
</table>

나 가 는 말

영유아는 놀이를 통해 발달하기도 하지만 영유아가 성장하면서 놀이도 변화하고 발달한다. 특히 놀이의 체계적인 변화 속에서 나타나는 놀이 발달 규준과 발달 순서에 대한 이해는 가치 있는 놀이와 놀이를 확장시키기 위한 부모와 교사의 역할에 대한 정보를 제공해주기 때문에 유아교육현장에서 중요하다. 따라서 본 장에서는 영유아 놀이의 발달 과정과 놀이 발달 규준에 대한 정보를 알아보기 위해 놀이 유형과 연령별로 나누어 놀이의 발달을 살펴보았다.

인지적 측면의 놀이 유형은 발달적 차원에서 5단계로 발달해간다. 감각 운동기의 영아들이 기능적인 즐거움을 위해 반복적으로 되풀이하는 단순한 놀이행동인 기능놀이, 놀이자료를 활용하여 창조적으로 만들어내는 놀이인 구성놀이, 가작화 요소가 포함되어 있는 표상적인 놀이인 상징놀이, 친구와 함께 다양한 역할을 가상적으로 수행하면서 극놀이에 참여하는 사회극놀이, 가장 발전된 형태의 놀이로 미리 정한 규칙에 따라 두 명 이상의 유아가 상대와 경쟁하면서 승부를 겨루는 규칙 있는 게임으로 발달해가는 것이다.

사회적 측면의 놀이 유형의 대표적인 형태로는 Parten(1932)이 자유놀이시간에 사회적 참여도에 따라 영유아들의 놀이를 분류한 놀이 이전의 두 행동인 비참여 행동과 방관자적 행동, 네 가지 유형의 놀이인 혼자놀이(2~2.5세), 병행놀이(2.5~3.5세), 연합놀이(3.5~4.5세), 협동놀이(4.5세 이상)가 있다. 그리고 Howes와 Matheson(1992)은 놀이에 참여하는 영유아들 간의 상호작용의 상호성, 복잡성, 의사소통 및 상위 의사소통을 중심으로 사회적 놀이를 단순 병행놀이, 관심을 가진 병행놀이, 단순 사회적 놀이, 상호보완적 놀이, 협동 사회적 놀이, 복합 사회적 놀이로 분류하였다. 이러한 영유아의 또래 간 사회적 놀이는 가족 간의 놀이가 바탕이 되고 놀잇감이 매개체가 되어 보다 상호적이고 복잡한 의사소통과 상위 의사소통이 포함된 놀이가 나타난다.

영유아들의 연령이 증가할수록 놀이 유형에 많은 변화가 나타난다. **0~1세 영아**들은 손과 입으로 사물을 탐색하고 감각 운동을 활용한 놀이를 즐기며, 단순한 행동 모방과 성인과 함께하는 놀이에 참여하기를 선호한다. **1~2세 영아**는 대·소근육과 오감각을 적극 활용한 놀이와 물건을 포개거나 맞추는 쌓기·조작놀이, 일상생활에서 경험한 내용의 단순한 역할놀이를 즐긴다. **3세 유아**는 달리기와 같은 대근육 운동놀이, 퍼즐 맞추기, 구슬 꿰기 등의 조작놀이, 말놀이, 그림책 보기 등의 언어를 매개로 한 놀이, 또래 옆에서 나란히 놀이하는 병행놀이, 엄마·아빠 등의 가정생활과 관련된 역할놀이를 주로 하며, 놀이를 미리 계획하지는 못하지만 놀이 과정을 즐긴다. **4세 유아**는 놀이시설물 오르기와 같은 운동놀이를 즐겨하고, 분류놀이·수놀이·문자놀이 등 학습놀이에 흥미가 많아진다. 놀이 속에서 과학적인 탐색을 즐기고 여러 재료를 사용하여 창의적으로 표현하는 놀이도 즐긴다. 친구와 함께하는 놀이에 적극적으로 참여하지만 협동놀이는 아직 못하고 과장, 유머, 말장난 등의 놀이를 즐기고, 가정생활 이외에 병원놀이 등 자신이 경험한 역할놀이를 즐긴다. 놀이 계획은 하지만 계획한 대로 조직적으로 진행되지는 않는다.

5세 유아는 그네를 엎드려 타는 등 자신의 운동능력을 다양하게 시험해보고, 가위질하기, 색종이 접기를 한다. 또 놀이 속에서 관찰하고 실험하며, 책 읽기, 이야기 꾸미기, 수수께끼 놀이를 즐긴다. 상상적 인물이나 사건을 표현하며 창의적으로 꾸며서 놀이 하기도 하고, 역할놀이를 위해 미리 계획을 세우고 또래와 역할을 정하며 비실제적인 놀잇감을 다양하게 사용한다. 친구들과 원만하게 상호작용을 하면서 협동놀이를 하게 되고 규칙 있는 게임도 즐기기 시작한다. **6~7세 아동**은 발레, 수영 등 보다 정교하고 도전적이며 조직화된 운동놀이에 참여하게 되고, 경쟁을 유발하는 집단 게임과 전략적 계획과 협동이 요구되는 정교한 게임에 흥미를 느끼고 참여하게 된다. 다양한 매체를 이용하여 정교한 작품을 만들어내는 것을 즐기고, 작은 사물들을 이용하여 혼자 또는 집단으로 상상놀이를 하면서 놀이 장면에 대해 서술하거나 이야기를 만들어내는 활동을 즐긴다. 음악적 표현을 통한 창의적인 놀이에도 적극적으로 참여한다.

요약해보면, 영유아들은 성장하면서 놀이 유형별·연령별로 다양한 놀이 발달 특성을 보인다. 이러한 발달 특성들은 놀이의 의미와 중요성을 보다 명확하게 해줄 뿐만 아니라 영유아들에게 적합한 놀이를 격려하고 확장시켜 주기 위한 실제적인 정보를 부모와 교사들에게 제공해주기 때문에 중요하다. 따라서 영유아들과 함께 생활하는 부모와 교사들은 우선적으로 놀이 발달 순서와 발달 규준에 대한 정보를 이해하고 숙지하여 영유아들의 놀이 촉진을 위한 놀잇감을 제공하고 영유아들이 즐기는 놀이에 적절하게 반응해나갈 수 있도록 해야 할 것이다.

사후 활동 주제

- 다양한 연령대의 영유아들이 다니는 유아교육기관을 방문하여 연령별로 영유아들의 놀이가 어떻게 다른지 관찰해보세요. 또한 초등학교 운동장이나 6~7세 아동들이 즐겨 노는 지역사회 놀이터를 방문하여 저학년 아동들이 노는 모습도 관찰해보세요. 관찰의 경험과 결과를 서로 나누고 비교해보세요.
- 영유아들의 다양한 놀이 사진이나 그림을 모아보세요. 사진이나 그림을 모을 때 놀이의 유형뿐만 아니라 놀이에 참여하는 영유아의 연령을 고려하면서 다양하게 자료를 모아보세요. 집단별로 모여 모아온 자료를 놀이 발달 순서대로 전시해보세요. 왜 그렇게 전시했는지도 기록해보거나 발표해보세요.
- 실외 놀이터에서 많이 발생하는 거친 신체놀이를 관찰해보세요. 거친 신체놀이의 시작과 종결, 놀이 중 이루어지는 행동들, 참여 인원과 성별 등을 중심으로 관찰 장면에 대해 자세히 기록해보고, 거친 신체놀이와 싸움이 어떻게 다른지 비교·분석해보세요. 유아교육기관의 교사들을 만나 영유아들의 거친 신체놀이에 대해 어떤 생각을 가지고 있는지 면담해보세요.
- 유아교육기관을 방문하여 사회극놀이가 이루어지고 있는 장면을 녹화해보세요. 녹화된 자료를 보면서 놀이에 참여하는 유아들의 행동과 언어를 전사해보세요. 전사본을 보면서 사회극놀이를 위해 이루어지는 상위 의사소통 과정을 분석해보세요.
- 유아들을 위한 규칙 있는 게임 자료를 구상해보세요. 구상한 게임 자료를 실제로 제작하여 유아들에게 제공해보고 자료를 가지고 놀이하는 유아들의 놀이 장면을 관찰해보세요.

참 고 문 헌

김민정 · 엄정애(2005). 유아의 혼자 놀이와 기질 및 문제행동과의 관계. **아동학회지, 26**(5), 1-14.

이숙재(2004). **유아를 위한 놀이의 이론과 실제**(제3판). 서울 : 창지사.

이종희(1995). 놀이와 교육 : 구성놀이에 대한 재고. **유아교육연구, 15**(2), 91-104.

Asendropf, J. B. (1991). Development of inhibited children's coping with unfamiliarity. *Child Development, 62*, 1460-1474.

Bakeman R., & Brownlee, J. R. (1980). The strategic use of parallel play : A sequential analysis. *Child Development, 51,* 873-787.

Bronson, M. (1995). *The right stuff for children birth to 8 : Selecting play materials to support development*. Washington, DC : National Association fot the Education of Young Children.

Christie, J., & Johnsen, P. (1987). Reconceptualizing constructive play : A review of the empirical literature. *Merrill-Palmer Quarterly, 33,* 439-452.

Coplan, R. J., Rubin, K. H., Fox, N. A., Calkins, S. D., & Stewart, S. L. (1994). Being Alone, Playing Alone, and Acting Alone : Distinguishing among Reticent and Passive and Active Solitude in Young Children. *Child Development, 65*, 129-137.

Coplan, R. J., & Wichmann, C., & Lagacé-Séguin, D. G. (2001). Solitary-active play behavior : A marker variable for maladjustment in the preschool? *Journal of Research in Childhood Education, 15*, 164-172.

Damast, A., Tamis-Lemonda, S., & Bornstein, M. (1996). Mother-child play : Sequential interactions and the relation between maternal beliefs and behaviors. *Child Development, 67*, 1752-1766.

Fenson, L. (1986). The developmental progression of play. In A. W. Gottfried & C. C. Brown (Eds.), *Play interactions : The contribution of play materials and parental involvement to children's development* (pp. 53-66). Lexington, MA : Heath.

Fenson, L., & Ramsay, D. (1980). Decentration and integration of the child's play in the second year. *Child Development, 51*, 171-178.

Fiese, B. (1990). Playful relationships : A contextual analysis of mother-toddler interaction and symbolic play. *Child Development, 61*, 1648-1656.

Frost, J., & Klein, B. (1979). *Children's play and playgrounds*. Boston : Allyn and Bacon.

Garvey, C. (1977). *Play*. Cambridge, MA : Harvard University Press.

Garvey, C., & Berndt, R. (1977, September). *The organization of pretend play*. Paper presented at the Annual Meeting of the American Psychological Association, Chicago.

Göncü, A., & Kessel, F. (1984). Children's play : A contextual-functional perspective. in F. Kessel & A. Göncü (Eds.), *Analyzing children play dialogues* (pp. 5-22). San Francisco : Jossey-Bass.

Gowen, J. (1995). The early development of symbolic play. *Young Children,* 75-81.

Hart, C. H., Yang, C., Nelson, L. J., Robinson, C. C., Olsen, J. A., Porter, C. L., Jin, S., Olsen, S. F., & Wu, P. (2000). Peer acceptance in early childhood and subtypes of socially withdrawn behavior in china, Russia, and the United States. *International Journal of behavioral Development, 24*, 73 - 81.

Howes, C. (1980). Peer play scale as an index of complexity of peer interaction. *Developmental psychology, 16,* 371 - 372.

Howes, C., & Matheson, C. (1992). Sequences in the development of competent play with peers : Social and social pretend play. *Developmental Psychology, 28*, 961 - 974.

Hughes, F. P. (1995). *Children, play & development.* Boston : Allyn & Bacon.

Johnson, J., Christie, J., & Wardle, F. (2005). *Play, Development, and Early Education*. Boston, MA : Allyn and Bacon.

Johnson, J., Christie, J., & Yawkey, T. (1999). *Play and early childhood development* (2nd ed.). New York : Longman.

Kamii, C., & DeVries, R. (1980). *Group games in early education : Implications of Piaget's theory*. Washington, DC : NAEYC.

Lloyd, B., & Howe, N. (2003). Solitary play and convergent and divergent thinking skills in preschool children. *Early childhood Research Quarterly, 18*, 22 - 41.

McCune, L. (1986). Symbolic Development in Normal and Atypical Infants. In G. Fein and M. Rivkin (Eds.), *The Young Child at Play* (pp. 45 - 61). Washington, DC : NAEYC

McCune, L. (1995). A. Normative study of representational play at the transition to language. *Developmaental Psychology, 31*(2), 198 - 206.

Mueller, E., & Lucas, T. (1975). A developmental analysis of peer interaction among toddlers. In M. Lewis & L. Rosenblum (Eds.), *Friendship and peer relations*. New York : Wiley.

Parker, S. T. (1984). Playing for Keeps : An Evolutional Perspective on Human Games. In P. K. Smith (Ed.), *Play in Animals and Humans* (pp. 271 - 293). Oxford : Basil Blackwell.

Parten, M. (1932). Social participation among preschool children. *Journal of Abnormal and Social Psychology, 27*, 243 - 269.

Pellegrini, A., & Smith, P. (1998). Physical activity play : The nature and function of a neglected aspect of play. *Child Development, 69*, 577 - 598.

Petrakos, H., & Howe, N. (1996). The influence of physical design of the dramatic play center on children's play. *Early Childhood Research Quarterly, 11*, 63 - 77.

Piaget, J. (1962). *Play, dreams and imitation in childhood*. New York : Norton.

Power, T. G. (2000). *Play and exploration in children and animals*. Mahwah, NJ : Erlbaum.

Robinson, C., Anderson, G., Porter, C., Hart, C., & Wouden - Miller, M. (2003). Sequential transition patterns of preschooler' social interactions during child - initiated play : Is parallel - aware play a bidirectional bridge to other play states? *Early Childhood Research Quarterly, 18*, 3 - 21.

Rubin, K., Bukowski, W., & Parker, J. (1998). Peer interactions, relationships, groups. In W. Damon (Series Ed.) & N. Eisenberg (Vol. Ed.), *Handbook of child psychology : Vol. 3. Social, emotional, and personality development* (pp. 621 – 632). New York : Wiley

Rubin, K., Fein, G., & Vandenberg, B. (1983). Play. In E. Hetherington (Ed.) & P. Mussen (Series Ed.), *Handbook of child psychology : Vol. 4. Socialization, personality, and social development* (pp. 693 – 774). New York : Wiley.

Saltz, E., & Johnson, J. (1974). Training for thematic – fantasy play in culturally disadvantaged children : Preliminary results. *Journal of Educational Psychology, 66*, 623 – 630.

Sawyer, K. (1997). *Pretend play as improvisation : Conversation in the preschool classroom*. Mahwah, NJ : Erlbaum.

Singer, J. (Ed.). (1973). *The child's world of make-believe : Experimental studies of imaginative play*. New York : Academic Press.

Smilansky, S. (1968). *The effects of sociodramatic play on disadvantaged preschool children*. New York : Wiley.

Smilansky, S. (1990). Sociodramatic Play : Its Relevance to behavior and Achivement in School. In E. Klugman & S. Smilansky (Eds.), *Children's Play and Learning* (pp. 18 – 42). New York : Teachers College Press.

Sutton – Smith, B., Gerstmyer, J., & Meckley, A. (1988). Play fighting as folk play amongst preschool children. *Western Folklore, 47*, 161 – 176.

Thornburg, H. (1979). *The bubblegum years*. Tucson : HELP Books.

Trageton, A. (1997). *Play in lower primary school in Norway*. Paper presented at the meeting of the International Council for Children's Play, Lisbon, Portugal.

Whaley, K. (1990). The emergence of social play in infancy : A proposed developmental sequence of infant – adult social play. *Early Childhood Research Quarterly, 5*, 347 – 358.

CHAPTER

4

놀이의 다양성

들 어 가 는 말

놀이의 발달적 경향성에 대한 지식은 부모와 교사들에게 연령에 따른 영유아의 놀이행동과 선호에 대한 일반적인 기준을 제공한다. 반면 다양한 놀이행동 발달은 연령뿐만 아니라 그 밖의 개인차와 놀이 맥락적 변인에 의해 설명되며, 이러한 변인들을 고려할 때 영유아 놀이에 대한 포괄적이고 맥락적인 이해를 도모할 수 있다. 놀이의 질은 일반적으로 영유아의 발달과 함께 향상되지만 개별 유아의 특성과 놀이 맥락적 특성도 많은 영향을 미친다. 즉, 영유아들이 같은 발달 단계에 속할지라도 개개인의 특성에 따라 다양한 놀이 양상을 보이거나, 서로 다른 맥락에서 각기 다른 수준의 놀이가 나타난다. 따라서 개인차와 맥락적 변인을 함께 고려할 때 영유아의 놀이에 대한 보다 포괄적이고 정확한 이해를 도모할 수 있을 것이다.

일반적인 발달과는 달리 개인차는 성장 속도나 발달적 기능의 다양성을 의미한다(Wohlwill, 1973). 즉, 일반적인 발달이 연령 집단 간 비교라면 연령 집단 내의 비교는 개인차를 의미한다. 개인차 변인으로 가장 많이 활용되는 것이 성과 성격이다. 더불어 모든 인간의 행동은 표현될 때 그 행동의 맥락과 관련지어 이해되어야 한다(Cole, 1996). 놀이 발달에 대한 최근 관점은 제3장에서 소개된 놀이 발달에 대한 전통적 이론들이 너무 선형적이고 단순하며 일차원적이고 탈맥락적이라고 지적하면서, 복잡한 다원적인 세계에서 영유아의 놀이를 보다 포괄적으로 이해하기 위해서는 순환적이며 상호작용적이고 다차원적인 개념적 틀을 요구하고 있다(Monighan-Nourot, 1995). 최근 놀이학자들이 중요하게 다루고 있는 맥락적 변인으로는 물리적 환경, 사회적 환경, 문화가 있다. 즉, 영유아 개인의 성, 성격, 물리적 환경, 사회적 환경, 문화 등이 영유아의 발달과 행동에, 특히 놀이행동과 흥미에 영향을 미치는 변인으로 고려될 때 놀이의 다양성에 대한 이해가 향상될 것이다. 이러한 놀이의 다양성에 대한 폭넓은 이해는 교사들이 영유아들의 놀이 경험을 보다 풍부하게 해주는 데 기여할 것이다.

본 장에서는 놀이의 다양성을 설명하는 요인을 개인차 요인과 맥락적 요인으로 구분할 것이다. 개인차 요인으로는 영유아 개인의 성차와 성격에 따른 놀이의 다양성을 살펴볼 것이며, 맥락적 요인으로는 물리적 환경, 사회적 환경, 문화에 따른 놀이의 다양성을 살펴볼 것이다. 더불어 마지막 절에서 영유아 놀이에서 나타나는 이러한 다양성에 대한 성인의 역할과 교육적 적용에 대해 논의해보고자 한다.

CHAPTER 4

놀이의 다양성

사전 토의 주제

- 남아와 여아의 놀이는 어떻게 다를까요?
  주변에서 관찰할 수 있었던 영유아들의 놀이 사례를 중심으로 토의해보세요.
- 놀이성을 어떻게 정의할 수 있을지, 놀이성이 높다는 것은 어떤 구체적인 행동들을 의미하는 것인지 토의해보세요.
- 영유아의 놀이에 영향을 미친다고 생각되는 맥락적 요인에는 어떤 것들이 있을지 생각해보고, 의견을 나누어보세요.

1 개인차 요인에 따른 놀이의 다양성

모든 인간의 행동은 인간과 환경의 관계 속에서 기능한다고 볼 때, 영유아의 놀이행동은 놀이하고 있는 영유아 개인과 놀이맥락의 관계 속에서 기능한다고 볼 수 있다. 본 절에서는 놀이의 다양성에 영향을 주는 요인으로 놀이하고 있는 영유아 개인에 대해 우선적으로 살펴보고자 한다. 연령 이외에 가장 많이 논의되고 있는 개인차 요인으로는 성차를 들 수 있고, 더불어 개인의 성격에 따른 놀이의 다양성도 함께 살펴볼 것이다.

1) 성차와 놀이

사회적 표시며 중요한 개인차 변인으로서 성은 다른 개인적 특성보다 놀이를 포함하여 사람들의 일반적인 행동과 사고방식에 대해 많은 것을 설명하고 예측하게 해준다(Johnson, Christie & Wardle, 2005). 영유아의 놀이에서 나타나는 성차를 놀잇감 선호 및 사용, 신체적 활동 수준과 놀이 공간의 사용, 놀이 친구 선호 및 상호작용 양식, 가상놀이 주제로 나누어, 관련 연구들을 중심으로 살펴보면 다음과 같다. 더불어 이러한 성차에 영향을 미치는 환경적 요소에 대해서도 알아볼 것이다.

(1) 놀잇감 선호 및 사용

남아와 여아들이 선호하는 놀잇감의 종류에는 차이가 있다. 대개 영유아들의 놀이 상황을 머릿속에 그려보면 남아는 블록이나 트럭을 가지고 놀이하는 모습이, 여아는 인형이나 소꿉 놀잇감을 가지고 놀이하는 모습이 떠오른다. 놀잇감 선호에서 성차가 나타나기 시작하는 시기는 12개월경으로, 3세경이 되면 대부분의 남녀 유아들은 자신이 선호하는 놀잇감이 뚜렷해진다(Sutton-Smith, 1979). 역사적으로 많은 놀이 문헌에서는 남아와 여아들이 특정 놀잇감을 일관성 있게 선호한다고 주장하면서 여아들은 인형과 미술 재료들을, 남아들은 블록이나 바퀴 달린 차를 가지고 좀 더 자주 또한 오랫동안 놀이하는 경향이 있다고 밝혀왔다. 남아들은 바닥에서 밀고 끄는 놀잇감, 블록 또는 바퀴 달린 놀잇감을 선호하며, 여아들은 책상 위에서 색칠하기, 퍼즐 맞추기, 인형 놀이하기를 선호한다는 것이다(Wardle, 1991). 우리나라의 경우에도 3세와 4세 유아들을 대상으로 상상놀이를 연구한 이숙재(1982)의 연구에서 남아는 블록, 조작 놀잇감, 자동차를 많이 사용했으며, 여아는 밀가루 점토, 소꿉놀이 그릇을 많이 사용하는 것으로 나타났다.

놀잇감 선호뿐만 아니라 놀잇감 사용 방법에서도 성차가 나타난다. 남아들은 소형 자동차 밀기, 기계적인 놀잇감 조작하기 등 자료를 조작하는 데 그 방법이 정형화되고 반복적인 반면, 여아들은 퍼즐 맞추기나 색칠하기 등 미리 설정된 계획에 따라 놀잇감을 사용하는 경향이 있다(Johnson & Roopnarine, 1983). 즉, 여아들은 유아기 동안 책상에서 앉아서 하는 행동으로 구성놀이에 더 많이 참여하는 반면, 남아들은 활발한 움직임과 연관된 기능놀이에 보다 많이 참여한다.

이러한 성 관련 놀잇감 선호성에는 성 비대칭성이 존재한다. 여아들은 남성적 놀잇감과 여성적 놀잇감을 둘 다 사용하는 반면에, 남아들은 인형과 같은 확실한 여성적 놀잇감을 기피하는 경향이 있다는 것이다. 대표적인 연구로서 Powlishta, Serbin과 Moller(1993)는 3세경이 되면 유아들이 남성적 놀잇감과 여성적 놀잇감을 명백하게 구분하여 사용하기 시작하는데, 여아들은 남성적 놀잇감에도 매력을 느끼고 사용하는 반면 남아들은 놀잇감의 선호가 매우 정형화되고 일관적이었다고 보고하였다.

(2) 신체적 활동 수준과 놀이 공간의 사용

놀이에서 나타나는 신체적 활동 수준은 어린 연령 영아들의 경우에는 성에 따라 유의미한 차이가 나타나지 않지만, 4~5세 정도가 되면 성차가 나타나기 시작한다(Fagot & O'Brien, 1994). 일반적으로 남아들의 놀이 경향은 신체적 접촉, 싸움, 놀리기 등을 포함하여 여아보다 좀 더 활동적이고 거칠다(Maccoby, 1998). 또한 남아들은 활발하게 몸을 많이 움직이는 놀이를 주로 하고 여아들은 앉아서 하는 놀이를 더 많이 즐긴다. 심지어 앉아서 하는 활동에서도 남아들은 보다 적극적이었다고 보고한 연구들도 있다(Holmes, 1992; Paley, 1984).

같은 맥락에서 볼 때 남아들은 여아들보다 거친 신체놀이에 더 많이 참여한다(Carlsson-Paige & Levin, 1987; Goldstein, 1992; Smith, 1997). Smith(1997)는 대개 놀이시간의 약 5~10%, 최대 20%까지 거친 신체놀이가 발생한다고 보고하면서 남아들이 여아들보다 2~3배 정도 더 많이 거친 신체놀이에 참여한다고 하였다. 한국의 4세 유아들을 대상으로 거친 신체놀이를 조사한 이숙재(1998)의 연구에서도 남아가 여아보다 거친 신체놀이를 더 많이 하는 것

그림 4-1 남아들의 거친 신체놀이

으로 밝혀졌다. 반면 2000년대 들어 Jarrett, Farokhi, Young과 Davies(2001)는 초등학교 1학년과 3학년을 대상으로 휴식시간 동안 일어나는 거친 신체놀이를 관찰하였는데, 여아가 남아보다 거친 신체놀이를 더 많이 하는 것으로 나타났다. 이러한 결과는 성차와 관련된 놀이행동이 시대 차이에 따른 것인지 유아기와 초등학교 시기의 발달적 차이에 따른 것인지 혹은 거친 신체놀이를 정의할 때 신체적으로 거친 정도를 어느 정도까지 포함시켜 연구했는가에 따른 것인지 등 그 차이를 유발하는 요인에 대해 좀 더 연구해볼 필요가 있음을 시사한다.

놀이 공간 사용과 관련하여 일반적으로 남아들은 실외 환경을 더 선호하고 보다 넓은 물리적 공간을 요구한다. Harper와 Sanders(1975)는 3~5세 남아와 여아의 전체 놀이시간과 공간 사용량을 기록하였다. 그 결과, 남아들은 여아들보다 실외에서 더 많은 시간을 보냈으며, 여아들은 실내에서 많은 시간을 보냈다. 또한 남아들은 1.2~1.6배나 많은 공간을 사용하였고 더 많은 놀이영역에서 활동하였다. 뉴질랜드의 3.5~5세 유아들을 관찰한 Smith와 Inder(1993)도 실외놀이는 유치원에 다니는 남아들에게 보편적이며, 여아들은 실내에서 더 많이 놀이한다고 하였으며, 이러한 결과는 호주의 지역사회를 대상으로 한 연구(Cunningham, Jones & Taylor, 1994)에서도 동일하게 나타났다. 신체적 활동 수준과 놀이 공간 사용을 관련시켜 보면 남아들은 보다 높은 활동 수준의 놀이행동에 대한 욕구와 흥미를 충족시키기 위해 넓은 공간을 선호하는 것이라고 해석할 수 있다.

(3) 놀이 친구 선호 및 상호작용 양식

사회적 놀이발달에서는 남녀 성차를 명확하게 제시한 연구가 없지만, 사회적 놀이에서 놀이 친구의 성 선호도와 상호작용 양식에서는 성차가 나타난다는 연구들이 지배적이다. 4세경이 되면 남녀 유아들은 모두 동성의 놀이 친구를 선호하는데, 이러한 경향성은 연령이 증가하면서 점차 더 증가한다(Maccoby & Jacklin, 1987; Martin & Fabes, 2001).

이러한 이성에 대한 편견은 실제 행동 관찰보다 자기 보고에서 더욱 명확하다(Ramsey, 1995). 즉, 유아들은 여성적 놀이와 남성적 놀이를 구분하고 자신과 다른 성의 놀이를 하거나 이성의 친구와 함께 놀이를 하는 것은 바람직하지 않다고 말하는 경향이 있다. 동성의 놀이 친구 선호는 남아들보다 여아들의 경우에 보다 이른 시기에 나타난다. 하지만 성 편견이 확립되면 남아들이 보다 일관적이고 엄격한 것으로 보고되고 있다(LaFreniere, Strayer & Gauthier, 1984; Powlishta. Serbin & Moller, 1993). 반면 구성놀이 활동의 경우에는 이러한 편견이 덜 영향을 미치는 것으로 조사되고 있다(Hartle, 1996). Fabes, Martin과 Hanish(2003)는 대개 구성놀이 활동은 혼성으로 이루어지는 경우가 많으며 일반적으로 성인 주변에서 놀이가 이루어지는 것을 발견했다. 즉, 구성놀이는 교사에 의해 좀 더 구조화되기 때문에 자발적인 놀이에서 나타나는 동성의 집단 구성과는 좀 차이가 있을 수 있다.

사회적 놀이 측면 중 상호작용 양식의 경우에도 성차를 보인다. 남아들은 더 독단적이고 지배적이며 직접적인 방법을 사용하여 상대를 지배하려고 한다. 반면 여아들은 좀 더 언어적으로 많은 대화를 하며 친사회적 태도로 상대를 대하는 경향이 있다. Sluss(2002)는 놀이 상호작용 연구를 통해 여아들은 남아들보다 많은 대화를 하며 대화가 복잡하고 길다고 하였다. Sawyer(1997)는 실내놀이에서 놀이 참여를 위해 남녀 유아가 간접적 상호작용 전략(대상 유아 : "나는 미용사야.", 상대 유아 : "머리 파마를 하려고요.")은 유사하게 사용하지만 직접적 상호작용 전략(대상 유아 : "미용실 놀이하자.", 상대 유아 : "그래.")은 남아들이 월등히 많이 사용한다고 보고하였다. Sachs(1987)도 남녀 유아들의 의사놀이를 관찰한 결과, 남아들이 여아들보다 좀 더 지배적인 역할을 많이 하고 상대에게 역할 제안을 할 때 명령적(예 : "너는 환자해.")이었다고 하였다.

(4) 가상놀이 주제

가상놀이의 참여 빈도나 수준에서는 남녀 유아의 성차가 유의미하게 나타나지 않지만, 가상놀이의 주제와 내용 면에서는 분명한 성차가 나타난다. 남아들은 집, 병원, 학교와 같은 현실적인 주제를 벗어나 탐험가, 영웅 등 환상적이고 모험적인 주제를 선호하고 영웅 역할을 연기하며 신체적으로 좀 더 활동적인 역할을 수행하는 반면, 여아들은 일상의 경험에 기초한 주제를 선호하며 보다 관계적이고 양육적인 역할을 많이 보여주는 경향이 있다(Levin & Carlsson-Paige, 1994; Paley, 1984). Howe, Moller, Chambers와 Petrakos(1993)는 전통적인 소꿉놀이 영역과 제과점, 약국, 과일 및 채소 가게, 해적선 같은 새로운 주제의 극놀이 영역에서 유아들의 가상놀이를 관찰한 결과, 여아들은 전통적인 소꿉놀이 영역을 선호하였으며 남아들은 새로운 영역에 좀 더 매력을 느낀다고 하였다. 우리나라 연구로서 조경자(1994)는 전쟁놀이에 대해 연구하였는데, 남아는 여아보다 전쟁놀이를 선호한다고 응답할 뿐만 아니라 실제 관찰에서도 남아가 여아보다 두 배 이상 전쟁놀이를 많이 하는 것으로 나타났다. 전쟁놀이 과정 중에서도 남아는 리더, 공격자, 가해자, 구원자 등 적극적인 역할을 하고 여아는 피해자, 구조받는 자와 같은 수동적 역할을 했다.

6~7세 여아들을 대상으로 영국에서 진행한 Marsh(2000)의 연구에서는 영웅 주제의 가상놀이에 참여할 기회가 주어지면 여아들도 영웅 주인공에 관심을 보이며 활동적이고 힘 있는 행동에 몰입하는 것을 즐기는 것으로 나타났다. 연구 대상들은 배트맨과 배트우먼 비디오를 시청하고 비디오의 일부분에서 묘사된 성 분리에 대해 함께 이야기를 나눈 뒤, '배트 동굴'을 주제로 꾸며진 사회극놀이 영역에서 놀이하면서 읽고 쓰는 활동에 참여하였다. 여아들은 배트 동굴 주변에 자주 갔으며 배트우먼을 선호하고 활발한 행동을 보였다. 또한 배트우먼 놀이를 선호했지만 읽고 쓰는 활동 결과물에서는 배트맨도 많이 언급하였다. 하지만 남아들은 배트우먼을 거의 언급하지 않았고 혹시 언급하더라도 배트우먼은 배트맨의 보조인으로만 언급하였다. 또한 읽고 쓰는 활동에서 남아들은 지도를 사용하고 덫을 놓거나 획득한 물건의 목록 등을 작성하는 등 배트 동굴 자체를 매우 기능적으로 묘사한 반면, 여아들은 배트맨, 경찰, 피해자 등에게 자신의 감정을 의사소통하는 내용을 주로 기록하였다.

즉, 가상놀이 내용과 주제에는 분명히 성역할 사회화가 드러나 여아들은 보살핌과 다른 사람과의 관계에 흥미를 보이지만 남아들은 자율성과 힘에 좀 더 관심을 보였다. 하지만 남녀 유아들에게 좀 더 다양한 기회가 주어진다면 관심과 흥미도 다양하게 표출될 수 있을 것으로 기대한다.

(5) 성차에 영향을 미치는 환경적 요소

놀이에서 나타나는 성차는 부모, 교사, 또래 친구라는 환경적 요소에 영향을 받는다. 가정에서 부모가 성역할에 부합되는 행동은 보상하고, 부합되지 않는 행동은 인정하지 않을 때 성 유형화된 행동이 형성되기 시작한다. 남아에게는 블록놀이 및 거친 신체놀이와 같은 정형적인 남성적 놀이를 하도록 격려하고, 여아에게는 인형놀이 등 정형적인 여성적 놀이에 참여하도록 격려한다. 부모들은 자녀가 태어나는 순간부터 성 유형화된 기대를 가지고 있다. 아버지는 갓 태어난 딸을 온순하고 작고 섬세하다고 묘사하며, 갓 태어난 아들은 크고 활동적이라고 묘사한다(Rubin, Provenzano & Luria, 1974). 또한 생의 초기에 부모들은 아들과 딸에게 옷을 다르게 입히고 다른 놀잇감을 제공한다. Rheingold와 Cook(1975)은 남아와 여아 침실에 있는 가구와 놀잇감을 조사한 결과, 부모들이 딸의 방에는 인형과 소꿉 놀잇감을 더 많이 준비해주고 아들의 방에는 교통기관 놀잇감과 운동놀이 기구를 준비해준다고 하였다.

부모의 기대는 자녀와 상호작용을 할 때도 암암리에 반영된다. Caldera, Huston과 O'Brien(1989)은 걸음마기 영아와 놀이하는 어머니와 아버지를 관찰한 결과, 영아의 성에 정형화된 놀잇감을 가지고 노는 경우 좀 더 비언어적으로 긍정적인 반응을 보이면서 좀 더 많이 놀이에 개입하는 경향이 있다고 하였다. Lindsey와 Mize(2001)는 부모는 일반적으로 유아에게 성 유형화된 놀이활동을 격려하는데, 가상놀이 상황에서는 어머니와 딸이 가상놀이를 가장 많이 하였고, 신체놀이 상황에서는 아버지와 아들이 아버지와 딸보다 신체놀이를 더 많이 하였다고 밝혔다. 즉, 성 유형화된 부모의 기대가 남아와 여아에게 다른 가정환경과 상호작용을 경험하도록 함으로써 결국 영유아들의 놀이에서 나타나는 성차에 영향을 주게 된다고 볼 수 있다.

영유아들의 교사 역시 부모와 같이 영유아가 전통적인 성역할에 부합하는 놀이를 하도록 부추기는 경향이 있다. 유아 교사는 대부분 여성이고, 소꿉놀이, 미술놀이 등 여성 유형화된 놀이에 참여하는 유아들과 더 많은 시간을 보내는 경향이 있다. Wardle(1991)의 연구 결과, 교사들은 쌓기놀이 영역과 과학영역을 피할 뿐만 아니라 역할놀이 영역에서 전통적인 여성활동 모습만 보여 주었고, 바닥에서는 거의 놀아주지 않는 것으로 나타났다. 교사들은 유아에게 동성과 이성 친구와 모두 함께 놀이하도록 혼성 집단놀이 기회를 줄 수 있다. Fabes, Martin과 Hamish(2003)의 연구 결과, 혼성 또래 집단놀이에서는 성 유형화된 놀이가 적게 나타났으며 교사가 거의 가까이에서 함께 놀이에 참여하고 있는 것으로 나타났다.

또한 또래 친구의 영향을 받아서도 놀이에서 성차가 나타난다. 성 유형화된 놀이가 유아교육기관의 자유놀이 동안 또래의 반응에 따라 많은 부분 결정될 수 있다. 특히 남아들은 동성 친구가 전통적인 성역할에 맞지 않는 놀이를 하지 못하도록 견제하는 역할을 한다(Fagot, 1981). 즉, 성 유형화된 놀이나 놀잇감을 사용하지 않는 경우 따돌림을 당할 위험에 처하게 되기도 한다. 이처럼 동성 또래의 강화는 유아의 놀이행동이 성 유형화되도록 변화시키는 데 큰 영향을 줄 수 있다.

2) 성격과 놀이

한 개인의 특별한 행동 특성이 여러 상황에서 지속적으로 일관되게 나타나는 것을 성격이라고 한다. 이러한 성격은 인지적 성숙의 차이로 나타나는 것이 아니며 매우 안정적인데 인간의 다양한 행동을 설명하는 또 하나의 중요한 변인으로 간주된다. 놀이의 다양성을 설명해주는 개인차 변인으로서 성격은 인지양식, 놀이성, 환상적 성향, 상징놀이 양식으로 나누어 살펴볼 수 있다.

외부 환경에 접근하고 적응하는 방식은 개인마다 다른데, 이러한 독특한 방식을 인지양식이라고 한다. 현재에 이르기까지 가장 체계적으로 연구되어 온 인지양식은 장 독립성(field independence) 인지양식과 장 의존성(field dependence) 인지양식이다. 장 독립성 인지양식은 사물을 지각할 때 그 사물을 둘러싼 배경, 즉 장의 영향을 받지 않거나 비교적 적게 받는 반면, 장 의존성 인지양식은 장의 영향을 많이 받는다. 따라서 장 독립적인 사람은 주변의 장을 보다 분별된 방식으로 경험하여 지각 대상을 분리해서 지각하고, 개인주의적이며 사회적 자극에 영향을 받지 않고 환경에 적극적으로 대처해나간다. 장 의존적인 사람은 심리적 분화가 잘 이루어지지 않아 대상을 있는 그대로 전체적으로 파악하는 경향이 있으며 사회 지향적으로 외부 환경에 민감한 반응을 보이고 문제를 해결할 때도 사회적 단서를 많이 사용하는 편이다.

장 의존적인 유아들은 타인에게 강한 호기심을 보이고 민감하게 반응함으로써 사람 지향적이어서 사회적 놀이를 자주 한다. 반면 장 독립적인 유아들은 사회적 능력보다 분석적 능력이 있어서 사물 지향적이며 혼자서 사물에 초점 맞추는 놀이를 더 좋아한다(Coates, Lord & Jakabovics, 1975). Saracho(1998, 1999)는 장 의존적인 유아들보다 장 독립적인 유아들이 놀이, 사회적 능력, 또래 지위에서 뛰어나다고 하였다. 장 의존적인 유아들은 집단 극놀이와 사회적 놀이를 선호하고, 장 독립적인 유아들은 블록 쌓기와 구성놀이 및 조작놀이를 즐기는 경향이 있으며 놀이를 먼저 시작하고 더 많은 제안으로 의사소통하며, 지도력을 발휘하고자 하는 경향이 있다. 하지만 인지양식에 따른 놀이의 양상에 관해서는 확실한 결론을 도출해내기 어렵다. 왜냐하면 유아의 이러한 특성에 대한 안정된 예측치를 산출하기가 어렵기 때문이다. 다만, 일반적으로 유아들은 발달할수록 더욱 장 독립적이 되어간다.

놀이성(playfulness)은 다양한 놀이행동을 일으키는 성향으로 심리적인 개념이다(Rogers et al., 1998). Lieberman(1977)은 놀이성을 다섯 가지 요소, 즉 신체적 자발성, 사회적 자발성, 인지적 자발성, 즐거움의 표현, 유머 감각으로 구분하였다. 첫째, 신체적 자발성은 신체를 활용하여 움직이는 정도와 신체 간의 협응 정도, 둘째, 사회적 자발성은 놀이 집단의 또래들과 어울리고 협력할 줄 아는 능력, 셋째, 인지적 자발성은 상상력, 창의력, 융통적 사고력의 정도, 넷째, 즐거움의 표현은 웃기를 잘하고 행복과 즐거움을 표현하는 정도, 다섯째, 유머 감각은 재미있는 사건들의 식별 및 인식능력, 호의적인 농담, 세련된 장난기로 정의된다. 이러한 다섯 가지 요소 중 신체적 자발성을 제외하고 나머지 네 요소들은 서로 관련성이 높다고 밝혀져 왔다. Lieberman(1977)은 놀이성의 구성요소를 단일차원에서 제시했지만, 그 이후 놀이성은 두 가지 구성요소로 이루어져 있다고 밝혀지고 있다. 두 요소는 창의성과 유머의 이해를 이끌어내는 인지적 구성요소와 놀이의 즐거움과 웃음을 이끌어내는 정서적 구성요소다(Johnson, Christie & Wardle, 2005; Truhon, 1982). 이러한 놀이성이 높은 유아들은 강화나 승인에 의존하지 않고 자기 주도적으로 행동하고 놀이를 완수하는 능력이 있으나, 놀이성이 낮은 유아들은 의존성이 강한 편이다(Rogers et al., 1998). 유애열(1994)의 국내 연구에서는 놀이성이 높을수록 상상놀이 수준이 높은 것으로 나타났다.

환상적 성향(fantasy-making predisposition)은 가상놀이나 내면화된 환상을 표현하는 정도를 의미하는 것으로, 일생 동안 전반적으로 나타나는 성격 특징이다(Singer, 1995). 환상적 성향이 높은 유아는 낮은 유아보다 놀이를 하는 동안 더 높은 수준의 상상력, 긍정적 정서, 집중력, 사회적 상호작용과 협동성을 보이며(Singer, 1973), 기다림이 요구될 때 충동 통제를 보다 잘하는 것으로 나타났다(Singer, 1961).

성격의 또 다른 요소로 상징놀이 양식은 사물 독립/극화형(dramatists)과 사물 의존/패턴형(patterner)으로 구분된다. 상징놀이에서 극화형은 다른 사람의 행동, 느낌, 지식에 강한 호기심을 보이고 존재하지 않는 상황, 역할, 소품을 생각해내어 상상 세계를 창출하는 형으로, 패턴형보다 사물에 초점을 덜 둔다. 반면 패턴형은 사물 의존적으로 환경 속에 존재하는 사물과 그 사물의 배열을 능숙하게 변형시켜 상상의 세계를 창출한다(Wolf & Grollman, 1982).

개인차 변인으로서 인지양식, 놀이성, 환상적 성향, 상징놀이 양식 등은 한 인간의 성격을 드러내는데, 이러한 성격에 따라 영유아의 놀이에서도 다양성이 나타나며 이러한 다양성에 대한 이해는 놀이발달을 좀 더 촉진시킬 수 있다. 하지만 이러한 성격 특성을 가지고 영유아를 명명하는 것은 주변 사람들의 선입견에 영향을 줄 수 있을 뿐만 아니라 영유아 자신에게도 장기적인 영향을 미칠 수 있기 때문에 신중하게 언급되어야 할 것이다.

2 맥락적 요인에 따른 놀이의 다양성

놀이맥락이란 놀이하는 유아를 둘러싼 주변 환경으로 정의되기도 하고, 특정 놀이행동에 관련된 전체적인 상황으로 여겨지기도 한다. 주변 환경으로서의 맥락은 미시체계, 중간체계, 외체계, 거시체계라는 생태학적 접근으로 설명되며, 전체적인 상황으로서의 맥락은 놀이 중인 유아가 스스로 구성하고 있는 상황 전체를 말한다(Johnson, Christie & Wardle, 2005). 본 절에서는 놀이의 다양성에 영향을 주는 요인으로 이러한 맥락적 요인에 대해 알아보고자 한다. 구체적인 맥락적 요인으로 물리적 환경, 사회적 환경, 문화에 따른 놀이의 다양성을 살펴볼 것이다.

1) 물리적 환경과 놀이

물리적 환경은 미시 수준으로 놀이에 영향을 줄 수 있는 놀이 장면의 무생물적인 요소들이다. 광범위한 요인으로는 지리와 기후(예 : 기후와 실외놀이 및 운동놀이의 양, 기후에 따른 실내와 실외 전이 영역의 설치), 지역사회 환경(놀이 친화적인 지역사회 환경 정도와 영유아의 놀이) 등이 논의될 수 있으나, 여기서는 유아교육기관의 놀이 공간과 놀잇감이 영유아의 놀이에 미치는 영향을 중심으로 놀이의 다양성을 고찰해보고자 한다.

(1) 놀이 공간

공간 유형과 질적 수준, 공간 밀도, 공간 배치는 영유아의 놀이행동에 중요한 영향을 준다(Petrakos & Howe, 1996). 놀이환경은 영유아의 긍정적인 놀이행동을 지지하기도 하지만 공격성 등 부정적 행동을 유발할 수도 있다.

① 공간 유형과 질적 수준

유아교육기관의 놀이 공간은 실내놀이 공간과 실외놀이 공간으로 나누어지는데, 실외놀이 공간에서는 주로 대근육 놀이가 많이 나타나는 반면, 실내놀이 공간에서는 구성적인 놀이가 많이 나타난다. Henniger(1985)의 연구에서는 실내놀이 공간보다 실외놀이 공간에서 유아들의 병행놀이가 더 많이 관찰되었는데, 두 공간에서 사회적 놀이 수준이 차이가 난다는 명확한 증거가 밝혀진 것은 아니다.

실외놀이 공간의 유형과 질적 수준은 영유아의 놀이행동에 영향을 미친다. 실외놀이 공간의 유형은 미끄럼틀, 시소, 그네 등과 같이 고정시설물이 설치되어 있는 전통적 놀이터, 고정시설물 이외에 보다 영유아들이 창의적으로 구성할 수 있는 이동식 놀이 기구가 설치되어 있는 창의적 놀이터, 전문 건축가가 아름답게 구성해놓은 현대적 놀이터, 영유아가 여러 가지 물건이나 건축자재를 이용하여 구성하면서 놀이하는 모험적 놀이터로 나누어볼 수 있다.

Campbell과 Frost(1985)는 초등학교 2학년 학생들을 대상으로 관찰한 결과, 전통적 놀이터에서는 기능놀이가 더 많이 나타났으며, 창의적 놀이터에서는 극놀이와 구성놀이가 더 빈번하게 나타났다고 밝혔다. 사회적 측면에서 보면 두 유형의 놀이 공간에서 모두 협동놀이가 많이 나타났으며, 전통적 놀이터에서는 병행놀이가, 창의적 놀이터에서는 혼자놀이와 연합놀이가 좀 더 많이 나타났다. Hart와 Sheehan(1986)은 현대적 놀이터와 전통적 놀이터 모두 구성놀이와 상징놀이가 많이 일어나지 않고, 현대적 놀이터의 경우 비참여 행동, 혼자놀이가 많이 관찰되었으며, 전통적 놀이터의 경우 오르기 활동 등 운동놀이가 많이 관찰되었다고 보고하였다. 선행 연구들을 종합해보면, 비고정적인 자료와 자연적인 자료들이 구성놀이와 극놀이를 이끌어내기 때문에(Wardle, 1990) 실외 놀이터 유형 중 모험적 놀이터에서 구성놀이와 극놀이가 가장 많이 나타나는 반면, 전통적 놀이터에서는 기능놀이가 주로 많이 나타난다고 볼 수 있다.

우리나라의 연구로서 이봉선(1998)은 실외놀이 공간의 질적 수준에 따라 3세와 5세 유아의 놀이행동을 분석하였다. 질적 수준이 낮은 놀이 공간에서는 3세와 5세 유아 모두 기능놀이와 연합놀이를 많이 하였으나, 질적 수준이 높은 놀이 공간에서는 3세 유아들의 경우 기능놀이와 연합놀이를, 5세 유아들은 규칙 있는 게임과 협동놀이를 많이 하는 것으로 나타났다.

② 공간 밀도

공간 밀도는 놀이 공간에서 영유아 1인당 차지하는 넓이와 관련된 것으로 밀집도를 나타낸다. 밀집도의 수치가 높다는 것은 조밀한 환경을 나타내고, 수치가 낮다는 것은 조밀하지 않은 환경을 나타낸다. 영유아의 놀이에 영향을 미치는 공간 밀도에 대한 초기 연구들은 밀도가 높아서 한 유아당 작은 공간이 제공될수록 공격성이 증가한다(Hutt & Vaizey, 1966)는 연구도 있고, 반면 공격성이 감소하고(Loo, 1972) 보다 상호작용과 집단놀이가 많이 나타난다(Fagot, 1977)는 연구도 있어 결과가 일치하지 않는다. 이러한 결과는 연구들이 공간의 양과 유아의 수 이외에 설비의 양을 고려하지 않았다는 점과 거친 신체놀이와 구별되는 진정한 의미의 공격성에 대한 정의가 연구들마다 다르게 구분되었기 때문이라고 여겨진다.

이에 Smith와 Connolly(1980)는 공간, 유아의 수, 설비의 양을 다양화시켜 연구한 결과, 한 영유아당 공간이 감소하면 대근육 놀이 행동의 양이 감소되는 결과를 가져왔다. 즉, 밀집도가 높아지면 달리기, 쫓기, 거친 신체활동 등의 대근육 놀이가 감소한다. 더불어 영유아 1인당 공간이 6.9m^{2}에서 2.3m^{2}로 감소했을 때는 거의 영향을 받지 않았으나 2.3m^{2}에서 1.4m^{2}로 조밀해지면 공격성이 증가하는 것으로 나타났다.

Liddell과 Kruger(1989)는 공간의 밀집도에 대한 영유아의 반응이 가정의 밀도에도 영향을 받는다는 것을 밝혀냈다. 좁은 집에 사는 영유아들은 이중 스트레스로 인해 넓은 집에 살아서 좁은 공간을 처음 겪는 영유아들보다 좀 더 부정적인 놀이를 하는 것으로 나타났다.

③ 공간 배치

유아교육기관의 공간은 대체로 흥미영역으로 구성되어 있다. 공간 내 흥미영역이 적절하게 구성되고 효율적인 관리 시스템이 확립된다면, 교실 환경 자체가 '교수'의 많은 것을 담당한다(Johnson, Christie & Yawkey, 1999). 흥미영역은 다양한 크기의 작은 놀이영역으로, 영역 내에 준비된 놀잇감과 가구 배치를 통해 각 영역마다 가능한 놀이와 기대되는 행동을 간접적으로 알려준다.

Moore(1987)는 공간적으로 잘 정비된 영역의 교실에서 영유아들은 탐구활동, 사회적 상호작용, 협동놀이에 더 많이 참여하였으며, 교사들도 영유아들의 놀이에 적절히 개입함으로써 긍정적인 효과를 보여 주었다고 하였다. 작고 분할된 놀이 공간은 좀 더 질적으로 향상된 놀이를 촉진한다는 것이다. 분할된 놀이 공간은 언어적 상호작용, 협동, 가작화 놀이, 교육적인 자료를 가지고 하는 활동을 장려하며(Moore, 1987), 교사들이 교직원끼리 상호작용을 하기보다 영유아들과 좀 더 적극적으로 상호작용하도록 격려한다(Neill, 1982). 반면 Kinsman과 Berk(1979)는 쌓기놀이 영역과 역할놀이 영역의 구분을 제거했을 때, 남아와 여아의 혼성놀이가 증가되고, 두 영역의 놀잇감이 통합되어 남아의 역할놀이와 여아의 쌓기놀이가 증가된다고 하였다. 즉, 개방된 공간은 대근육 활동과 거친 신체놀이를 장려하는 반면 작은 공간은 친밀한 분위기를 만들고 사회적 협동놀이와 언어적 상호작용을 촉진시킨다. 또한 공간의 연결을 통해 확장된 놀이가 이루어질 수 있는 공간은 서로 분리하기보다 연결하여 개방시키는 것이 효과적이다.

공간 배치가 이루어지고 나면, 각 영역에는 적절한 자료들이 채워지면서 각 흥미영역의 특성을 띠게 된다. 각각의 흥미영역은 영유아의 놀이에 영향을 미친다. 수 · 조작놀이 영역에서는 혼자놀이가 많이 이루어지는 반면, 쌓기놀이 영역이나 역할놀이 영역에서는 집단놀이 참여율이 높게 나타난다. 조형영역과 언어영역은 병행놀이를 격려한다. 역할놀이 영역의 경우에는 주제를 제안하는 환경 구성의 변화가 영유아의 놀이에 영향을 준다. Woodard(1984)는 소꿉놀이 중심의 역할놀이 영역 옆에 병원놀이, 아이스크림 가게 놀이 등을 함께 제시한 결과, 남아들의 사회극놀이가 많이 증가했다고 보고했다. Howe, Moler와 Chambers(1994)는 친숙하지 않은 주제 영역보다는 친숙한 주제 영역에서 유아들이 좀 더 상징놀이에 많이 참여한다고 하였다. 국내 연구로서 엄정애(1996)는 진행되는 주제와 연계하여 역할놀이 영역을 다양한 주제 중심으로 구성했을 때 유아들의 집단 극놀이와 상호주관성이 증가되었다고 하였다.

(2) 놀잇감

영유아의 놀이는 놀이자료로서 놀잇감의 영향을 받는다. 놀잇감의 종류와 양 및 놀잇감의 사실성과 복합성에 따라 놀이행동이 달라진다. 우선 다양한 종류의 놀이자료는 영유아 놀이행동의 사회적 차원에 영향을 미친다. 소꿉놀이 용품, 역할놀이용 의상, 인형, 자동차 등은 집단놀이의 양과 관련되고, 조형재료들과 퍼즐 등 교육용 놀잇감은 혼자놀이 및 병행놀이와 관련된다. 즉, 집단놀이를 증진시키는 자료는 극놀이와 관련되는 자료인 경향이 있다(Bagley & Chaille, 1996). 또한 영유아 놀이행동의 인지적 차원과도 관련되는데, 조형재료들은 구성놀이를 격려하고(Rubin, 1977), 블록은 구성놀이와 극화놀이 모두와 관련된다(Rubin & Seibel, 1979). 블록놀이와 관련하여 블록의 유형에 따른 유아의 사회적 행동을 분석한 국내 연구로 오은순(1993)의 연구에서 블록 중에서도 단위 블록을 가지고 놀이하는 영유아들이 사회적 차원 중 집단놀이뿐만 아니라 병행 및 혼자놀이를 많이 나타났다. 반면 놀잇감의 크기가 큰 할로 블록을 가지고 놀이하는 영유아들은 협동적인 집단놀이를 많이 하는 것으로 나타났다.

놀잇감의 양은 또래와의 상호작용과 집단놀이에 영향을 미친다. 놀잇감의 양이 증가하면 영유아는 사회적 게임에 덜 참여하고 공격적 행동도 감소한다. 놀잇감의 양이 감소하면 긍정적인 사회적 접촉이 많아지고 동시에 공격성도 증가한다. Smith와 Connolly(1980)의 실내놀이 연구 결과, 한 유아당 놀잇감의 수를 줄이면 혼자놀이가 감소하고 병행놀이가 증가하며 공유하기뿐만 아니라 공격성도 증가하였다. 즉, 놀이자료의 양적 감소는 사회적 상호작용의 긍정성과 부정성을 함께 증가시키며, 반대로 양적 증가는 공격성과 친사회적 접촉의 감소를 가져온다.

놀잇감의 사실성 또는 구조성은 유아의 놀이 중에서도 특히 가상놀이에 영향을 미친다. 사실성은 놀잇감이 실제물과 닮은 정도를 의미하며, 구조성은 놀잇감의 특정한 사용 방법의 정도를 의미한다. 따라서 높은 사실성의 놀잇감은 매우 구조화된 것이다. 사실적인 놀잇감은 특정한 용도로만 사용되기 때문에 영유아의 상상력을 제한하고 가상을 방해하는 한편, 구조성이 낮은 비사실적인 놀잇감은 독립적인 놀이 아이디어와 물체 변형을 허용함으로써 표상적 사고와 가역적 사고를 발달시킨다는 것이 널리 인정되어온 가설이다(조은진, 2000; McLoyd, 1983). 하지만 좀 더 다양한 연구들이 이루어지면서 놀잇감의 구조성은 영유아의 연령에 따라 미치는 영향이 다르다고 밝혀지고 있다. 2, 3세 어린 유아들의 가상놀이는 사실적이고 구조성이 높은 놀잇감에 의해 확장되지만, 유아들의 연령이 증가하면서 사실적 자료에 대한 요구는 감소한다(Elder & Pederson, 1978; Pulaski, 1970). 반면 사실성이 낮은 놀잇감은 4~6세 유아들의 창의적인 가작화 변형에 많은 참여를 격려하지만 높은 연령의 유아들도 사실적인 놀이 소품으로 가상놀이를 많이 한다(엄정애, 1992; Trawick-Smith, 1990). 즉, 표상 기술이 부족한 어린 영유아들은 가상놀이를 시작하기 위해 사실적 놀잇감을 필요로 하지만, 표상 기술이 발달된 유아들은 더 이상 사실적 놀잇감을 필수적으로 요구하지는 않지만 여전히 세밀한 놀잇감에 매료되어 즐거움을 경험한다고 볼 수 있다. 따라서 성인들은 영유아들에게 상징화를 연습하기 위한 최적의 환경을 제공하기 위해 사실적 · 비사실적 놀잇감들을 어떤 비율로 조합할 것인지를 결정해야 한다.

놀잇감의 특성 중 사실성과 구조성뿐만 아니라 놀잇감의 복합성도 영유아의 놀이행동에 영향을 미친다. 영유아들은 일반적으로 연령이 증가하면서 단순한 놀잇감과 비교되는 복합적인 놀잇감을 선호하며 복합적인 놀잇감을 가지고 놀 때 놀이시간이 좀 더 길게 나타난다. 또한 실외놀이 공간에서도 다양한 기능과 도전적 요소를 갖춘 복합적 놀잇감에 더 많은 관심을 나타낸다. 복합성의 또 다른 차원으로 한 사람만을 위한 단일차원 놀이기구(흔들말, 세발자전거, 짧은 줄넘기 등)는 보통 수준의 대인 간 갈등과 공격성을 유발하지만, 복합차원 놀이기구(시소, 정글짐, 긴 줄넘기 등)는 협력과 친사회적 행동을 유발한다(Doyle, 1977).

2) 사회적 환경과 놀이

영유아 놀이의 다양성에 영향을 주는 놀이 맥락에는 놀이 공간과 놀잇감을 포함한 물리적 환경뿐만 아니라 사회적 환경이 포함된다. 영유아의 사회적 환경이란 영유아를 둘러싼 사회의 다양한 인적 환경으로 가정에서의 부모와 형제자매, 유아교육기관에서의 또래와 교사가 대표적으로 논의될 수 있다.

(1) 부 모

영유아의 일상에서 가장 친숙한 사람은 부모로, 영유아들의 놀이행동은 일차 양육 책임자인 부모와 밀접하게 연관된다. 놀이 상황에서 부모의 존재 여부, 놀이에 대한 부모의 인식과 신념, 양육 태도와 상호작용 행동, 애착 정도에 따라 영유아들의 놀이는 다양하게 나타난다.

영유아들은 일반적으로 혼자 놀 때보다 어머니와 함께 놀이할 때 상징놀이의 다양성이 증가한다(O'Connell & Bretherton, 1984). Dunn과 Wooding(1977)의 연구에서도 어머니가 자녀의 놀이에 관심을 보이면 혼자 놀 때보다 상징놀이를 하는 시간이 길어졌다. 특히 미국의 경우에는 부모들이 어린 자녀와 놀이할 때 따뜻하고 비설교적인 언어로 반응하는 경향이 있고(Shine & Acosta, 2000), 의도적으로 어린 자녀들이 놀이성과 환상적 성향을 갖도록 양육하려고 한다(Haight, 1998). 또한 많은 부모가 자녀들이 다음 수준으로 발달할 수 있도록 적절하게 도전적인 놀이 경험을 제공하는 방법을 알고 있다. 이러한 태도는 영유아의 놀이 기술 발달을 돕는 요인이 될 수 있다.

놀이에 대한 부모의 인식과 관련하여 놀이의 중요성을 높게 인식하는 어머니의 자녀는 놀이 중에 만족도가 높으며 놀이 참여도도 높다(김윤숙, 1992). 놀이에 대한 인식과 신념은 부모의 놀이행동과 관련되어 영유아의 놀이에 영향을 미친다. 부모의 놀이행동은 문화에 좌우되는데(Roopnarine, Lasker, Sacks & Stores, 1998), 미국과는 다른 문화권의 부모들은 자녀와 함께 상징놀이나 신체놀이를 즐기기보다 작업 중심적인 활동 또는 지식이나 정보를 직접 가르치는 행동을 많이 한다. 즉, 부모들의 행동은 신념을 반영하는 것으로, 놀이 중심 교육과정에 대한 불안과 학업성취 등의 수행에 가치를 두는 경우에는 특히 부모-자녀의 놀이 상호작용이 진정한 놀이 중심이기보다는 학업과 관련된 활동으로 흐르는 경우가 있다. Brown(2003)은 놀이 중심 교육과정에 대한 부모의 걱정은 부모-교사 관계에도 영향을 미쳐 자녀의 교사에게 놀이를 많이 하지 말라는 요청을 하기도 한다고 보고하였다. 우리나라도 자녀의 연령이 증가하면서 놀이의 중요성보다는 선행학습에 대한 불안 때문에 많은 영유아 부모들이 진정한 놀이보다는 조기 특기교육에 좀 더 많은 관심을 보인다. 이로 인해 영유아들은 진정한 놀이 참여 기회를 박탈당하고 인지적으로 보다 일찍 성숙되도록 학습을 강요당하고 있다.

부모의 양육태도와 자녀의 놀이행동 관계를 살펴보면, 체벌을 가하는 어머니의 자녀는 상징놀이를 덜 하는 경향을 보이며, 허용적인 부모는 자녀와 많은 상호작용을 함으로써 부모가 놀이의 직접적인 모델이 되기도 하고 자유로운 자녀의 놀이를 허용함으로써 성인 역할을 가작화하는 상징놀이를 격려한다(Hetherington, Cox & Cox, 1979; Levin & Wardwell, 1971). 하지만 부모-자녀 간의 상호작용이 너무 빈번하면 부정적인 결과를 초래할 수 있다는 연구 결과도 보고되고 있다. Fineman(1962)은 어머니와 영유아의 과잉 접촉이 자녀의 독립적인 놀이나 탐색 기회를 박탈해서 상상놀이의 참여나 발달을 저해한다고 하였다. 우리나라에서 이루어진 이숙재(1984)의 연구에 따르면 상징놀이에 많이 참여하는 영유아들의 어머니들은 자녀의 요구에 즉각적인 반응을 보이기보다 영유아가 당면한 문제를 스스로 해결하도록 격려했으며, 칭찬과 격려 및 설명을 많이 해주었다. 또한 껴안거나 쓰다듬는 등 애정적인 신체 표현을 많이 하는 특징이 발견되었다.

또한 부모와 자녀 간 애착의 질은 영유아 놀이의 질과 관련이 있다. 부모와 안정 애착을 형성한 영아는 엄마가 있을 때 물리적 환경을 더욱 적극적으로 탐색한다. 걸음마 시기에 이르러 안정 애착을 형성한 영아는 또래에게 보다 많은 관심을 보이고 상상놀이에 더욱 많이 참여하며(Slade, 1987), 불안정 애착을 형성한 영아에 비해 독립적으로 활동하면서 다양한 사회적 기술을 나타내며 놀이도 오랫동안 지속한다(Matas, Arend & Sroufe, 1978; Slade, 1987).

종합해보면, 영유아들은 부모-자녀 간의 놀이를 통해 언어능력이 향상되고, 상징적 표상과 탐색활동이 증가하며, 안정된 애착 형성과 긍정적인 사회적 관계를 형성하게 된다(Damast, Tamis-LeMonda & Bornstein, 1996; Haight, 1998; MacDonald, 1993). 영아기 동안 부모-자녀 간에 이루어지는 놀이 상호작용은 이후 유아기가 되면서 또래 친구와의 놀이 상호작용으로 전환된다. 영유아기 초기 부모와의 긍정적인 놀이 상호작용은 이후 또래와의 사회적 상호작용을 긍정적으로 이끌게 되는 것이다.

(2) 형제자매

영유아의 놀이를 수용하고 이해하면서 상호작용을 주도하는 부모와는 다르게 영유아의 놀이에 영향을 주는 사회적 환경 변인으로 형제자매를 들 수 있다. 형제자매는 부모와 같이 영유아의 놀이를 무조건 수용하고 이해하지 않는다. 형제자매 간의 놀이 상황을 떠올려보면 서로 협력하여 놀이하는 모습보다는 갈등하고 경쟁하면서 자주 싸우는 모습을 연상하게 된다. 연령 차이가 별로 없는 형제자매 간에는 함께 놀이하려고 많이 시도하지만 갈등이 자주 일어나는 상황이 연상된다. 연령 차이가 많이 나서 터울이 큰 형제자매 간에는 놀이 패턴이 다르기 때문에 함께 어울려 놀지 못하고 손위 유아가 손아래 유아를 가르치거나, 손아래 유아가 손위 유아에게 관심을 보여 손위 유아가 귀찮아하는 모습이 연상된다.

형제자매 간에는 놀잇감을 나누어 갖고 서로 협력하기도 하지만, 많은 경우 질투와 부러움 등으로 서로 경쟁이 야기된다. 부모는 형제자매를 서로 비교하거나 편애하지 않음으로써 형제자매 간의 관계 증진을 도울 수 있다. 형제자매 간에는 친밀감과 비밀 공유를 하기도 하고 다른 한편으로는 적대감을 표현하기도 한다. 하지만 가족이 아닌 다른 사람에게 한 형제 또는 자매가 어려움을 당한다면 서로 변호하고 지켜준다.

놀이에서 나타나는 형제자매의 효과는 성별과 출생순위, 터울, 문화 등에 따라 복잡하게 나타난다(Oden & Hall, 1998). 동일한 성의 형제자매는 반대의 성을 지닌 남매와 비교하여 경쟁적이라고 알려져 있으며, 전형적인 성역할 놀이에 더 많이 참여한다고 보고되고 있다(Stoneman, Brody & MacKinnon, 1986). 손위 형제자매는 일반적으로 지배적인 경향이 있어 동생들은 대개 형의 가르침을 받게 된다. 출생순위와 관련하여 Howe, Petrakos, Rinaldi와 LeFebvre(2005)는 형제자매 간 가상놀이에서 나타나는 공유된 의미 구성을 연구하였는데, 동일한 연령의 5세 유아들이 자신보다 연령이 높은 형제자매와 가상놀이를 할 때는 놀이 유지를 위해 수준 높은 공유된 의미 구성 전략을 많이 사용하는 반면, 연령이 어린 형제자매와 가상놀이를 할 때는 공동의 놀이를 방해하는 비유지 전략을 많이 사용하였다. 또한 가상놀이를 하는 동안 둘째아는 첫째아보다 상대방의 생각을 확장하는 전략을 더 많이 사용하고 놀이의 흐름을 방해하는 비유지 전략은 덜 사용하는 것으로 나타났다.

형제자매의 터울도 놀이에 영향을 미칠 수 있다. 형제자매 간의 터울이 많이 진다면 세대가 달라지기 때문에 함께 어울려 친구처럼 놀이하기보다는 나이 든 형제자매가 가르치고 돌보는 역할을 하게 된다. 또한 그 세대의 일시적인 유행, 패션, 유머 등을 공유하게 되는데 터울이 비슷하면 형제자매 간의 공유된 대중문화를 좀 더 강력하게 놀이 속에서 나타내며, 터울이 많이 져서 세대 간의 부조화를 이루게 되면 서로 다른 세대의 대중문화를 접해볼 수 있는 기회를 갖게 된다. 형제자매 간의 이러한 경험들은 가정 밖에서 이루어지는 또래 간의 놀이 상호작용에 영향을 준다.

또한 형제자매 놀이에도 문화 차이가 있다. 부모가 일을 해야 하기에 어린 자녀와 많이 놀아주지 못하는 문화권에서는 형제자매 또는 사촌들이 부모를 대신해서 어린 영유아들의 놀이 상호작용 대상자로서 역할을 수행하는 경우가 많다(Rogoff & Mosier, 1993). 이러한 문화권에서 손위 형제자매들은 주로 손아래 동생들과 진정한 놀이에 참여하기보다는 동생들을 감독하고 작업 활동 중심의 과업 수행을 하도록 자극하는 경향이 있다.

형제자매가 있는 영유아들의 경우 형제자매가 없는 영유아들보다 가정 내에서 부모-자녀 관계 이외에 다양한 사회적 관계를 경험하게 됨에 따라 놀이에서 나타나는 행동이 다양할 수 있다. 물론 사회적 환경으로서 형제자매는 형제자매의 유무 이외에 성별, 순위와 위치, 터울, 문화 등이 종합적으로 작용하여 한 개인으로서 영유아의 다양한 놀이행동을 이끄는 전체 상황으로서의 맥락을 형성하게 된다.

(3) 교사

유아교육기관의 교사는 영유아 놀이의 다양성을 이끄는 사회적 환경으로 매우 중요하다. 교사는 관찰과 놀이 참여를 통해 영유아들의 놀이를 확장 · 지속시키며 놀이 상황 속에서의 또래 간 상호작용을 촉진한다.

영유아의 놀이 활성화를 위한 교사 역할의 중요성을 강조한 초기 연구로는 Smilansky(1968)의 놀이 훈련 연구가 대표적이다. Smilansky(1968)에 따르면 교사가 저소득층 유아들에게 현장 견학과 같은 직접 경험을 제공하고 놀이 기술을 훈련하면 영유아들의 사회극놀이 질과 양의 향상은 물론 풍부한 사회극놀이 경험을 통해 인지발달과 교육적 진보를 이끌 수 있다고 하였다. Vygotsky(1978)의 근접발달영역과 비계설정이라는 개념도 교사가 유아들이 혼자서는 할 수 없는 수준 높은 형태의 놀이를 하도록 도울 수 있다는 것을 시사한다.

교사의 놀이 개입이 영유아 놀이의 양과 질 및 발달에 긍정적인 영향을 준다는 연구들은 많이 이루어져 왔다. 혼자 또는 또래와 놀이할 때보다 교사가 옆에서 관심을 보이고 개입할 때 놀이의 지속시간은 길어지고 더 정교해지며(Sylva, Roy & Painter, 1980), 사회적 상호작용을 많이 보인다(Farran, Silveri & Culp, 1991). 또한 수준 높은 인지적 활동을 이끌고(Howes & Smith, 1995), 읽기와 쓰기의 양적 증가(Christie & Enz, 1992)와 구어발달(Smith와 Dickinson, 1994)도 보인다.

우리나라에서 이루어진 연구로서 이현순(1990)은 극놀이 영역에서 교사의 적절한 개입은 유아의 수준 높은 인지, 사회적 놀이행동 및 놀이의 지속시간을 증가시켰다고 밝혔다. 유애열(1994)의 연구에서도 교사의 개입 정도가 유아의 상상놀이 참여율과 수준을 높였고 놀이내용을 다양화시켰다고 밝혔으며, 유애열 · 김온기 · 조혜진(1996)의 연구에서도 단순한 극놀이 환경만을 제공했을 때보다 교사 훈련을 통한 교사 개입이 병행될 때 유아의 놀이 수준이 향상되는 것으로 나타났다.

반면 교사가 영유아의 놀이에 잘못 개입하면 부정적인 효과도 보이게 된다. File과 Kontos(1993)는 교사 개입이 놀이의 인지적 측면으로 편향되어 있으면 놀이의 사회적 측면을 종종 저해한다고 하였다. 또한 교사가 지나치게 놀이에 개입하면 영유아들의 놀이 참여를 위축시키고 놀이 흐름을 방해할 수 있다(Jones & Reynolds, 1992; Schrader, 1990). 즉, 교사가 영유아의 놀이에 개입할 때 얼마나 상호작용하는가보다 어떻게 상호작용하느냐가 더 중요하다. 적절한 방식으로 교사가 놀이에 개입하면 영유아의 놀이 경험이 풍부해지면서 인지적 · 사회적 효과를 가져올 수 있지만 민감하지 못한 방식으로 개입한다면 놀이를 방해할 수 있다.

교사들의 놀이에 대한 교수 효능감도 영유아들의 놀이행동과 관련된다. 놀이에 대한 교수 효능감이란 놀이에서 교사의 역할과 행동이 영유아들을 긍정적인 방향으로 변화시킬 수 있다고 믿는 신념이며, 놀이지도 시 자신의 능력에 대한 신념이다. 놀이에 대한 교수 효능감이 높은 교사는 자신이 학급에서 놀이를 잘 지도함으로써 영유아의 긍정적인 발달과 교육을 이끌어낼 수 있다고 기대하며 성취하려고 하는 반면, 놀이에 대한 교수 효능감이 낮은 교사들은 자신의 놀이 교수 능력에 따른 영유아들의 성취를 의문시하여 영유아들의 긍정적인 행동을 유발하는 데 실패하는 경향이 있다.

신은수(2000)의 연구 결과, 놀이에 대한 교수 효능감이 높은 교사는 놀이에 직접적으로 참여, 대화, 방향 제시 등 놀이를 격려하고 확장하는 긍정적 상호작용을 많이 보이는 반면, 놀이에 대한 교수 효능감이 낮은 교사는 유아의 놀이를 방해하는 상호작용을 많이 하였다. 또 놀이에 대한 교수 효능감이 높은 학급의 유아들은 교수 효능감이 낮은 학급의 유아들보다 인지, 사회적 수준이 높은 협동적 구성놀이 및 협동적 극놀이를 3배 이상 많이 하는 것으로 나타난 반면, 혼자 혹은 병행적 기능놀이는 놀이에 대한 교사 효능감이 낮은 교사가 담당하는 학급의 유아들에게서 많이 나타났다. 또 놀이에 대한 교사 효능감이 낮은 교사가 담당하는 학급에서는 비놀이 행동, 방관자적 행동 및 학습활동 중심의 학문적 활동이 또래들이 함께 어울려 즐기는 수준 높은 놀이보다 많이 나타났다.

즉, 교사의 놀이에 대한 신념으로서 놀이 교수 효능감과 놀이 개입의 실제는 영유아 놀이에 직접적으로 영향을 미치는 요인으로 영유아들의 놀이 다양성을 이끌어내는 중요한 요인이라고 볼 수 있다.

(4) 또래

유아교육기관에서 영유아들은 또래와 함께 생활하며, 또래의 행동을 관찰하고 모방하는 기회를 가짐으로써 사회적 상호작용에 필요한 기술을 습득하게 된다. 성인과의 관계는 수직적인 관계인 반면, 또래 간의 관계는 수평적이다. 성인과의 놀이 상호작용에서는 성인들이 상호작용을 주도해나가면서 갈등이 나타나면 다양한 방법으로 해결하며 전형적으로 성인이 규칙을 정한다. 반면 또래와는 동등한 위치에 있기 때문에 성인과의 상호작용에서는 시도해볼 수 없었던 다양한 역할을 시도해보고 갈등이 발생하면 문제를 해결해나가게 된다. 또한 놀이라는 구체적이고 직접적인 경험을 통해 또래 집단 구성원들에게 인정받기 위해 집단의 규칙을 따르려고 노력한다. 이러한 과정을 통해 영유아들은 성공적인 사회적 관계를 유지하기 위해 필요한 기술을 발달시켜 나가게 된다. 또래 간 상호작용의 중요성을 고려해볼 때 또래는 영유아의

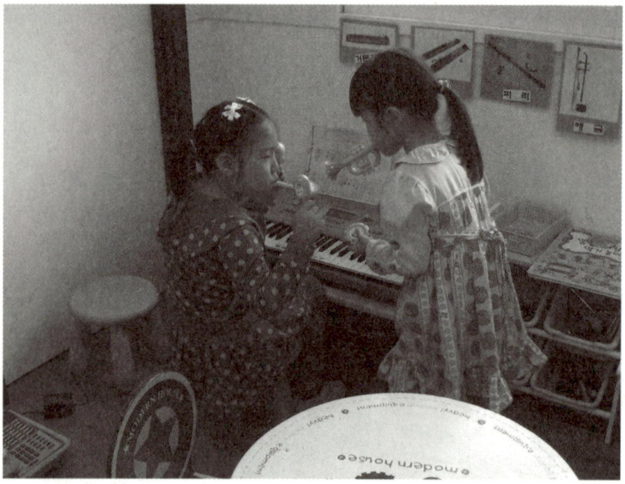

그림 4-2 친숙한 동성과의 놀이 선호

놀이에 대한 흥미, 놀이 참여도 및 질적 수준 등에 중요한 영향을 미친다.

일반적으로 안정되고 친숙한 또래 관계는 성숙한 사회적 협동놀이와 관련되어 있다. 오랫동안 동일한 교육환경에서 매우 안정된 또래 집단과 상호작용한 유아는 안정되고 친숙한 집단에서 생활하지 못한 동일 연령 유아들에 비해 보다 성숙한 방법으로 놀이를 한다(Howes, 1988). Ladd와 Price(1987)는 유아교육기관에서 이미 알았던 또래와 같이 초등학교에 들어간 유아가 학교를 더 좋아하고 학교와 관련된 불안의 징후를 더 적게 보였다고 보고하였으며, Dunn, Cutting과 Fisher(2002)도 유치원 시기에 친구와 함께 초등학교에 간 경우 친구에 대한 통찰과 호감도 점수가 높을수록 유치원 시기에 협동적인 가상놀이를 많이 한 것으로 나타났다. 즉, 또래 간 친밀성은 유아의 놀이와 관련이 있다. 친하지 않은 또래보다 친한 또래와 함께 있을 때 극놀이에 더 많이 참여하며, 사회적 조직에의 적극적인 참여와 협동, 더 높은 열의와 집중력을 발휘한다(Tessier, de Lorimier & Doyle, 1993). 친숙한 또래와 놀 때 더 또래를 많이 배려하고 또래와의 의사소통이 활발히 일어나며 높은 수준으로 놀이가 확장되고 오랫동안 지속된다.

또래 간의 친숙도뿐만 아니라 또래의 성과 연령은 영유아의 놀이에 영향을 미친다. 영유아는 동일한 성의 놀이 친구와 놀 때 새로운 물체를 더 탐색하고, 전통적으로 성 유형화된 놀이를 한다. 대부분의 유아는 동성의 친구를 좋아하며, 심지어 다소 연령이 어린 2세의 경우에도 동성의 친구를 좋아한다(LaFreniere, Strayer & Gauthier, 1984). 또한 영유아들은 성장하면서 점점 더 자신과 비슷한 연령의 친구를 선택하는 경향이 있다. 유아들이 초등학교에 들어갈 때에는 전형적으로 동일한 연령의 친구를 좋아한다(Berk, 1989). 동일 연령의 친구들과의 상호작용은 혼합 연령 집단보다 일반적으로 더 적극적이고 언어적 상호작용의 범위가 넓으며 따라서 협동적인 극놀이가 더 많이 일어난다(Lederberg, Chapin, Rosenblatt & Vandell, 1986). 한편 협동적인 구성놀이는 동일 연령 집단보다 혼합 연령 집단에서 더 자주 일어난다는 연구 결과(Roopnarine, Ahmeduzzaman, Donnely, Gill, Mennis, Arky, Dingler, McLaughlin & Talukder, 1992)도 있다. 즉, 동일 연령 집단과 혼합 연령 집단 모두 협동을 촉진하지만 그 유형은 좀 다르다고 볼 수 있다. 일반적으로 놀이에서 영유아는 동일 연령 또래와 상호작용을 많이 한다. 학급 구성이 동일 연령으로 구성되어 있어서인 경우도 이유가 될 수 있으나, 서로 비슷한 관심과 흥미를 지니기 때문인 것으로 파악된다. 혼합 연령 집단의 경우에는 연령이 높은 또래에 의해 좀 더 쉽게 사회적 상호작용이 촉진되는데, 연령이 높은 유아가 지도자의 역할을 담당하여 연령이 낮은 유아를 이끌어주기 때문이다.

3) 문화와 놀이[1]

놀이의 본질을 이해하기 위해서 기존의 생물학적 · 심리학적인 접근만으로는 불충분하다는 목소리와 함께 놀이를 문화적인 맥락에서 이해하고자 하는 노력이 보다 체계화되고 있다. 그 예로 놀이가 갖는 문화적인 가치와 의미에 대한 관심이 높아지고 있으며(이은화 · 정진 · 박현주 · 김현정, 2000; Rogoff & Mosier, 1993), 영유아의 행동과 발달에 관련된 문화를 좀 더 잘 이해하고자 하는 노력도 함께 이루어지고 있다(Roopnarine, Shin, Donovan & Suppal, 2000). 따라서 최근 관심이 증대하고 있는 영유아의 다양한 놀이를 이끄는 맥락적 요인인 문화에 대해 알아보고, 이를 바탕으로 문화와 놀이의 관계 및 문화에 따른 다양한 놀이 형태에 대해서도 살펴보고자 한다.

1 문화와 놀이 부분은 이화여자대학교 대학원 유아교육학과 박사과정에 재학 중이던 박미경의 연구물로서 연구자의 허락을 얻어 게재하였음

(1) 문화의 이해

우리는 일상생활에서 또는 전문 학술 용어로서 문화라는 말을 흔히 쓰고 있다. 한국 문화, 대중 문화, 청소년 문화 등으로 문화라는 용어를 쓸 때 누구나 다 그 의미를 알고 있는 것 같지만, 구체적으로 과연 그것이 무엇을 의미하는지 물으면 다양한 대답을 얻게 되고, 오히려 혼란스러워지거나 더욱 모호해진다.

과연 문화란 무엇인가? 먼저 어원을 살펴보면 문화는 라틴어 'cultura'에서 유래하여 17세기 이래로 유럽에서 사용되어 왔다. 이 단어는 원래 '경작' 또는 '재배'라는 뜻이었는데, 점차 뜻이 변화되면서 나중에는 교양, 예술 등의 여러 가지 의미가 되었다(두산세계백과 엔싸이버, 2008). 이러한 문화의 개념은 역사적으로 많은 학자들이 점점 다양하게 정의하였는데, 가장 널리 인용되고 있는 것은 영국 인류학자 Tylor가 그의 저서 《원시문화(Primitive Culture)》의 서두에서 문화를 지식, 신앙, 법률, 도덕, 관습, 예술 그리고 사회구성원으로서 인간에 의해 얻어진 다른 모든 능력이나 습성의 복합적 총체라고 정의한 것이다(Tylor, 1871). 수십여 년이 지난 오늘날에 이르러 문화의 개념은 더욱 다양해져 Saracho와 Spodek(1998)은 사회구성원이 공유하고 있는 개념, 습관, 예술, 기술적인 행동, 관계, 가치, 의무를 문화라고 하였으며, Lee(1996)는 문화를 동시대에 살고 있는 사람들이 공유하고 있는 가치, 언어, 믿음, 관습이라고 하였다.

이상의 다양한 정의를 종합해보면, 문화란 우리 인간이 특정 집단에 태어나 자라면서 배우는 모든 것들을 말한다. 이처럼 후천적 학습을 통해 한 사회의 구성원들이 공유하는 사고방식과 행동방식, 즉 생활양식을 통틀어 문화라고 할 수 있다.

(2) 문화와 놀이의 관계

문화란 우리 인간이 살아가면서 보게 되는 여러 가지 현상에 대해 이해하고 해석하며 실천하는 하나의 기준이다(조용환 · 윤여각 · 이혁규, 2006). 놀이 또한 인간이 세상을 이해하고 살아가는 데 결코 없어서는 안 될 것이다. 그렇다면 영유아가 세상을 이해하고 살아가는 데 문화와 놀이는 어떤 관계를 맺으며 영향을 미칠까? 이러한 질문에 해답을 찾기 위해서는 놀이를 문화의 관점으로 볼 수도 있지만 문화 또한 놀이의 관점으로 볼 수 있을 것이다.

① 문화의 관점에서 본 놀이

문화의 관점에서 놀이를 본 견해는 학자에 따라 다양하지만, 크게 놀이를 문화적 현상으로 본 주장과 문화를 이해하고 습득하는 도구로 본 주장으로 나누어 볼 수 있다.

Hughes(1995)는 놀이를 항상 문화 속에서 발전하는 문화의 한 형태이자 문화의 한 요소로서 문화를 풍요롭게 하는 파노라마와 같은 것으로 정의하고 있다. 놀이를 문화적 현상, 즉 문화적 맥락의 산물로 설명하는 것이다. 놀이를 문화적 현상으로 본 관점은 문화권마다 영유아들의 놀이 유형이 다양하게 나타나는 것(Cole, 1996)을 뒷받침해준다. 즉, 놀이는 과거든 현재든 실제로 모든 인류의 문화에서 놀이가 관찰되는 보편적인 특성(Huizinga, 1955/1993)도 있겠지만 놀이와 관련된 문화인 시간, 공간, 집단, 방식, 도구, 규칙, 의미, 기능 등이 환경, 시대, 관계에 따라서 독특하게 나타나므로(조용환, 2005) 놀이의 구체적인 양상은 문화마다 특수할 수 있다는 것이다.

놀이는 문화를 이해하고 습득하기 위한 도구이기도 하다. 공통의 문화를 형성하는 각 집단의 사람들은 그 집단을 유지하기 위해 그 집단의 문화가 반영되어 있는 놀이를 어렸을 때부터 가르친다. 그리고 비록 그 집단의 성인들이 문화적인 환경을 반영하는 놀이에 개입하거나 지지하려고 노력하지 않아도 유아들의 놀이를 살펴보면 그 집단 문화의 관습, 신념, 가치, 제도들과 관련이 있다(오채선, 2005; Frost, Worthman & Reifel, 2005/2005). 이러한 모습은 놀이가 문화를 적극적으로 반영함은 물론 문화에 의해 놀이가 생성되고, 유지되는 것을 보여준다. Schwatzman(1978)은 놀이를 영유아 발달의 지표인 동시에 문화 학습과 전달에서 중요한 매개물이라고 하였다. 즉, 놀이가 문화를 전승하는 역할을 한다는 것이다. 따라서 성인은 영유아의 놀이를 통해 문화적인 메시지를 전달하고, 영유아들은 문화적 메시지가 담긴 놀이를 하게 되며, 문화적 가치에 영향을 받고 문화적으로 공유된 이해를 실행해 봄으로써 놀이를 통해 문화를 이해하고, 습득하게 되는 것이다.

② 놀이의 관점에서 본 문화

놀이의 관점에서 문화를 본 견해도 다양하지만 문화를 변화, 창조하는 놀이와 놀이를 이해하는 기제로서의 문화로 나누어 볼 수 있다.

Huizinga(1955/1993)는 놀이는 문화가 존재하기 이전부터 있어 왔으며, 문화는 놀이 속에서 놀이로써 발생하고, 놀이 같은 것으로 보인다고 주장하면서 문화를 놀이의 한 형태로 보고 있다. 이러한 놀이가 문화를 포함하는 개념은 놀이를 통해 문화가 고스란히 전달된다는 문화 전달 기능을 넘어서서 문화를 변화시키고 창조하는 역할을 수행하고 있다는 것이다(Bruner, 1996). 즉, 한 집단의 전통문화를 차세대에 전달할 때 그대로 전달하는 것이 아니라 비판적으로 따져서 버릴 것은 버리고 취할 것은 취해서 계승하며 때로는 새롭게 만들어간다. 또한 자기 집단의 문화만 가르치는 것이 아니라 인류 전체의 문화유산 가운데 소중하고 유익한 것을 가려내어 폭넓게 가르치게 된다. Cosaro(1997)는 영유아들 간의 상호작용이 일어나는 놀이 속에서 그들만의 문화가 구성되고 공유되면서 때로는 변화하고, 새로운 문화가 만들어지기도 한다고 하였다. 영유아들의 놀이는 하나의 문화를 고스란히 전달하기보다는 여러 다양한 문화를 최대한 풍부하게 다룸으로써 최선의 것을 선택, 변화할 수 있게 하고 또 새로운 문화를 창조할 수 있게 안내하고 있는 것이다.

또한 문화는 놀이를 이해하는 기제다. 모든 놀이에는 모종의 문화가 가정, 함의되어 있어 영유아들의 놀이를 관찰하면서 그들이 하는 놀이행동을 통해 영유아들의 사고방식과 정서 상태 등을 미루어 짐작해볼 수 있다. 즉, 영유아들 간에 일어나는 놀이는 단순한 상호작용이 아니며 영유아들의 놀이 안에 유아들이 중요시하는 가치나 사고방식, 행동 양식 등이 포함되어 있고, 영유아들의 놀이를 통해 그들만의 또래문화를 이해할 수 있게 된다(오채선, 2005; Cosaro, 1997). 따라서 우리가 영유아들의 놀이를 바르게 이해하기 위해서는 영유아들의 생각, 가치, 문화적 특성에 대한 이해가 우선되어야 한다. 놀이하고 있는 영유아들의 문화에 대한 이해가 이루어질 때 놀이에 대한 이해도 정확하게 이루어질 수 있기 때문이다.

문화와 놀이의 관계를 종합해보면 문화는 놀이로부터 생겨났으며 일단 문화가 창조되면 문화는 놀이에 영향을 미치고 놀이는 문화의 일부분을 변화시키게 된다. 이때 놀이는 문화를 전승하는 도구고 문화 또한 영유아들의 놀이를 이해하도록 도와주는 기제 역할을 한다. 또한 놀이는 새로운 문화를 창조하는 중요한 역할을 하게 되고 부분적으로 놀이는 문화에 의해 형성되기도 한다. 이처럼 문화와 놀이의 관계는 서로 피할 수 없는 공존의 관계이자 서로 영향을 미치는 상생의 관계라 볼 수 있다. 이는 우리가 놀이를 이해할 때 문화적인 요소를 간과하지 말아야 하는 당위성을 제공하는 것으로 놀이가 갖는 문화에서의 의미는 물론 다양한 문화에서의 놀이에 대해 이해할 수 있도록 도움을 제공한다(Roopnarine, Lasker, Sacks & Stores, 1998). 따라서 문화와 놀이에 대한 이해가 함께 이루어질 때 교육현장에서 교사는 영유아들의 놀이를 바르게 이해하고 교육으로 연결시킬 수 있을 것이다.

(3) 문화에 따른 놀이의 다양성

놀이는 과거든 현재든 실제로 모든 인류의 문화에서 관찰된다. 이처럼 문화적으로 놀이는 보편적이지만 각각의 문화에서 살펴보면 매우 다양한 형태를 나타내고 있다. 문화에 따른 놀이의 다양성을 살펴보기 위해 각 나라의 문화적 특성과 관련된 놀이 유형과 유아에게 일차적으로 가장 중요한 인적 환경인 부모와 또래 관계에서의 놀이 유형 그리고 문화적 환경의 변화에 따른 놀이에 대해 살펴보고자 한다.

① 문화적 특성과 놀이 유형

문화를 초월하여 모든 영유아들은 놀이를 하지만, 놀이 유형은 영유아들 자신이 속해 있는 사회 · 문화적 상황에 따라 다양한 형태로 나타난다(Saracho & Spodek, 1998). 우선 영유아가 생활하고 있는 각 문화적 특성에 따라 놀이가 어떠한 차이를 보이는지를 알아보기 위해 각 문화권마다의 놀이 유형을 비교 · 분석해보고자 한다.

먼저 문화적 특성은 크게 저맥락 문화와 고맥락 문화 두 가지 형태로 구분할 수 있다(Hall, 1977). 저맥락 문화는 집단보다 개인을 중시하고, 최고의 미덕으로 개인의 독립과 성공에 가치를 두며, 유럽, 북미, 호주, 캐나다 등의 국가들이 포함된다. 한편 고맥락 문화는 개인을 서로 상호의존하는 존재, 집단(대가족, 지역공동체, 민족, 인종 집단 등)의 주요 구성원으로 여기며, 개인의 가치와 지위는 집단에서의 공헌에 기초하고, 조화와 집단 합의를 가치롭게 여기고 있다. 한국을 비롯한 아시아, 아프리카, 남유럽, 라틴아메리카의 국가들이 포함된다.

놀이는 이러한 저맥락 문화와 고맥락 문화에서 다르게 나타난다. 저맥락 문화에서 놀이는 개인의 기술과 능력, 리더십, 자기표현을 발달시키고 유아의 독립성을 높이는 데 초점을 두고 있다. 반면 고맥락 문화에서 놀이는 협동, 공유, 집단에 대한 충성심, 공동의 선(善)을 위해 개인적 요구와 바람을 집단의 가치에 포함하는 것을 학습하도록 하고 있다(Kaiser & Rasminsky, 2003). Farver와 Wimbarti(1995)는 3~5세 영국계와 한국계 미국 유아의 놀이에서 문화적 차이를 조사했는데, 저맥락 문화의 영국계 유아들은 창의적 표현과 관련된 사회적 가장놀이에 더 많이 참여하였다. 반면 고맥락 문화의 한국계 유아들은 비참여 상태와 병행놀이가 더 일반적이었지만 놀이를 시작하기 위해 놀잇감을 제공하고 더 협동적이었다. 이는 상호의존성과 현장 민감성에 가치를 두는 고맥락 문화적 가치와 일치하는 결과라고 논의하였다. Pan(1994/2003)도 대만 유아의 놀이를 1978년 Rubin과 그의 동료들이 연구한 미국 유아의 놀이에 대한 초기 연구 결과와 비교하였다. 그 결과 구성놀이는 대만 유아와 미국 유아의 놀이에서 공통적으로 나타났으나, 극놀이는 미국 유아의 놀이에서 더 많이 나타났다. 반면 병행 구성놀이와 규칙 있는 상호작용 게임은 대만 유아의 놀이에서 더 우세하게 나타났다.

이러한 각 문화가 지니는 개인주의적 저맥락 문화와 집합주의적 고맥락 문화의 특성은 유아들의 개인적 놀이 선택과 집단적 놀이 선택뿐만 아니라 창의적 표현이 강조된 가상놀이 또는 상호의존성이 높은 게임의 선택과 같은 놀이 유형에서도 서로 다른 차이를 보인다.

② 문화의 특성과 부모 - 자녀 간 놀이 유형

각 문화의 특성과 가치에 따라 부모의 자녀 양육에 대한 신념과 행동은 차이를 보이며, 이러한 신념과 행동은 자녀의 놀이를 어떻게 생각하느냐에 영향을 미칠 수 있어 부모가 자녀와 함께하는 놀이가 하나의 특별한 행동으로 나타나게 된다(Frost, Worthman & Reifel, 2005/2005 Saracho & Spodek, 2003). 여기에서는 다양한 문화권에서 부모들이 자녀의 놀이를 어떻게 생각하는지 살펴보고, 이에 따라 달라지는 놀이 유형에 대해 알아보고자 한다.

부모들의 놀이에 대한 신념은 놀이가 영유아 발달에 중요하다고 믿지 않고 놀이를 단순히 즐거움이라고 보는 견해와 놀이를 영유아 발달에 이로운 교육적인 수단으로 보는 견해로 나누어볼 수 있다. 이러한 놀이에 대한 부모의 신념은 부모가 놀이에 참여하는 데도 영향을 미친다. 먼저 미국, 멕시코, 인도네시아 비교 연구에서는 놀이를 단순히 즐거움의 추구라고 보는 어머니들에 비해 놀이의 교육적 가치를 중시하는 어머니들이 영유아의 놀이활동에 적극적으로 참여하였으며, 가상놀이를 격려하는 언어적 상호작용을 하고 있었다(Farver & Howes, 1993). 아버지와 자녀들의 놀이에서도 이런 유사한 놀이행동이 관찰되었는데, 놀이를 즐거움이라고 생각하는 미국 아버지는 영유아와 함께하는 신체놀이에 좀 더 적극적으로 참여하는 반면 놀이를 교육적이라고 생각하는 미국 아버지는 책 읽기, 퍼즐 맞추기 등과 같은 놀이활동을 함께 하였다(Farver & Wimbarti, 1995).

아시아에서 이루어진 연구들에서도 어머니 - 영유아의 놀이 유형이 다르게 나타났다. 홍정유(2007)의 연구 결과 우리나라 부모들은 놀이를 영유아에게 이로운 것으로 보고 있었지만 그 목적과 방법에는 차이가 있었다. 놀이가 자녀의 전인발달을 위해 중요하다고 인식하고 있는 부모들은 놀이에 적극 참여하면서 유아들의 자발적인 놀이를 지지하고 있는가 하면, 놀이를 단순히 학습적 자극을 주는 도구로만 간주하고 있는 부모들은 놀이에 참여하지 않고 있었다. 태국의 어머니들도 우리나라 어머니들과 마찬가지로 놀이를 영유아에게 이로운 것으로 보며, 비록 참여의 특성은 다르지만 유아기 자녀의 놀이에 깊게 참여하였으며, 가상놀이의 발달을 돕기 위해 자녀의 연령에 따라 차이가 나는 상호작용을 하고 있었다. 어머니들은 자녀가 성장함에 따라 가상놀이를 하는 동안 도전적인 과제를 더 많이 제공하였고, 사건 전개와 관련해서 사실적인 질문에서 추론적인 질문으로 발전시켰다(Frost, Worthman & Reifel, 2005/2005).

부모들은 놀이에 참여하는 것 이외에도 놀잇감을 제공 등 놀이를 위한 환경을 조성해줌으로써 자녀들의 놀이에 간접적인 영향을 주고 있었으며(Haight, 1998), 여기에서도 문화 차이가 있었다. 김정선(2000)의 연구 결과, 우리나라 부모들은 놀이가 자녀의 사회성을 발달시킨다고 인식하고 있었지만 놀잇감 구입 시에는 교육적 가치와 발달적인 면에만 초점을 두고 남아에게는 신체와 인지발달 놀잇감의 순으로, 여아에게는 언어와 인지발달 놀잇감의 순으로 구입하고 있었다. Tudge와 Lee, Putnam(1998)이 미국과 한국의 중산층 가정의 놀이를 관찰한 바에 따르면, 가상놀이와 교육적 놀이는 양 문화에서 공통적으로 나타났지만 한국의 중산층 영유아들이 교육적 놀이를 더 많이 하고 있었다. 양 문화권의 영유아들은 모두 부모와 함께 놀이하기보다는 혼자서 또는 또래와 함께 노는 것으로 나타났으며, 간혹 부모와 함께 놀 때는 어머니와 놀이하는 경우가 훨씬 더 많았는데, 특히 한국의 경우가 더 두드러졌다. 이들 두 문화권의 가정환경은 놀이에 서로 다른 영향을 주고 있었다.

이러한 부모의 놀이 신념과 자녀의 놀이행동을 비교한 연구 결과들은 다양한 문화권에서 부모가 자녀의 놀이에 대하여 생각하는 관점에 따라 영유아의 놀이 유형이 다르게 나타나거나 부모들이 자녀들과 함께 놀이할 수도, 혹은 하지 않을 수도 있으며, 만일 자녀들과 놀이를 한다고 해도 놀이의 정도는 다양하게 나타날 수 있음을 설명해주고 있다.

③ 또래문화와 놀이 유형

영유아들은 또래와의 관계에서 놀이가 더 자연스럽고 활발하게 일어난다. 때로는 이러한 또래 관계가 부모-자녀 관계보다 더 친밀하여 유아가 속한 문화적 특성을 보다 효과적으로 전달하기도 하지만 놀이를 통해서 공유한 활동이나 가치, 관심 등이 포함된 자신들만의 또래문화를 만들어가기도 한다. 여기에서는 또래와의 관계에서 일어나는 자연스러운 영유아들의 놀이 유형에 대해 살펴보고, 이러한 놀이 유형이 다양한 문화권에 따라 어떻게 다른지 알아보고자 한다.

폴리네시아에서는 유아들과 성인들의 관계가 뚜렷이 구분되어 있기 때문에 유아들의 놀이는 성인의 도움 없이 주로 또래 간의 상호작용과 자주성을 강조하고 있다. 유아들은 자신들이 속한 또래 집단을 매우 중요하게 생각하고, 이 또래 집단을 통해 다양한 경험과 문화를 습득하고 있다. 유아들은 또래들과 놀이집단을 구성하여 똑같은 놀이행동을 하는가 하면, 상상놀이, 신체놀이와 규칙 있는 게임 등의 순으로 놀이를 하였다(Martini, 1994/2003). 한편 이탈리아에서는 부모들이 유아들과 함께 놀이하기보다는 유아들이 또래들과 함께 놀이하는 것을 강조한다. 특히 이탈리아에서의 영유아 놀이집단은 혼합 연령으로 구성되는 경우가 대부분인데, 영유아들은 다양한 연령층으로 구성된 또래 집단을 통해 인지적 능력의 발달이 적절한 방식으로 자극되며 보다 성숙한 행동으로 자연스럽게 이행할 수 있도록 도움을 받게 되고, 사회적 규칙과 관습에 대한 지식도 배우게 된다(New, 1994/2003).

놀이를 통해 형성된 또래문화도 문화마다의 가치와 특성이 반영되어 다양하게 나타났다. Suito와 Reifel(1993)은 일본과 미국 유아원의 자유놀이시간을 녹화하여 놀이에서의 의사소통을 연구하였는데, 두 문화 모두 여아들은 놀이 역할 특히 가족에 대해 의사소통을 많이 했다. 일본의 여아들은 누가 어떤 역할을 맡을지에 대해 더 많이 논쟁하였으며, 역할 중 어머니 역할에 가장 가치를 두고 있었다. 일본의 남아들은 함께 놀이하는 또래와 친분을 맺지 않고 놀이를 하는 편이며, 가족 중 아기 역할을 좋아하지 않았는데 이는 아기들이 일본 문화에서 낮은 위치를 차지하고 있기 때문이다. 미국의 영유아들은 소꿉놀이 영역에서 일본의 영유아들보다 가족 이외 구성원의 역할인 조종사, 계산원, 슈퍼맨 등을 더 많이 하는 경향이 나타났으며, 일본 영유아들, 특히 남아들의 놀이 역할의 범위는 훨씬 제한되어 나타났다(Frost et al., 2005/2005 p. 310 재인용).

이처럼 문화는 그 문화에 속한 성인과 영유아들의 놀이에 대한 신념에 영향을 미치게 되고, 그 결과 문화마다 다양한 형태의 놀이 유형이 나타나게 된다. 즉, 부모-자녀 간의 상호작용보다 유아들끼리의 또래 집단을 강조하는 문화에서는 놀이를 보다 자연스러운 것으로 간주하며, 유아들은 이러한 또래 집단을 통해 문화의 특성을 이해하고 집단에 적응해나가는 방법을 학습하게 된다. 또한 문화에 따라 또래와의 놀이에서 가상놀이의 역할이 차이가 나는 것은 문화가 또래와의 놀이에 영향을 미치고 있음을 설명하고 있다. 이는 다른 문화권의 영유아들이 다양한 환경에서 함께 놀이하는 경우 영유아들이 상호 수용할 수 있는 역할들을 공유하지 못할 수도 있음을 시사하기도 한다.

④ 문화적 환경의 변화와 놀이

최근의 연구들은 다양한 문화 속에 독특한 놀이활동이 존재한다는 것을 보여주고 있다. 에스키모 소녀들은 자신들의 문화와 관련된 상징을 조각해서 진흙판(storyknifing)을 만들고(DeMarrias, Nelson & Baker, 1994/2003), 폴리네시아 영유아들은 손을 길게 맞잡고 하는 쫓기 게임을 하며(Martini, 1994/2003), 중국과 타이완 영유아들은 명절에 불꽃놀이나 연날리기를 한다(Pan, 1994/2003). 이러한 각각의 놀이들은 특정 문화의 가치와 특징을 갖는 그 문화의 고유 놀이다.

문화마다 다양하고 고유한 놀이 유형이 현대에 이르러 문화적 환경이 변화함에 따라 고유의 민속놀이가 계승되거나 창조되기보다는 오히려 고유한 민속놀이들은 사라지고 상당히 동질화되는 경향을 보이고 있다(교육부, 1998; 임재해, 1994). 주요 원인으로서 TV, 비디오, 컴퓨터 등과 같은 매체의 급속한 확산과 놀이의 상품화, 다른 문화권에서의 놀이 유입을 들 수 있는데, 구체적으로 살펴보면 다음과 같다. 첫째, TV를 비롯한 여러 매체들은 오늘날을 살아가고 있는 영유아들에게 새로운 놀잇감, 놀이터가 되고 있지만, 보다 쉽고 빠르게 놀잇감과 놀이의 동질화를 초래하면서 자연물을 이용한 놀잇감이나 민속놀이들이 사라지게 하고 있다(Frost, Worthman & Reifel, 2005/2005). 특히 대중매체들은 놀이를 하는 것에서 보는 것으로 바뀌게 하고, 보는 것들이 비슷해지면서 놀이들도 비슷해지는 현상이 나타나고 있다. 둘째, 각 문화의 특성이 포함된 놀이가 영리를 목적으로 한 성인들이 주도한 상업적 놀이로 대치되고 있다. 놀잇감은 물론 프로그램, 시간, 공간까지 모두 상품화되고 있어 오히려 상품화되지 않은 놀이나 놀잇감을 찾기 힘든 실정이다(조용환, 2005). 영유아들은 성인들의 의도대로 대량생산한 상품화된 놀이를 즐기게 되어 점점 문화마다 전해 내려오는 고유의 민속놀이를 경험, 체험해보는 기회는 줄어들고 있다. 셋째, 세계화의 진전으로 국가 간 교류가 활발히 이루어짐에 따라 개발도상국을 비롯한 많은 나라에서는 무분별하게 서구 선진국의 문화를 유입함으로써 각 문화마다의 고유 민속놀이들이 사라지게 하고 서구 문화를 모방한 놀이로 정형화되고 있다(류경화, 1999). 이러한 외래 놀이 문화의 유입 현상은 민속놀이의 계승은 물론 더 이상의 창조적인 민속놀이의 개발을 어렵게 만들고 있다(임재해, 1994).

이처럼 문화는 각 문화권마다 놀이와 놀잇감에 영향을 미쳐 다양한 놀이 유형이 나타나게도 하지만 오늘날 급증하고 있는 국가 간 교류와 산업사회 및 다양한 대중매체의 발달과 같은 문화적 환경의 변화는 오히려 문화마다의 다양한 놀이 유형을 동질화시키면서 점점 그 문화

고유의 민속놀이를 사라지게도 하였다. 놀이와 문화가 갖는 상호 관련성을 고려할 때 문화적으로 다양한 놀이 형태는 놀이를 보다 큰 문화적 맥락 안에서 이해하도록 도와줄 수 있다 하겠다. 따라서 오늘날 문화적 환경의 변화에 따라 더 이상 놀이가 정형화 · 동질화되는 것을 방지하고, 각 문화권마다 고유의 민속놀이를 계승하며, 창의적인 놀이를 개발시켜 나가도록 노력해야 할 것이다.

한국의 전통 아동 놀이 : 그 특성과 교육적 가치 및 활성화 방안

한국의 전통 아동 놀이는 영아기부터 초등학교 학령기까지의 한국 아동들이 놀았던 놀이와 민속이 담긴 한민족의 놀이로 전래된 놀이, 1910년(한일합방) 이전부터 행해져 전래된 놀이 중에 놀이의 내용이나 방법을 확인할 수 있는 놀이와 아동이 스스로 또는 성인과 함께 즐겼던 것으로 추정되는 놀이로 이은화 · 홍용희 · 조경자 · 엄정애(2001)는 관련 문헌 연구와 전문가 면담을 통해 총 78종을 한국의 전통 아동 놀이로 선정하였다.

선정된 한국의 전통 아동 놀이는 가마싸움, 가면놀이, 격구, 고네고네, 고누, 고리잡기, 고사리꺾기, 고을모둠, 곤지곤지, 공기놀이, 과녁맞추기, 군사놀이, 그네뛰기, 그림자놀이, 기와밟기, 까치야 까치야, 꼬리잡기, 꼬부랑 할머니, 남생아 놀아라, 남승도 놀이, 널뛰기, 눈싸움, 단지팔기, 달따기, 달맞이, 달집사르기, 닭싸움, 대말타기 1, 대말타기 2, 대문놀이, 덕석몰이, 도리도리, 돈치기, 돌아잡기, 돌차기, 두꺼비집 짓기, 따로따로, 땅재먹기, 땟공치기, 목말타기, 못치기, 봉사놀이, 비사치기, 산가지놀이, 세상달강, 소꿉놀이, 술래잡기, 숨바꼭질, 승경도놀이, 썰매타기, 씨름, 약손, 연날리기, 원놀이, 윷놀이, 이거래 저거래, 자장가, 자치기, 장치기, 잰부닥불넘기, 잼잼, 제기차기, 줄넘기, 줄다리기, 쥐불놀이, 진뺏기놀이, 짝짜꿍, 쫄기접시, 청어엮자(풀자)놀이, 칠교놀이, 투호놀이, 팔랑개비놀이, 팔씨름, 팽이치기, 풀각시놀이, 풀싸움놀이, 활쏘기다.

총 78종의 놀이를 중심으로 한국 전통 아동 놀이의 특성을 살펴보면 다음과 같다. 첫째, 영아기 놀이와 아동기 놀이에 비해 유아기 아동의 놀이가 적고, 아동기 놀이는 다양한 연령대의 사람들이 함께 참여하여 즐겼던 놀이가 많다. 둘째, 아동기 놀이는 성별에 따라 분리되며 남아 놀이가 여아 놀이에 비해 많다. 셋째, 대부분의 한국 전통 아동 놀이는 규칙 있는 게임으로 집단 놀이다. 넷째, 실내놀이에 비해 실외놀이가 많다. 다섯째, 아동의 발달을 증진시켜 준다. 여섯째, 계절과 절기에 관련된 놀이가 많다. 일곱째, 지역별로 놀이의 명칭이나 방법이 다양하다. 여덟째, 놀이에서 놀잇감이 사용될 경우 재질은 자연물이 많으며, 제작된 것도 자연물을 이용한 경우가 많다. 아홉째, 흥을 돋구어 주는 노래가 수반되는 놀이가 많다. 열 번째, 여러 문화권에서 볼 수 있는 놀이들이 있다.

이러한 특성을 지닌 한국의 전통 아동 놀이는 일반적인 다른 놀이들과 같이 아동의 전인 발달에 기여하는 가치와 함께 또 다른 특별한 교육적 가치를 지닌다. 한국의 전통 아동 놀이는 대부분이 실외에서 자연과 함께 이루어지는 것이기에 자연 친화적이고 여유 있는 심성을 기르는 인성교육의 주요한 기제가 될 수 있다. 또한 아동의 민족적 정체성 확립에 기여하고, 남북한의 누적된 생활양식 및 의식의 이질성을 좁혀줌으로써 민족의 동질성과 정체성을 재확인하는 교육적 가치를 지니고 있기에 통일에 대비한 교육과정으로 활용될 수 있다.

한국의 전통 아동 놀이는 한국 민족 고유의 삶에 대한 철학을 반영할 뿐만 아니라 교육적 가치가 있음에도 불구하고 일제 식민지 치하의 문화 말살 정책, 근대화를 통한 서구 문화의 무조건적인 흡수 및 통합, 전자매체의 발달 등의 영향으로 한국 아동들의 삶 속에 뿌리를 내리지 못하고 점차 많이 사라지고 있다. 이에 교육 현장에서는 보다 적극적으로 전통 놀이를 활성화시키려는 노력을 기울이고 있다. 구체적인 활성화 방안으로 첫째, 전통 아동 놀이의 특성은 살리되, 현재 아동들의 삶의 환경과 생활양식에 맞게 재창조하며, 아동의 발달 수준과 흥미에 맞게 발전적으로 변화시켜야 한다. 둘째, 유아 · 초등 교육과정에서 전통 아동 놀이를 통합적으로 운영해야 한다. 셋째, 전통 아동 놀이가 생활문화의 한 부분으로 아동의 삶 속에서 자연스럽게 이루어질 수 있도록 교육기관에서뿐만 아니라 가정과 연계하여 이루어질 수 있도록 해야 한다. 이러한 시도는 아동들에게 전통 놀이와 전통 문화를 보다 깊이 있게 이해할 수 있는 기틀을 제공해줄 것이다.

출처 : 이은화 · 홍용희 · 조경자 · 엄정애(2001). 한국의 전통 아동 놀이 고찰. **유아교육연구, 21**(1), 117-140.

3 성인의 역할과 교육적 적용

놀이 유형과 내용은 놀이 대상 영유아의 개인적 요인과 맥락적 요인에 따라 다양하게 나타난다. 영유아들과 함께하는 성인들은 이러한 놀이의 다양성에 대한 이해를 토대로 보다 적극적인 역할을 수행하고 교육적으로 적용하기 위해 고민해야 한다.

개인적 요인 중에 하나로 놀이에서 나타나는 성차는 부모, 또래, 교사의 영향을 받는다. 이러한 영향을 통해 놀이에서 나타나는 성 유형화는 곧 성 편견으로 고착화될 수 있기 때문에 부모와 교사는 양성평등교육을 위해 보다 적극적인 역할을 수행해야 한다. 부모의 기대가 영유아들로 하여금 성 유형화된 놀이를 강요할 수 있기 때문에 부모들은 아들과 딸을 보다 공평하게 대하도록 노력해야 한다. 특히 놀잇감, 놀이 공간 등을 자녀의 성에 따라 다르게 제공하지 말아야 하며, 함께 놀이에 참여할 때에도 전통적인 남성과 여성 유형의 놀이에 모두 부모가 적극적으로 참여해야 한다. 즉, 아버지가 아들과 함께 요리를 하는 놀이를 하고 딸과 축구를 하거나, 어머니가 딸과 함께 자동차 길을 만드는 놀이를 하거나 아들과 함께 아이를 돌보는 역할놀이를 하는 것 등을 의미한다. 또한 교사의 놀이 참여와 놀이 영역의 수정은 성 유형화된 놀이 형태를 변화시킬 수 있다. 교사 역시 놀잇감과 놀이시간을 배분할 때 남아와 여아를 동등하게 대해야 하며, 활동의 다양성을 격려해야 한다. 양성평등과 인간 존엄성 차원에서 성 혼합놀이를 보다 격려하고, 관찰을 통한 세심한 개입과 환경 변화 및 활동 구성(교육인적자원부, 2004)을 통해 성 분화된 놀이가 고착화되지 않도록 노력해야 한다.

성격은 영유아들이 다양한 상황에서 일관성 있게 나타내는 성향이지만, 성격 특성을 극단적으로 명명하는 것은 바람직하지 않다. 성격은 변화될 수 있고 특히 양극단의 중간쯤에 속하는 영유아들은 한쪽 성향으로 단정지을 수 없기 때문에 놀이의 다양성에 영향을 주는 영유아의 성격은 좀 더 연속적인 차원으로 해석해야 한다. 이러한 성격에 따라 나타나는 개인의 놀이 성향은 성인이 조정해서는 안 된다. 놀이는 자아를 형성하는 과정이기 때문에 성인이 강제적으로 유아의 놀이 성향을 조정하려는 것은 바람직하지 못하며, 다중지능에 관한 연구(Gardner, 1999)를 통해 볼 때 잠재되어 있는 지능 계발을 위해 영유아들은 다양한 지능과 연관된 자극에 노출되는 것이 효과적이다. 즉, 성인들은 좀 더 영유아의 흥미와 능력에 관련된 다양한 놀이활동을 제공해야 한다.

영유아 놀이의 다양성을 설명해주는 맥락적 요인과 관련하여 우선 물리적 환경은 놀이 공간과 놀잇감이 영유아의 놀이행동에 영향을 준다. 성인들은 관련 연구 결과들을 중심으로 물리적 환경에 따른 영유아의 놀이행동을 잘 파악하여 보다 수준 높은 놀이행동을 이끌어주기 위한 물리적 환경 구성에 힘써야 한다. 예를 들면, 공간 밀도가 놀이에 영향을 줄 수 있기 때문에 교사들은 이러한 요인 또한 잘 관찰하고 조절해주어야 한다. 교사는 영유아들의 쫓기와 거친 신체놀이가 자주 발생하여 염려스럽다면 공간이 너무 넓기 때문일 것이다. 이 경우 넓은 공간을 나누기 위해 기존 가구를 재배치하거나 새 가구를 보충해주는 것이 좋다. 공간 면적이 유아당 1.7m^{2}보다 작다면 보다 넓은 교실 공간을 확보해주어야 한다. 하지만 사용 가능한 공간의 양은 교사가 마음대로 조절할 수 없기 때문에 공간 배치와 활용 방법을 조절하여 부정적 영향을 줄여줄 수 있다(McLean, 1995). 놀잇감의 경우, 2~3세 영유아를 위한 유아교육기관에서는 가상놀이 촉진을 위해 사실적 놀잇감을 많이 제공하는 것이 좋으나, 4~6세 영유아들을 위해서는 사실적 놀잇감뿐만 아니라 사실성이 낮은 소품도 많이 제공하여 창의적 가작화 변형을 극대화해야 한다. 부모나 교사는 유아의 놀이에서 사회적 상호작용의 증가를 원한다면 놀이자료와 기구의 양을 감소시키는 것이 좋다. 하지만 너무 많은 양을 감소시키면 공격성의 수준이 높아질 수 있다. 공격성을 줄이려면 놀잇감을 첨가하고 상호교환이 불가능한 놀잇감과 복합차원의 놀잇감을 증가시키는 것이 효과적이다.

맥락적 요인 중 영유아의 사회적 환경이란 영유아를 둘러싼 사회의 다양한 인적 환경으로 가정에서의 부모와 형제자매, 유아교육기관에서의 또래와 교사가 대표적이다. 이러한 사회적 환경과 함께 보다 포괄적인 맥락으로 문화는 놀이와 공존의 관계이자 상생의 관계를 형성한다. 성인들은 영유아들이 잠재력을 최대로 발휘할 수 있도록 대상 영유아의 문화적 배경을 고려하여 놀이 기회를 제공해야 한다. 이를 위해 교사와 부모는 협력관계를 구축해야 하며, 보다 구체적으로 유아교육기관 교육과정에 반편견적인 다문화 교육과정을 적용할 수 있다. 특히 21세기의 영유아 교사는 다문화적인 유아교육을 실행해야 할 책임이 있다. 나와는 다른 다양한 문화적 배경을 편견 없이 민감하게 수용하고, 가정 · 지역사회 · 유아교육기관 간의 연계를 보다 강조할 필요가 있다. 이를 위해서는 무엇보다도 놀이를 하고 있는 영유아들을 주의 깊게 관찰하고 영유아들의 목소리에 귀를 기울이는 것이 가장 중요한 성인의 역할이자 교육적 적용의 첫 단계일 것이다.

한국과 일본의 전통 유아 놀이 비교

놀이 발달의 보편성을 검증하는 연구에서 탈피하여 놀이의 다양성을 설명하는 중요한 요인으로 문화를 중요시하면서, 비교 문화적으로 영유아들의 놀이를 비교하는 연구들이 이루어지고 있다. 우리나라에서는 한일 간 전통 유아 놀이 비교 연구가 이기숙 · 정미라 · 엄정애(2006)에 의해 이루어졌다. 일본은 우리나라와 동일한 동아시아 문화권에 속하는 나라이므로 한국과 일본의 동아시아 문화권을 중심으로 전통 놀이를 비교 연구하는 것은 전통 놀이를 좀 더 문화적인 관점에서 이해하도록 돕는다.

문헌과 전문가 면담을 통해 한국과 일본 두 나라의 전통 유아 놀이로 선정된 놀이들에 대해 한국과 일본 유치원교사와 보육교사를 대상으로 설문지를 배포하여 각 나라별 실시 현황을 살펴보았다. 그 결과, 두 나라 모두 교사들이 잘 알고 현장에서 주로 많이 실시하고 있는 전통 유아 놀이들이 있었으며, 알지만 실시하지 않고 있는 놀이와 대부분의 교사들이 전혀 모르고 있는 놀이들도 있었다. 그중에서 꼬리잡기, 눈싸움, 닭싸움, 대문놀이, 봉사놀이, 소꿉놀이, 술래잡기, 숨바꼭질, 실뜨기, 연날리기, 줄넘기, 죽마놀이, 팔씨름, 팽이치기, 풀싸움놀이는 한국과 일본에서 공통으로 실시하는 놀이로 나타났다. 두 명 이상의 유아들이 함께 모여 할 수 있는 꼬리잡기, 닭싸움, 봉사놀이, 팔씨름은 한국에서 많이 실시되고 있었던 반면, 대집단보다는 소집단으로 실시되거나 개인의 능력이나 기술이 더 강조되는 죽마, 연날리기, 줄넘기, 팽이치기, 풀싸움놀이, 실뜨기는 일본에서 많이 실시되고 있는 것으로 나타났다.

현재까지 놀이와 문화가 지속되어 오면서 두 나라 간에 공통된 놀이가 많은 것은 사실이나 현장에서의 실시 정도는 각 나라의 문화에 따라 차이가 있었다. 특히 문헌과 전문가 면담을 통해 추출된 각 나라의 전통 놀이 목록들을 보면 일본의 경우에는 현재까지 많이 시행되고 있는 놀이들을 그 놀이가 어디서 왔는지에 상관없이 자신들의 전통 놀이로 규정(小川清實, 2001)하고 있는 반면, 우리나라는 한일합방 이전뿐만 아니라 이후 행해져 전래된 우리 민족의 놀이 중에 놀이의 내용이나 방법을 확인할 수 있는 것을 전통 놀이로 정의(이은화 외, 2001)하고 있다. 특히 일본인의 자녀를 위한 유치원이 이 땅에 처음 유치원으로 자리 잡으면서 유아의 놀이는 일본의 많은 영향을 받게 되고 지금까지 어느 것이 우리 것이며 어느 것이 일본의 놀이인지 알 수 없게 혼재되어 있는 실정에서 한일합방 이전에 존재했던 놀이만을 우리의 전통 놀이로 보려는 한국인의 생각은 어쩌면 당연하다고 볼 수 있다.

유치원과 보육시설에서 전통 유아 놀이를 적용하는 방법에 대한 현황과 교사들의 인식 역시 한일 간에 유사점과 차이점이 나타났다. 미국에 비해 한국을 포함한 아시아 국가들은 개인을 '우리'라는 집단의 일부로 보고 정체감의 근원을 개인이 속해 있는 사회적 그물망 속에 있다고 보는 집합주의의 문화적 특성을 가지기에 창조성을 표현하도록 하기보다 집단이 함께 모여 전통적으로 내려오는 놀이 방법대로 놀이를 하는 경향이 있다(Farver, Kim & Lee, 1995). 하지만 시대를 거쳐 오면서 한국의 경우에는 특히 개인주의적 문화의 특성을 지니는 서양식 문화 특성이 유아교육현장에 많이 스며들게 됨에 따라(이은화 외, 2001) 전통 놀이의 경우에도 방법을 그대로 알려주기보다 창의적으로 놀잇감을 가지고 놀도록 허용하고 있다. 전반적인 적용 현황을 살펴볼 때 일본의 경우에는 지역사회를 통해 자연스럽게 전통 놀이를 접할 수 있도록 하는 반면, 우리나라의 경우에는 최근 유아들이 집단 속에서 자연스럽게 전통 놀이를 접할 수 없는 상황이기에 유치원과 보육시설에서 좀 더 의식적으로 전통 놀이를 유아들이 접해볼 수 있도록 노력하고 있었다.

문화적 다양성이 놀이의 기회와 형태에 영향을 주고 또한 다양한 문화적 조건들을 만들어 간다고 볼 때, 놀이와 문화의 관련성을 찾고 의미를 규정하는 일은 무엇보다 필요한 일이라고 할 수 있다. 전통 놀이는 문화의 원인인 동시에 결과로 비추어질 수 있다는 점에서 놀이가 갖는 문화 내, 문화 간의 차이를 비교해보는 것은 전통 유아 놀이가 어떻게 유치원과 보육시설 교육과정의 중심 부분으로 통합될 수 있는지를 이해하는 데 도움을 줄 수 있을 것이며 학문적 담론과 후속 연구의 활성화에 일조할 수 있을 것이다.

출처 : 이기숙 · 정미라 · 엄정애(2006). 한국과 일본 유치원 · 보육시설에서의 전통 유아 놀이 비교 연구. **유아교육연구, 26**(3), 135-158.

나 가 는 말

영유아들의 놀이를 포괄적으로 이해하기 위해서는 연령별 놀이 발달 경향성과 더불어 개인차 요인과 맥락적 요인을 함께 고려해야 한다. 영유아들이 같은 발달 단계에 속할지라도 개인의 특성과 맥락의 다양성에 따라 놀이 행동과 선호에 차이가 나기 때문이다. 따라서 본 장에서는 영유아들의 다양한 놀이에 영향을 주는 개인차 요인으로 성차와 성격, 맥락적 요인으로 물리적 환경, 사회적 환경, 문화에 대해 살펴본 후 다양한 놀이에 대한 성인의 역할과 교육적 적용에 대해 논의해보았다.

먼저 **개인적 요인**으로 **성차**를 살펴보면 여아와 남아는 놀잇감 선호에서 차이를 보였고, 여아는 남성적 놀잇감에도 매력을 느끼지만 남아는 인형과 같은 여성적 놀잇감을 기피하였다. 남아들은 실외와 같은 넓은 공간에서 거친 신체놀이에 많이 참여하는 반면 여아들은 실내에서 앉아서 하는 놀이를 더 즐겼다. 4세가 되면 모두 동성의 친구를 선호하고, 남아들은 자율성과 힘에 관심을 보이며 상대를 지배하려 하지만 여아들은 보살핌과 관계에 흥미를 보이며 친사회적 태도로 상대를 대하고 있었다. 하지만 남녀 유아들에게 더 다양한 기회가 주어질 때 관심과 흥미가 다양하게 표출되기도 하였다. **성격**에 대해 살펴보면 성격 유형이 장 의존적이고, 사물 의존/극화형일 경우 사람 지향적이어서 사회적 놀이를 선호하며 존재하지 않는 상황 등을 생각해내어 상상세계를 표출하고, 장 독립적, 사물 독립/패턴형일 경우 사물 지향적으로 사물놀이를 선호하며, 존재하는 사물의 변화를 통해 상상세계를 창출한다. 그리고 놀이성과 환상성이 높은 영유아일 경우 주도적으로 행동하고 놀이 완수 능력과 상상력, 집중력, 협동심 및 통제능력 수준이 높은 것으로 나타났다. 실제로 성격은 좀 더 연속적인 차원으로 해석될 필요가 있기 때문에 이러한 성격 특성을 가지고 영유아를 명명하는 것은 신중하게 언급되어야 한다.

맥락적 요인 중 **물리적 환경**에 대해 살펴보면 창의적 놀이 공간에서는 기능놀이보다는 구성놀이, 극놀이가 많이 나타났으며, 공간의 밀집도가 높아질수록 공격성이 증가하고 집단 및 신체활동이 감소하였다. 개방된 공간은 대근육 활동과 거친 신체놀이를 장려하는 한편 작고 분할된 공간은 사회적 협동놀이와 언어적 상호작용을 촉진시킨다. 또한 다양한 종류의 놀이자료는 영유아 놀이행동의 사회적·인지적 차원에 영향을 미친다. **사회적 환경**에 대해 살펴보면 부모가 놀이의 중요성을 높게 인식하고 적극 참여할 경우 그 자녀의 놀이 참여도와 만족도가 높게 나타나고 상징놀이의 다양성도 증가하였다. 형제자매가 있을 때 놀이가 다양하게 나타났고, 동성의 형제자매는 전형적인 성역할 놀이에 더 많이 참여하였다. 연령이 높은 형제자매와 놀이할 때 높은 수준의 공유된 의미를 구성하는 전략을 더 많이 사용하는 반면 어린 형제자매와는 공동 놀이를 방해하는 전략을 더 사용하였다. 교사가 놀이 교수 효능감이 높고 적절한 방식으로 놀이에 개입할 경우 영유아의 놀이 경험이 풍부해지면서 인지적·사회적 효과를 가져오기도 하지만 민감하지 못한 방식으로 개입하는 경우 오히려 놀이를 방해하기도 하였다. 또래 관계의 친숙도가 높고 동성 및 동일 연령의 또래와 놀이할 경우 더 적극적으로 참여하여 높은 열의와 집중력을 발휘하며 협동적인 극놀이가 더 많이 일어났다.

문화에 대해 살펴보면 저맥락 문화에서는 개인적 놀이와 창의적 표현이 강조된 가상놀이를 선택하고 있었고, 고맥락 문화에서는 집단적 놀이와 상호의존성이 높은 게임을 선택하고 있었다. 놀이를 단순한 즐거움이라고 여기는 문화권의 어머니들보다 교육적이라고 보는 문화권의 어머니들은 놀이에 적극 참여하고 있었으며, 가상놀이를 촉진하고 있었다. 어떤 문화권은 부모-자녀보다는 또래와의 놀이가 강조되고 있었다. 이러한 문화에서는 놀이를 보다 자연스러운 것으로 간주하며, 영유아들은 또래와의 놀이를 통해 문화의 특성을 이해하고 적응해나가는 방법을 학습하고 있었다. 이처럼 문화적 특성은 각 문화권마다 다양한 놀이가 나타나기도 하지만 오늘날 전개되는 문화적 환경의 변화는 오히려 문화마다의 다양한 놀이 유형을 동질화시키면서 점점 그 문화 고유의 민속놀이를 사라지게도 한다.

마지막으로 영유아 놀이의 다양성에 대한 **성인의 역할과 교육적 적용**에 대해 논의해보면 놀이에서 나타나는 성 유형화는 곧 성 편견으로 고착화될 수 있으므로 부모와 교사는 성 혼합 놀이를 보다 격려하고, 성 분화된 놀이가 고착되지 않도록 적극적으로 역할을 수행해야 한다. 성격에 의해 나타나는 개인의 놀이 성향은 성인이 조정해서는 안 되며, 영유아의 잠재된 능력을 계발하기 위해 다양한 놀이활동을 제공해야 한다. 또한 물리적 환경에 따른 영유아들의 놀이행동을 잘 파악하여 보다 수준 높은 놀이행동을 이끌어주기 위한 물리적 환경 구성에도 힘써야 한다. 영유아를 둘러싼 사회의 다양한 인적 환경인 가정에서의 부모, 형제자매, 유아교육기관에서의 또래와 교사 그리고 좀 더 포괄적인 맥락인 문화는 놀이에 다양한 영향을 미치면서 놀이와 상생관계를 형성한다. 성인들은 영유아의 사회·문화적 배경에 대한 이해를 바탕으로 놀이 기회를 제공해야 하는데, 이를 위해 우선 영유아들의 놀이를 주의 깊게 관찰하고 영유아들의 목소리에 귀를 기울여야 할 것이다.

요약해보면 오늘날과 같이 복잡하고 다원화된 세계에서 다양하게 나타나는 영유아의 놀이를 포괄적으로 이해하기 위해서는 놀이의 발달적 경향성뿐만 아니라 성, 성격과 같은 개인차 요인과 물리적 환경, 사회적 환경, 문화 등의 놀이 맥락적 요인이 함께 고려되어야 한다. 이를 토대로 영유아 놀이의 다양성에 대한 폭넓은 이해가 이루어질 때 현장과 가정에서 성인은 영유아들이 풍부한 놀이 경험을 할 수 있도록 준비할 수 있으며, 영유아의 긍정적인 놀이 표현과 발달을 한층 더 촉진시킬 수 있을 것이다.

사후 활동 주제

- 양성평등교육을 실현하기 위해 영유아들이 성 분화된 놀이에서 벗어날 수 있도록 하기 위한 교사들의 실천적 노력을 교육부에서 발간된 자료집이나 교사 면담 및 현장 관찰을 통해 조사해보세요.
- 우리나라의 부모님 세대 놀이, 우리 세대 놀이와 현재 영유아들의 놀이를 비교해보세요. 그 시대의 문화와 관련지어 놀이를 생각해보고, 문화가 놀이에 주는 영향과 놀이가 문화를 만들어내는 측면에 대해 논의해보세요.
- EBS 다큐프라임 <동과 서> 프로그램을 검색하여 시청해보고, 서양인과 동양인의 관점과 행동의 차이를 자신의 경험을 바탕으로 분석해보세요. 또한 동서양뿐만 아니라 다양한 국가에서 살고 있는 영유아들의 놀이에서 나타나는 다양성에 대한 사례를 찾아보고 그 나라 문화에 기초한 놀이내용을 분석하여 발표해보세요.

참 고 문 헌

교육부(1998). **유아를 위한 전통문화 교육 활동 지도자료**. 서울 : 교육부.

교육인적자원부(2004). **유아를 위한 양성평등 교육 활동 지도자료**. 서울 : 교육인적자원부.

김윤숙(1992). 어머니의 놀이의 중요성에 대한 인식도와 놀이 활동성 관계 연구. 이화여자대학교 교육대학원 석사학위논문.

김정선(2000). 유아 놀이에 대한 부모의 인식 및 태도에 관한 연구. 경기대학교 교육대학원 석사학위 청구논문.

두산세계백과 엔싸이버(2008). **문화의 특성**. http : //www.encyber.com/search_w/에서 2008년 10월 1일 검색.

류경화(1999). **유아를 위한 전통놀이 교육**. 서울 : 창지사.

신은수(2000). 놀이에 대한 교사 효능감이 교사와 유아의 상호작용과 유아 놀이 발달에 미치는 영향. **유아교육연구**, **20**(1), 27-42.

엄정애(1992). 놀이감의 실물성(Realism)이 유아의 사물에 대한 가작화에 미치는 영향. 이화여자대학교 대학원 석사학위논문.

엄정애(1996). 주제와 통합된 극놀이 영역이 유아의 놀이 행동 및 상호주관성에 미치는 영향. 이화여자대학교 대학원 박사학위논문.

오은순(1993). 블록의 유형과 수에 따른 유아의 사회적 행동에 관한 연구. 이화여자대학교 대학원 박사학위논문.

오채선(2005). 또래문화에서 유아들이 사용하는 놀이감의 의미. **한국교육논단**. **4**(1), 55-78.

유애열(1994). 유아의 상상놀이와 교사 개입에 관한 관찰 연구. 연세대학교 대학원 박사학위논문.

유애열 · 김온기 · 조혜진(1996). 사회극놀이 경험이 유아의 발달에 미치는 영향. 삼성복지재단 제4회 국제학술대회자료집, **어린이와 놀이**, 61-113.

이기숙 · 정미라 · 엄정애(2006). 한국과 일본 유치원 · 보육시설에서의 전통 유아 놀이 비교 연구. **유아교육연구**, **26**(3), 135-158.

이봉선(1998). 어린이집 실외놀이터 질적 수준에 따른 유아의 놀이 행동 비교. 성신여자대학교 대학원 석사학위논문.

이숙재(1982). 유아의 상상놀이와 놀이감에 대한 연구. **대한가정학회지**, **20**, 185-192.

이숙재(1984). 아동의 상상놀이와 제 변인과의 관계 연구. 연세대학교 대학원 박사학위논문.

이숙재(1998). 어린이의 거친 신체 놀이와 사회적 능력 연구. **아동학회지**, **19**(1), 131-140.

이은화 · 정진 · 박현주 · 김현정(2000). 문화와 놀이의 관계. **유아교육연구**, **20**(1), 43-58.

이은화 · 홍용희 · 조경자 · 엄정애(2001). 한국의 전통 아동 놀이 고찰. **유아교육연구**, **21**(1), 117-140.

이현순(1994). 극놀이 영역에서의 교사 개입이 유아의 놀이지속 시간에 미치는 효과. 이화여자대학교 대학원 박사학위논문.

임재해(1994). **한국민속과 오늘의 문화**. 서울 : 지식산업사.

조경자(1994). 전쟁놀이에 대한 부모, 교사, 유아의 인식 및 놀이 양상. 이화여자대학교 대학원 박사학위 논문.

조용환 · 윤여각 · 이혁규(2006). **문화와 교육**. 서울 : 한국방송통신대학교출판부.

조용환(2005). 문화현상으로 본 놀이. **한국교육인류학회 추계학술대회 : 놀이, 게임, 만화에 대한 교육적 해석**, 1 - 6. 한국교육인류학회.

조은진(2000). 유아들의 가상놀이 촉진을 위한 놀잇감 사용 : 놀잇감의 구조성을 중심으로. **아동학회지, 21**(4), 197 - 210.

홍정유(2007). 어머니의 놀이신념 및 양육 효능감과 양육행동과의 관계. 수원대학교 대학원 석사학위 청구논문.

小川清實 (2001). **子どもに伝えたい伝承あそび**. 東京 : 萌文書林.

Bagley, D., & Chaille, C. (1996). Transforming play : An analysis of first - , third - , and fifth - graders play. *Journal of Research in Childhood Education, 10*, 134 - 142.

Berk, L. E. (1989). *Child development*. Boston, MA : Allyn and Bacon.

Brown, C. (2003, March). *Play and learning : Concerns of low income families*. Paper presented at the Playing for Keeps meetings, Yale University, New Haven, CT.

Bruner, J. (1996). *The culture of education*. Cambridge, MA : Harvard University Press.

Caldera, Y., Huston, A., & O'Brien, M. (1989). Social interactions and play patterns of parents and toddlers with feminine, masculine, and neutral toys. *Child Development, 60*, 70 - 76.

Campbell, S., & Frost, J. (1985). The effect of playground type on the cognitive and social play behavior of grade two children. In J. Frost & S. Sunderlin (Eds.), *When children play* (pp. 81 - 89). Wheaton, MD : Association for Childhood Education International.

Carlsson - Paige, N., & Levin, D. (1987). *The war play dilemma : Balancing the needs and values in the early childhood classroom*. New York : Teachers College Press.

Corsaro, W. A. (1997). *The sociology of childhood*. Thousand Oaks, CA : Pine Frog Press.

Christie, J., & Enz, B. (1992). The effects of literacy play interventions on preschoolers' play patterns and literacy development. *Early Education and Development, 3*, 205 - 220.

Coates, S., Lord, M., & Jakabovics, E. (1975). Field dependence - independence, social - nonsocial play and sex differences in preschool children. *Perceptual and Motor Skills, 40*, 195 - 202.

Cole, M. (1996). *Cultural psychology : A once and future discipline*. Cambridge, MA : Harvard University Press.

Cunningham, C., Jones, M., & Taylor, N. (1994). The child - friendly neighborhood : Some questions and tentative answers from Australian research. *International Play Journal, 2*(2), 79 - 95.

Damast, A., Tamis - Lemonda, S., & Bornstein, M. (1996). Mother - child play : Sequential interactions and the relation between maternal beliefs and behaviors. *Child Development, 67,* 1752 - 1766.

DeMarrias, K., Nelson, P., & Baker, J. (1994) Meaning in mud : Yup'k Eskimo girls at play. In J. L.

Roopnarine, J. E. Johnson & F. H. Hooper (2003). **어린이, 문화, 놀이 : 다문화에서 어린이들의 놀이** (pp. 259 - 291). 이은화 외(역). 서울 : 창지사.(원본발간일, 1994)

Dolye, P. (1977). The differential effects of multiple and single niche play activities on interpersonal relations among preschoolers. In D. Lancy and B. Tindall (Eds.), *The study of play : Problems and prospects* (pp. 199 - 207). West Point, NY : Leisure Press.

Dunn, J., Cutting, A. L., & Fisher, N. (2002). Old friends, New Friends : Predictors of Children's Perspective on Their Friends at school. *Child Development, 73*(2), 621 - 635.

Dunn, J., & Woodling, C. (1977). Play in the home and its implications for learning. In B. Tizard & D. Harvey (Eds.), *Biology of play*. London : Heinemann.

Elder, J. L., & Pederson, D. R. (1978). Preschool children's use of objects in symbolic play. Child *Development, 49*, 500 - 504.

Fabes, R., Martin, C., & Hanish, L. (2003). Young children's play qualities in same -, other -, and mixed - sex peer groups. *Child Development, 74*, 921 - 932.

Fagot, B. (1977). Variations in density : Effect on task and social behaviors of young children. *Developmental Psychology, 13*, 166 - 167.

Fagot, B. (1981). Continuity and change in play styles as a function of sex of the child. International *Journal of Behavioral Development, 4*, 37 - 43.

Fagot, B., & O'Brien, M. (1994). Activity level in young children : Cross age stability, situational influences, correlates with temperament, and the perception of problem behavior. *Merrill Palmer Quarterly, 40*(3), 378 - 398.

Farran, D., Silveri, B., & Culp, A. (1991). Public school preschools and the disadvantaged. New *Directions for Child Development, 53*, 65 - 73.

Farver, J., Kim, Y., & Lee, Y. (1995). Cultural differences in Korean - and Anglo - American preschooler's social interaction and play behavior. *Child Development, 66*, 1088 - 1099.

Farver, J., & Howes, C. (1993). Cultural differences in American and Mexican Mother - child pretend play. *Merrill - Palmer Quarterly, 39*, 344 - 358.

Farver, J., & Wimbarti, S. (1995). Indonesian toddler's social play with their mothers and older siblings. *Child Development, 66*, 1493 - 1503.

File, N., & Kontos, S. (1993). The relationship of program quality to children's play in integrated early intervention settings. *Topics in Early Childhood Special Education, 13*(1), 1 - 18.

Fineman, J. (1962). Observations on the Development of Imaginative Play in Early Childhood. *Journal of American Academy of Child Psychiatry, 1*, 167 - 181.

Frost, J., Worthman, S., & Reifel, S. (2005). **놀이와 아동발달**. 양옥승 외(역). 서울 : 정민사.(원본발간일, 2005)

Gardner, H. (1999). *Intelligence reframed : Multiple intelligence for the 21st century*. New York : Basic

Books.

Goldstein, J. (1992). Sex differences in aggressive play and toy preference. In K. Bjorkqvist & P. Niemela (Eds.), *Of mice and women : Aspects of female aggression*. New York : Academic Press.

Haight, W. (1998). Adult direct and indirect influences on play. In D. Fromberg & D. Bergen (Eds.), *Play from birth to twelve, and beyond : Contexts, perspectives, and meanings* (pp. 259-264). New York : Garland.

Hall, E. (1977). *Beyond culture*. Garden City, NJ : Anchor Press/Doubleday.

Harper, L., & Sanders, K. (1975). Preschool children's use of space : Sex differences in outdoor play. *Developmental Psychology, 11,* 119.

Hart, C., & Sheehan, R. (1986). Preschoolers' play behaviors in outdoor environments : Effects of traditional and contemporary playgrounds. *American Educational Research Journal, 23*, 668-678.

Hartle, L. (1996). Effects of additional materials on preschool children's outdoor play behaviors. *Journal of Research in Childhood Education, 11*, 68-81.

Henniger, M (1985). Preschool children's play behaviors in an indoor and outdoor environment. In J. Frost & S. Sunderlin (Eds.), *When children play* (pp. 145-150). Wheaton, MD : Association for Childhood Education International.

Hetherington, E. M., Cox, M., & Cox, R. (1979). Play and Social Interaction in Children following Divorce. *Journal of Social Issues, 35*, 26-49.

Holmes, R. (1992). Play during snack time. *Play and Culture, 5*, 295-304.

Howe, N., Moller, L., & Chambers, B. (1994). Dramatic play in day care : What happens when doctors, cooks, bakers, pirates and pharmacists invade the classroom. In H. Goleman & E. Jacobs (Eds.), *Children's play in child settings* (pp. 102-118). Albany, NY : State University of New York Press.

Howe, N., Moller, L., Chambers, B., & Petrakos, H. (1993). The Ecology of Dramatic Play Centers and Children's Social and Cognitive Play. *Early Childhood Research Quarterly, 8*, 235-251.

Howe, N., Petrakos, H., Rinaldi, C. M., & LeFebvre, R. (2005). "This is a bad dog, you know…" : Constructing shared meanings during sibling pretend play. *Child Development, 76*(4), 783-794.

Howes, C. (1988). Peer interaction of young children. *Monographs of the society for Research in Child Development, 53*(Serial No. 217).

Howes, C., & Smith, E. (1995). Relations among child care quality, teacher behavior, children's play activities, emotional security, and cognitive activity in child care. *Early Childhood Research Quarterly, 10*, 381-404.

Hughes, F. P. (1995). *Children, play & development*. Boston : Allyn and Bacon.

Huizinga, J. (1993). **놀이와 문화에 관한 한 연구 : 호모루덴스**. 김윤수(역). 서울 : 도서출판 까치.(원본발간일, 1955)

Hutt, C., & Vaizey, M. (1966). Differential effects of group density on social behaviour. *Nature, 209*,

1371 - 1372.

Jarrett, O., & Farokhi, B., Young, C., & Davies, G. (2001). Boys and girls at play : recess at a southern urban elementary school. In S. Reifel (Ed.), *Theory in context and out* (pp. 147 - 170). Westport, CT : Ablex.

Johnson, J., Christie, J., & Wardle, F. (2005). *Play, Development, and Early Education*. Boston, MA : Allyn and Bacon.

Johnson, J., Christie, J., & Yawkey, T. (1999). *Play and early childhood development* (2nd ed.). New York : Longman.

Johnson, J., & Roopnarine, J. (1983). The preschool classroom and sex differences in children's play. In M. Liss (Ed.), *Social and cognitive skills : Sex roles and children's play*. New York : Academic Press.

Jones, E., & Reynolds, G. (1992). *The play's the thing : Teacher's roles in children's play*. New York : Teachers' College Press.

Kaiser, B., & Rasminsky, J. (2003). Opening the culture door. *Young Children, 58*(4), 53 - 56.

Kinsman, C., & Berk, L. (1979). Joining the block and housekeeping areas : Changes in play and social behavior. *Young Children, 35*(1), 66 - 75.

Ladd, G. W., & Price, J. (1987). Predicting children's social and school adjustment following the transition from preschool to kindergarten. *Child Development, 58*, 1168 - 1189.

LaFreniere, P., Strayer, F., & Gauthier, R. (1984). The emergence of same - sex affiative preferences among preschool peers : A developmental ethnological perspective. *Child Development, 55*, 1958 - 1965.

Lederberg, A. R., Chapin, S. L., Rosenblatt, V., & Vandell, V. L. (1986). Ethnic gender, and age preference among deaf and hearing peers. *Child Development, 55*, 1958 - 1965.

Lee, K, S. (1996). Culture and the korean kindergarten curriculum. *Early Child Development and Care, 123*, 167 - 182.

Levin, D., & Carlsson - Paige, N. (1994). Developmentally appropriate television : Putting children first. *Young Children, 49*, 38 - 44.

Levin, H., & Wardwell, E. (1971). The Research Uses of Doll Play. In R. E. Herron & B. Sutton - Smith (Eds.), *Child's Play* (pp. 145 - 184). New York : John Wiley & Sons.

Liddell, C., & Kruger, P. (1989). Activity and social behavior in a crowded South African township nursery : A follow - up study on the effects of crowding at home. *Merrill Palmer Quarterly, 35*, 209 - 226.

Lieberman, J. N. (1977). *Playfulness : Its relationship to imagination and creativity*. New York : Academic Press.

Lindsey, E., & Mize, J. (2001). Contextual differences in parent - child play : Implications for children's gender role development, *Sex Roles, 44*(3/4), 155 - 176.

Loo, C. (1972). The effects of spatial density on the social behavior of children. *Journal of Applied Social Psychology, 2*, 372 - 381.

Maccoby, E. (1998). *The two sexes : Growing up apart, coming together*. Cambridge, MA : Belknap.

Maccoby, E., & Jacklin, C. (1987). Sex segregation in childhood. In H. Reese (Ed.), *Advances in child development and behavior* (pp. 239 - 287). Orlando, FL : Academic Press.

MacDonald, K. (Ed.). (1993). *Parent-child play : Descriptions and implications*. Albany, NY : State University of New York Press.

Marsh, J. (2000). 'But I want to fly too!' : Girls and superhero play in the infant classroom. *Gender and Education, 12*, 209 - 220.

Martin, C., & Fabes, R. (2001). The stability and consequences of young children's same - sex peer interactions. *Developmental Psychology, 37*, 431 - 446.

Martini, M. (1994). Peer interaction in polynesia : A View from the Marquesas. In J. L. Roopnarine, J. E. Johnson & F. H. Hooper (2003). **어린이, 문화, 놀이 : 다문화에서 어린이들의 놀이**(pp. 107 - 148). 이은화 외(역). 서울 : 창지사.(원본발간일, 1994)

Matas, L., Arend, R. A., & Sroufe, A. (1978). Continuity of Adaptation in the Second Year : The Relationship between Quality of Attachment and Later Competence. *Child Development, 49*, 547 - 556.

McLean, S. (1995). Creating the learning environment : Context for living and learning. In J. Moyer (Ed.), *Selecting educational equipment and materials for school and home* (pp. 5 - 13). Wheaton, MD : Association for Childhood Education International.

McLoyd, V. (1983). The effects of the structure of play objects on the pretend play of low - income preschool children. *Child Development, 54*, 626 - 635.

Monighan - Nourot, P. (1995). Play across curriculum and culture : Strengthening early primary education in California. In E. Klugman (Ed.), *Play, policy, and practice*. St. Paul, MN : Redleaf Press.

Moore, G. (1987). The physical environment and cognitive development in child - care centers. In C. Weinstein & T. David (Eds.), *Spaces for children : The built environment and child development* (pp. 41 - 72). New York : Plenum.

Neill, S. (1982). Experimental alterations in playroom layout and their effect on staff and child behaviour. *Educational Psychology, 2*, 103 - 119.

New, R. S. (1994). Children's play - una cosa naturale : An Italian perspective. In J. L. Roopnarine, J. E. Johnson & F. H. Hooper (2003). **어린이, 문화, 놀이 : 다문화에서 어린이들의 놀이**(pp. 181 - 209). 이은화 외(역). 서울 : 창지사.(원본발간일, 1994)

O'Connell, B., & Bretherton, I. (1984). Toddler's play alone and with mother : The role of maternal guidance. In I. Bretherton (Ed.), *Symbolic play* (pp. 337 - 366). Orlando, FL : Academic Press.

Oden, S., & Hall, J. (1998). Peer and sibling influenced on play. In D. Fromberg & D. Bergen (Eds.), *Play from birth to twelve, and beyond : Contexts, perspectives, and meanings* (pp. 266 - 276). New York : Garland.

Paley, V. (1984). *Boys and girls : Superheroes in the doll corner*. Chicago : University of Chicago Press.

Pan, H. (1994). Children's play in Taiwan. In J. L. Roopnarine, J. E. Johnson & F. H. Hooper (2003). **어린이, 문화, 놀이 : 다문화에서 어린이들의 놀이**(pp. 51 - 74). 이은화 외(역). 서울 : 창지사.(원본발간일, 1994)

Petrakos, H., & Howe, N. (1996). The influence of physical design of the dramatic play center on children's play. *Early Childhood Research Quarterly, 11*, 63 - 77.

Powlishta, K., Serbin, L., & Moller, L. (1993). The stability of individual differences in gender typing : Implications for understanding gender segregation. *Sex Roles, 28*(11 - 12), 723 - 737.

Pulaski, M. (1970). Play as a function of toy structure and fantasy predisposition. *Child Development, 41*, 531 - 537.

Ramsey, P. (1995). Changing social dynamics in early childhood classrooms. *Child Development, 66*(3), 764 - 773.

Rheingold, H., & Cook, K. (1975). The contents of boy's and girl's rooms as an index of parents' behavior. *Child Development, 46*, 920 - 927.

Rogers, C., Impara, J., Frary, R., Harris, T., Meeks, A., Seamnic - Lauth, S., & Reynolds, M. (1998). Measuring playfulness : Development of the child behaviors inventory of playfulness. *Play & Culture Studies, 1*, 151 - 168.

Rogoff, B., & Mosier, C. (1993). Guided participation in San Pedro and Salt Lake. In B. Rogoff, J. Mistry, A. Göncü & C. Mosier (Eds.), *Guided participation in cultural activity by toddlers and caregiver. Monographs of the Society for Research in Child Development, 58*(7, Serial No. 236).

Roopnarine, J. L., Ahmeduzzaman, M., Donnely, S., Gill. P., Mennis, A., Arky, L., Dingler, K., McLaughlin, M., & Talukder, E. (1992). Socialcognitive play behaviors and playmate preferences in same - age and mixed age classrooms over a sex month period. *American Educational Research Journal, 29*, 757 - 776.

Roopnarine, J., Lasker, J., Sacks, M., & Stores, M. (1998). The cultural contexts of children's play. In O. Saracho & B. Spodek (Eds.), *Multiple perspectives on play in early childhood education* (pp. 144 - 170). Albany : SUNY Press.

Roopnarine, J., Shin, M., Donovan, B., & Suppal, P. (2000). Sociocultural contexts of dramatic play : Implications for early education. In K. Roskos & J. Christie (Eds.), *Play and literacy in early childhood : Research form multiple perspectives* (pp. 205 - 230). Mahwah, NJ : Erlbaum.

Rubin, I., Provenzano, F., & Luria, Z. (1974). The eyes of the beholder : Parents' views of sex of newborns. *American Journal of Orthopsychiatry, 44*, 512 - 519.

Rubin, K. (1977). The social and cognitive value of preschool toys and activities. *Canadian Journal of Behavioral Science, 9*, 382 - 385.

Rubin, K., & Seibel, C. (1979). *The effects of ecological setting on the cognitive and social play behaviors of preschoolers*. Paper presented at the annual meeting of the American Educational Research Association, San Francisco.

Sachs, J. (1987). Preschool boys' and girls' language use in pretend play. In S. Philips, S. Steele & C. Tanz (Eds.), *Language, gender, and sex in comparative perspective* (pp. 178 - 188). New York : Cambridge University Press.

Saracho, O. (1998). What is stylish about play? In O. Saracho & B. Spodek (Eds.), *Multiple perspectives on play in early childhood education*. Albany, NY : State University of New York Press.

Saracho, O. (1999). A factor analysis of pre-school children's play strategies and cognitive style. *Educational Psychology, 19*, 165 - 180.

Saracho, O. N., & Spodek. B. (1998). *Multiple perspectives on play in early childhood education*. (pp. 194 - 219). NY : State University of New York Press.

Saracho, O. N., & Spodek, B. (2003). *Contemporary perspectives on play in early childhood education*. Greenwich Connecticut : Information age publishing.

Sawyer, K. (1997). *Pretend play as improvisation : Conversation in the preschool classroom*. Mahwah, NJ : Erlbaum.

Schrader, C. (1990). Symbolic play as a curricular tool for early literacy development. *Early Childhood Research Quarterly, 5*, 79 - 103.

Schwartzman, H. (1978). *Transformations : The anthropology of children's play*. New York : Plenem.

Shine, S., & Acosta, T. (2000). Parent-child social play in a children's museum. *Family Relations, 49*, 45 - 52.

Singer, J. (1961). Imagination and waiting ability in young children. *Journal of Personality, 29*, 396 - 413.

Singer, J. (Ed.). (1973). *The child's world of make-believe : Experimental studies of imaginative play*. New York : Academic Press.

Singer, J. (1995). Imaginative play in childhood : Precursors of subjunctive thoughts, daydreaming, and adult pretending games. In A. Pellegrini (Ed.), *The future of play theory : Multidisciplinary inquiry into the contributions of Brian Sutton-Smith* (pp. 187 - 220). Albany, NY : State University of New York Press.

Slade, A. (1987). Quality of attachment and early symbolic play. *Developmental psychology, 23*, 78 - 85.

Sluss, D. (2002). Block play complexity in same-sex dyads of preschool children. *Play & Culture Studies, 4*, 77-91.

Smilansky, S. (1968). *The effects of sociodramatic play on disadvantaged preschool children*. New York : Wiley.

Smith, A., & Inder, P. (1993). Social interaction in same- and cross-gender pre-school peer groups : A participant observation study. *Educational Psychology, 13,* 29-42.

Smith, M., & Dickinson, D. (1994). Describing oral language opportunities and environments in Head Start and other preschool classrooms. *Early Childhood Research Quarterly, 9*, 345-366.

Smith, P. (1997, October). *Play fighting and fighting : How do they relate?* Paper presented at the meeting of the International Council for Children's Play. Lisbon, Portugal.

Smith, P., & Connolly, K. (1980). *The ecology preschool behavior*. Cambridge University Press.

Stoneman, Z., Brody, G., & Mackinnon, C. (1986). Same-sex and cross-sex siblings : Activity choices, roles, behaviors, and gender stereotypes. *Sex Roles, 15*, 495-511.

Sutton-Smith, B. (1979). The play of girls. In C. Kopp & M. Kirkpatrick (Eds.), *Becoming female : Perspectives on development*. New York : Plenum

Sylva, K., Roy, C., & Painter, M. (1980). *Childwatching a playgroup & nursery school*. Ypsilanti, MI : High/Scope Press.

Tessier, O., de Lorimier, S., & Doyle, A. (1993). *The quality of social involvement in social play : The effects of mode of play, relationship, and age*. Paper presented at the Biennial Conference of the Society for Research in Child Development, New Orleans.

Trawick-Smith, J. (1990). The effects of realistic versus non-realistic play materials on young children's symbolic transformation of objects. *Journal of Research in Childhood Education, 5*, 27-35.

Truhon, S. (1982). Playfulness, play and creativity : A path-analytic model. *Journal of Genetic Psychology, 143*(1), 19-28.

Tudge, J., Lee, S., & Putnam, S. (1998). Young children's play in socio-cultural context : South Korea and the United States. In M. C. Duncan, G. Chick, and A. Aycock(Eds.), *Play and culture studies : Vol. 1. Diversions and divergences in fields of play* (pp. 77-90). Greenwich, CT : Ablex.

Tyler, E. B. (1871). *Primitive culture*. London : John Murray.

Vygotsky, L. (1978). *Mind in society : The development of higher mental processes*. Cambridge, MA : Harvard University Press.

Wardle, F. (1990). Are we taking the fun out of playgrounds? *Daycare and Early Education, 18*(1), 30-34.

Wardle, F. (1991). Are we shortchanging boys? *Child Care Information Exchange* (May/June), 48-51.

Wohlwill, J. (1973). *The study of behavioral development*. New York : Academic Press.

Wolf, D., & Grollman, S. (1982). Ways of playing : Individual differences in imaginative style. In D. Pepler & K. Rubin (Eds.), *The play of children : Current theory and research* (pp. 46 – 63). Basel, Switzerland : Karger.

Woodard, C. (1984). Guidelines for facilitating sociodramatic play. *Childhood Education, 60*, 172 – 177.

CHAPTER

5

놀잇감과 놀이환경

들어가는 말

놀이를 가능하게 하는 놀잇감의 선정과 놀이환경의 구성은 영유아들의 놀이행동에 중요한 영향을 준다. 영유아들의 놀이를 이해하고 지원해주기 위해서는 놀이에 대한 환경적 영향력을 인식하는 것이 중요하다. 유아 중심 프로그램에서 유아들은 자신의 지식을 구축하는 능동적인 학습자이기 때문에 환경은 교육과정의 기본적 주축이다(McLean, 1995). 따라서 영유아의 발달과 학습을 위한 최대한의 지원을 제공하는 놀이환경을 구성해주는 것은 성인의 중요한 역할이다.

영유아의 행동은 환경의 영향을 받지만 전적으로 환경에 의해 통제되지도 않는다. 유아교육기관의 놀이환경에 읽고 쓰는 자료들이 많이 제공되면 유아들은 놀이를 하면서 문해활동을 즐길 가능성이 높다(Neuman & Roskos, 1997). 실외 놀이 영역에 준비된 여러 명이 함께 타는 그네는 또래 친구들이 함께 모여 놀이를 하도록 격려한다. 즉, 준비된 환경은 영유아들의 행동에 영향을 미치게 되는 것이다. 반면 개개인의 영유아들은 준비된 환경의 상황이 동일할지라도 다르게 반응하는 경향이 있다. 사회극놀이를 격려하기 위해 다양한 병원놀이 소품과 가구들로 꾸며진 역할놀이 영역에서 의사와 환자 역할을 서로 맡아 에피소드를 구성하며 사회극놀이를 즐기는 영유아들이 있는가 하면, 혼자 구석에 앉아 병원놀이 소품을 만지작거리고만 있는 영유아들도 발견할 수 있다. 즉, 앞 장에서 살펴본 놀이의 다양성에 영향을 주는 다양한 요인을 고려하면서 동시에 보다 지원적인 놀이환경을 창조하기 위해 노력해야 할 것이다.

놀이환경은 물리적 환경과 사회적 환경으로 나뉘지만, 본 장에서는 놀이환경의 물리적인 측면을 중심으로 살펴보고자 한다. 우선 영유아들의 놀이를 생각할 때 불가피하게 떠오르는 놀잇감의 특징과 유형 및 놀잇감 선택을 중심으로 고찰해보고, 공간 중심의 놀이환경을 실내 놀이환경과 실외 놀이환경으로 구분하여 유아교육기관에서의 실내·외 흥미영역 배치와 설계지침 및 지역사회 놀이터와 놀이터 안전에 대해 살펴볼 것이다. 더불어 2019 개정 누리과정에서 강조하는 개방적인 놀잇감으로서 '마음대로 놀잇감'과 유아와 교사가 함께 만들어가는 공간 구성의 실제에 대해 소개해보고자 한다.

CHAPTER 5

놀잇감과 놀이환경

사전 토의 주제

- 영유아 시기의 조카에게 놀잇감을 선물하려고 합니다. 어떤 놀잇감을 사주고 싶은지, 왜 그 놀잇감을 사주고 싶은지 이야기를 나누어보세요.
- 유아교육기관을 방문했던 경험을 떠올려 보고 영유아들을 위한 실내 · 외 놀이환경이 어떻게 구성되어 있었는지 이야기를 나누어보세요.
- 지역사회의 다양한 놀이터를 떠올려보세요. 직접 또는 간접적으로 경험해본 다양한 놀이터를 서로 소개해 보고, 영유아들이 원하는 놀이터는 어떤 놀이터일지, 또는 영유아들에게 바람직한 놀이터는 어떤 놀이터일지 의견을 나누어보세요.

1 놀잇감

놀잇감은 장난감(toy), 물체(object), 놀이자료(play materials) 등의 다양한 용어로 사용되고 있다. 맥락에 따라 사용되는 의미가 다를 수 있으나, 일반적으로 영유아들이 놀이에서 사용하는 모든 것을 놀잇감이라고 정의한다. 놀잇감은 놀이에 대한 흥미를 유발시키고 놀이를 효율적으로 진행시켜 나가는 매체의 역할을 하는 것으로, 놀이용으로 제작되어 상품화된 놀잇감 이외에 생활용품, 자연물 및 성인들이 제작해주는 교재 · 교구 등 영유아의 놀이에 활용되는 모든 것들이 놀잇감이라고 볼 수 있다.

영유아에게 적합한 놀잇감은 독특한 문화적 패턴과 밀접히 연관되어 있다(Sutton-Smith, 1986). 중세시대에는 군사적 가치가 있다고 여겨지는 놀잇감을 중요시하였으며, 1600년부터 1800년 사이에는 생산활동과 동떨어진 영유아들에게 자기 소유의 놀잇감이 주어지기는 했으나 영유아의 놀잇감이란 유치하고 사소한 것이라고 여겨졌다. 1700년 후반부터 Locke에 의해 교육적 놀잇감이 활성화되면서 놀잇감은 시시한 것이 아니라 학습도구로 사용될 수 있는 것으로 여겨지게 되었다. 19세기 영국과 독일을 중심으로 나타난 장난감 산업의 팽창은 놀잇감의 가치에 많은 변화를 가져왔으며, Fröebel이 은물을 만들어냄으로써 영유아의 발달에 놀잇감의 필요성이 강력히 요구되었다. 1960년대에는 좀 더 교육적 놀잇감이 중요시되었으나, 기술 공학의 발전으로 현대의 놀잇감 시장이 전자 놀잇감 개발에 몰두하게 되면서, 이러한 놀잇감으로 인한 대인관계에서의 소외감을 해소하고자 헝겊이나 푹신한 솜을 넣어 만든 보다 부드러운 놀잇감이 요구되고 있다. 특히 교육적 놀이보다 유아의 자발적 놀이가 유아교육과정에서 핵심적으로 여겨지면서 자연물 중심의 비구조적인 놀잇감의 중요성이 강조되고 있다.

1) 놀잇감의 특징

학습과 발달에 영향을 미치는 놀잇감의 특징은 학자들에 따라 다양하게 구분된다. 이숙재(2004)는 놀잇감의 규모(소형 모조품 대 대형 놀잇감), 디자인(특수 목적용 놀잇감 대 개방식 놀잇감), 놀잇감의 차원(평면적 놀잇감 대 입체적 놀잇감), 놀잇감 구조의 복잡성(단순한 놀잇감 대 복잡한 놀잇감)에 따라 세분화하였다. 반면 Johnson, Christie와 Wardle(2005)은 개방성

대 폐쇄성, 단순성 대 복잡성, 부드러움 대 딱딱함, 다문화적 차원으로 나누어 놀잇감의 특징 또는 차원을 분류하였다. 이를 종합적으로 소개해보면 다음과 같다.

(1) 개방적 놀잇감 대 폐쇄적 놀잇감

놀잇감의 디자인에 따른 구분으로 개방적인 또는 폐쇄적인 놀잇감이란 놀잇감의 구조성과 사실성 정도에 따라 구분되는 특징이다. 사실성(realism)은 놀잇감이 실제물과 닮은 정도를 의미하고, 구조성(structure)은 놀잇감이 특정한 용도로 사용되는 정도를 의미한다. 사실성이 높은 놀잇감은 한정된 방식으로만 사용되기 때문에 구조성이 높아 폐쇄적인 반면, 사실성이 낮은 놀잇감은 다양한 용도로 활용될 수 있기 때문에 구조성이 낮아 개방적이라고 볼 수 있다.

폐쇄적 놀잇감의 예로는 모형 우주선, 퍼즐 등을 들 수 있는데, 사용 방법이 제한적이어서 영유아들이 놀잇감을 가지고 놀면서 좌절하거나 지루해할 수 있다. 반면 반복적인 사용으로 숙달감을 심어줄 수는 있다. 개방적 놀잇감은 물, 모래, 진흙 등으로 영유아들의 성숙 수준과 경험에 따라 다양한 방식으로 놀이에서 활용될 수 있다. 놀잇감 종류를 구조성 정도에 따라 연속적으로 분류해보면 **그림 5-1**과 같다.

놀잇감의 구조성과 관련하여 1970년대와 1980년대에 이루어진 많은 연구들(McLoyd, 1983; Olszewski & Fuson, 1982; Pulaski, 1973)에서는 사실적이고 구조성이 높은 폐쇄적 놀잇감은 2~3세 영유아들의 상징놀이를 촉진시키지만, 표상능력이 발달한 연령이 높은 유아들의 상징놀이 수준은 자극하지 못한다고 지적하였다. 반면 1990년대 들어서면서 연령이 높은 유아들의 경우에도 사실적인 놀잇감이 있을 때 더 많은 상징 행동을 보인다는 결과(엄정애, 1992; Trawick-Smith, 1990)가 보고되었다. 이러한 결과들을 통해 볼 때, 연령이 높은 유아들의 경우 사실적인 놀잇감은 상징놀이를 쉽게 즐기기 시작하게 유도하지만 수준 높은 사물의

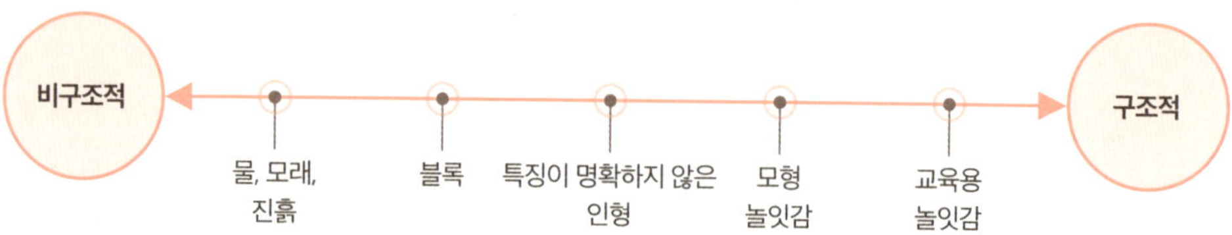

그림 5-1 구조성 정도에 따른 놀잇감의 분류

변형은 개방적인 놀잇감이 있을 때 좀 더 나타난다고 볼 수 있다. 따라서 영유아들을 위해서는 개방적 놀잇감과 폐쇄적 놀잇감이 모두 적절하게 제공되어야 한다.

(2) 단순한 놀잇감 대 복잡한 놀잇감

놀잇감의 구조가 얼마나 단순한지 또는 복잡한지에 따라 단순한 놀잇감과 복잡한 놀잇감으로 특징을 나누어볼 수 있다. 놀잇감의 형태가 불규칙하고 여러 개의 조각으로 구성되어 있으며 부품 간의 연결이 복잡할수록 복잡한 놀잇감이라고 볼 수 있으며, 보다 형태가 규칙적이고 조각 수가 작으며 연결이 간단할수록 단순한 놀잇감이라고 볼 수 있다.

Prescott(1994)은 놀잇감의 복합성 정도에 근거하여 놀이 구성단위를 세 차원, 즉 단순 구성단위, 복합 구성단위, 초복합 구성단위로 분류하였다. 첫째, 단순 구성단위(simple unit)는 한 가지 조작적 요소만을 가진 놀잇감을 말하는데, 다른 어떤 소품도 함께 주어지지 않고 모래만을 제공하는 경우가 이에 속한다. 둘째, 복합 구성단위(complex unit)는 두 가지 관련된 놀잇감을 결합한 것으로, 모래와 함께 플라스틱 삽, 깔때기, 양동이를 함께 제공하는 경우다. 셋째, 초복합 구성단위(super-complex unit)는 세 가지 이상의 관련된 놀잇감을 결합하는 것으로, 모래와 다양한 유형의 모래놀이 소품 이외에 물을 함께 제공하는 경우가 이에 속한다.

단순, 복합, 초복합이라는 놀잇감 구성단위는 한 유아당 놀잇감 구성단위의 수를 평가할 때 사용될 수 있다. Kritchevsky, Prescott과 Walling(1977)은 단순 구성단위에 1점, 복합 구성단위에 4점, 초복합 구성단위에 8점을 부여하여 한 공간 안에서 놀이하고 있는 유아들이 여러 명일 때 한 유아당 차지하는 놀잇감의 구성단위 점수를 계산할 수 있도록 고안하였다. 실외 놀이 영역에 흔들 목마 2개(단순 구성단위 : 1점×2개=2점), 평형대 1개(단순 구성단위 : 1점), 정글짐 1개와 나무판(복합 구성단위 : 4점), 모래놀이 테이블 1개와 물 및 모래놀이 도구(초복합 구성단위 : 8점)가 제공되고 15명의 영유아들이 놀이를 하고 있다면 총 놀이 구성단위가 15점으로 한 유아당 1점의 놀이 구성단위가 할당된다. 한 유아당 놀이 구성단위가 감소하면 놀잇감의 양이 감소한 경우와 동일하여 놀잇감을 나누어 쓰는 협력적 상호작용을 격려하지만 서로 놀잇감을 차지하려고 경쟁하면서 나타나는 공격성도 함께 증가할 수 있다. 따라서 성인들은 놀잇감의 양뿐만 아니라 놀잇감의 복합성 차원을 고려하여 바람직한 놀이행동이 격려될 수 있도록 공간 내의 놀잇감과 유아의 수를 적절히 조절해주어야 할 것이다.

(3) 부드러운 놀잇감 대 딱딱한 놀잇감

놀잇감의 촉감적 재질에 따라 부드러운 놀잇감과 딱딱한 놀잇감으로 그 특징을 구분해볼 수 있다. 놀잇감을 구성하는 재료가 플라스틱, 나무, 철재 등인 경우에는 딱딱한 놀잇감에 속하고, 솜이나 헝겊, 흙, 물 등인 경우에는 부드러운 놀잇감에 속한다. 플라스틱 블록, 유닛 블록, 나무퍼즐, 나무벤치, 철봉, 미끄럼틀 등 대부분의 많은 놀잇감들이 딱딱한 놀잇감에 속하고, 천으로 만든 인형, 푹신한 소파와 쿠션, 물감, 물, 밀가루 점토, 찰흙, 천으로 만든 블록 등은 부드러운 놀잇감에 속한다.

최근 들어 영유아를 비롯한 모든 사람들의 일상생활이 보다 숨가쁘게 돌아가고 경쟁적이며 긴장해야 하는 일들이 많아짐에 따라 보다 부드러운 물건들의 중요성이 부각되고 있다. Prescott(1994)은 유아교육기관과 학교의 딱딱한 표면은 영유아들을 피로하게 하고 스트레스를 주어 지치게 한다고 하였다. 반면 부드러운 표면과 재료들은 영유아들에게 그 순간에 느끼는 감정에 충실하게 반응하게 함으로써 긴장을 이완시키고 스트레스를 풀어준다. 마음이 울적한 유아는 푹신한 인형을 꼭 껴안고 있고 싶어할 것이고, 속상한 일을 경험한 유아는 화를 풀기 위해 밀가루 반죽을 두드려 볼 것이며, 기쁨이 넘쳐나는 유아는 자신이 좋아하는 색의 물감을 선택하여 붓을 이용해 그림으로 자신의 감정을 표현해낼 것이다. 따라서 정신없이 바쁜 건조하고 딱딱한 사회 속에서 포근한 가정이 아닌 유아교육기관에서 보다 오랜 시간을 보내야 하는 현대의 영유아들을 위해서는 교육기관 내에 좀 더 부드러운 놀잇감이 많이 제공되어야 할 것이다.

(4) 소형 놀잇감 대 대형 놀잇감

놀잇감의 특징을 규모를 중심으로 나누어보면 소형 놀잇감과 대형 놀잇감으로 구분된다. 소형 놀잇감은 크기와 규모가 작은 것으로, 영유아들이 손으로 쉽게 다룰 수 있는 크기의 작은 놀잇감들을 말한다. 특히 실제 사물의 크기를 축소시켜 놓은 것들이 소형 놀잇감에 많이 속하기 때문에 소형 모조품이라고 지칭되기도 한다. 예를 들면, 작은 동물이나 사람 인형, 미니카, 인형 옷이나 장신구 등이 이에 속한다. 반면 대형 놀잇감은 크기와 규모가 대체로 큰 놀잇감으로, 실물 크기와 비슷하게 제작된 놀잇감을 뜻한다. 예들 들면, 성인이나 유아용 의상, 실제로 탈 수 있는 장난감 자동차, 그네와 미끄럼틀 등이 이에 속한다. 역할놀이를 위한 놀잇감 이외에 블록의 경우에도 할로 블록이나 종이벽돌 블록들은 대개 규모가 크기 때문에 대형 놀잇감인 반면, 유닛 블록이나 레고 블록 등은 규모가 작은 소형 놀잇감에 속한다고 볼 수 있다. 영유아의 연령과 안전을 고려하여 소형 놀잇감과 대형 놀잇감은 적절하게 제공되어야 한다.

(5) 평면적 놀잇감 대 입체적 놀잇감

놀잇감의 차원이 2차원적인지 또는 3차원적인지에 따라 평면적 놀잇감과 입체적 놀잇감으로 분류해볼 수 있다. 2차원적인 평면적 놀잇감은 대부분 사물을 그림으로 표상하는 데 비해, 3차원적인 입체적 놀잇감은 공간, 부피, 질량 차원이 첨가되어 실제 사물을 직접 놀잇감으로 사용하는 경우가 많다. 예를 들면, 단순한 그림책, 분류카드, 도미노카드, 탱그램, 색종이, 종이 퍼즐 등은 평면적 놀잇감에 속하고 손인형, 트램펄린, 상자, 우레탄 블록 등은 입체적 놀잇감에 속한다.

(6) 다문화적 놀잇감 대 편견을 내포한 놀잇감

최근 들어 사회 곳곳에 다양성이 증가함에 따라 다문화적 이해와 태도를 기르는 것이 교육의 중요한 목표가 되고 있다. 따라서 놀잇감의 경우에도 다문화적인 특성 측면을 간과할 수 없다. 다문화적인 놀잇감은 유아 자신과 다른 사람들의 문화를 모두 긍정적으로 수용하고 이해하도록 해준다. 또한 자신의 정체성을 증가시키고 타인을 존중하게 하며 이를 통해 세상에 사는 사람들에 대한 유아의 관점을 확장시켜 준다(Wardle, 2003).

영유아들이 가지고 노는 대부분의 놀잇감은 가치중립적이지만 사람을 나타내는 인형이나 사람 그림을 포함하는 놀잇감의 경우 다양성에 대한 고려가 반드시 필요하다. 예를 들면, 간호사를 나타내는 여자 인형과 영웅을 묘사하는 남자 인형은 편견을 내포하고 있는 놀잇감이다. 또한 오로지 아빠, 엄마, 형, 동생으로 구성되어 있는 가족만을 정상적으로 소개하는 그림책 또한 편견을 내포한 놀잇감이라고 볼 수 있다. 대부분 영유아들에게 제공되는 인형은 팔등신의 백인을 형상화한 경우가 많다. 이러한 인형들 역시 편견을 내포한 놀잇감이라고 볼 수 있다.

영유아를 위한 모든 놀잇감은 인종, 민족성, 성별, 문화, 가족 구조, 직업, 장애 등의 측면에서 다양성을 반영해야 하며 어떤 형태로든 한 집단이 다른 집단보다 우월하다는 메시지를 전달해서는 안 된다(Wardle & Cruz-Janzen, 2004). 놀잇감의 다문화적 특성은 놀잇감 자체가 외형적으로 나타내는 편견의 유무도 중요하게 고려되어야 하지만, 다양한 놀잇감을 놀이 속에서 어떻게 사용하고 표상하는지를 성인들이 관찰하여 영유아들이 놀이를 통해 보다 다문화적인 태도를 함양시켜 나갈 수 있도록 해야 할 것이다.

2) 놀잇감의 유형

영유아의 흥미를 자극하는 모든 물건이 놀잇감이라고 볼 때, 놀잇감의 종류와 수는 셀 수 없을 만큼 많다. 미국의 경우에는 800여 개 이상의 놀잇감 제작회사가 판매하고 있는 놀잇감의 종류가 약 15만 가지며 매년 약 4,000종의 새로운 놀잇감들이 소개되고 있다고 한다(Toy Manufacturers of America, 1996). 우리나라의 경우에도 한국교육개발원의 조사에 따르면 유아교육기관에서 보유하고 있는 놀잇감의 총 수가 510종에 이르고 있는 것으로 나타났다(변홍규 · 박혜정 · 윤점룡, 1983). 수많은 종류의 놀잇감을 나열하는 것은 매우 어려운 일이기에 범주화하여 유형에 따라 놀잇감을 소개해보고자 한다.

(1) 모형 놀잇감

사람, 동물, 교통수단 등 실제 존재하는 대상이나 물체 또는 텔레비전이나 책 등에 나오는 주인공 등을 모방하여 소형화시켜 만든 놀잇감을 말한다. 봉제인형, 모형 자동차, 동물 모형, 악기 모형, 역할놀이용 소품 가구 및 부엌 도구 등이 모형 놀잇감에 속한다. 주로 영유아들의 역할놀이에 많이 사용되며, 블록놀이나 모래놀이 시 함께 사용되는 경우가 많다.

(2) 구성 놀잇감

다양한 크기와 소재로 만들어진 블록 종류들이 구성 놀잇감에 속한다. 사용 방법이 미리 정해져 있지 않고 다양한 방법으로 구성활동을 할 수 있는 비구조적인 놀잇감으로, 구성놀이를 위해 특별히 고안된 놀잇감이다. 대표적인 블록으로는 단위 블록(unit block), 테이블 또는 플라스틱 블록(table block), 속이 빈 블록(hollow block), 폼 블록(foam block) 등을 들 수 있다.

단위 블록(unit block)은 적목류로 제작된 나무 블록으로 하나의 표준 단위에 기초하여 만들어지며 다음 크기의 블록들은 표준 단위의 두 배, 세 배 등으로 확대된다. **테이블 블록(table block)**은 주로 테이블 위에서 사용할 수 있는 작은 블록으로 끼워서 구성하는 놀잇감이다. 레고와 듀플로 블록이 가장 대표적이며, 그 외에 와플 블록, 꽃 블록, 끈 블록 등이 있다. 우리나라의 경우에는 테이블 블록들을 바구니에 담아 바닥에서 가지고 놀이하는 경우가 많고 주로 테이블 블록들이 플라스틱으로 만들어졌기 때문에 플라스틱 블록이라고 부르는 경우가 많다. **속이 빈 블록(hollow block)**은 대체로 크기가 큰 블록으로 나무, 플라스틱, 두꺼운 종이로 만들어지는데, 우리나라의 경우에는 나무로 만들어진 할로 블록과 두꺼운 종이로 만들어진 종이벽돌 블록이 많이 시판되고 있다. **폼 블록(foam block)**은 부드러운 플라스틱 폼이나 우레탄 폼 또는 내구성이 있는 비닐 소재로 만들어진 블록이다. 크기가 큰 편이고 부드러운 모양으로 되어 있어 연령이 어린 영아들이나 신체장애를 가진 영유아들에게 효과적이다.

(3) 대근육 놀잇감

영유아의 대근육 발달을 돕는 놀잇감으로, 넓은 공간이 필요하고 대체로 소음이 많이 발생하므로 실외에서 주로 활용된다. 연령이 어린 영아들의 경우에는 대근육 발달을 위한 활동이 빈번히 이루어져야 하기 때문에 실내에서도 대근육 놀잇감을 활용하여 놀 수 있는 공간을 제공해주는 것이 효과적이다. 다양한 크기와 질감의 공, 밀고 당길 수 있는 놀잇감, 인형 유모차, 탈 수 있는 장난감 자동차, 그네, 오르기 대와 미끄럼틀, 흔들 목마, 평균대, 축구 골대, 자전거, 줄넘기 줄 등이 포함된다.

(4) 교육용 놀잇감

영유아들에게 특정한 기술이나 개념을 가르치기 위해 고안된 놀잇감으로, 다른 놀잇감에 비해 교수적이고 구조적이며 결과 지향적이다. 언어, 수, 과학 등 인지적인 학습과 관련된 자료가 많으며, 눈과 손의 협응력과 소근육 발달을 돕는 놀잇감들이 많다. 교육용 놀잇감은 상품화된 놀잇감과 교사가 제작한 놀잇감으로 나누어 볼 수 있다.

퍼즐이 가장 대표적이며 모양판 퍼즐(formboard puzzle)과 조각 그림 퍼즐(jigsaw puzzle)로 나뉜다. 모양판 퍼즐은 빼내서 끼울 수 있는 모양판으로 영아들도 쉽게 조작할 수 있도록 조각의 수가 적고, 조각마다 손잡이가 부착되어 있는 경우가 많다. 조각 그림 퍼즐은 보다 연령이 높은 유아들을 위해 고안된 것으로 난이도가 다양하다. 그 밖에 크기별로 쌓을 수 있는 놀잇감, 줄을 끼우는 놀잇감, 포개서 끼우는 놀잇감, 도미노 · 분류 · 수 및 글자카드 맞추기, 나무못 판(pegboard), 책, 그룹게임용 도구들 등이 교육용 놀잇감에 속한다.

교육용 놀잇감에 대한 담론

영유아기 자녀를 둔 부모들은 교육용 놀잇감에 많은 관심을 보인다. 프뢰벨의 은물과 몬테소리 교구 중심의 교육용 놀잇감은 특별한 교육적 목표를 달성하기 위해 고안된 것이다. 즉, 교육용 놀잇감과 교구는 성인이 규정한 교육 목표 달성을 촉진하기 위한 것이다(Wardle, 2003). 하지만 영유아들의 놀이는 단지 성인이 원하는 것이 아니기에, 영유아들은 놀잇감의 사용 의도를 무시하고 자신의 놀이를 위해 놀잇감을 변형한다. Sutton-Smith(1986)는 "제작자에 의해 놀잇감이 원래 의미하고 있는 것이 무엇이든… 영유아들은 놀잇감으로 놀이하면서 이러한 의미를 저버리고 다르게 활용한다(p. 251)."라고 하였다. 따라서 목적이 정해져 있는 교육용 놀잇감은 목표를 달성하고 나면 영유아들이 흥미를 잃게 되고, 정해진 목표와 다르게 활용하면 성인들이 제재하므로 자발적이고 진정한 놀이의 의미를 추구하지 못하게 되는 경우가 많다.

진정한 놀이를 자극하는 좋은 놀잇감은 복합적 놀이를 유도하여 다양한 문제해결능력을 증진시키고, 다양한 형태의 표현과 표상을 하도록 한다. 즉, 좋은 놀잇감은 보다 영유아의 상상력을 자극하고 몰두하게 하는 것이어야 한다. 교육용 놀잇감이 영유아들에게 제시될 때 성인들은 우선적으로 주어진 놀잇감을 영유아들이 어떻게 사용하는지 관찰한 뒤, 성인의 지시보다는 영유아들이 자발적으로 놀잇감을 가지고 놀면서 교육목표를 달성해나갈 수 있도록 격려해주어야 한다.

(5) 실물 놀잇감

실물 놀잇감은 영유아들이 주변 생활환경에서 손쉽게 구해서 놀이에 사용하는 실세계의 모든 실물들을 말한다. 자연물, 폐품, 조형재료나 문해자료 등이 이에 속한다. 자연물에는 모래, 물, 흙, 나무, 나뭇잎, 꽃, 돌, 조개껍데기, 솔방울 등이 있다. 그중에 특히 모래, 물, 흙은 형태가 미리 정해져 있지 않아 영유아들이 융통성 있게 마음대로 사용할 수 있다는 점에서 매력적이며 가치가 높게 평가된다. 다양한 크기와 형태의 나무는 망치와 못, 드라이버 등을 이용하여 목공놀이에 활용된다. 또한 가정에서 일상적으로 흔히 볼 수 있는 병과 병뚜껑, 페트병, 다양한 크기와 모양의 상자, 천 조각, 신문, 잡지 등의 폐품들도 놀잇감으로 훌륭하게 사용된다.

영유아기에 미술과 놀이는 밀접하게 관련이 되어 있기에(전효훈 · 엄정애, 2016; Johnson, Christie & Yawkey, 1999), 자연물과 폐품 이외에 점토, 크레파스, 물감, 색 · 질감 · 무게가 다른 종이들 등의 조형재료도 영유아기 놀이에 많이 활용된다. 연필과 메모지, 표지판, 메뉴판, 전화번호부, 쿠폰 등의 문해자료들도 영유아들의 놀이를 확장시켜 주고 특히 역할놀이 에피소드의 지속성과 복잡성을 높여 주는 놀잇감이다(Newman & Roskos, 1992).

(6) 전자 놀잇감

과학 기술의 발달로 놀잇감에 새로운 기술들이 많이 적용되고 있으며, 전자매체들이 놀잇감으로 활용되고 있다. 놀잇감으로 활용되는 전자매체로는 데스크톱 컴퓨터, 텔레비전, 비디오, 태블릿PC, 노트북 등을 들 수 있으며, 전자매체를 활용하여 나온 게임들과 건전지 작동 놀잇감 및 로봇을 비롯한 AI칩이 내장된 놀잇감 등이 전자 놀잇감에 속한다. 오늘날 영유아들의 삶 속에는 컴퓨터를 포함한 전자매체들이 일찍부터 중요한 위치를 차지하기 때문에 영유아들의 놀이에 직접적인 영향을 준다. 특히 전자매체는 영유아의 놀이를 자극하여 긍정적으로 영향을 줄 수도 있지만, 폭력, 편견, 소비, 그 외의 부적절한 메시지를 나타내는 내용에 과잉 노출된다면 부정적인 영향을 줄 수 있다.

또한 전자매체에 과도하게 노출되면 비만 등으로 신체발달을 해칠 수 있으며, 사회적 고립 등의 문제가 제기될 수 있다. 따라서 부모와 교사들은 전자 놀잇감을 통해 영유아의 놀이를 풍부하게 하는 방법과 부정적인 영향에서 보호하는 방법을 알 필요가 있다. 영유아들이 올바르게 전자 놀잇감을 사용할 수 있도록 방법을 알려주고 과잉 노출되지 않도록 중재하며, 질 높은 애플리케이션 선정에도 관심을 기울여야 할 것이다.

이상에서 소개된 놀잇감의 유형들은 성인들이 놀잇감의 종류를 쉽게 이해하기 위해 단지 임의로 정해놓은 범주이기 때문에 실제 영유아들의 놀이에서의 활용은 보다 다양할 수 있다. 예를 들면, 모래를 가지고 터널을 구성하고 있는 유아는 실물 놀잇감을 구성놀이감으로 사용하고 있는 것이다. 또한 각각의 범주들이 독립적이기보다는 서로 중첩되는 경향도 있다. 예를 들면, 모형 놀잇감 중에 전자 놀잇감으로 분류되는 것도 있고(예 : 태엽을 감으면 움직이는 인형 등), 전자 놀잇감이 교육용 놀잇감으로 분류되기도 하며(예 : 퍼즐놀이를 하도록 만들어진

태블릿PC용 애플리케이션 등), 모형 놀잇감이지만 대근육 놀잇감에도 속하는 경우(예 : 탈 수 있는 장난감 자동차)도 있다.

건전지 작동 또는 AI칩이 내장된 전자 놀잇감! 영유아들의 발달에 부정적인가? 긍정적인가?

새로운 기술 공학의 발전은 상품화되어 나오는 영유아들의 놀잇감에도 급속하게 적용되고 있다. 새로 나온 놀잇감들은 건전지를 이용하여 작동하거나 AI칩이 내장되어 말을 하고 특정 행동을 하는 경우가 많다. 심지어 최근에는 로봇을 영유아들의 놀이와 연결하여 촉감을 느끼고 감정을 표현하는 유아교육용 로봇이 개발되기에 이르렀다(백승재, 2008. 10. 23.). 상품화되어 나온 움직이고 말하는 놀잇감들은 영유아들을 유혹하여 부유층 부모들로 하여금 비싼 비용을 지불하고 전자 놀잇감을 자녀들에게 사주도록 하고 있다. 하지만 이러한 놀잇감들을 가지고 영유아들이 어떻게 놀이를 하는지, 또 영유아들에게 이러한 놀잇감들이 어떤 영향을 미치는지에 대한 연구는 충분히 이루어지지 않고 있다.

Levin과 Rosenquest(2001)는 전자 놀잇감이 제한적이고 반복적이어서 창의적인 놀이를 자극하지 않기 때문에 영유아들이 쉽게 싫증을 낼 것이며, 따라서 발달에 부정적인 영향을 미칠 수 있다고 주장하였다. 반면 Marsh(2002)는 멀티미디어 세계에 사는 영유아들은 전자 매체와 전자 놀잇감의 활용에 익숙해져서 다양한 방식의 학습과 놀이를 경험해야 한다고 주장하면서, 전자 놀잇감이 영유아의 발달에 부정적이라는 확실한 근거를 찾기는 어렵다고 주장하였다. 또한 Bergen(2004)은 말하는 전자 놀잇감과 말 못하는 전통적 놀잇감을 각각 가지고 놀이한 유아가 이후 언어 사용에서 차이를 보이지 않았다는 연구 결과를 제시하면서 전자 장난감이 영유아들의 놀이를 방해하지는 않는다고 주장하였다. 하지만 두 상황 모두에서 혼자 있을 때보다 놀이친구가 함께 있을 때 더 풍부한 놀이가 이루어졌다고 보고하였다.

이상의 연구들을 종합해볼 때, 기술 공학이 적용된 전자 놀잇감이 영유아들에게 미치는 영향에 대한 연구(손혜진, 2024; 엄정애 · 김민진 · 강민정, 2023)는 앞으로 보다 적극적으로 이루어질 필요가 있다.

3) 놀잇감 선택

영유아들에게 적합한 놀잇감을 선택해주는 일은 쉬운 일이 아니다. 앞서 살펴본 것과 같이 놀잇감의 종류는 헤아릴 수 없을 정도로 많고, 그중에는 불량 놀잇감들도 많아 안전이나 위생에 심각한 문제가 있고 교육적으로도 가치가 없어 영유아의 발달을 저해하는 경우가 있다. 따라서 부모나 교사들은 놀잇감 선택 시 고려해야 할 사항들을 잘 알고 있어야 한다. 놀잇감 선택의 일반적인 지침과 조건을 살펴보고, 놀잇감을 선택할 때 보편적으로 고려되는 영유아의 연령을 중심으로 발달적으로 적합한 놀잇감을 소개해보고자 한다. 더불어 영유아의 자발적인 놀이를 중시하는 개정 누리과정에서 강조하는 '마음대로 놀잇감'에 대해 알아보고자 한다.

(1) 놀잇감 선택의 일반적인 지침과 조건

놀잇감은 일반적으로 영유아의 발달 수준, 예산, 프로그램의 목표 등을 포함한 다양한 요소에 기초를 두고 선택된다. Wardle(2003)은 놀잇감을 선택하는 일반적인 지침을 다음과 같이 제시하였다.

- 놀잇감을 처음 접했을 때 영유아들이 흥미를 보이는가?
- 놀잇감에 대한 흥미가 오래 지속되는가?
- 성인의 감독 없이 사용할 수 있는가?
- 자아개념 및 타인에 대한 존중감을 강화시킬 수 있도록 다문화적인가?
- 갈등이나 논쟁을 긍정적인 방법으로 해결할 수 있는 대안을 가르치는가?
- 놀잇감의 내구성이 높은가? 쉽게 수리될 수 있는가?
- 다양한 방법으로 사용할 수 있는가?
- 다양한 발달 수준의 영유아들이 사용할 수 있고 점진적으로 더 어려운 방법으로 사용할 수 있는가?
- 놀잇감을 깨끗하게 유지하기 쉬운가?
- 놀잇감이 사회적 관계, 창의력, 지적 발달을 강화하는가?
- 놀잇감이 대근육 및 소근육 발달과 눈과 손의 협응을 길러주는가?
- 놀잇감이 안전한가?

- 놀잇감이 영유아의 신체적 · 사회적 · 인지적 차원에서 발달적으로 적합한가?
- 구성놀이를 하도록 자극하는가?
- 잘 만들어져서 놀잇감의 전반적인 질이 좋아 보이는가?

놀잇감을 선택하는 일반적인 지침들을 종합해보면 놀잇감 선택 조건을 크게 기능적 측면과 교육적 측면으로 나누어볼 수 있다. 기능적 측면에는 안전성, 적합성, 내구성, 경제성 등이 포함되며, 교육적 측면에는 신체적, 인지적, 사회 · 정서적, 창의적 성장의 촉진 여부가 포함된다.

기능적 조건 중 안전성은 유아의 건강한 발달을 위해 중요한 조건으로, 재질(재질에 유해성분이 없는지, 페인트가 잘 벗겨지거나 유해하지 않은지 등), 강도(구조가 단단하고 부품이 쉽게 떨어지지 않는지 등), 크기와 무게(작은 조각을 삼킬 위험은 없는지, 무거워서 떨어뜨릴 위험은 없는지 등), 모양(날카로운 모서리나 뾰족한 끝부분은 없는지 등), 마무리 손질(나무제품의 표면이 거칠지 않은지, 바느질 처리가 잘 되었는지, 플라스틱이나 금속부품의 접합이 잘 되어 있는지 등)을 점검해보아야 한다. 적합성은 영유아의 발달 수준, 흥미와 요구 및 사회 · 문화적 가치에 적합한 정도를 말하며, 내구성은 재질이나 구조, 각 부품의 부착력, 작동 스위치의 견고성 및 보관과 관리의 용이성 등으로 결정되는데 오랫동안 망가지지 않고 사용할 수 있는 정도를 말한다. 더불어 경제성은 놀잇감의 가격이 저렴해서 경제적 부담 없이 많은 사람들이 구입할 수 있어야 하는 것이나, 가격 이외에 활용도 측면에서도 다양하게 활용될 수 있는 것이 경제적이라고 볼 수 있다.

교육적 조건은 영유아들이 놀잇감을 가지고 놀이에 참여함으로써 신체적, 인지적, 창의적, 사회 · 정서적 성장을 증진시킬 수 있어야 한다는 것이다. 신체적으로는 대 · 소근육 운동능력과 협응력, 다양한 동작과 감각 경험, 자발적인 신체활동을 유도할 수 있어야 한다. 인지적 · 창의적으로는 호기심과 탐색활동을 자극하고 구체적인 경험을 제공하며 발산적 사고력과 문제해결력 및 상상력과 창의력을 촉진시킬 수 있어야 한다. 끝으로 사회 · 정서적으로는 성취감, 만족감, 즐거움을 제공하고 자유로운 정서 표현을 자극하며 언어적 상호작용을 촉진시킬 수 있어야 한다.

(2) 연령별 발달에 적합한 놀잇감

영유아들은 성장하면서 전인적 측면에서 발달하고 이에 따라 놀이행동 및 놀잇감 사용도

달라진다. 즉, 특정한 놀잇감을 가지고 놀 수 있는 발달 수준에 도달하지 않으면 그 놀잇감을 자유롭게 가지고 놀 수 없다. 따라서 부모와 교사들은 영유아의 발달 수준을 고려하여 연령에 적합한 놀잇감을 제공해주어야 한다. 영아 전기, 영아 후기, 유아 전기, 유아 후기로 나누어 영유아의 연령에 따라 발달에 적합한 놀잇감을 제시해보면 다음과 같다(김정준 · 김정화 · 신유림, 1999; Bronson, 1995/1998).

① 영아 전기(출생~1세)

모빌, 흔들면 소리 나는 딸랑이, 고무 공, 헝겊 공, 소리 나는 공, 오뚝이(공 모양이나 동물 모양), 인형(여러 재료로 만든 동물 인형), 물놀이용품(스펀지, 물에 뜨는 고무 오리나 플라스틱 개구리 등), 일상용품(냄비, 플라스틱 수저, 거울 등)

② 영아 후기(1~2세)

비치볼, 낮은 미끄럼틀, 흔들 배, 흔들 목마, 끌고 다니는 놀잇감, 종이벽돌 블록이나 상자, 물 · 모래 놀잇감(플라스틱 통, 삽, 큰 숟가락 등), 역할 놀잇감(인형, 여러 가지 모양의 그릇, 전화기 등), 모양을 맞춰 끼우기, 쌓거나 포개놓는 놀잇감, 퍼즐(3~4조각), 그림책, 조형 재료(수성매직과 큰 종이, 밀가루 반죽 등)

③ 유아 전기(3~4세)

블록 종류(스펀지나 우레탄 폼 블록, 종이벽돌 블록, 단순한 레고)와 소품, 역할 놀잇감(인형, 개수대, 옷장, 경대, 그릇, 플라스틱 음식 등), 퍼즐(5~10조각), 막대 인형, 손 인형, 인형극 틀, 그림책, 구슬 꿰기를 위한 큰 구슬과 끈, 간단한 리듬 악기류, 조형 재료(사인펜과 큰 종이, 밀가루 반죽, 가위 등), 물 · 모래 놀잇감(그릇, 깔때기, 체, 모양 틀 등), 운동 놀잇감(그네, 미끄럼틀, 시소, 낮은 평균대, 세발자전거, 공, 매트 등)

④ 유아 후기(5~6세)

블록 종류(단위 블록, 나무로 만든 속이 빈 블록, 다양한 플라스틱 블록 등)와 소품(각종 자동차와 교통 표지판, 사람 모형, 운전대, 경찰모자 등), 역할 놀잇감, 퍼즐(15~30조각), 그림책, 다양한 조형 재료(크레파스, 물감과 붓, 면봉, 칫솔, 색종이, 가위, 풀, 셀로판테이프, 연필 등), 다양한 리듬악기, 비교 · 분류 · 순서 짓기 카드, 컴퓨터와 프린터, 태블릿PC, 물 · 모래 놀잇감(비누와 빨래판, 인형 옷, 계량컵, 깔때기 등), 운동 놀잇감(자전거, 간이 농구대, 매트, 뜀틀, 팥 주머니, 고리 던지기 등), 게임도구(윷놀이, 주사위놀이, 카드놀이 등)

(3) 개정 누리과정에서 강조하는 마음대로 놀잇감

영유아의 자발적 놀이를 중시하는 2019 개정 누리과정에서는 보다 개방적인 놀잇감의 중요성을 강조한다(교육부, 2019b). 유아교육기관 현장에서 영유아들의 놀이를 위해 제공되는 다양한 놀잇감이 흥미영역별로 주제에 맞춰 제시될지라도 영유아들은 그 놀잇감을 용도대로만 가지고 놀지 않는다. 자신들이 고안해낸 놀이를 위해 정해진 용도와는 관계없이 변형하여 사용한다. 이에 영유아의 놀이성을 좀 더 살려주고 놀이에 몰입할 수 있도록 하기 위해 교사는 정형화되고 고정된 용도의 놀잇감만을 제공하기보다 영유아들이 다양한 방법으로 마음껏 놀이에 활용할 수 있는 비정형화된 놀잇감, 즉 개방적 놀잇감을 선택하여 준비해줄 필요가 있다.

넓은 마당에서 모래와 물을 가지고 놀고, 흙을 밟으며 뛰고, 나뭇가지와 돌멩이, 풀을 가지고 신나게 놀이하는 영유아들의 모습을 상상해보자. 다음으로는 실내에서도 다양한 개방적 놀잇감을 놀이에 다양하게 활용하여 자신만의 세상을 펼쳐나가는 영유아들의 모습을 상상해보자. 진정한 놀이는 영유아들이 마음대로 선택하고, 마음대로 조작하고, 마음대로 만들 수 있는 놀잇감이 있는 환경 속에서 이루어진다. 개정 누리과정을 실행해야 하는 교사들은 진정한 놀이를 위한 놀잇감 선택과 준비를 위해 노력해야 할 것이다. 김현주(2019)는 진정한 놀이를 위한 놀잇감을 '마음대로 놀잇감'이라고 표현하면서 대표적인 개방형 놀잇감으로서 블록, 자연물과 일상용품, 심미적인 매체의 활용이 놀잇감의 부족 문제를 해결할 뿐만 아니라 이를 통해 영유아의 무한한 상상력과 창의력을 기를 수 있다고 하였다.

① 블록

영유아가 상상하고 의도하는 바를 마음대로 구성할 수 있는 자유로운 개방형 놀잇감으로, 단위 블록(unit block), 테이블 또는 플라스틱 블록(table block), 속이 빈 블록(hollow block), 폼 블록(foam block) 등 다양한 재질과 형태가 있다. 특히 자연물 형태의 블록은 영유아의 상상력을 자극하는 놀잇감이다. 쌓고 올리고, 옆으로 늘어놓는 다양한 모양의 나무 블록은 마을, 동물원 등이 되고, 동물 소품이나 손가락 인형을 올려 이야기를 만든다. 블록의 재질이나 형태, 소품에 영감을 받아 무한한 상상의 세계를 꾸며 나가게 된다.

② 일상용품

상업적으로 만들어진 값비싸고 정교한 놀잇감보다 주변의 일상용품이 영유아의 호기심을 충족시키고 생각과 느낌을 표현할 수 있는 더 좋은 개방적 놀잇감이다. 주변의 다양한 상자는 매력적인 놀잇감으로 창문과 대문을 만들면 집이 되기도 하고, 버스나 비행기로 변신하기도 한다. 보자기나 스카프 등의 천은 드레스가 되기도 하고, 슈퍼맨의 망토가 되기도 하는 등 영유아들을 상상의 나라로 이끈다. 상자, 플라스틱 용기, 리본 등의 재활용품도 영유아들을 위한 놀잇감으로 활용되며, 천, 단추, 나사, 컵받침, 수저와 포크 등의 주방용품들이 예술작품으로 디자인되기도 한다. 계란판과 종이파이프 등은 블록과 함께 활용될 수 있는 개방적 놀잇감이며, 랩이나 포일의 속심도 구조물을 쌓을 때 기둥이 되거나 경사로를 만드는 데 활용된다. 그 밖에 색 막대, 조화, 신문지, 시트지, 에어매트 등도 다양하게 놀이에 활용될 수 있는 개방적인 놀잇감이다.

③ 자연물

바깥놀이와 산책을 하며 모아온 자연물은 실내에서 놀잇감으로 사용될 수 있다. 자연과 닮은 재질의 바구니, 목기 등에 수집한 자연물을 담아두면 영유아들은 더욱 관심과 흥미를 보이고 놀이에 활용하게 될 것이다. 자연에서 가져온 나뭇잎, 열매, 꽃, 돌, 흙은 그 어떤 것도 만들 수 있고, 꾸밀 수 있는 개방적인 놀잇감이 된다. 일정한 규격이 없고 색과 모양이 다양한 자연물은 감각을 이용하여 만지고 냄새 맡고 소리를 들어보면서 오감을 통해 탐색해볼 수 있는 놀잇감이다. 늘어놓고 연결하고 쌓으며 디자인할 수 있는 놀잇감이 되기도 하고, 빻고 찧고 담아서 역할놀이에 활용할 수 있는 놀잇감이 되기도 한다.

④ 심미적 매체

자연뿐만 아니라 심미적 요소를 지닌 인공물도 아름다움을 느끼게 하는 개방적 놀잇감으로, 심미적인 매체를 활용하여 놀이할 때 보다 창의적이고 다양한 놀이가 가능해진다. OHP, 라이트 테이블, 빔프로젝터 등은 색과 모양, 빛과 그림자를 탐색하고 실험하고 디자인할 수 있게 하는 심미적이고 과학적인 매체로서 다양한 색과 질감의 자연물, 일상용품을 함께 제공하면 풍부한 놀이와 학습이 이루어지게 된다. OHP(Overhead Projector)에 놓인 사물의 그림자가 벽에 비치면 영유아들은 매우 신기해한다. 반복적인 탐색을 통해 OHP 위에 물건을 놓으면 그 물건의 모양이나 색이 벽면에 나타난다는 것을 발견하게 된다. 다양한 색깔과 모양의 일상용품이나 자연물을 OHP 위에 디자인하면 대형작품이 되기도 한다. 라이트 테이블은 위에 올려놓은 물체의 특징에 따라 빛이 투과하기도 하고 라이트 테이블의 빛으로 사물의 색을 심미적으로 만들 수 있다. 투명비닐을 깔고 그림을 그릴 수도 있고, 고운 모래를 넣어서 모래그림을 그릴 수도 있다.

2 실내 놀이환경

영유아들은 가정과 유아교육기관의 실내에서 다양한 놀이를 즐기며 많은 시간을 보낸다. 따라서 영유아의 놀이가 원활하게 이루어지고 확장될 수 있도록 적절한 실내 놀이환경을 구성해주어야 한다. 본 절에서는 실내 놀이환경 구성을 위한 일반적인 지침을 살펴보고, 영유아들을 위한 실내 놀이환경을 흥미영역을 중심으로 알아보고자 한다. 다만 흥미영역의 구성과 운영은 영유아가 놀이에서 자신을 온전히 드러낼 수 있는 자유를 보장해줄 수 있어야 하기에(오채선, 2019), 자유롭게 선택하고 통합할 수 있으며 융통성 있게 재구성할 수 있는 방향으로 나아갈 필요가 있다.

1) 실내 놀이환경 구성을 위한 지침

영유아를 위한 실내 놀이 공간은 건물의 1층에 배치하는 것이 좋고 햇빛이 잘 들어오는 남향이나 동향이 좋다. 공간의 크기는 앞 장에서도 살펴본 바와 같이 영유아 1인당 3.3~5m^2 정도가 적당하다. 우선, 실내에서 생활을 하는 영유아의 특성과 기관 프로그램의 특성 및 교실 공간의 특수성 등을 고려하여 공간을 구성해야 한다.

영유아의 특성이란 발달 수준과 행동 특성, 흥미 및 전체 인원 수 등을 말하는 것으로, 예를 들면 발달 수준이 낮은 영아를 위한 공간은 보다 더 가정적인 분위기로 안락함을 줄 수 있도록 구성되어야 하며, 동시에 영아들의 움직임 욕구를 만족시켜 주기 위해 실내에도 대근육을 사용하여 운동놀이를 할 수 있는 공간이 구성되어야 한다. 프로그램의 특성이란 기관에서 추구하는 프로그램의 철학적 배경 또는 기관 유형과 관련된 것이다. 개방적인 프로그램인지 구조적인 프로그램인지, 반일제로 운영되는 기관인지 종일제로 운영되는 기관인지 등에 따라 환경 구성은 달라질 수 있다. 또한 현재 놀이 공간의 특수성을 잘 파악하여 환경을 구성해야 한다. 예를 들어, 출입문의 위치, 창문의 위치와 크기, 붙박이장과 수도시설, 실외와 연결된 통로 등 현재 고정되어 있는 공간의 특수성을 파악하여 주어진 상황에서 가장 효율적인 공간 구성이 될 수 있도록 해야 한다.

영유아의 특성과 기관 프로그램의 특성 및 교실 공간의 특수성 등에 의해 실내 놀이 공간 구성이 달라질지라도 영유아의 놀이를 장려하는 실내 놀이환경은 몇 가지 공통점이 있다(Johnson, Christie & Wardle, 2005). 이러한 공통점들은 효율적인 놀이 공간 구성을 위한 지침이며 조건이 될 수 있을 것이다.

- 모든 영유아가 사용하기에 충분한 놀잇감이 준비되어야 한다.
- 영유아들이 놀잇감을 선택하고 정리하기에 용이해야 한다.
- 다양한 수준과 종류의 놀잇감이 준비되어야 한다.
- 영유아들이 자유롭게 놀이를 할 수 있도록 충분한 공간이 확보되어야 한다.
- 약간의 혼란스러움과 소음이 허용되는 환경이어야 한다.
- 성인의 감독이 용이해야 한다.
- 비교적 청결 유지가 용이해야 한다.
- 변화와 융통성이 지속적으로 유지되는 환경이어야 한다.

위에 제시된 여덟 가지 지침 중에 감독의 용이와 청결 유지는 안전과 위생에 관련된 내용으로 어떤 지침보다도 환경 구성에서 중요한 문제다. 놀이환경 내에 영유아의 안전을 위협하는 요소들이 없도록 성인들이 항상 관찰하고 점검해야 하며, 특히 환기, 조명과 청결 등에 대한 고려도 함께 이루어져야 할 것이다. 이렇게 구성된 실내 놀이환경은 지속적으로 변화되면서 융통성 있게 재구성되어야 한다. 영유아들은 새로운 자극을 추구하기 때문에 흥미와 참여 정도에 따라 공간 구성 및 놀잇감의 종류가 수시로 변화되어야 할 것이다.

2) 실내 놀이를 위한 흥미영역 배치

유아교육기관의 실내 놀이환경은 흥미영역으로 구성된다. 흥미영역은 교구장이나 분리대 등을 이용해 경계를 암시해주도록 배치하여 구분한 각 영역을 말하는 것으로(Seefeldt, 1980), 영유아의 발달 수준과 흥미, 진행되는 놀이 주제에 따라서 적절하게 구성해준다. 흥미영역으로 구성된 실내 놀이환경은 원하는 놀이를 영유아들이 스스로 선택하게 함으로써 의사결정능력과 자율성을 길러주고, 각 영역별로 필요한 놀잇감과 놀이 공간이 주어지기 때문에 좀 더 영유아들의 놀이를 확장 · 발전시켜 준다. 또한 놀이 간의 경계가 뚜렷하여 다른 종류의 놀이를 하는 영유아들과 서로 방해를 받지 않고 놀이에 몰두할 수 있도록 해줌과 동시에, 폭넓고 다양한 경험을 통합적으로 즐길 수 있도록 해준다. 즉, 흥미영역의 구성은 놀이 선택을 용이하게 하고 가이드라인을 제공해줌으로써 놀이를 시작하는 영유아들에게 도움을 줄 뿐만 아니라, 안전과 질서를 유지할 수 있도록 하고 영유아들의 흥미 파악을 수월하게 한다. 반면 명확하게 구분된 흥미영역은 작은 공간을 분할함으로써 영유아의 놀이와 사고가 제한될 뿐만 아니라 자유로운 통합과 연계의 어려움이 나타날 수 있다. 따라서 효율적인 흥미영역 운영 방안에 대한 방향성 탐색이 필요하다.

영유아의 실내 자유놀이 활동을 위해 유아교육기관에서 일반적으로 제시하는 흥미영역의 종류로는 쌓기놀이 영역, 역할놀이 영역, 수 · 조작놀이 영역, 언어영역, 조형영역, 과학영역, 음률영역, 물 · 모래놀이 영역, 목공놀이 영역 등을 들 수 있다(교육부, 2000). 우선 다양한 흥미영역을 중심으로 실내 놀이 공간을 배치할 때 유의할 점을 제시해보면 다음과 같다(이기숙, 2008; 이숙재, 2004; Johnson, Christie & Yawkey, 1999).

흥미영역의 구성 원리에 따라 놀이의 활동성과 소음의 정도 및 물의 필요 유무를 기준으로 정적 놀이 영역과 동적 놀이 영역, 물이 필요한 영역과 물이 필요 없는 영역으로 구분해서 배치한다. 쌓기놀이, 역할놀이, 음률, 목공놀이, 물 · 모래놀이 영역은 동적인 영역에 배치하고, 과학, 조형, 수 · 조작놀이, 언어 영역은 정적인 영역에 배치한다. 또한 조형, 과학, 물 · 모래놀이 영역은 물을 사용하기 편리한 곳에 배치한다(그림 5-2).

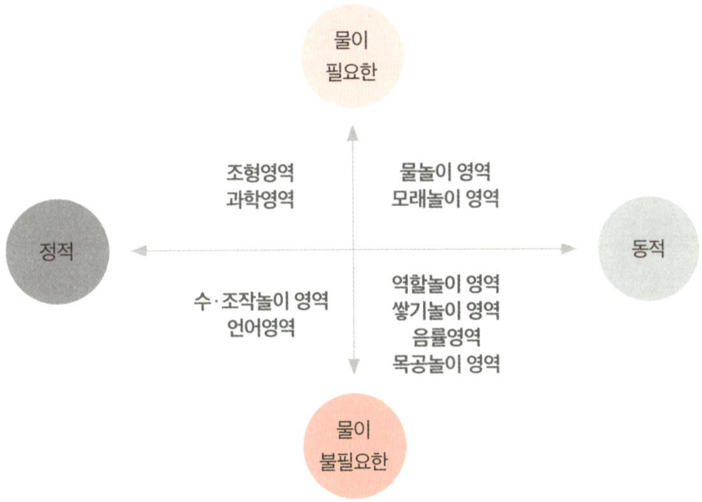

그림 5-2 흥미영역 구성 원리에 따른 배치

- 서로 연관되는 영역은 인접하게 배치하여 영역 간의 활동이 통합될 수 있도록 한다. 예를 들어, 역할놀이 영역과 쌓기놀이 영역은 서로 보완적인 영역으로 가까이 배치되면 남녀 혼성놀이를 자극할 수 있을 뿐만 아니라 쌓기놀이와 역할놀이가 통합된 보다 발전된 놀이가 촉진될 수 있다.
- 커다란 개방 공간을 분할하여 각각의 흥미영역을 구성할 때, 교구장, 책꽂이, 이동 게시판, 가림판 등을 L형 또는 U형으로 설치하여 영역을 구분한다. 각 영역의 통로를 고려해서 영유아들이 자유롭게 흥미영역을 드나드는 데 불편함이 없도록 하고 공간을 분할하는 가구들은 영유아의 키 높이보다 높지 않도록 한다.
- 물리적인 단서(예 : 교구장, 책꽂이, 이동 게시판, 가림판 등)뿐만 아니라 상징적인 단서(예 : 인쇄물, 그림, 사진 등)를 사용하여 서로 다른 영역을 구분할 수 있다. 상징적인 단서는 흥미영역의 명칭을 글자로 표시해 제공할 수도 있지만, 각 흥미영역을 나타내는 상징 그림이나 놀이사진을 활용하여 제작할 수 있다.
- 각 흥미영역의 출입통로뿐만 아니라 흥미영역 사이를 오고갈 때 지나치는 통로도 명확하고 분명하게 인식될 수 있도록 구성한다. 영역에서 영역으로 이동할 때 통로가 일정하지 않으면 영유아들에게 혼란을 초래할 수 있다. 특히 한 흥미영역을 통과해서 다른 영역으로 이동을 하게 되면 놀이에 몰두하고 있는 다른 영유아들을 방해할 수 있다.

• 출입구 가까이에는 흥미영역 배치를 피하는 것이 좋다. 교실 출입구는 영유아들뿐만 아니라 기관 내의 많은 사람들과 방문객 등이 수시로 드나들게 되는 곳이다. 모든 영유아들의 등원과 하원이 이루어지며, 기관 내의 다른 곳으로 이동을 하려면 거쳐 가야 하는 곳이다. 따라서 출입구 쪽에 흥미영역이 배치되면 번잡스러울 뿐만 아니라 영유아들도 놀이에 집중을 하기가 어렵게 된다.

• 전체적인 공간 배치는 교사가 영유아를 지도하는 데 불편함이 없도록 해야 한다. 즉, 영유아들이 자유롭게 놀이를 할 때 교실 내 모든 영유아들의 놀이를 한눈에 전체적으로 바라볼 수 있도록 공간이 배치되어야 한다. 이러한 공간 배치는 영유아들의 안전을 보장해

그림 5-3 3세 학급 실내 흥미영역 배치 예시

그림 5-4 5세 학급 실내 흥미영역 배치 예시

주며, 특히 도움과 자극이 필요한 영유아를 교사가 빨리 파악해내는 데 기여할 것이다.

- 한번 이루어진 흥미영역 배치는 필요에 따라 융통성 있게 변화될 수 있어야 한다. 즉, 영유아들의 흥미와 요구에 따라 각각의 흥미영역을 확대 및 축소시킬 수 있어야 하며, 교실 내에서 진행되는 놀이 주제나 계절에 따라 전체적인 흥미영역 배치를 변화시킬 수 있어야 한다.

이상에서 제시된 유의점들을 반영하여 흥미영역을 구성하되, 영유아들이 자유롭게 선택하고 통합하며 융통성 있게 재구성할 수 있도록 되도록 칸막이는 낮게 설치하는 것이 좋다. **그림 5-3**은 유아교육기관 3세 학급, **그림 5-4**는 5세 학급 실내 흥미영역 배치의 실례다.

이와 더불어 흥미영역이 지나치게 세분화되어 영유아들의 놀이를 제한하지 않도록 흥미영역을 최소한으로 구분하고, 영유아의 생각을 반영해 재구성할 수 있도록 격려하며, 기본적인 흥미영역 이외에 다양한 기준의 흥미영역을 창조해볼 수 있도록 하는 것도 유아의 자유를 보장해줄 수 있는 한 방편이 될 수 있다. 또한 교실 이외에 복도, 계단, 마당 등의 공간을 활용하여 놀이 공간이 확장될 수 있도록 한다. 이러한 방향성을 염두에 두고, 유아교육기관의 기본적인 실내 흥미영역 배치를 흥미영역별로 제시해보면 다음과 같다.

(1) 쌓기놀이 영역

다양한 블록과 소품을 이용하여 여러 형태의 구조물을 만들면서 구성놀이를 해볼 수 있는 영역이다. 주로 블록을 쌓아서 구성하기 때문에 쌓기놀이 영역이라고 부른다. 하지만 우리나라에서는 끼우기를 위한 블록(예 : 레고, 렉스, 듀플로 등)들도 바구니에 담아 이 영역에 제시하는 경우가 많기 때문에 끼워서 구성하는 놀이도 많이 발생한다. 쌓기놀이 영역을 구성할 때 고려해야 할 점들을 정리해보면 다음과 같다.

- 활동적이고 건조한 곳에 위치하며 역할놀이 영역 옆에 배치하는 것이 좋다.
- 블록의 소음을 줄이기 위해 부분 깔개를 마련하기도 한다.
- 블록을 최대한으로 활용하여 구성할 수 있도록 충분한 공간을 확보한다.
- 개방식으로 선반이 있는 블록 보관장을 준비하여 밑에는 큰 블록을 쌓고, 작은 블록은 그 위에 쌓도록 배치한다.

그림 5-5 쌓기놀이 영역

- 블록을 넣어두는 보관장 선반에는 보관할 블록의 모양이나 윤곽을 그림이나 사진으로 표시해주어 유아들이 정리를 쉽게 할 수 있도록 한다.
- 다양한 블록들과 함께 사용할 수 있는 보조자료(고무로 만든 동물, 사람, 자동차류, 교통신호 표지판 등)를 함께 제시한다.

(2) 역할놀이 영역

다양한 역할과 행동을 가작화해 볼 수 있는 영역이다. 연령이 어린 영아들은 주로 가정 내에서 일어나는 일상생활 중심의 역할놀이를 즐기므로 되도록 가정을 축소해놓은 것과 같이 편안한 분위기를 느끼게 해주는 것이 좋다. 좀 더 성숙한 유아들은 역할놀이의 주제가 다양해짐으로써 가정 이외에 다양한 주제영역에 흥미를 보이고, 심지어 또래끼리 역할놀이 영역을 자신들의 놀이 주제에 맞게 재구성하는 경우가 많다. 역할놀이 영역을 구성할 때 일반적으로 고려해야 할 점들을 정리해보면 다음과 같다.

- 움직임이 많고 활동이 다양하여 동적인 놀이영역과 인접하게 배치한다.
- 6.6~9.9m^2 정도의 충분한 공간을 할애한다.
- 다양한 직업을 상징하는 복장 및 도구를 마련한다.
- 놀잇감을 주기적으로 변화시켜 주고 가구의 재배열, 소품의 추가 등으로 다양한 역할놀이를 유도한다.

그림 5-6 역할놀이 영역

(3) 수 · 조작놀이 영역

영유아들이 소근육을 이용하여 놀잇감을 조작하며 놀이하는 영역으로, 소근육 발달과 눈과 손의 협응력 및 감각기능뿐만 아니라 논리 수학적 사고발달을 촉진하기 위한 영역이다. 소근육을 이용한 조작놀이가 주로 이루어지지만, 우리나라에서는 논리 수학적 사고발달을 위한 기초적인 수활동을 포함한 교육적 놀잇감들이 함께 제공되기 때문에 '조작놀이' 앞에 '수'를 넣어 수 · 조작놀이 영역이라고 부르기도 한다. 연령이 어린 영아들을 위한 흥미영역 배치의 경우에는 수 · 조작놀이 영역이라고 칭하기보다 탐색놀이 영역 또는 탐색 · 조작놀이 영역이라고 칭한다. 반면 좀 더 성숙한 연령의 유아들을 위해서는 언어영역에 제시될 수 있는 '글자카드 맞추기' 등 언어활동을 위한 놀잇감도 조작적인 기능을 함께 요하기 때문에 수 · 조작놀이 영역에 제시되는 경우가 있다. 수 · 조작놀이 영역을 구성할 때 일반적으로 고려해야 할 점들을 정리해보면 다음과 같다.

- 개별적 탐색활동을 많이 하게 되는 영역이므로 조용한 곳에 배치한다.
- 바닥에 부분 깔개를 깔아서 낮은 책상에 앉아서 활동할 수 있도록 배려하거나, 책상과 의자를 적절하게 배치한다.
- 소근육 발달, 수개념, 모양과 크기 개념 등을 도와주는 놀잇감을 마련한다.
- 손쉽게 놀잇감을 이용할 수 있도록 낮은 교구장에 종류별로 진열하고, 놀잇감 정리를 위해 그림이나 숫자 등의 표시를 통해 놀잇감 정리 위치를 표시한다.

그림 5-7 수·조작놀이 영역

(4) 언어영역

영유아의 언어발달을 돕기 위해 언어활동과 관련된 놀잇감으로 구성된 영역이다. 언어영역은 주로 도서영역이라고 칭하는 책 보기 영역과 듣기 · 말하기 · 읽기 · 쓰기를 위한 영역을 함께 포함한다. 언어영역을 구성할 때 일반적으로 고려해야 할 점들을 정리해보면 다음과 같다.

- 햇빛이 잘 드는 밝은 곳에 배치한다.
- 시끄러운 영역과 떨어진 조용한 곳에 배치한다.
- 편안한 의자, 푹신한 깔개와 쿠션 등을 마련하여 아늑한 분위기를 조성한다.

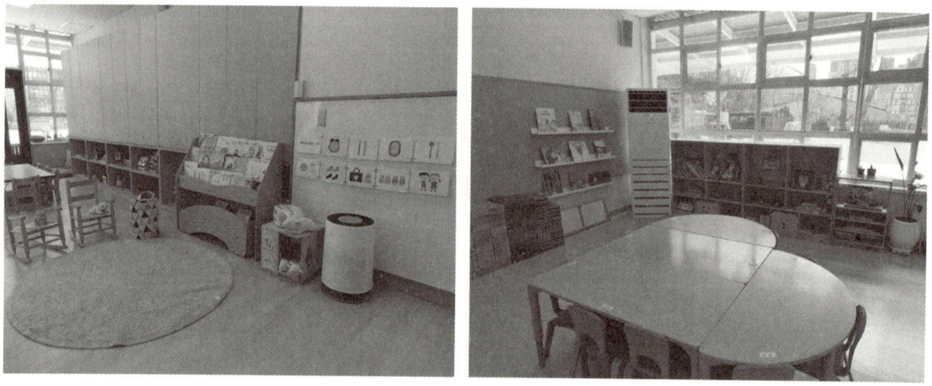

그림 5-8 언어영역

- 어린 연령의 경우, 동화책은 책 표지의 전면이 보일 수 있도록 배치한다.
- 동화책, 손 인형, 융판용 동화자료와 융판, 이야기가 되는 그림 자료, 녹음기와 동화가 담긴 녹음테이프, 종이와 연필 등을 함께 준비한다.

(5) 조형영역

조형영역은 영유아들이 다양한 재료들(예 : 크레파스, 물감, 사인펜, 종이류, 플라스틱 재활용병, 단추, 천 등)을 이용하여 그리고, 만들고, 빚고, 오리고, 붙이는 과정을 통해 자신의 느낌과 생각을 표현할 수 있는 기회를 제공해주기 위한 영역이다. 영아들을 위한 흥미영역을 배치할 때는 조형영역을 따로 배치하기보다 음률영역과 통합하여 배치한 후 창의적 영역이라 칭하기도 한다. 조형영역을 구성할 때 일반적으로 고려해야 할 점들을 정리해보면 다음과 같다.

- 다양한 조형활동이 이루어지는 영역이므로 물이 가까운 곳에 배치한다.
- 조형활동을 할 수 있는 책상과 의자, 화판 등을 배치한다.
- 바닥 표면은 물을 흘렸을 때 쉽게 닦을 수 있는 재료로 설비한다.
- 마른 수건, 종이 수건이나 스펀지, 비닐 가운 등을 함께 준비해준다.
- 완성된 작품을 말릴 수 있는 건조대를 준비해준다.
- 작품전시를 위한 벽면 및 전시책상을 마련해준다.

그림 5-9 조형영역

그림 5-10 과학영역

(6) 과학영역

동식물의 생활 및 여러 가지 자연 현상과 물리적 현상에 관심을 가지고 탐색해볼 수 있도록 준비된 영역이다. 영유아들은 동식물을 직접 키워봄으로써 동식물을 사랑하는 마음을 기르게 되고, 여러 가지 과학적 현상을 관찰하고 탐구해봄으로써 발견의 기쁨을 맛보게 된다. 연령이 어린 영아들의 경우에는 과학영역을 따로 배치하기보다 탐색 또는 탐색 · 조작놀이 영역에 통합하여 배치하는 경우가 많다. 과학영역을 구성할 때 일반적으로 고려해야 할 점들을 정리해 보면 다음과 같다.

- 조용하며 안정된 공간에 배치한다.
- 동식물을 비롯하여 유아들이 만지고 두들기고 발견할 수 있는 탐색적인 환경을 마련해 준다.
- 영유아의 수집품을 전시할 관찰대나 정리장 및 선반을 마련해준다.
- 자석, 현미경, 확대경, 라디오나 기계류, 저울, 낙엽, 씨앗, 개미집, 조개껍데기 등을 진열할 수 있다.

(7) 음률영역

음악 듣기, 몸 움직이기, 노래 부르기, 악기 다루기 등 일상생활 속에서 음악과 움직임을 함께 경험해볼 수 있도록 준비된 영역이다. 영아들을 위한 음률영역은 따로 배치하기보다 창의

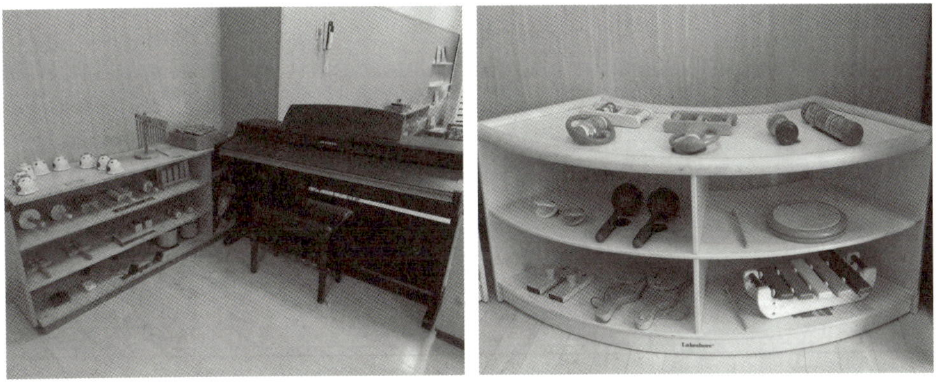

그림 5-11 음률영역

적 영역에 통합하여 배치한다. 음률영역을 구성할 때 일반적으로 고려해야 할 점들을 정리해보면 다음과 같다.

- 쌓기놀이 영역이나 역할놀이 영역 가까이에 배치한다.
- 음악에 맞추어 신체를 자유롭게 움직일 수 있도록 넓은 공간을 확보해준다.
- 바닥은 마루거나 부분 깔개를 깔아주는 것이 좋다.
- 악기장을 마련해주고 악기 그림이나 악기의 윤곽을 그려서 붙여주어 사용 후에 쉽게 정돈할 수 있도록 배려한다.

(8) 물 · 모래놀이 영역

물과 모래를 이용해서 놀이를 할 수 있는 영역으로, 주로 실외 놀이 영역에 많이 배치되지만 실내에도 설치할 수 있다. 실외의 경우에는 물놀이 영역과 모래놀이 영역이 함께 설치되는 경우가 많으나, 실내에서는 따로 구분되어 설치되는 경우가 많다. 물 · 모래놀이 영역을 구성할 때 일반적으로 고려해야 할 점들을 정리해보면 다음과 같다.

- 커다란 양동이나 플라스틱 통을 이용하여 책상 위에 설치할 수 있다.
- 물놀이대가 따로 있을 경우에는 바퀴를 달아 이동이 쉽도록 설치한다.

그림 5-12 실내 모래놀이 영역

- 바닥은 물이나 모래를 쉽게 치울 수 있도록 비닐이나 장판을 깔아준다.
- 수도 가까이에 위치하고, 통행이 복잡한 곳은 피하며, 가까이에 작업복, 마른 수건, 물놀이 기구와 모래놀이 기구를 함께 준비한다.

(9) 목공놀이 영역

나무와 망치, 못, 드릴 등의 도구를 사용하여 간단한 구성물을 만드는 놀이를 해볼 수 있도록 준비된 영역이다. 소음이 많이 발생하고 위험한 도구를 사용하기 때문에 우리나라의 유아교육기관들은 실내에 배치하기보다는 실외나 별도의 교실에 배치하여 운영하는 경우가 많다. 목공놀이 영역을 구성할 때 일반적으로 고려해야 할 점들을 정리해보면 다음과 같다.

- 소음으로 다른 활동이 방해되지 않는 활동적인 영역에 배치한다.
- 3~5명 유아가 모여서 작업할 수 있는 튼튼한 책상, 나무 선반과 목공용 도구들을 마련한다.
- 안전관리를 위해 유아들의 놀이를 교사나 보조교사가 지켜보도록 한다.
- 보안용 안경을 준비하여 놀이하는 유아의 눈을 보호하도록 한다.
- 항상 설치하기보다 유아의 흥미와 교육내용에 따라 설치 · 운영하는 것이 효과적이다.

이상에서 제시된 실내 놀이환경을 위한 흥미영역은 일반적으로 3세에서 5세 유아들을 교육하는 유아교육기관에서 기본적으로 배치하는 영역들이다. 3세보다 어린 영아를 위한 실내 흥미영역은 보다 통합적으로 구성된다. 예를 들면, 쌓기놀이 영역, 역할놀이 영역, 탐색놀이 영역, 창의적 놀이 영역, 언어영역, 대근육 운동놀이 영역 등으로 배치된다. 특히 움직임의 욕구가 큰 영아들의 경우에는 실내에서도 운동놀이를 즐길 수 있도록 미끄럼틀, 흔들배, 탈 수 있는 놀잇감, 밀고 당기는 놀잇감, 오르기 기구 등이 준비된 대근육 운동놀이 영역을 마련해준다.

3) 유아와 교사가 함께 만들어가는 실내 놀이 공간 구성의 실제

2019 개정 누리과정에서는 유아가 주도적으로 놀이환경을 변화시키고 만들어가는 공간의 의미를 강조하고 있다(교육부 · 보건복지부, 2019a). 위에서 살펴본 바와 같이 교사의 계획에 의한 흥미영역 구성은 여러 가지 장점이 있지만, 뚜렷한 영역 간 경계는 놀이의 통합을 제한하고 유아의 놀이와 사고를 제한할 수 있다. 실내 놀이 공간은 그 공간 안에 있는 구성원들 간의 상호작용을 통해 의미가 부여되는 장소이기에 단순한 건축물 이상의 의미가 있다. 즉, 기관의 실내 놀이 공간은 구조적이고 물리적인 의미를 넘어서서 유아와 교사가 함께 만들어가는 생성의 의미가 있는 공간이라고 볼 수 있다(함혜정 · 엄정애, 2022). Deleuze와 Guattari(1980/2021)는 '생성'이라는 개념을 통해 공간에 대한 사유방식을 새롭게 제기하였다. 실내 놀이 공간은 다양한 주체들이 연결되고 접속되는 관계의 장이며, 그 속에서 온갖 사건과 실험이 끊임없이 생겨나기 때문에 유연한 생성의 공간인 것이다. 사건과 실험을 통해 다양체들 간의 차이가 서로 부딪히기도 하고, 결합되기도 하면서 다르게 '**~되기**'를 통해 새로운 공간이 생성된다는 것이다.

생성의 관점에서 유아와 교사가 함께 만들어가는 실내 놀이 공간에 대해 탐구한 함혜정과 엄정애(2022)는 변화하고 노력하는 유치원 한 곳을 탐구사례로 선정하여 유아와 교사가 어떻게 놀이 공간을 만들어가는지, 놀이 공간을 변화시키는 힘은 무엇인지 연구하였다. 연구 결과, 유아는 놀이 공간에, 교사는 기록으로 경험의 흔적을 남기면서 놀이 공간을 만들어나갔다. 그 흔적이 오랜 기간 교실에 남아 있게 되면서 그 공간은 점차 누구나 참여할 수 있는 우리의 공간이자 다양한 경험이 공존하는 다중적 공간이 되어갔고 유아들은 그 공간에 경험을 더하여 놀이 공간을 변화 · 확장시켜 나갔다. 이렇게 놀이 공간을 새롭게 변화시키고 만들어가는 힘은 공간 속에서 이루어지는 유아-환경, 유아-유아, 유아-교사의 관계맺음을 통해 일어나는 끊임없는 실험과 차이 경험, 이해를 통한 다르게 '~**되기**'인 것으로 나타났다.

놀이와 배움, 가르침을 통합하기 위한 공간 구성과 활용의 실제 사례를 보여준 이화여자대학교 사범대학 부속이화유치원(2021)에서는 유아들이 공간을 접하며 보이는 반응과 성장을 네 단계로 나누었으며, 이에 따른 단계별 교사의 지원 방법을 소개하였다. 유아들은 개인적 성향에 따라 시간적 차이는 있지만 '탐색하기, 익숙해지기, 활용하기, 주도하기'라는 네 단계를 거쳐 가며 공간을 접하고 변화의 주체로서 성장해간다. 더불어 또 다른 주체로서 교사는 유아들과 함께 생활하는 공간의 특성을 활용하여 지원하면서 관찰을 통해 다음 단계의 지원방향을 선택하고, 유아와 소통하며 함께 공간을 변화시켜 간다. 이를 그림으로 나타내보면 **그림 5-13**과 같다.

공간을 활용한 유아의 놀이는 유아-교사 간 쌍방향적 관계 속에서 이루어진다. 유아들은 공간을 탐색하고, 익숙해지고, 활용하고, 주도하는 과정 속에서 교사의 지원을 통해 성장을 이루어낼 수 있는 것이다. 우선, 유아교육기관의 교사는 유아들의 충분한 탐색을 지원하기 위해

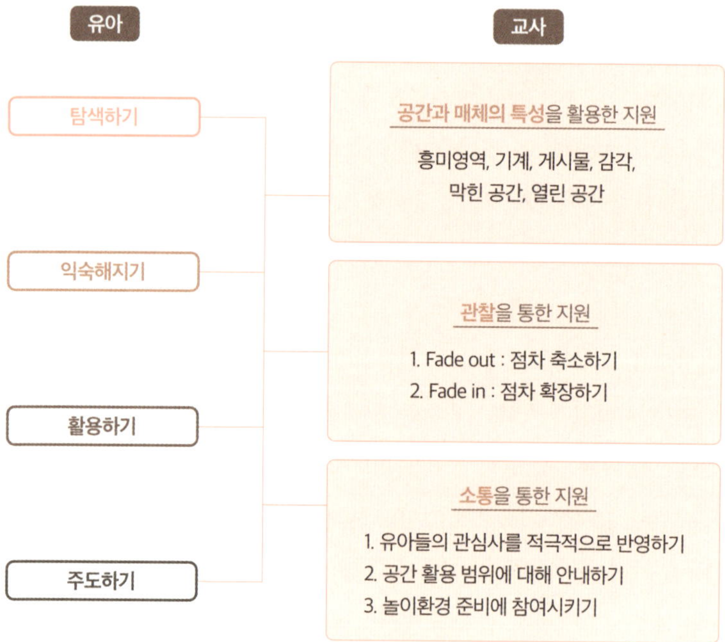

그림 5-13 공간에 대한 유아의 반응과 교사의 지원

출처 : 이화여자대학교 사범대학 부속이화유치원(2021). 놀이, 배움, 가르침의 통합을 위한 유아교육 바로 알기. 서울 : 창지사. p. 44.

다양한 공간과 매체의 특성을 활용해야 한다. 앞서 살펴본 바와 같이 기본적인 흥미영역을 구성하여 각 영역별 특징에 적합한 매체들을 구비해주고, 평소 쉽게 접해보지 못했던 기계와 벽면의 게시물 및 유아들의 감각 경험을 지원하는 매체 등을 통해 영유아들의 탐색을 지원할 수 있다. 또한 유아교육기관 내의 열린 공간과 막힌 공간을 잘 활용하여 유아들의 공간 탐색을 도울 수 있다.

공간과 매체에 대해 충분히 탐색한 영유아들은 이에 익숙해지기 시작한다. 영유아들은 공간에 편안함을 느끼고 매체들을 사용하여 놀이를 한다. 익숙한 공간에서 놀이를 하다보면 관심과 흥미가 사라지기도 하고 계속적으로 흥미를 보이며 놀이를 유지해나가기도 한다. 이때 교사는 섬세한 관찰을 통해 영유아들이 놀이하지 않는 공간과 매체는 점차 축소시켜 주고, 계속적으로 즐기는 놀이 공간과 매체는 변화를 주어 좀 더 놀이가 확장될 수 있도록 지원할 수 있다.

공간과 매체에 익숙해진 영유아들은 이를 활용하여 보다 적극적으로 놀이를 이어나간다. 활용하는 단계를 넘어서서 자신들의 놀이를 위해 공간을 보다 주도적으로 변화시켜 나가도록 하기 위해서는 교사의 또 다른 지원이 필요하다. 영유아들의 관심사를 공간 구성에 적극적으로 반영하고, 학급 이외에 공유 공간까지 확장시켜 나갈 수 있도록 격려하되 공간의 활용 범위에 대해 안내하고, 영유아들이 자신들의 놀이를 위한 공간 구성에 직접 참여할 수 있도록 소통을 통해 적극 지원한다면 영유아들은 자신들의 놀이에 자신감을 얻고, 놀이에 대한 자신들의 목소리를 내며 주인의식을 갖고 놀이를 주도해나갈 수 있을 것이다. 즉, 놀이, 배움, 가르침의 통합을 위한 공간 구성과 활용은 유아의 흥미와 관심뿐만 아니라 교사의 세심한 관찰과 소통을 통한 지원이 필요하다.

3 실외 놀이환경

영유아들은 실내뿐만 아니라 실외에서 놀이기구를 타고 오르며, 자연을 탐색하고, 달리고, 구르면서 신나게 놀이를 한다. 실외 놀이는 신체활동, 감각적 경험, 자연학습, 정적인 놀이

(예 : 책보기, 물 · 모래놀이, 조형활동 등)의 기회를 제공함으로써 건강을 증진시키고 세상에 대해 학습하며 즐거움을 느끼게 한다. 넓은 공간에서 신선한 공기를 마시며 자연과 더불어 뛰어노는 영유아들은 일상생활 속에서 운동을 즐기고 휴식을 취하며 스트레스를 해소시킴으로써 건강을 유지할 수 있다(Aronson, 2002). 새롭고 다양한 오감각적 경험과 자연에 대한 직접 경험은 풍부한 인지적 학습을 가능하게 한다. 또한 자유를 누릴 수 있는 공간에서 또래 친구들과 함께 마음껏 탐색과 도전을 시도해봄으로써 사회적 상호작용을 경험하고 발견의 기쁨을 만끽하며 즐거움을 느끼게 된다.

오늘날 영유아들은 전자매체의 과도한 사용 및 발달에 부적절한 조기 학습의 강요 등으로 실외에서 영유아답게 마음껏 뛰어놀 기회를 점점 더 박탈당하고 있다. Greenman(2003)은 영유아들을 위한 놀이터가 자연의 경험, 열린 공간에서 탐색할 자유, 실험하고 도전할 수 있는 기회를 주지 못하고 있다고 지적하였다. 실외 놀이는 영유아의 일상적인 삶에 중요한 한 부분이기 때문에 영유아의 권리로서 실내뿐만 아니라 실외 놀이는 보장되어야 하며(Isenberg & Quisenberry, 2002), 질 높은 실외 놀이 경험을 제공해줄 수 있도록 실외 놀이환경에 대한 배려가 필요하다. 이를 위해 본 절에서는 실외 놀이터 유형과 실외 놀이환경의 구성 및 실외 놀이터 안전에 대해 살펴보고자 한다.

1) 실외 놀이터 유형

1800년대 초 독일에서 발달한 실외 체육관의 개념과 1880년대 독일 베를린의 시민공원에서 시작된 모래밭 운동, 자연 그 자체로서 실외 놀이의 가치를 강조한 Fröebel의 생각에 기초하여 만들어진 실외 놀이터는 점차적으로 발전했다. 차가운 금속성 철제, 철강, 나무로 만들어진 놀잇감들이 채워진 '제조된 놀이기구의 시기'에서 환상 요소를 갖춘 구조물이 첨가된 테마 놀이터 중심의 '신기함의 시기'를 지나, 나무와 금속 및 폴리우레탄 재질의 '복합 놀이기구의 시기', 장애아를 포함한 모든 영유아들에게 안전성과 접근 용이성을 보장하는 '현대적 시기'로 접어들고 있다(Johnson et al., 2005). 이러한 변화를 거쳐 오면서 실외 놀이터는 네 가지 유형, 즉 전통적 놀이터(traditional playground), 창조적 놀이터(creative playground), 모험 놀이터(adventure playground), 현대적 놀이터(modern playground)로 나누어 소개되고 있다.

(1) 전통적 놀이터

그네, 미끄럼틀, 시소, 정글짐, 회전기구와 같은 철제 고정 시설물이 각각 고립되어 펴져 설치되어 있는 놀이터다. 놀이터 바닥은 보통 아스팔트나 콘크리트 또는 흙이나 모래로 되어 있다. 전통적 놀이터는 현재까지도 존재는데, 우리나라의 경우, 오래전에 설치된 아파트 단지 내 놀이터나 지역사회 공원에 가보면 주로 바닥은 모래이고 드문드문 철제 고정시설 놀잇감이 설치되어 있는 것을 볼 수 있다. 이러한 전통적 놀이터는 유지하기가 용이하지만, 단조롭고 반복적인 대근육 운동놀이가 주로 이루어지고 제한된 방법으로만 놀이기구를 이용해야 하기 때문에 영유아들의 흥미가 오래 지속되지 못하며 안전사고의 위험이 높다.

(2) 창조적 놀이터

보다 다양하고 매력적인 환경을 제공하기 위해 고정시설물 이외에 타이어, 목재, 전선 감개, 고무 등과 같은 재료들을 이용하여 창조적으로 계획된 놀이터다. 대개 지역사회 내에 구성되는 경우가 많으나, 상업적인 놀이환경으로 이용되기도 한다. 전문 건축가나 디자이너가 미적으로 조성해 놓은 놀이터도 이 유형에 속하는데, 이러한 유형을 현대식 놀이터(comtemporary playground)라고 칭하기도 한다(Frost, 1986; Scarlett, Naudeau, Salonius-Pasternak & Ponte, 2005). 놀이터 바닥은 탈것을 위한 딱딱한 바닥(예 : 아스팔트나 콘크리트 등), 놀이시설 밑의 부드러운 바닥(예 : 모래, 나무칩, 고무, 플라스틱 등), 영유아들이 앉아서 놀이할 수 있는 잔디 바닥 등 다양하게 구성되어 있다. 고정 놀이시설물과 이동 놀이기구가 모두 제공되며 이외에 물 · 모래놀이를 위한 공간도 배치된다(Frost & Klein, 1979). 특히 낱개의 놀이기구들을 하나의 단위로 연결시킨 복합 놀이시설을 활용하여 다양한 놀이기구에서 영유아들이 함께 어울려 놀이할 수 있도록 해준다. 따라서 전통적 놀이터보다 덜 형식적이므로 다양한 놀이 경험을 제공해준다는 장점이 있다.

(3) 모험 놀이터

조형 건축가인 Sorensen이 1943년 덴마크에 최초로 설립하면서 활성화된 놀이터다. 이미 완성된 놀이터가 아니라 자연적인 환경 속에 다양한 폐기물이나 재활용품들을 한데 모아 놓고 허용적이고 자유로운 분위기에 영유아들이 놀이를 하며 완성시켜 나가는 놀이터를 말한다. 스스로 조작할 수 있는 비고정적 재료들, 통나무, 나무상자, 밧줄, 전선 감개, 타이어, 망치, 못 등을 이용하여 건축물을 구성하고, 부수며, 구멍을 파고, 정원을 만들거나 진흙에서 미끄럼 타기 등 다양한 놀이를 자유롭게 할 수 있다. 모험 놀이터에는 영유아들이 안전하고 즐거운 놀이를 하도록 격려해주는 역할을 하는 놀이 지도자(play leader)가 배치된다. 다른 유형의 놀이터에 비해 다양성, 융통성, 도전을 통한 지속적인 흥미가 높다는 장점이 있지만, 보기에 흉하고 안전과 관련하여 책임에 대한 문제가 항상 뒤따른다는 점이 단점으로 지적된다(Johnson et al., 1999).

(4) 현대적 놀이터

위에서 제시된 전통적, 창조적, 모험 놀이터의 장점을 모두 모아 영유아의 놀이 요구를 최대한 충족시켜 주기 위해 설계된 놀이터다(Johnson et al., 2005). 전통적 놀이터의 그네, 미끄럼틀, 정글짐 등을 포함하고, 안전수칙을 준수하며, 다양하고 도적적인 놀이환경을 제공하기 위해 변화가 가능한 이동 놀이기구를 포함한다. 창조적 놀이터에서 강조하는 놀이시설의 연결성과 표면의 다양성을 중요시하고, 모험 놀이터를 연상케 하는 목공놀이 시설과 정원을 포함한다. 즉, 자전거를 포함하여 탈것을 위한 딱딱한 바닥의 길이 있고, 다양한 놀이기구 아래에는 충격을 완화해주는 좋은 바닥재가 깔려 있으며, 마음껏 뛰어놀 수 있는 잔디가 깔려 있다. 다양한 놀이기구는 고정 놀이시설물과 이동 놀이기구로 이루어지는데, 놀이터 기구 제작 회사가 안전수칙에 맞추어 제작하고 설치한 복합 놀이시설과 평균대, 훌라후프, 공, 물 · 모래놀이 및 목공놀이용품 등 다양한 이동 놀이기구들이 포함된다. 성인의 적극적인 감독 속에서 영유아들이 자신의 욕구를 마음껏 반영하면서 안전하고 다양하며 도전적인 놀이를 즐길 수 있도록 배려한 놀이터라고 볼 수 있다.

2) 실외 놀이환경의 구성

영유아들에게 이상적인 실외 놀이환경은 다양성과 복잡성을 통해 즐거움을 주는 곳이다. 이를 위한 몇 가지 충족되어야 할 기본 조건으로는 풍부한 경험, 점진적인 도전, 융통성과 연결성, 다양한 유형의 놀이 촉진, 성인으로부터의 분리, 안전이 있다. 실외 놀이환경을 구성하기 위한 조건을 보다 구체적으로 살펴보면 다음과 같다.

(1) 실외 놀이환경을 구성하기 위한 조건

① 풍부한 경험을 제공하는 장소

실외 놀이터는 세상의 축소판으로 세상 안에서 발견될 수 있는 감각적인 경험을 가능한 한 많이 제공할 수 있는 곳이어야 한다(Dattner, 1969). 거칠고 부드럽고, 가볍고 무겁고, 축축하고 건조한 것을 만져보는 경험, 다양한 소리를 들어보는 경험, 다양한 냄새를 맡아보는 경험 등 영유아들이 보다 풍부한 경험을 해볼 수 있도록 구성되어야 한다.

② 점진적인 도전을 제공하는 장소

실외 놀이터에서는 개인차가 다양한 영유아들이 함께 놀이를 하게 된다. 놀이터의 도전 수준이 일정하면 어린 영유아들은 너무 어려워서 놀이를 회피하거나 사고가 발생할 확률이 높아지며, 수준이 높은 영유아들은 너무 쉬워 지루함을 해결하기 위해 허용되지 않은 방법으로 놀이시설들을 이용하게 된다. 따라서 모든 영유아들이 자신의 근접발달영역에 맞추어 서서히 도전하고 성취를 통해 능숙해지면서 진보할 수 있도록 다양한 도전이 가능하게 구성되어야 한다.

③ 융통성과 연결성이 돋보이는 장소

영유아들의 흥미를 지속시키고 사회적 상호작용을 촉진시키기 위해서는 융통성과 연결성이 돋보이는 장소여야 한다. 실외 놀이터 내 시설의 사용 용도가 고정적이면 영유아들의 흥미가 오래 지속되지 못하고 감소될 수 있지만, 비록 단일 용도의 놀이시설들일지라도 서로 연결되어 있으면 사회적 접촉을 통해 융통성을 증가시킬 수 있다.

④ 다양한 유형의 놀이를 촉진하는 장소

실외 놀이터는 운동놀이뿐만 아니라 구성놀이, 상징놀이, 게임 등 다양한 인지적 놀이가 일어날 수 있으며, 영유아의 단독놀이뿐만 아니라 사회적 놀이가 풍부하게 일어날 수 있도록 구성되어야 한다. 이를 위해서는 미끄럼틀과 그네 등의 고정 놀이기구뿐만 아니라 나무판, 상자 등의 이동 놀이기구와 물 · 모래 등의 자연적인 재료들, 놀이집 등이 함께 제공되어야 하며, 그늘과 이동놀이 보관창고가 필요하다(Wardle, 2000).

⑤ 성인과 분리되는 장소

진정한 놀이는 스스로 하고 싶은 것을 자유롭게 선택할 수 있는 것이어야 한다. 영유아들은 도와주고자 하는 잘못된 열망을 가진 성인이 없는 상태에서 영유아들은 실수하고, 서투르게 행동하며 떨어질 수 있는 자유가 필요하다(Dattner, 1969). 따라서 영유아들의 진정한 놀이를 촉진하는 이상적인 실외 놀이터는 성인의 간섭 없이 자신의 놀이와 관련된 모든 것을 영유아들이 스스로 선택할 수 있도록 구성되어야 한다.

⑥ 안전이 보장되는 장소

실외 놀이터 구성 시 가장 기본적이고 우선적으로 고려해야 할 조건은 안전성이다. 아무리 이상적으로 설계 · 구성된 놀이터라고 할지라도 영유아들의 안전이 보장되지 않는다면 그 의미가 사라지게 된다. 따라서 안전수칙을 준수한 놀이시설과 설비 및 공간의 배치를 통해 영유아의 안전이 보장되도록 구성되어야 한다.

(2) 실외 놀이환경 구성의 실제

유아교육기관에서의 실외 놀이환경은 태양을 통해 쾌적한 환경을 조성할 수 있도록 건물의 남쪽에 구성한다. 배수가 잘 되거나 배수시설을 갖춘 입지여야 하며, 면적은 영유아의 연령과 인원수 등에 따라 달라질 수 있다. 또한 그늘을 제공할 수 있어야 하며, 이를 위해 실외 놀이환경 내에 나무가 있는 것이 좋다. 특히 바닥 표면의 경우에는 위에서 제시된 구성 조건을 고려해볼 때, 다양하게 구성하는 것이 이상적이다. 즉, 잔디와 흙, 딱딱한 지면(아스팔트, 콘크리트 등), 부드럽고 흡수성이 있는 지면(모래, 나무톱밥, 고무매트, 우레탄 등)을 적절하게 배치하는 것이 좋다.

실내 놀이와 마찬가지로 실외 놀이를 위해서도 교사는 실외 놀이환경을 흥미영역으로 구성해주어야 한다. 생동감 있는 실외 놀이를 위해 교사는 영유아들이 마음껏 뛰면서 대근육 및 신체 운동능력을 발달시킬 수 있는 동적인 활동영역과 동식물 기르기, 자연현상의 관찰과 탐색이 가능한 정적인 활동영역을 마련해준다. 전체 실외 놀이 공간의 1/3 정도는 정적인 활동영역으로 구성하고, 나머지 공간은 동적인 활동영역으로 구성해준다. 일반적으로 실외 놀이 환경에 배치할 수 있는 흥미영역으로는 운동놀이 영역, 물 · 모래놀이 영역, 목공놀이 영역, 동식물 기르기 영역, 조용한 놀이 영역, 개방된 영역 등이 있다. 더불어 실외 놀이환경에는 시설물과 시설물 사이에 통로가 적절하게 연결되어야 하며, 이동 놀이기구들을 정리하고 보관할 수 있는 창고와 실외 놀이 공간의 경계를 알리는 울타리가 설치되어야 한다. 각각의 실외 흥미영역을 구체적으로 제시해보면 다음과 같다(이숙재, 2004).

① 운동놀이 영역

운동놀이 영역은 오르기, 매달리기, 구르기, 달리기 등의 다양한 운동놀이가 이루어지는 영역으로, 그네, 미끄럼, 시소, 복합놀이기구, 자전거 등의 운동놀이를 할 수 있는 여러 가지 시설물이 설치되어야 한다. 종류와 기능 면에서 다양한 고정시설물과 이동시설물을 구비하되, 각 시설물의 용도나 특징, 안전, 다른 시설물과의 관계 등을 고려하여 설치한다. 예를 들면, 그네는 진폭을 고려하여 다른 놀이기구와 충분한 거리와 통로를 두고 왕래가 드문 곳에 배치한다. 그네는 다른 놀이기구에 절대 연결하지 말아야 하며, 주변에 낮은 울타리를 설치하거나 나무를 심어 영유아들이 그네에 부딪치는 일이 없도록 한다. 시소는 땅에 닿는 부분에 타이어를 묻어서 충격이 가지 않도록 배려하며, 자전거를 탈 수 있는 곳을 제외하고는 충격을 완화시켜 주는 바닥재를 설치해준다.

② 물 · 모래놀이 영역

물 · 모래놀이 영역은 물 또는 모래를 가지고 놀이가 이루어지는 영역이다. 물놀이와 모래놀이는 함께 이루어지는 경우가 많으므로 두 영역을 서로 인접하게 배치하는 것이 바람직하

그림 5-14 운동놀이 영역

그림 5-15 모래놀이 영역

다. 실내에서도 이루어질 수 있는 놀이지만 실외에서 놀이가 이루어지면 공간의 제약을 받지 않고 보다 자유롭게 영유아들이 참여할 수 있다는 이점이 있어 실외 놀이로 계획되는 경우가 많다. 특히 물놀이 영역은 배수처리가 용이하고 수도시설이 가까운 곳에 배치하며, 모래놀이 영역은 태양이 비치고 그늘도 적절히 생겨서 사계절 놀이할 수 있도록 배치해준다. 특히 모래놀이 영역은 콘크리트나 나무, 타이어 등을 이용하여 모래밭의 가장자리를 표시해준다.

③ 목공놀이 영역

실내 목공놀이 영역과 마찬가지로 나무와 망치, 못, 드릴 등의 도구를 사용하여 간단한 구성물을 만드는 놀이를 해볼 수 있도록 준비된 영역이다. 목공놀이는 주변이 지저분해지기 쉽고, 소음이 많이 발생하므로 다른 놀이를 위한 영역들과는 떨어진 장소에 흥미영역을 배치하여 계획하는 것이 좋다. 특히 영유아들의 안전을 위해 통행이 빈번하지 않는 장소가 적절하며, 날씨에 상관없이 실외에서 목공놀이를 즐길 수 있도록 천막을 치거나 지붕을 만들어 주는 것이 좋다.

④ 동식물 기르기 영역

다양한 식물과 동물을 길러보는 경험을 통해 동식물을 사랑하고 보살피는 마음을 갖게 하고 과학적 탐구능력을 향상시킬 수 있는 영역으로, 화단과 사육장을 말한다. 영유아들은 실외에서 식물 재배와 동물 사육을 즐기는데, 식물 재배를 위해서는 태양이 잘 비치고 영유아의 눈

그림 5-16 동식물 기르기 영역

에 잘 띄는 땅이 비옥한 장소에 화단을 만들어준다. 동물 사육을 위해서는 지나친 햇빛이나 바람을 막아줄 수 있고 배수가 잘 되며 물이나 사료공급이 편리한 장소에 사육장을 설치해주어 영유아들이 동물을 돌보며 쉽게 성장과정을 관찰할 수 있도록 해준다.

⑤ 조용한 놀이 영역

실외 놀이환경에도 책 보기, 동화 듣기, 음악감상, 조형활동 등 정적인 활동을 할 수 있는 영역과 휴식을 취할 수 있는 영역이 확보되어야 한다. 조용한 놀이 영역은 실내 놀이활동을 실외로 연장 또는 확장할 수 있도록 공간을 다양하고 융통성 있게 운영할 수 있는 곳으로, 사람이 많이 왕래하지 않는 조용한 장소를 택하여 커다란 나무 밑이나 그늘진 곳에 배치하고, 텐트, 테이블, 긴 의자, 돗자리 등을 마련해준다.

⑥ 개방된 영역

개방된 영역이란 놀이시설물이 설치되어 있지 않은 넓은 빈 공간을 말한다. 실외 놀이환경 내에 개방된 빈 공간을 마련해주면 이동 놀이기구를 이용한 운동놀이나 집단게임 등 용도에 따라 융통성 있게 활용될 수 있다. 개방된 영역의 바닥은 잔디나 흙, 또는 탄력성 있는 재료로 구성하는 것이 좋다.

그림 5-17 조용한 놀이 영역

3) 실외 놀이터 안전

실외 놀이터에서는 안전사고가 많이 발생한다. 특히 놀이시설로 인한 어린이 안전사고는 해마다 증가하고 있는 실정이다. 따라서 미국 소비자제품안전위원회(US Consumer Product Safety Commission, 1997)에서는《공공 놀이터 안전을 위한 핸드북(Hand book for public playground safety》을 발간하여 안전지침을 제시하고 있으며, 그 밖의 캐나다, 영국, 호주, 유럽연합 등에서는 놀이터 안전에 대한 기준을 개발하여 활용하고 있다.

한국소비자원의 소비자 안전국 리콜제도팀(2007)의 조사에 따르면 우리나라의 경우에도 공원 및 놀이시설에서 발생하는 어린이 안전사고가 2003년에는 271건이던 것이 2005년에는 426건으로 증가하였고, 2006년에는 497건으로 증가하였다. 교육정책 연구과제로 수행된 윤명오 · 윤선화 · 이원영 · 박재성 · 정윤경(2005)의 연구에서는 우리나라 유치원의 안전실태를 조사하였다. 연구에 따르면 전국의 5,681개 유치원 중 92.6%가 실외 놀이터를 설치 · 운영하고 있었으며, 3.1%는 옥상놀이터가 설치되어 있었고, 나머지 7.3%는 유치원 내 놀이터가 없어 인근 놀이터를 활용하고 있었다. 전체의 76%가 교사의 시선이 미치지 못하는 구석진 장소가 있는 것으로 조사되었고, 대부분의 유치원들이 추락 가능성이 있는 놀이시설물 아래와 주변 공간에 충격을 흡수할 수 있는 흡수재를 설치하지 않아 추락사고 시 위험요인이 작용하고 있는 것으로 나타났다. 또한 울타리나 담이 설치되어 있는 곳은 전체의 81.1%였으며, 옥상놀이터의 경우 82.4%만이 안전망을 설치하고 있었다. 놀이터에 설치된 놀이기구의 안전도는 금속구조물이 다른 구조물에 비해 안전도가 떨어지는 것으로 나타났으며, 놀이시설물을 정기적으로 검사하는 곳은 전체의 68.2%에 불과한 것으로 나타났다. 이러한 실태조사 결과를 토대로 윤명오 외(2005)는 유치원 시설안전기준 및 안전점검 체크리스트를 개발하였다. 체크리스트 중 실외 환경과 관련된 부분을 발췌하여 소개해보면 **표 5-1**과 같다.

우리나라는 어린이놀이시설이 설치된 장소별로 각각의 법령에 따라 관리되어 왔으나, 법령마다 안전관리내용이 다르고 대부분 선언적으로 규정되어 있어 체계성 및 실효성이 부족하였다. 이에 2007년 1월 26일 법률 제8286호로 어린이 놀이기구의 제조 및 수입, 어린이놀이시설의 설치 및 유지에 관한 안전관리를 체계적으로 정한 「어린이놀이시설 안전관리법」을 제정하고 공포하였으며, 「어린이놀이시설법」이라는 약칭으로 여러 차례 일부 개정을 거쳐 2020년 12월 22일에는 법률 제17695호로 2021년부터 시행되고 있다. 「어린이놀이시설 안전관리법」 내용을 중심으로 놀이시설 안전관리제도를 놀이기구 제조 · 수입 안전관리, 놀이시설 설치 안전관리, 놀이시설 유지 안전관리로 나누어 살펴보면 **그림 5-18**과 같다(지식경제부 기술표준원, 2008).

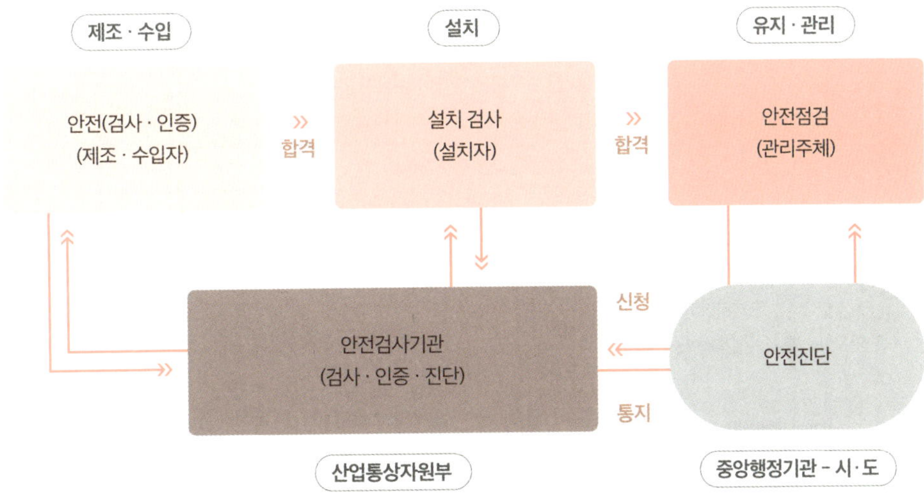

그림 5-18 「어린이놀이시설 안전관리법」에 명시된 어린이놀이시설 관리체계

표 5-1 실외 환경 안전점검 체크리스트

<table>
<tr><th>구 분</th><th colspan="2">점검사항</th><th>그렇다</th><th>아니다</th></tr>
<tr><td rowspan="9">시설
설비</td><td colspan="2">1. 실외 놀이시설물은 바닥에 안전하게 고정되어 있다.
※ 놀이기구의 매립부분이 드러나 있지 않아야 함</td><td></td><td></td></tr>
<tr><td colspan="2">2. 실외 놀이시설물은 안전검사를 필한 제품을 사용하고 있다.</td><td></td><td></td></tr>
<tr><td colspan="2">3. 놀이시설물은 날카로운 부분, 모서리, 뾰족한 부분이 없다.</td><td></td><td></td></tr>
<tr><td colspan="2">4. 놀이시설물의 돌출부분인 볼트와 너트는 위로 튀어나와 있지 않다.</td><td></td><td></td></tr>
<tr><td colspan="2">5. 고정 시설물들 사이의 간격은 최소 1.5m 이상(미끄럼틀은 전방으로 2m, 측면으로 1m)이다.
※ 놀이기구를 이용할 때 기구 간 공간이 충분하여 이동에 지장을 주지 않아야 함</td><td></td><td></td></tr>
<tr><td colspan="2">6. 놀이기구의 높이는 2.5m 이하다.</td><td></td><td></td></tr>
<tr><td colspan="2">7. 유아의 몸이 빠지거나 낄 만한 틈이 있는 기구가 없다.</td><td></td><td></td></tr>
<tr><td colspan="2">8. 실외 놀이시설이 옥상에 설치되어 있는 경우에 추락방지를 위한 견고한 안전망이 설치되어 있다.</td><td></td><td></td></tr>
<tr><td colspan="2">9. 교사의 시선이 미치지 못하는 구석진 장소가 없다.
※ 놀이터 입구에서 보았을 때 시선이 미치지 않는 구석진 장소가 없어야 함</td><td></td><td></td></tr>
<tr><td rowspan="4">바닥</td><td colspan="2">1. 유아가 추락할 가능성이 있는 놀이시설물 아래와 주변의 공간(안전지대)은 충격을 흡수할 수 있도록 되어 있다(30cm 이상의 모래, 우레탄 바닥, 고무매트, 합성물 등).</td><td></td><td></td></tr>
<tr><td colspan="2">2. 유아가 걸려 넘어지거나 부딪칠 수 있는 방해물이 없다.
※ 방해물 : 건축자재, 돌, 유리조각 등</td><td></td><td></td></tr>
<tr><td colspan="2">3. 모래에는 못, 나사, 유리조각 같은 이물질이 없다.</td><td></td><td></td></tr>
<tr><td colspan="2">4. 유실된 모래는 주기적으로 채워 넣어 주고, 청결하게 관리한다.</td><td></td><td></td></tr>
<tr><td>울타리</td><td colspan="2">1. 바깥과 경계를 짓는 담은 유아가 넘지 못하는 구조로 되어 있다.</td><td></td><td></td></tr>
<tr><td rowspan="9">놀이
시설</td><td rowspan="2">1. 목재 구조물</td><td>땅에 세워진 구조물은 부패나 손상이 없다.
※ 부패나 손상은 썩거나 파손된 부분을 말함</td><td></td><td></td></tr>
<tr><td>목재 구조물은 갈라진 틈이 없다.</td><td></td><td></td></tr>
<tr><td rowspan="2">2. 금속 구조물</td><td>강철은 도금이 되어 있거나 파우더로 입혀져 있다.</td><td></td><td></td></tr>
<tr><td>놀이기구는 철의 녹, 알루미늄의 부식이나 페인트칠의 벗겨짐이 없다.</td><td></td><td></td></tr>
<tr><td rowspan="2">3. 플라스틱 구조물</td><td>부서진 부분이 없다.</td><td></td><td></td></tr>
<tr><td>접하거나 연결된 부분이 안전하게 조여 있다.</td><td></td><td></td></tr>
<tr><td>4. 사슬 밧줄</td><td>줄의 상태는 연결 상태가 튼튼하고 유아가 다칠 우려가 있는 손상된 부분이 없다.</td><td></td><td></td></tr>
<tr><td colspan="2">5. 실외 환경과 놀이시설에 대한 일일안전점검을 실시하고 기록·관리한다.</td><td></td><td></td></tr>
<tr><td colspan="2">6. 놀이시설물은 정기적으로 정밀검사를 받고 있다.</td><td></td><td></td></tr>
</table>

(1) 놀이기구의 제조 · 수입 안전관리

어린이놀이기구의 **제조업자 및 수입업자**는 안전검사기관으로부터 해당 놀이기구에 대해 매 출하 및 수입 물량별로 안전검사를 받거나 모델별로 안전인증을 받아야 한다. 안전인증을 받은 어린이놀이기구에 대한 정기검사는 연 1회 이상 실시해야 한다. 안전검사 또는 인증을 받아야 하는 어린이놀이기구는 표 5-2에 제시되어 있으며, 놀이기구의 안전기준은 산업통상자원부 국가기술표준원 홈페이지(www.kats.go.kr)에 자세히 소개되어 있다.

(2) 놀이시설의 설치 안전관리

어린이놀이시설의 **설치자**는 안전검사 및 인증을 받은 어린이놀이기구를 '어린이놀이시설의 시설기준 및 기술기준'(국가기술표준원 홈페이지 → 고시 · 공시 참조)에 적합하게 설치하고, 해당 시설을 관리주체에게 인도하기 전에 안전검사기관으로부터 설치검사를 받아야 한다. 설치검사를 받아야 하는 어린이놀이시설은 보육시설과 유치원을 포함하여 휴게시설, 도시공원, 아동복지시설, 대규모 점포, 의료기관, 주택 단지, 초등학교 및 특수학교, 학원 등의 장소에 어린이놀이기구가 설치된 경우를 모두 포함한다.

표 5-2 어린이놀이기구의 안전기준

유 형	안전기준
그네	하중 지지대에 매달려 있는 좌석 · 받침판이 앞뒤 · 좌우 등으로 움직이도록 설계될 것
미끄럼틀	경사면을 가진 구조물로서 이용자가 규정된 트랙 내에서 미끄러져 내려갈 수 있도록 설계될 것
정글짐	통나무 · 파이프 · 타이어 등으로 구성된 육면체, 둥근 지붕 또는 탑 모양의 구조물로서 자유롭게 매달릴 수 있도록 설계될 것
공중놀이기구	손잡이를 잡고 매달리거나 공중에 매달려 있는 좌석에 앉아서 케이블을 따라 이동할 수 있도록 설계될 것
회전놀이기구	한 개 이상의 좌석 · 받침판 · 손잡이가 설치되어 축을 중심으로 회전하거나 트랙을 따라 회전하도록 설계될 것
흔들놀이기구	아랫부분의 구성체가 좌석이나 자리를 지지하는 형태로서 이용자가 그 좌석이나 자리에서 그 놀이기구를 직접 움직일 수 있도록 설계될 것
오르는 기구	봉 · 로프 · 그물 등으로 이루어진 구조물로서 손으로 붙잡고 오르내리도록 설계될 것
건너는 기구	일어서거나 기거나 매달려서 앞뒤 · 좌우로 이동할 수 있도록 설계될 것
조합놀이대	위의 놀이기구 중 두 가지 이상의 놀이기구가 결합된 형태일 것
충격흡수용 표면재	어린이가 안전하게 놀 수 있도록 하기 위하여 충격을 흡수할 수 있는 재료가 사용될 것

(3) 놀이시설의 유지 안전관리

관리주체는 어린이놀이시설의 기능 및 안전성이 지속적으로 보장되도록 유지관리를 실시하여야 한다. 우선, 설치검사를 받은 어린이놀이시설에 대하여 관리주체는 2년에 1회 이상 안전검사기관에서 정기시설검사를 받아야 하고, 월 1회 이상 자체적으로 안전점검을 실시해야 한다. 안전점검의 항목에는 어린이놀이시설의 연결 상태, 노후 정도, 변형 상태, 청결 상태, 안전수칙 등의 표시 상태와 부대시설의 파손 상태 및 위험물질의 존재 여부가 포함된다. 안전점검 방법은 표 5-3의 기준에 따라 실시하고 결과를 실시대장에 기록해야 한다. 구체적인 안전점검의 세부항목은 표 5-4와 같다.

안전점검 결과 어린이놀이시설이 위해를 가할 우려가 있다고 판단되는 경우에는 이용을 중단하고 1개월 이내에 안전검사기관에 **안전진단**을 신청하여야 하고, 그 결과를 기록하여 3년간 보관해야 한다. 단, 해당 시설을 철거하는 경우에는 안전진단을 신청하지 않을 수 있다. 또한 관리주체는 **안전교육, 보험가입, 중대사고의 발생 보고**와 관련된 유지관리 의무를 수행해야 한다. 즉, 어린이놀이시설을 인도받은 날부터 6개월 이내에 안전관리 업무 담당자로 하여금 안전관리지원기관으로부터 2년에 1회 이상 안전교육을 받도록 해야 하고, 어린이놀이시설을 인도받은 날부터 30일 이내에 사망 시 최고 8,000만 원까지 보상할 수 있는 보험에 가입해야 한다. 중대한 사고가 발생한 경우에는 즉시 사용중지 등 필요한 조치를 취하고 관할 시 · 도지사에게 통보해야 한다.

종합해보면 실외 놀이터는 시설 · 설비의 설치 측면(놀이시설, 바닥, 울타리와 담 등)과 정기적인 안전점검을 통한 유지 관리 측면에서 철저하게 관리될 때 영유아들의 안전이 보장될 수 있다. 특히 놀이터 안전사고는 놀이터 시설의 결함 이외에 체계적인 안전 지도가 미흡하여 발생하는 경우가 많다. 따라서 유아교육기관에서는 놀이터 안전사고를 미연에 방지하기 위해서 놀이터 시설을 이용하기 전에 놀이기구별 안전 수칙을 미리 알리고, 놀이터 이용 시에는 항상 성인의 감독이 이루어지도록 해야 할 것이다.

표 5-3 안전점검 기준

구분	내용
양호	이용자에게 위해·위험을 발생시킬 요소가 없는 경우
요주의	이용자에게 위해·위험을 발생시킬 요소는 발견할 수 없으나, 어린이놀이기구와 그 부분품의 제조업체가 정한 사용연한이 지난 경우
요수리	이용자에게 위해·위험을 발생시킬 요소가 되는 틈, 헐거움, 날카로움 등이 생길 가능성이 있거나, 어린이놀이시설이 더럽거나 안전 관련 표시가 훼손된 경우
이용금지	이용자에게 위해·위험을 발생시킬 수 있는 틈, 헐거움, 날카로움 등이 있거나 위해가 발생한 경우

표 5-4 안전점검의 세부항목

구분	점검항목	점검주기	
		권고	의무
부대시설	울타리, 의자, 가로등의 고장 또는 파손	매일	월간
	화장실의 파손 및 청결 상태	매일	월간
	식수대, 쓰레기 처리대의 파손 및 청결 상태	매일	월간
	놀이터 표지판의 파손 및 내용물 지워짐	1주	월간
놀이터 공통 사항	모든 놀이기구 및 시설의 낙후, 휘어짐	1주	월간
	움직임이 많은 영역에 밧줄이나 전선의 늘어짐	매일	월간
	놀이터 내 전기, 고압선, 유독물질, 유리조각, 돌부리 등 위험물질의 존재	매일	월간
	모래의 유실 및 굳어짐	2주	월간
	놀이터의 배수, 쓰레기 및 입구 주차 상태	매일	월간
	기둥의 고정 및 조임 장치의 조임 상태	매일	월간
	기구 및 시설의 베어링의 윤활	매일	월간
	기구 및 시설의 도장 상태	2주	월간
그네	그네 고리('S' 훅)의 풀림 및 파손	매일	월간
	그네 좌석판의 파손	매일	월간
	그네 회동구 베어링의 윤활유 주입 상태	매일	월간
	그네 줄의 꼬임	매일	월간
	그네 체인의 모양 변형	1주	월간
	그네 줄의 균형 상태	매일	월간
	그네 추락지대까지의 바닥재 충분 상태 및 추락 시 상해 가능 장애물의 존재	매일	월간
	신체 부위(손, 발, 머리)가 낄 수 있는 틈새의 존재	매일	월간
	금속부분의 녹 발생	1주	월간
	금이 간 곳의 존재	매일	월간

(계속)

구분	점검항목	점검주기	
		권고	의무
그네	페인트칠의 벗겨짐	2주	월간
	돌출부나 거친 면의 존재	1주	월간
	볼트나 너트 등의 나사 풀림	매일	월간
미끄럼틀	미끄럼틀 보호벽(난간)의 파손	매일	월간
	미끄럼틀 계단의 파손	1주	월간
	미끄럼틀 활주판의 요철 및 파손	1주	월간
	착지판에 흙 또는 물의 존재	매일	월간
	신체 부위(손, 발, 머리)가 낄 수 있는 틈새의 존재	매일	월간
	금속부분의 녹 발생	1주	월간
	금이 간 곳의 존재	매일	월간
	페인트칠의 벗겨짐	2주	월간
	돌출부나 거친 면의 존재	1주	월간
	볼트나 너트 등의 나사 풀림	매일	월간
흔들놀이기구	시소 무게 균형의 정확성(각도의 기준치 초과 여부)	매일	월간
	충격 완화용 타이어의 파손	1주	월간
	지지대와 시소판의 연결 부위의 원활성 및 회전성	1주	월간
	시소가 좌우로 흔들림	1주	월간
	손잡이가 흔들림	1주	월간
	신체 부위(손, 발, 머리)가 낄 수 있는 틈새의 존재	매일	월간
	금속부분의 녹 발생, 목재의 부식	1주	월간
	금이 간 곳의 존재	매일	월간
	페인트칠의 벗겨짐	2주	월간
	돌출부나 거친 면의 존재	매일	월간
	볼트나 너트 등의 나사 풀림	매일	월간
회전놀이기구	회전 상태(베어링 상태)	2주	월간
	손잡이의 파손	매일	월간
	회전판의 기울어짐이나 흔들림	1주	월간
	회전축의 강도	1주	월간
	회전축의 움직이는 부분의 노출	1주	월간
	하강지역에 모래 높이 및 양의 적정성	매일	월간
	신체 부위(손, 발, 머리)가 낄 수 있는 틈새의 존재	매일	월간
	금속부분의 녹 발생, 목재의 부식	1주	월간

(계속)

구 분	점검항목	점검주기	
		권 고	의 무
회전놀이기구	금이 간 곳의 존재	매일	월간
	페인트칠의 벗겨짐	2주	월간
	돌출부나 거친 면의 존재	1주	월간
	볼트나 너트 등의 나사 풀림	매일	월간
정글짐	파이프가 휘어짐	1주	월간
	하강지역에 모래 높이 및 양의 적정성	매일	월간
	금속부분의 녹 발생	1주	월간
	금이 간 곳의 존재	매일	월간
	페인트칠의 벗겨짐	2주	월간
	돌출부나 거친 면의 존재	1주	월간
	볼트나 너트 등의 나사 풀림	매일	월간
오르는 기구	그물망(체인, 타이어) 사이의 연결 부위 고정성	매일	월간
	손잡이(파이프, 체인, 타이어)의 파손(갈라짐, 휘어짐, 엉킴, 벗겨짐)	매일	월간
	지지대의 느슨함	매일	월간
	하강지역에 모래 높이 및 양의 적정성	매일	월간
	신체 부위(손, 발, 머리)가 낄 수 있는 틈새의 존재	매일	월간
	금속부분의 녹 발생, 목재의 부식	1주	월간
	금이 간 곳의 존재	매일	월간
	페인트칠의 벗겨짐	2주	월간
	돌출부나 거친 면의 존재	1주	월간
	볼트나 너트 등의 나사 풀림	매일	월간
건너는 기구 · 공중놀이기구	손잡이 파이프(혹은 링)의 파손(갈라짐, 휘어짐)	1주	월간
	하강지역에 모래 높이 및 양의 적정성	매일	월간
	신체 부위(손, 발, 머리)가 낄 수 있는 틈새	매일	월간
	금속부분의 녹 발생, 목재의 부식	1주	월간
	금이 간 곳의 존재	매일	월간
	페인트칠의 벗겨짐	2주	월간
	돌출부나 거친 면의 존재	1주	월간
	볼트나 너트 등의 나사 풀림	매일	월간

* 종합놀이대는 상기 점검항목 중에서 해당되는 부분을 선택하여 점검한다.

나 가 는 말

놀잇감과 놀이환경은 유아교육프로그램에서 중요한 부분을 차지한다. 유아에게 제공되는 놀잇감과 놀이환경이 유아의 요구 및 흥미를 만족시켜 주느냐에 따라 유아의 놀이 형태 및 놀이 참여 정도가 달라질 수 있기 때문이다. 따라서 본 장에서는 바람직한 놀잇감 선정을 위해 놀잇감 특징과 유형, 놀잇감 선택 시 고려사항에 대해 알아보고, 적합한 놀이환경 구성을 위해서 실내 · 외 놀이환경과 놀이터 안전에 대해 살펴보았다.

우선 학습과 발달에 영향을 미치는 **놀잇감의 특징**은 디자인의 구조성과 사실성 정도에 따라 개방적 놀잇감과 폐쇄적 놀잇감, 형태의 규칙 정도와 복잡성, 부속품 숫자에 따라 단순한 놀잇감과 복잡한 놀잇감, 촉감적 재질에 따라 부드러운 놀잇감과 딱딱한 놀잇감, 규모에 따라 소형 놀잇감과 대형 놀잇감, 공간 차원에 따라 평면적 놀잇감과 입체적 놀잇감 그리고 문화적 다양성을 고려했는지에 따라 다문화적 놀잇감과 편견을 내포한 놀잇감으로 구분할 수 있다. **놀잇감의 유형**에는 실존하는 대상이나 물체를 모방하여 소형화시킨 모형 놀잇감, 다양한 방법으로 구성활동을 할 수 있는 구성 놀잇감, 대근육 발달을 돕는 대근육 놀잇감, 특정한 기술이나 개념을 가르치기 위해 고안된 교육용 놀잇감, 실세계의 모든 사물을 지칭하는 실물 놀잇감, 새로운 과학기술들이 적용된 전자 놀잇감 등이 있다. **놀잇감 선택 조건**은 기능적인 측면과 교육적인 측면으로 나누어볼 수 있는데 기능적인 측면에서는 가장 중요한 안전성과 적합성, 내구성, 경제성을 고려해야 하고, 교육적인 측면에서는 영유아들이 놀잇감을 가지고 놀이에 참여함으로써 신체적, 인지적, 사회·정서적, 창의적 성장을 증진시킬 수 있어야 한다. 특히 유아의 자발적 놀이를 중시하는 개정 누리과정에서는 개방적인 놀잇감으로서 '마음대로 놀잇감'의 중요성을 강조하고 있는데 영유아의 놀이성을 좀 더 살려주기 위해 교사는 정형화되고 고정된 용도의 놀잇감만을 제공하기보다 영유아들이 다양한 방법으로 마음껏 놀이에 활용할 수 있는 비정형화된 놀잇감을 선택하여 준비해줄 필요가 있다.

영유아들이 다양한 놀이를 즐기며 많은 시간을 보내는 **실내 놀이환경**을 구성하기 위해서는 안전과 위생, 다양한 놀잇감의 충분한 제공, 영유아의 발달 수준과 흥미 및 행동 특성, 전체 인원수와 기관 프로그램의 특성, 현재 놀이가 이루어지는 교실 공간의 특수성 등을 고려해야 한다. 특히 유아교육기관의 실내 놀이환경은 영유아의 발달 수준과 흥미, 진행되는 놀이 주제에 따라 쌓기놀이 영역, 역할놀이 영역, 수·조작놀이 영역, 언어영역, 조형영역, 과학영역, 음률영역, 물·모래놀이 영역, 목공놀이 영역 등 다양한 흥미영역을 적절하고 융통성 있게 구성해주어야 한다. 이러한 흥미영역들은 영유아들이 스스로 놀이를 선택하게 해줌으로써 의사결정능력과 자율성을 길러주고, 각 영역별로 놀잇감과 놀이 공간이 주어지기 때문에 놀이를 확장·발전시켜 주며, 놀이 간의 경계가 뚜렷하여 방해를 받지 않고 놀이에 몰두할 수 있도록 해준다. 그러나 뚜렷한 영역 간 경계는 놀이의 통합을 제한하고 놀이와 사고를 제한할 수 있기에 영유아가 주도적으로 놀이영역을 변화시키고 만들어가는 공간이 될 수 있도록 관찰과 소통을 통한 교사의 지원이 필요하다. 이를 통해 유아교육기관의 실내 놀이 공간은 구조적이고 물리적인 의미를 넘어서서 유아와 교사가 함께 만들어가는 생성의 의미를 가진 공간으로 나아갈 수 있을 것이다.

실외 놀이환경에서도 질 높은 놀이 경험을 제공하기 위해 풍부한 경험과 점진적인 도전이 일어나고, 융통성과 연결성이 돋보이며, 다양한 유형의 놀이를 촉진하고 성인에게서 분리되며 안전이 보장되는 장소로 구성해야 한다. 유아교사는 생동감 있는 실외 놀이를 위해서 실외 영역도 운동놀이, 물 · 모래놀이, 목공놀이, 동식물 기르기, 조용한 놀이, 개방된 영역 등의 흥미영역으로 구성해주어야 하고, 더불어 시설물 사이 적절한 연결 통로와 놀이기구들을 정리·보관할 수 있는 창고, 실외 놀이 공간의 경계를 알리는 울타리가 설치되어야 한다. 특히 실외 놀이터는 안전사고가 많이 발생하는데 이를 예방하기 위해서는 적합한 시설·설비를 설치하고, 정기 안전점검을 통해 철저하게 유지·관리될 수 있도록 하며, 영유아들에게도 놀이기구별 안전 수칙을 미리 알려 스스로 지키게 할 뿐만 아니라 놀이터 이용 시에는 항상성인 감독을 실시하여 영유아들의 안전이 보장될 수 있도록 해야 한다.

요약해보면 영유아들의 발달과 학습을 최대한으로 지원하기 위해 교사는 질적으로 우수한 놀잇감 선정과 놀이환경을 제공해주어야 한다. 교사는 놀잇감을 선택할 때 기능적·교육적 조건을 고려함과 더불어 영유아들은 성장하면서 전인적 측면에서 발달하고 이에 따라 놀이 행동 및 놀잇감 사용도 달라지므로 영유아의 발달 수준을 고려하여 연령에 적합한 놀잇감을 제공해주어야 한다. 또한 영유아들은 실내뿐만 아니라 실외에서도 활발하게 놀이를 즐기므로 영유아들의 놀이가 원활하게 이루어지고 확장될 수 있도록 실내 · 외 놀이환경을 다양한 흥미영역으로 구성해주고, 관찰과 소통을 통해 영유아들과 함께 공동으로 놀이 공간을 함께 변화시켜 나가며, 영유아들이 안전하게 놀이할 수 있도록 안전점검과 규칙 수립 및 감독을 실시해야 한다. 따라서 유아교육기관 교사는 우수하고 발달에 적합한 놀이환경을 제공함은 물론 영유아들의 흥미와 참여 정도에 따라 놀이환경을 지속적으로 변화시키면서 영유아들과 함께 융통성 있게 재구성해나가야 할 것이다.

사후 활동 주제

- 놀잇감을 소개하는 여분의 카탈로그를 구해서 놀잇감 사진을 자른 후, 앞에서 제시된 놀잇감 유형에 따라 놀잇감 사진을 분류해보세요.
- 텔레비전, 비디오, 태블릿PC 등 전자 놀잇감이 영유아들에게 적합한지 찬성의 입장과 반대의 입장에서 토론해보세요.

  참고 EBS 다큐프라임 〈아이의 사생활〉 5부작 중 2부 '도덕성'은 텔레비전이 유아들에게 주는 영향을 직접 실험한 연구[1]를 다룸
- 놀이방을 운영하기 위해 정해진 재정으로 놀잇감을 구입하려고 합니다. 우선적으로 구입해야 할 놀잇감이 무엇인지 집단별로 토론해보세요. 재정규모를 정하고 이에 맞추어 구체적인 계획을 세워보세요.
- 만약 자신이 새로운 유아교육기관을 설계하려고 한다고 가정해봅시다. 영유아들의 놀이를 촉진하기 위해 건물을 설계하고, 실내 놀이 공간과 실외 놀이 공간을 설계해보세요.

---

1 유아들을 세 집단으로 나누어 첫 번째 집단은 인형을 공격하는 모습, 두 번째 집단은 인형을 보살피는 모습, 세 번째 집단은 인형에게 무관심한 모습이 담긴 VCR을 보여준 뒤, 인형이 있는 방 안에 들여보내고 유아들의 행동을 관찰한 결과를 담은 내용

참 고 문 헌

교육부(2000). **유치원 교육활동 지도자료 1 : 총론**. 서울 : 교육부.

교육부 · 보건복지부(2019a). 2019 개정 누리과정 놀이실행자료. 세종특별자치시 : 교육부 · 보건복지부.

교육부 · 보건복지부(2019b). 2019 개정 누리과정 해설서. 세종특별자치시 : 교육부 · 보건복지부.

김정준 · 김정화 · 신유림(1999). **유아에게 적합한 125가지 놀잇감**. 서울 : 창지사.

김현주(2019). **개정 누리과정에 따른 마음대로 놀잇감**. 서울 : 아이코리아.

백승재(2008. 10. 23.). 촉감 느끼고 감정 표현하는 유아교육용 로봇 개발. **조선일보**, p. A6.

변홍규 · 박혜정 · 윤점룡(1983). **유아를 위한 놀잇감 평가기준 개발**. 한국교육개발원.

소비자 안전국 리콜 제도팀(2007). **2007년 어린이 안전사고 유형별 실태조사**. http : //www.kca.go.kr에서 2008년 12월 1일 인출.

손혜진(2024). 가상현실을 활용한 디지털 놀이에서의 유아 메타 커뮤니케이션 분석. 이화여자대학교 대학원 박사학위논문.

엄정애(1992). 놀이감의 실물성(Realism)이 유아의 사물에 대한 가작화에 미치는 영향. 이화여자대학교 대학원 석사학위논문.

엄정애 · 김민진 · 강민정(2023). 태블릿PC를 활용한 유아의 미술 놀이 경험에 대한 사례 연구. **교육과학연구, 54**(1), 49 - 73.

오채선(2019). 누리과정, 놀이와 교육의 변증법적 이해. **유아교육연구**, **39**(2), 279 - 305.

윤명오 · 윤선화 · 이원형 · 박재성 · 정윤경(2005). 유치원 시설안전기준 및 안전 점검 체크리스트 개발. 교육정책연구 2005 - 지정 - 40. 서울 : 교육인적자원부.

이기숙(2008). **개정 3판 유아교육과정**. 파주 : 교문사.

이숙재(2004). **제3판 유아를 위한 놀이의 이론과 실제**. 서울 : 창지사.

이화여자대학교 사범대학 부속이화유치원(2021). **놀이, 배움, 가르침의 통합을 위한 유아교육 바로알기**. 서울 : 창지사.

전효훈 · 엄정애(2016). 조형활동에서 나타나는 유아의 놀이양상과 교사의 반응에 관한 사례연구. **유아교육연구**, **36**(4), 93 - 125.

지식경제부 기술표준원(2008). **어린이 놀이시설 안전관리제도**. http : //www.kats.go.kr에서 2008년 10월 8일 인출.

함혜정 · 엄정애(2022). 유아와 교사가 함께 만들어가는 교실공간에 대한 사례연구. **한국교육문제연구**, **40**(3), 93 - 119.

Aronson, S. (Ed.). (2002). *Healthy young children*. Washington, DC : National Association for the Education of Young Children.

Bergen, D. (2004, February). *Communicative actions and language narratives in preschoolers' play with 'talking' and 'nontalking' rescue heroes*. Paper presented at The Association for the Study of Play Annual Meetings, Atlanta.

Bronson (1998). **신생아부터 8세아까지 발달 단계로 본 우리 아이들의 놀잇감 선택방법**. 이기숙 · 오은순 (역). 서울 : 양서원.(원본발간일, 1995)

Dattner, R. (1969). *Design for play*. Cambridge, MA : MIT Press.

Deleuze, G., & Guattari, F. (2021). **천 개의 고원**. 김재인(역). 서울 : 새물결.(원본발간일, 1980)

Frost, J. L. (1986). Children's playgrounds : Research and Practice. In G. Fein & M. Rivkin (Eds.), *The Young Child at Play* (pp. 195 - 211). Washington DC : NAEYC.

Frost, J., & Klein, B. (1979). *Children's play and playgrounds*. Boston : Allyn and Bacon.

Greenman, J. (2003). Are we losing ground? *Child Care Information Exchange, 150*, 40 - 42.

Isenberg, J. P., & Quisenberry, N. (2002). Play : Essential for all children. A position paper of the association for childhood education international. *Childhood Education, 79*(1), 33 - 39.

Johnson, J., Christie, J., & Wardle, F. (2005). *Play, Development, and Early Education*. Boston, MA : Allyn and Bacon.

Johnson, J., Christie, J., & Yawkey, T. (1999). *Play and early childhood development* (2nd ed.). New York : Longman.

Kritchevsky, S., Prescott, E., & Walling, L. (1977). *Planning environments for young children : Physical space*. Washington DC : National Association for the Education of Young Children.

Levin, D., & Rosenquest, B. (2001). The increasing role of electronic toys in the lives of infants and toddlers : Should we be concerned? *Contemporary Issues in Early Childhood, 2*(2), 242 - 247.

Marsh, J. (2002). Electronic toys : Why should we be concerned? A response to Levin & Rosenquest. *Contemporary Issues in Early Childhood, 3*, 132 - 138.

McLean, S. (1995). Creating the Learning environment : Context for living and learning. In J. Moyer (Ed.), *Selecting educational equipment and materials for school and home* (pp. 5 - 13). Wheaton, MD : Association for Childhood Education International.

McLoyd, V. (1983). The effects of the structure of play objects on the pretend play of low - income preschool children. *Child Development, 54*, 626 - 635.

Neuman, S., & Roskos, K. (1992). Literacy objects as cultural tools : Effects on children's literacy behaviors during play. *Reading Research Quarterly, 27*, 203 - 223.

Neuman, S., & Roskos, K. (1997). Literacy knowledge in practice : Contexts of participation for young writers and readers. *Reading Research Quarterly, 32*, 10 - 32.

Olszewski, P., & Fuson, K. C. (1982). Verbally expressed fantasy play of preschoolers as a function of toy structure. *Developmental Psychology, 18*, 57 - 61.

Prescott, E. (1994, November/December). The physical environment : A powerful regulator of experience. *Child Care Information Exchange, 100*, 9 - 15.

Pulaski, M. (1973). Toys and imaginative play. In J. Singer (Ed.), *The Child's world of make - believe : Experimental studies of imaginative play* (pp. 74 - 103). New York : Academic Press.

Scarlett. W. G., Naudeau, S., Salonious-Pasternak, D., & Ponte, I. (2005). *Children's Play*. Thousand Oaks, California : Sage Publication, Inc.

Seefeldt, C. (1980). *A curriculum for preschool*. Columbus, OH : Chares E. Merrill.

Sutton-Smith, B. (1986). *Toys as culture*. New York : Gardner Press.

Toy Manufacturers of America (1996). Toy industry annual sales 1986-1995 [on-line]. Available : http : //www.toy-tma.com/STATISTICS/is chart1. html

Trawick-Smith, J. (1990). The effects of realistic versus non-realistic play materials on young children's symbolic transformation of objects. *Journal of Research in Childhood Education, 5*, 27-35.

U. S. Consumer Product Safety Commission. (1997). *Handbook for public playground safety*. Washington, DC : Author.

Wardle, F. (2000). Supporting constructive play in the wild. *Child Care Information Exchange, 128* (July/August), 26-28.

Wardle, F. (2003). *Introduction to early childhood education : A multidimensional approach to child-centered care and learning*. Boston : Allyn and Bacon.

Wardle, F., & Cruz-Janzen, M. (2004). *Multiethnic and multiracial children in schools*. Boston : Allyn and Bacon.

MEMO

CHAPTER

6

놀이와 유아교육

들어가는 말

영유아의 놀이가 교육적인 의의를 지닌다고 할지라도 모든 놀이가 교육적일 수는 없으며, 또한 교육을 위해 놀이가 활용되는 순간 그 놀이는 진정한 놀이로서의 가치를 잃게 되기 쉽다. 그럼에도 불구하고 유아교육에서는 놀이 중심 교육 또는 놀이 중심 교육과정이라는 개념이 매우 자연스럽고 당연하게 사용되어 왔다. 특히 유아교육 이론에 많은 영향을 준 Piaget와 Vygotsky는 학습에서 놀이의 중요성을 강조했으며, NAEYC의 발달에 적합한 실제와 구성주의 이론은 놀이가 유아교육의 주요한 교수방법 및 교수전략이 되어야 한다는 주장을 강력히 펼쳐왔다. 놀이와 교육을 연결시키려는 이러한 관점에서 보면 유아교육에서 바라보는 교육과정과 연계된 놀이는 여가적 놀이(recreational play)라기보다는 교육적 놀이(educational play)인 것이다. 반면 후기 구조주의, 포스트모더니즘에 근거한 놀이이론의 등장으로 놀이에 대한 보편적 담론에 변화가 발생하였다. 놀이는 교육적 관점 안에서 구조적으로 바라보면 놀이의 본질을 잃게 되기에 놀이자 자신의 의미를 반영하는 놀이의 복잡성에 대한 이해가 필요하다는 것이다. 즉, 구조화된 교육적 놀이의 제한점을 지적하고 비구조적인 자유놀이의 필요성을 강조하는 것이다.

놀이가 중심이 되는 교육의 의미와 방법에 두 가지 입장이 존재한다(OECD, 2012). 첫째는 놀이가 교수학습 방법으로 활용되어야 한다는 입장으로, 놀이가 발달과 학습을 이끄는 매개체로 작용하기에 교육적인 놀이의 중요성을 강조하는 것이다. 프랑스 및 영미권 국가들과 구성주의적 신념의 교사들이 지지하는 입장으로, 놀이의 본질을 잊고 교육의 수단화가 될 수 있다는 단점이 있다. 둘째는 놀이 자체가 교육의 내용이자 목적이어야 한다는 입장으로, 놀이 그 자체에 중심을 두고자 하는 것이다. 스웨덴, 노르웨이, 핀란드 등 노르딕 국가에서 지지하는 입장으로, 사회통념에 어긋나는 위법 놀이(illicit play)의 발생 등 교육적 맥락과 결과가 무시될 수 있다.

놀이가 중심이 되는 교육을 논할 때, 놀이와 교육의 관계는 매우 다루기 힘든 문제로 현장의 교사들은 유아들이 놀이를 통해 무엇인가를 꼭 배우는 것 같지 않다고 생각하거나, 교사로서 무엇을 가르치고 있다면 유아들은 놀이하고 있는 것이 아니라고 여겨지기에 놀이와 교육을 통합하는 것의 어려움을 느낄 수 있다. 우리나라의 경우에도 교육적 놀이를 중요시해왔던 국가 수준의 유아교육과정을 현장에서 지나치게 교육을 강조하다보니 놀이가 너무 구조화되어 최근 도입된 누리과정에서는 여가적 놀이, 진정한 놀이, 유아 주도적인 놀이의 중요성을 강조하게 된 것이다. 그럼에도 불구하고 놀이 중심 교육을 논할 때 교육적 놀이의 중요성은 우선적으로 살펴보아야 할 기본적인 개념이다.

따라서 본 장에서는 우선 놀이와 유아교육의 관계를 보다 명백히 하고 유아교육현장에서의 놀이를 좀 더 활성화시키기 위해 교육적 놀이, 놀이와 유아교육과정, 놀이 중심 교육의 방해요인을 중심으로 유아교육에서의 놀이를 살펴보고자 한다. 또한 유아교육기관 현장에서 이루어지고 있는 자유놀이시간의 의미와 운영 및 놀이지원을 위한 교사의 역할을 알아보고, 놀이 활성화를 위한 보다 구체적인 성인의 놀이 참여에 대해 살펴볼 것이다.

CHAPTER 6

놀이와 유아교육

사전 토의 주제

- 놀이를 통한 유아교육이 진정 가능할지 의견을 나누어보세요. 예를 들면, 교육을 위해 놀이를 활용하게 되면 그러한 교육적 놀이를 영유아들은 즐겁고 재미있는 놀이로 받아들일지, 교육현장에서 영유아들의 자발적 놀이만을 중요시했을 때 유아교육에서의 학습 목표 달성이 가능할지 등에 대한 고려를 포함하여 자신의 의견을 기술해보세요.
- 유아교육기관에서 이루어지는 자유놀이시간에 교사는 어떤 역할을 수행해야 할지, 또한 영유아들은 자유놀이시간에 어떤 교사를 원할지 논의해보세요.

1 유아교육에서의 놀이

유아교육의 목적과 놀이를 통합하는 것이 가치로운 일이 되기 위해서는 교육적 놀이에 대한 다양한 관점을 이해하고 놀이와 유아교육과정과의 관계를 이론적으로 정립하며 이에 대해 실제 사례를 연결시켜 봐야 한다. 따라서 본 절에서는 교육적 놀이에 대해 찬반 의견을 살펴보고, 놀이와 유아교육과정과의 관계를 탐색해보면서 놀이 · 배움 · 가르침의 통합을 위한 방향을 모색해볼 것이다. 더불어 놀이 중심 교육을 방해하는 요인에 대해 제시해보고자 한다.

1) 교육적 놀이

교육적 놀이에 대한 개념 정의를 위해서는 교육과 놀이의 정의부터 알아보아야 할 것이다. 교육(education)이란 용어는 라틴어의 'educatio'에서 유래된 것으로 빼낸다는 의미와 끌어올린다는 의미를 포함하고 있다. 교육학 용어사전에 따르면 교육이란 '인간의 정신적 · 신체적 성장과 발달을 어떤 이상이나 목적, 혹은 가치 기준에 의하여 통제하거나 조력하는 일련의 인위적 과정'(서울대학교 교육연구소 편, 2007)이라고 정의되어 있다. 즉, 교육은 이를 주도하는 사람이나 사회의 의도를 내포하고 있는 것이다. 따라서 교육은 항상 목표가 설정되고 이에 따르는 성취도 평가가 따르게 된다. 반면 놀이(play)란 '유쾌한 감정을 느끼는 신체적 · 지적 활동으로서 어떤 궁극적 목적을 추구하는 것이 아닌 활동 자체에 만족하는 행위'(서울대학교 교육연구소 편, 2007)를 말한다. 놀이는 내적으로 동기화되고 목표보다는 과정에 더 관심을 두는 것이라고 볼 수 있다.

놀이와 교육을 함께 통합하는 과정에서 교육적 놀이라는 용어와 놀이스러운 교육이라는 용어가 사용된다. 먼저 교육적 놀이란 분명히 자신을 표현하는 자발적 놀이지만 교육목적을 달성하기 위한 교육내용이 놀이 속에 녹아 있는 경우를 말한다. 반면 놀이스러운 교육이란 목적 달성을 위한 의도된 교육이지만 교육목적, 목표 또는 결과를 하나 이상의 주요한 놀이 특징에 연결시키는 것으로 교육목적을 달성하는 데 놀이를 활용하면서 놀이스러운 방법으로 교육하는 것을 말한다. 예를 들면, 놀이스러운 과학활동, 놀이스러운 음악활동 등을 들 수 있다. 즉, 놀이스러운 교육이란 교육이 목적이고 놀이가 수단으로 활용되는 경우라면, 교육적 놀이란 놀이가 주된 목적이지만 놀이 속에 교육적 요소가 내포되어 있는 경우를 말한다.

교육적 놀이와 관련하여 Ginsburg(2006)는 매일매일의 일상생활 속에서의 수학(Everyday Mathematics, EM)을 강조하면서 수학적 놀이(mathematical play)라는 용어를 사용하였다. 그는 수학적 놀이의 세 가지 유형을 제시하였는데, 첫째는 놀이 속에 녹아 있는 수학, 둘째는 수학에 초점을 둔 놀이, 셋째는 가르쳐진 수학을 가지고 하는 놀이다. **놀이 속에 녹아 있는 수학**이란 예를 들면, 영유아들이 블록을 가지고 놀이를 할 때 자연스럽게 모양이나 패턴, 공간개념들을 경험하게 된다는 것을 의미한다. **수학에 초점을 둔 놀이**는 몬테소리 교구 중 수 막대와 수 카드 또는 금색 비즈 등을 가지고 놀이하는 경우를 예로 들 수 있다. 수 막대와 수 카드는 10cm씩 길이가 차이가 나는 나무막대 10개로 이루어진 놀잇감으로 수 막대와 수 카드를 대응시켜보면서 놀이를 하는 것이고, 금색 비즈는 해당 양의 비즈와 수 카드를 일치시켜 봄으로써 1, 10, 100, 1000의 양을 인식하는 놀이를 하는 것이다. 물론 수학에 초점을 두고 만들어진 놀잇감을 그 목적대로 놀이하지 않는 유아들도 있을 수 있지만, 진정 흥미롭고 심각하게 목적대로 가지고 노는 경우에는 수학에 초점을 둔 놀이에 몰두하고 있다고 볼 수 있다. 구슬을 꿰는 놀이를 하는 경우 한 유아가 매우 흥미롭고 진지하게 계속 구슬의 수를 100까지 세는 놀이를 하고 있다면 이 또한 수학에 초점을 둔 놀이를 즐기고 있다고 볼 수 있다. **가르쳐진 수학을 가지고 하는 놀이**는 측정에 대한 교육활동을 경험해본 유아들이 자유놀이 상황에서 테이프를 이용하여 여러 가지 물건들을 재보면서 비교하고 즐기는 놀이에 참여하는 상황을 말한다.

수학적 놀이의 세 가지 유형을 전반적인 교육으로 확장시켜 보면 놀이 속에 녹아 있는 교과내용, 교과내용에 초점을 둔 놀이, 가르쳐진 교과내용을 활용하여 즐기는 놀이를 교육적 놀이의 유형이라고 볼 수 있다. 이러한 교육적 놀이는 배우고 싶은 동기를 유발시킨다는 차원에서 유아교육에서 중요시 다루어지고 있다. 교육적 놀이의 가치 또는 장점을 구체적으로 제시해보면 다음과 같다(Johnson, Christie & Wardle, 2005).

① **의미 있는 학습 제공** : 영유아들은 놀이 상황 속에서 매우 진지하다. 그만큼 그 상황이 영유아들에게 의미 있기 때문이다. 보다 의미 있는 상황 속에서 이루어지는 학습은 어렵지 않게 진행되며 더 오랫동안 기억에 남게 된다.

② **연습의 기회 제공** : 놀이를 통해 새로운 개념을 배울 수도 있지만, 놀이는 이미 배운 개념과 기술을 반복적으로 연습할 수 있는 기회를 제공한다. 영유아들은 이미 알고 있는 다양한 개

념과 기술들을 놀이를 하면서 연습을 통해 더욱 공고히 하게 된다.

③ **자기통제 기능 제공** : 놀이 속에서 영유아들은 모든 것을 스스로 통제하게 된다. 놀이란 언제든지 스스로 선택하고, 스스로 중단할 수 있다. 또한 즐거운 놀이를 위해 자신의 행동을 통제하고 타인과 긍정적 상호작용을 하며 통제감을 기르고 실천하게 된다.

④ **융통성과 창의성 개발** : 진정한 놀이는 누군가가 정해준 방법대로 놀이를 하는 것이 아니라 스스로 방법을 창안해내고 융통성 있게 변화시켜 가는 것이다. 영유아들은 놀이를 하면서 학습한 기술과 개념을 다양한 상황에 적용시켜 봄으로써 문제해결력과 융통성 및 창의적 사고를 계발시켜 나가게 된다.

⑤ **즐거운 학습 분위기 조성** : 놀이의 특성 중 하나는 긍정적인 정서다. 놀이 상황은 일반적으로 즐겁고 재미있으며 미소와 웃음이 넘쳐나는 상황이다. 따라서 교육적 놀이는 이러한 분위기에서 학습이 이루어질 수 있도록 격려하는 것으로 영유아들이 학습을 힘들고 어려운 것으로 여겨 멀리하지 않도록 미연에 방지해준다.

⑥ **휴식 제공** : 현대사회는 초 · 중 · 고등학생뿐만 아니라 영유아들에게도 강도 높고 과도한 집중력을 요하는 학습활동을 제공하는 경우가 많다. 이러한 압력 속에서 놀이는 영유아들에게 긴장의 해소와 위안 및 휴식을 제공해준다.

⑦ **적극적인 신체 움직임 유도** : 다양한 놀이 중에는 동적인 놀이뿐만 아니라 정적인 놀이도 있지만 대개의 경우 영유아들은 놀이를 하면서 신체를 많이 움직이게 된다. 연령이 어린 영유아들은 움직임의 요구가 크다. 따라서 오랫동안 조용히 앉아서 집중하는 능력이 부족한 영유아들에게 교육적 놀이는 신체적 활동에 대한 요구를 충족시켜 주면서 교육이 이루어지도록 해준다.

이상에서 살펴본 교육적 놀이의 다양한 가치에도 불구하고 교육기관에서는 교육적 놀이를 중심으로 교육과정을 운영하지 못하는 경우가 많다. 그 이유는 교육적 놀이가 내포하고 있는 몇 가지 단점 때문이다. Johnson, Christie와 Wardle(2005)은 교육적 놀이의 잠재적 단점으로 첫째, 진보 상황을 기록하기 어렵다는 점, 둘째, 시간이 많이 소모된다는 점, 셋째, 교육적 놀이로 교육받은 유아들 중에는 힘든 일을 피하려 하는 경향이 있을 수 있다는 점, 넷째, 교육적 놀이 활용에 대한 교사의 준비가 부족하다는 점, 다섯째, 부모와의 갈등을 야기한다는 점을 제시하였다.

우선 교육기관에서 교육적 놀이를 중심으로 교육과정을 구성하면 영유아들이 정확히 무엇을 학습했는지 기록하기가 힘들기 때문에 평가가 어렵고 시간이 많이 걸린다는 것이다. 하지만 놀이는 Bloom의 교육목표 분류 중 기본적인 지식 회상 수준보다는 보다 높은 수준의 적용, 분석, 종합을 추구함으로써(이영애, 2009) 이러한 교육적 놀이의 단점은 평가도구와 방법 및 평가시기의 문제라고 볼 수 있다. 보다 수준 높은 교육목표 달성을 평가할 수 있는 도구의 개발과 함께 단기적인 학업 성취의 향상을 강조하는 교육 정책에 변화가 이루어질 필요가 있다.

놀이를 통해 교육받은 영유아들 중에는 재미와 즐거움만을 추구하고 힘든 일을 피하려 하기 때문에 추후에 끈기를 요하는 힘든 학습 상황에 직면하게 되면 미리 포기하게 될 것이라는 걱정 또한 교육적 놀이의 단점으로 지적된다. 그렇다면 유아교육기관에서 발달에 맞지 않는 힘든 과업을 제공할 경우 그 과업을 완수하고 상급학교에 진학하여 힘든 학습을 거뜬히 소화해낼 수 있는 영유아들이 몇 명이나 될지 상상해볼 필요가 있다. 아마도 영유아기의 힘든 과업으로 스트레스를 받고 정상적으로 성장하지 못할 뿐만 아니라, 상급학교에 진학해서도 교육은 정말 지루하고 힘든 것이라고 단정지어 미리 포기해버리는 영유아들이 더 많아질 것으로 추측된다.

물론 교육적 놀이를 중심으로 교육과정을 구성하고 운영한다는 것은 쉬운 일이 아니다. 직접적 교수 방법을 사용하여 교사 주도적으로 교육과정을 이끌거나, 어떠한 계획이나 준비도 없이 영유아들을 마음대로 놀게만 한다면 두 가지 방법 중 하나를 선택하여 교육과정을 구성하는 것이 교사들에게 훨씬 쉽다. 또한 대부분의 부모들이 단기간에 눈에 보이는 학업 지식이나 기술의 습득을 중요하게 여기는 경향이 있기 때문에 교육적 놀이를 중심으로 교육과정을 구성하고 운영하는 것에 만족하지 않고 심지어는 많은 불만을 표현하는 경우가 많다. 즉, 현장 교사의 전문 지식과 기술의 부족 및 부모들의 반대는 교육적 놀이의 잠재적인 단점으로 지적될 수 있다. 따라서 예비 교사교육과 현직 교사교육을 통해 전문적인 지식과 기술을 갖춘 유아교사를 양성하고 지속적으로 부모들에게 교육적 놀이의 가치에 대해 알리는 노력을 기울일 필요가 있다.

이상을 종합해보면, 교육적 놀이는 잠재적으로 단점을 내재하고 있지만 상대적으로 긍정적인 측면이 더 많고, 부정적인 측면은 충분히 최소화시킬 수 있기 때문에 이상적인 유아교육의 실현을 위해서는 교육현장에서 적극적으로 활용되어야 한다. 현장의 교사들은 놀이를 중심으로 교육과정을 운영하면서 적절한 놀이참여를 통해 보다 더 도전적인 교육적 놀이를 격려하고, 놀이 상황을 진정한 평가의 맥락으로 활용해야 할 것이다. 또한 영유아들이 배우기 위한 놀이와 즐기기 위한 놀이를 모두 충분히 경험할 수 있도록 교육적 놀이와 여가적 놀이 간의 균형을 제공해주어야 할 것이다.

2) 놀이와 유아교육과정

영유아의 자연스러운 놀이를 교육과 연결하여 조화로운 방향으로 전개해나가기 위해서 유아교육현장의 교사들은 놀이와 유아교육과정의 관계를 분석해보아야 할 것이다. 교육과정이란 시각에 따라 다양한 의미로 해석될 수 있으나, 학교교육에 적용하고자 하는 교육과정은 학문적 교과, 교육목표, 내용, 방법, 평가를 체계적으로 조직한 교육 계획으로서 조직화된 틀이라고 포괄적으로 정의할 수 있다(이기숙, 2008). 유아교육기관 현장에서 운영되고 있는 학교 교육과정은 영유아의 놀이를 풍부하게 할 수 있으며, 영유아의 놀이는 학교 교육과정을 풍부하게 할 수 있다.

유아교육과정과 영유아의 놀이는 관계 정도에 따라 서로 분리되어 있거나, 병렬을 이루거나, 진정하게 통합되어 있을 수 있다(Johnson et al., 2005). 한 교실에서 동물과 관련된 주제를 가지고 교육과정을 구성하여 다양한 교과활동을 통합적으로 하고 있다고 가정해보자. 분리형은 진행되는 교육과정과 관련 없이 영유아들이 따로 마련된 놀이시간에 여가적 놀이를 즐기는 경우를 말한다. 병렬형은 동물과 관련된 놀잇감을 놀이영역에 배치하고 놀이를 하도록 하지만 교육과정으로 구성된 대소집단 활동과 자유놀이를 서로 연관지으려고 하지는 않는다. 반면 진정한 통합형은 진행되는 주제와 관련된 놀잇감을 놀이영역에 배치할 뿐만 아니라 영유아들의 놀이를 학습내용과 연결시켜 풍부하게 하려고 노력하는 경우를 말한다.

놀이를 유아교육과정에 포함시키기 위한 접근법은 세 가지로 나누어 살펴볼 수 있다(Wisnesky & Reifel, 2012). 첫째, 놀이를 전적으로 믿고 의지하는 접근법(trust-in play approach)으로, 유아의 놀이성을 존중하여 교사의 개입을 최소화하는 방식이다. 방임적 놀이 접근(hands-off play approach)이라고도 칭한다. 둘째, 놀이를 촉진하는 접근법(facilitate play approach)으로, 놀이는 유아의 발달에 기여하고 긍정적 성과를 강화하므로 이를 위해 교사가 놀이에 참여하고 적절한 개입을 해야 한다는 방식이다. 즉, 비계설정을 통해 교사가 놀이를 촉진해줌으로써 학습과 발달에 기여할 수 있다고 보는 접근이다. 셋째, 놀이를 통해 교수-학습을 이끄는 접근법(learn-and-teach through play approach)으로 교사가 유아에게 특정 기술이나 개념이 포함된 맥락을 제공하고 적극적 개입을 통해 유아의 문제를 해결하고 의도적으로 놀이를 지지하는 접근이다.

또한 놀이와 유아교육과정 관계의 방향성 차원에서 Van Hoorn, Nourot, Scales와 Alward(1993)는 교육과정으로부터 생성된 놀이(curriculum-generated play)와 놀이로부터 생성된 교육과정(play-generated curriculum)을 제안했다. 두 유형에 대해 실례를 중심으로 놀이와 유아교육과정과 연관성을 보다 구체적으로 살펴보면 다음과 같다.

(1) 교육과정으로부터 생성된 놀이

교육과정으로부터 생성된 놀이(curriculum-generated play)란 언어, 수, 과학과 같은 교육과정 영역 내에서 개념과 기술을 학습할 수 있는 놀이 경험을 영유아들에게 제공하는 것으로, 교육과정안에서 놀이 경험을 만드는 것이다. 아래의 사례는 우리나라 교육과정 내용 중 '생활 속에서 탐구하기'를 가르치기 위해 우체국 놀이를 계획하여 유아들이 놀이 상황에 적극적으로 참여할 수 있도록 한 유아교육현장에서 이루어진 교육과정으로부터 생성된 놀이의 실례다.

> 한 교사는 학급의 많은 유아들이 수에 대한 관심을 보이기 시작하면서 수 개념과 관련된 내용을 가르쳐야 했고, 이를 놀이를 통해 전달하고자 한다. 진행되고 있는 교실 내의 놀이 주제는 지역사회 여러 기관에 대한 것으로 우체국 견학도 계획되어 있다. 따라서 유치원 교육과정 중 생활 속에서 탐구하기 내용을 놀이 속에서 다루기 위해 우체국 놀이를 선정하고, 우체국 놀이의 틀 속에서 유아들에게 전달하고자 하는 수와 관련된 개념을 달성할 수 있는 활동을 보다 구체적으로 계획한다. 교사는 유아와 함께 역할놀이 영역을 우체국으로 바꾸고, 놀이영역 내에 우표, 편지봉투, 우체부 가방, 우체통, 소인 등의 소품 이외에 모형 동전, 우표 제작용 종이와 도장, 우표와 동전을 분류하여 담는 통, 저울, 소포상자, 가격표, 우표판매기록부 등을 첨가시킨다. 자유놀이시간에 유아들은 우표와 동전을 분류해보는 경험, 우표를 사고파는 과정에서 거스름돈을 주고받는 경험, 소포의 무게를 재어보는 등 측정과 관련된 경험, 편지를 배달하기까지 일의 순서를 알아보는 경험, 우표판매기록부를 통한 기초적인 통계와 관련된 경험 등을 하면서 우체국 놀이를 진행시켜 나간다.

위의 우체국 놀이는 교육과정으로부터 생성된 놀이의 예로서, 이러한 놀이와 연관된 수활동은 직접적인 교수법보다 훨씬 더 바람직하다. 정보를 수동적으로 흡수하거나 사실을 기억하는 것보다 또래들과 도우면서 수에 관해 자신의 지식을 구성할 수 있는 기회를 가질 수 있으며, 수나 수세기가 흥미로운 놀이와 관련됨으로써 유아들은 수에 관해 긍정적인 태도를 발달시킬 수 있게 된다.

교육과정으로부터 생성된 놀이는 교수와 관련하여 두 가지 기능을 제공한다. 하나는 초기 학습의 기회를 제공하는 것이며, 또 다른 하나는 연습과 강화의 기회를 제공한다는 것이다(Johnson, Christie & Yawkey, 1999). 초기 학습의 기회란 교수를 하기 전에 발생하는 놀이의 기능을 말하는 것으로, 놀이를 통해 교사가 영유아의 학습 요구를 평가하고 이를 기초로 영유아의 요구에 기초한 교수를 하는 것을 말한다. 즉, 영유아들이 놀이를 할 기회를 가진 다음, 교사가 각 영유아의 목표 기술 달성 정도를 평가하여, 놀이를 통해 기술을 습득하지 못한 영유아들에게 사후 교수를 하는 것이다. 사후 교수는 영유아가 놀이에서 학습하지 못한 것을 학습하도록 돕는 데 초점이 맞추어진다. 연습과 강화의 기능이란 전체 영유아를 대상으로 직접적인 교수를 한 후에 놀이가 일어나는 경우 직접적인 교수를 통해 배운 기술을 놀이를 통해 연습하고 강화할 수 있는 기회를 제공한다는 것이다.

역사적으로 볼 때, 직접적인 교수에 중점을 두는 전통주의적 신념을 가진 교사들은 연습과 강화를 위해 놀이를 이용하고, 구성주의적 신념을 가진 교사들은 놀이를 초기 학습을 위한 기회로서 사용한다. 교육과정으로부터 생성된 놀이에서 학습의 기회가 아무리 다양하고 풍부하게 주어졌을지라도 학습이 일어난다는 보장은 없다. 수활동을 위한 우체국 놀이에서 유아들은 놀이에 참여하지만 수세기 활동은 하지 않을 수 있다. 따라서 교사는 영유아들이 교육과정으로부터 생성된 놀이 경험을 통해 기술과 개념을 획득했는지를 잘 평가하여 기술을 학습할 필요가 있는 영유아에게 개별적 요구에 기초한 교수를 해야 한다.

교육과정으로부터 생성된 놀이의 대표적인 형태로는 교사가 학문적으로 풍부한 놀이환경을 제공하는 것이다. 역할놀이 영역은 교육과 관련된 소품과 자료들이 첨가됨으로써 학문적으로 풍부한 놀이환경으로 변화될 수 있다. 예를 들어, 문해 자료가 풍부한 놀이환경은 놀이를 향상시키고 문해 출현을 돕는다(McGee & Richgels, 1996; Sulzby & Teale, 1991). 문해 출현(emergent-literacy) 관점에 따르면 영유아들은 처음부터 읽고 쓰는 것을 매일의 일상에서 글자의 기능에 초점을 맞추어 자연스럽게 사회적 관계 속에서 접할 수 있어야 한다. 풍부한 문해 놀이환경은 영유아들에게 이러한 경험을 할 수 있도록 해준다. 즉, 문해 자료를 놀이환경에 첨가해줌으로써 가정이나 지역사회에서 경험하는 것과 유사한 문해 환경을 제공해주는 것이다. 이미 많은 연구들은 풍부한 문해 환경에서의 놀이를 통해 영유아들의 읽고 쓰는 활동이 증가한다는 것을 보여주었다(김정화, 1996; Christie & Enz, 1992; Neuman & Roskos, 1992). 인쇄된 문자가 풍부한 놀이환경에서 놀이를 하는 동안 읽고 쓰는 활동의 양이 증가한다는 것은 문해와 관련된 중요한 기술과 개념을 습득한다는 증거를 보여주는 것이다.

놀이는 언어 외에 과학, 수와 같은 다른 교육과정 내에서의 학습도 촉진한다. Roskos(1994)는 다양한 형태의 온도계, 자료를 적기 위한 메모판과 연필, 물의 온도를 측정할 수 있는 실험 자료, 작업복 등의 자료가 갖추어진 수 · 과학 실험실 놀이환경을 유아들에게 제공하고 유아들의 놀이를 비디오테이프에 녹화하여 분석하였다. 그 결과, 유아들은 대부분 영역 내에 제공된 놀이(예 : 온도계를 사용하는 등)에 참여하였다. 그는 단서가 되는 자료와 또래와의 상호작용이 유아들로 하여금 제공된 학습 내용 중심의 놀이를 계속 유지시켜 나가도록 했다고 결론내렸다. 또한 Jarrett(1997)도 과학과 수의 개념을 학습하기 위해 고안된 역할놀이가 학습을 흥미롭고 재미있게 만든다고 하며, 수 · 과학 활동 실험실, 슈퍼마켓, 동물원, 박물관 등의 영역을 조성해주기 위한 자료의 목록을 제시하였다.

교육과정으로부터 생성된 놀이의 다른 형태로는 게임이 있다. 게임은 영유아들이 새로운 학문적 기술을 배우고 배운 기술을 연습할 수 있는 기회를 제공해준다. Casberque와 Kieff(1998)는 카드놀이와 구슬치기와 같은 전통적인 놀이가 수와 과학의 기본적인 개념을 배울 수 있는 기회를 제공한다고 하며, 게임을 하는 동안 협상하고 규칙을 정해 지키는 것은 사회성 발달과도 연관된다고 하였다. 성공적인 게임을 위해서는 유아들이 서로 의견을 나누고, 교대로 순서를 지켜 게임에 참여하며, 협력하고, 다른 친구의 관점과 만족의 지연에 민감해야 한다.

교육적 게임의 대표적인 예로는 Kamii(1989)가 개발한 구성주의 수 교육과정을 들 수 있다. 구성주의 수 교육과정에는 많은 그룹게임이 제시되어 있다. Kamii와 Lewis(1992)는 그룹게임을 하는 것이 연습지 같은 전통적인 훈련과 연습을 통한 교육보다 훨씬 많은 장점이 있다고 하였다. 연습지는 외적인 동기에 의해 진행되는 활동이며, 기계적인 반복과 수동성을 조장하고 교사가 모든 것을 수정하는 활동이다. 반면, 게임은 내적 동기에 의해 진행되는 활동으로 게임을 진행해나가는 동안 영유아들은 각자 목표를 성취하기 위한 전략이나 방법을 고안해나가며, 교사가 아닌 또래와 함께하면서 스스로 잘못된 점들을 수정해나간다.

(2) 놀이로부터 생성된 교육과정

놀이로부터 생성된 교육과정(play - generated curriculum)이란 영유아의 자연스런 놀이 속에서 나타나는 주제와 흥미를 중심으로 학습경험을 조직하는 것으로, 영유아들의 자발적 놀이를 교육과정 내용에 반영하는 것이라고 볼 수 있다. 예를 들어, 영유아들이 놀이 중에 정글에 흥미를 나타냈다면, 교사는 정글에 초점을 맞춘 통합적이고 다학문적인 주제를 계획하여 영유아의 흥미를 토대로 교육과정을 구성하는 것이다. 정글에 대한 학습과정에서 영유아들은 글자와 수, 과학과 관련된 다양한 기술과 개념을 다양한 방식으로 배울 수 있게 된다.

유아교육 프로그램 중 뱅크 스트리트 프로그램이나 프로젝트 접근법은 놀이로부터 생성된 교육과정의 대표적인 유형이다. 프로젝트 접근법에서 선정된 프로젝트는 교사가 영유아들의 놀이를 관찰하면서 추측해낸 것으로, 영유아들의 관심으로부터 유출된 것이다. 즉, 교사와 영유아가 교육과정을 함께 결정하고 구성한다(Katz & Chard, 1993). 이 접근법은 놀이가 교육과정을 어떻게 이끌어내는지, 놀이와 학습과 교수가 어떻게 상호연결되는지를 보여준다. 세계적으로 유명한 레지오 에밀리아 프로그램은 프로젝트 접근법에 속하는 하나의 실례로서 놀이로부터 생성된 교육과정의 대표적인 유형이다. 다음은 국가 수준의 교육과정을 중심으로 운영되고 있는 우리나라 유아교육기관에서 놀이로부터 생성된 교육과정을 실시한 실례다.

몇몇 유아가 조형영역에 준비된 꾸미기 천 중에서 동물 모양의 천을 몸에 걸치고 동물 흉내를 내면서 놀이를 하다가 학급 전체를 정글로 만들어 놀자는 의견이 나온다. 유아들의 이런 흥미를 충족시켜 주기 위해 책과 비디오를 통해 정글에 대해 알아보고 천과 꾸미기 재료 등을 이용하여 정글 숲, 하늘과 나무, 강과 폭포, 동굴 등을 만들어보는 등 정글과 관련된 프로젝트 활동을 진행한다. 유아들의 놀이가 활성화되는 가운데 정글 숲에 사는 동물로 표범이나 하이에나 등 맹수와 타잔, 탐험가들이 등장하고, 동굴에서 사는 박쥐, 강에서 사는 악어와 비버가 등장한다. 유아들은 놀이를 하는 중에도 필요한 소품을 구하기 위해 각 영역을 드나들며 자료와 정보를 수집한다. 정글놀이에 참여하지 않았던 유아들도 시간이 지나면서 합류되면서 정글놀이가 학급 전체뿐만 아니라 다른 학급 유아들에게까지 확장되는 모습을 볼 수 있다. 정글놀이가 진행되면서 유아들은 자연탐구의 내용인 동물에 관심을 가지게 되면서 정글에 대한 지식이 확장되어 간다. 즉, 놀이를 통해 단순히 자신이 알고 있는 지식을 표현하는 것뿐만 아니라 많은 지식을 적극적으로 찾아 나서게 된 것이다.

놀이로부터 생성된 교육과정은 영유아가 자유로운 놀이에 참여하는 동안 교육과정이 발생하는 것으로, 놀이와 교육과정을 동의어로 본다. 교사는 영유아들이 각자 자신에게 의미 있는 놀이와 경험에 능동적으로 참여할 수 있도록 공간, 시간, 자료 준비를 돕는다. 즉, 놀이로부터 생성된 교육과정은 자연스러운 상황에서 영유아의 전인적 발달을 위한 풍부한 자극을 제공하기 위한 것으로, 놀이가 곧 학습의 매개체이며 발달적으로 적합한 실제인 것이다.

놀이로부터 생성된 교육과정을 평가하기 위한 기준은 경험의 연속성(continuum of experience)과 상호작용(interacion)이다(Johnson et al., 1999). 교육과정으로서 놀이의 질을 평가하기 위한 첫 번째 기준은 '교실 환경이 얼마나 영유아의 경험의 연속성에 반응적인가'하는 것이다. 경험의 연속성이란 Dewey의 교육철학에서 유래된 개념으로 영유아가 기억하고 있는 친근한 과거, 생생하게 벌어지고 있는 현재와 예상할 수 있거나 예상할 수 없는 미래 사이의 연결을 의미한다. 자유로운 놀이를 위한 경험을 교사가 직접 영유아에게 주는 것은 교육적인 큰 실수다. 경험은 하는 것이지 주는 것이 아니기 때문이다. 따라서 교육과정과 학습을 영유아들이 직접 경험하고 창조해나갈 수 있도록 적절한 사회적 · 물리적 자극이 교실 환경에 제시되어야 한다. Cuffaro(1995)에 따르면 놀이로부터 생성된 교육과정의 토대로서 영유아의 흥미를 찾아내고 활용하는 것은 영유아를 위한 놀이의 주제를 미리 선택하는 것보다 더 도전적인 일이라고 하였다.

또 하나의 기준은 상호작용이다. 영유아가 놀이를 위한 각본을 만들어낼 때, 교사는 객관적 요소(사회적 제약, 현실)와 주관적 요소(유아의 공상, 감정, 개인적인 요구) 사이의 균형 잡힌 상호작용을 격려해야 한다. 이를 위해서는 영유아의 놀이를 자세히 관찰해야 하고, 적절한 지지와 비계설정을 통해 놀이과정을 향상시킬 수 있어야 한다. 즉, 교사는 Dewey의 연속성과 상호작용의 원칙에 따라 교육과 영유아의 경험을 관련짓기 위해 노력을 기울여야 할 것이다.

이상에서 살펴본 두 가지 유형의 놀이와 유아교육과정의 관계는 모든 영유아에게 어떤 하나가 다른 하나보다 더 효과적이라고 단정할 수 없다. 두 유형이 모두 가치 있고 의미 있는 것이기에 영유아들의 발달 정도와 교육적 또는 사회 · 문화적 상황에 따라 적절하게 활용되어야 할 것이다. 우리나라의 경우 국가 수준의 유치원 교육과정과 표준 보육과정에서 모두 유아교육현장에서는 놀이를 중심으로 교육과정을 운영하도록 명시해왔다. 다만 2019년 개정 누리과정이 나오면서 놀이로부터 생성된 교육과정의 중요성을 좀 더 강조하고 있다.

어떤 유형이 더 효과적이냐를 논하기보다는 각 유형을 현장에서 실천하는 교사가 얼마나 바람직하게 운영하느냐가 관건이다. 교육과정으로부터 생성된 놀이를 진행할 경우 교사는 자칫 놀이를 너무 구조화시켜서 영유아들의 진정한 놀이를 방해할 수 있다. 놀이로부터 생성된 교육과정을 진행할 경우 영유아들의 진정한 놀이를 교육적으로 승화시키지 못할 수 있다. 따라서 놀이와 유아교육과정의 진정한 조화를 위해서는 교사의 역량이 가장 중요하다.

놀이, 배움, 가르침의 통합을 위해 Wood(2010, 2013)는 교육과정 계획, 실행, 평가의 운영 과정에서 놀이를 통합할 수 있는 방법으로 '통합적인 교육학적 접근 모델(model of integrated curriculum and pedagogical approaches)'을 제시하였다. **그림 6-1**에 따르면 '통합적인 교육학적 접근 모델'은 교육과정 영역과 교수방법 영역으로 구분된다. 교육과정 영역은 교사가 환경을 계획하고 교사의 역할이 포함된 활동을 계획한 뒤 활동을 실행하고 관찰을 통해 평가하고 반영하는 순환적인 영역이다. 교수방법 영역은 유아 주도적인 활동과 교사 주도적인 활동이 연결되는 영역이다. 유아 주도적인 활동은 자유놀이로 대변되고 교사 주도적인 활동은 일과 비놀이로 구분될 수 있는데, 놀이와 일을 이분법적으로 나누기보다는 구조적 놀이로 이들

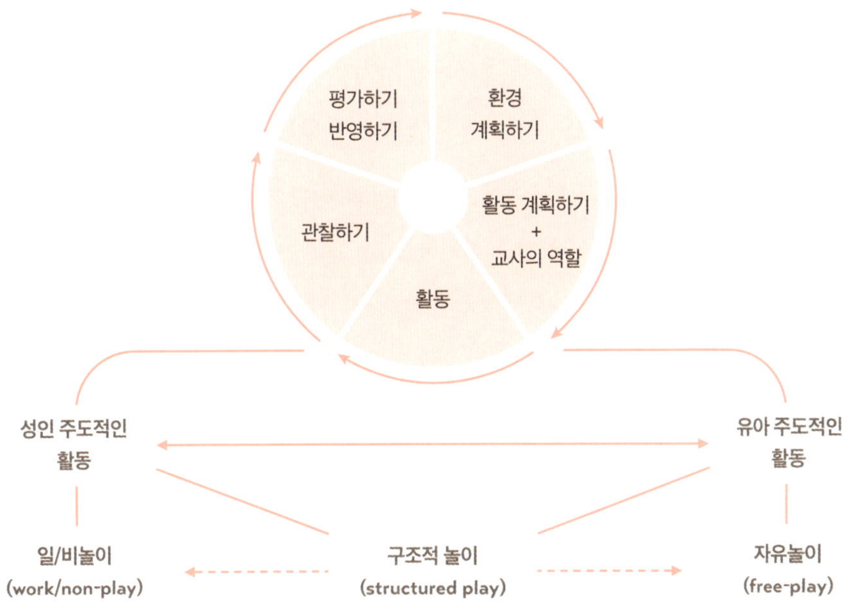

그림 6-1 놀이와 교육과정의 '통합적인 교육학적 접근 모델'

출처 : Wood(2010), p. 21; Wood(2013), p. 71.

을 적절하게 통합시켜 교육과정에 활용하는 것이 중요하다고 보았다. 미리 계획된 활동들을 낱낱이 나열하거나 각각의 흥미영역에 펼쳐놓고 진행되는 놀이는 오히려 유아들에게 일/비놀이로 여겨지면서 놀이를 진정하게 활용하는 교육을 저해하는 결과를 초래한다. 또한 어떤 준비나 계획도 없이 유아들이 스스로 알아서 자신의 놀이를 진행하도록 내버려두는 것은 방치로 전락하여 교육적 기능을 저해할 수 있다. 배움과 가르침은 성인이 유아에게 일방적으로 전달하는 것이 아니라, 공동으로 구성하는 과정이다. 성인은 유아의 놀이를 직접 계획할 수는 없지만, 유아의 놀이를 위한 계획은 해야 하는 것이다. 즉, 교육학적 접근 모델의 초점은 융통성(flexibility)과 반응성(responsiveness)에 있다고 볼 수 있다.

Wood(2010)의 이론을 기초로 Edwards, Cutter-Mackenzie, Moore와 Boyd(2017)는 성인 주도적인 활동과 유아 주도적인 활동의 연속선상에서 놀이의 세 가지 주요 유형(개방된 놀이, 안내된 놀이, 목적이 있는 유형화된 놀이)을 제시하면서, 교육현장에서는 놀이와 의도적 교수를 모두 제공하는 것이 필요하다고 제안하였다. **그림 6-2**에 제시되어 있는 놀이의 세 가지 주요 유형을 소개해보면 다음과 같다.

① **개방된 놀이(open-ended play)** : 자유놀이(free play)를 의미한다. 유아가 주변 환경을 탐색하며 자유롭게 놀이하는 것으로, 이러한 놀이가 유아들에게는 재밌고 흥미롭고 때로는 지저분해도 되고 친구와 놀 수 있기 때문에 즐겁고, 교사는 놀이를 관찰하면서 유아의 관심이나 아이디어에 대해 이해하게 되므로 유아로부터 배울 수 있는 기회를 제공받게 된다.

② **안내된 놀이(modelled play)** : 구조적 놀이(structured play)를 의미한다. 교사가 유아에게 놀이 중에 관련 개념을 안내하면서 놀이를 지원하는 것으로, 유아들에게 무엇을 할지 보여주기 때문에 유아는 혼란스러운 놀이 속에서 새로운 생각이나 사고를 지원받으며 놀이를 즐기게 된다.

③ **목적이 있는 유형화된 놀이(purposefully-framed play)** : 성인 주도의 활동을 의미한다. 교사가 그림책, 포스터, 노래, 비디오 등과 같은 다양한 자료를 활용하여 유아의 이전 경험을 토대로 새로운 지식을 발전시켜 나갈 수 있도록 지원하는 것으로, 유아는 교사와 이야기를 나누며 새로운 것을 배우기 때문에 이 유형의 놀이도 즐기게 된다.

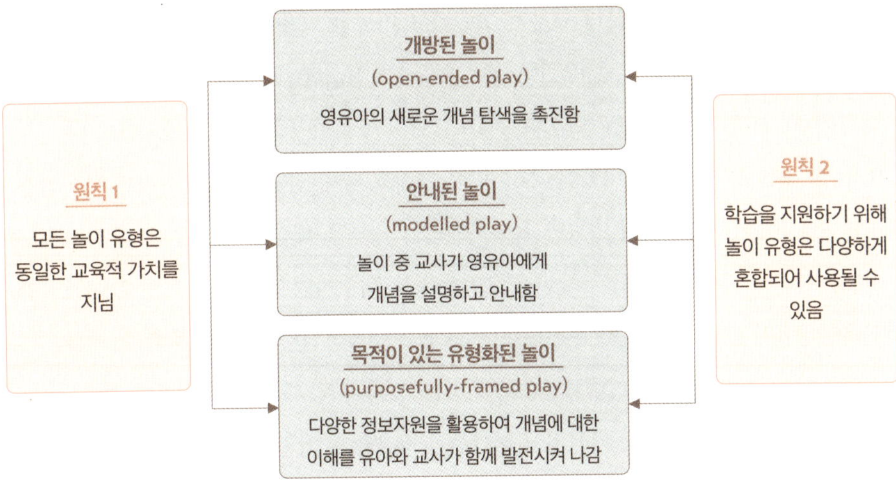

그림 6-2 놀이에 기초한 학습과 의도적 교수를 위한 놀이틀

출처 : Edwards, Cutter-Mackenzie, Moore & Boyd(2017), p. 15.

위의 세 가지 놀이 유형은 모두 동등한 교육적 가치를 지닌다. 교사들은 배움과 가르침을 위해 세 가지 놀이 유형을 다양하게 혼합하여 사용해야 한다. 즉, 학습을 증진시키기 위해 개방된 놀이에만 의존하는 대신, 개방된 놀이를 지지하면서 동시에 안내된 놀이를 활용하여 개념을 습득하도록 도울 수 있다. 또한 목적이 있는 유형화된 놀이를 제공함으로써 유아의 사고가 확장되면 결과적으로 이후에 나타나는 유아의 개방된 놀이는 보다 질 높은 놀이가 될 수 있다.

이상의 내용을 정리해보면 놀이, 배움, 가르침의 통합을 위해서는 교사의 역할이 매우 중요하다. 놀이와 교육과정을 연결하기 위해서는 많은 딜레마 상황에 처하게 되고 혼란스럽지만, 유아교육현장에서 좀 더 상호적이고 유아가 보다 더 잘 참여할 수 있는 교육학적 접근을 창안해내는 것이 중요한 과제이자 도전일 것이다.

3) 놀이 중심 교육의 방해 요인

교육과정이 영유아들의 놀이를, 또는 놀이가 교육과정을 강화하고 지지할 수 있음에도 불구하고 교사들은 놀이 중심 교육을 진행하는 데 어려움을 겪고 있다. 이에 교사들은 교육현장에서의 놀이 역할에 관한 신념과 실제 사이에 분명한 차이를 드러낸다. 놀이가 교육과정을 구성하는 데 매우 가치 있고 중요한 역할을 하기 때문에 놀이와 교육과정의 연계가 중요하다고 믿고 있으나, 실제 행동에서 보면 교사가 고안하고 지도한 교육활동은 놀이를 중심으로 진행되지 않는다는 것이다(엄정애, 2004; Bennett, Wood & Rogers, 1997). 진정한 놀이 중심 교육을 진행해나가기 위해서는 이를 방해하는 장애요인이 무엇인지를 밝혀볼 필요가 있다.

Bennett, Wood와 Rogers(1997)는 교사들이 가지고 있는 신념과 실제 사이의 차이점을 야기하는 요소를 조사하기 위해 영국의 유아학교 교사 9명을 대상으로 질문지 및 면담을 통해 연구하였다. 연구 결과, 교사들은 놀이를 교육과정의 필수적인 부분으로 여기고 있었지만 실제 교육현장에서는 놀이보다 더 형식적이고 과제 지향적인 활동에 초점을 두고 역할을 수행하고 있는 것으로 드러났다. 면담과정을 분석해본 결과, 시간과 적당한 공간의 부족, 교사 대 유아의 비율, 기본적인 기술을 가르쳐야 한다는 교육과정의 압력, 더불어 성인은 놀이에 되도록 개입하지 말아야 한다는 신념 때문에 놀이를 평가절하하고 있는 것으로 나타났다. 엄정애(2004)는 우리나라 유치원 교사 340명을 대상으로 설문조사를 실시한 결과, 놀이와 교육과정을 연계하여 구성하지 못하는 이유는 부모들의 요구, 특별활동 실시 등으로 시간적 여유의 부족, 놀이와 교육과정 연계에 대한 지식의 부족 때문인 것으로 나타났다. 또한 놀이와 교육과정을 연계하여 운영할지라도 높은 교사 대 유아의 비율, 놀이를 위한 시간과 공간의 부족, 기초적 학습 기술에 대한 압력, 놀이에 대한 부정적 태도 등이 방해 요인인 것으로 나타났다.

현장에서 놀이 중심 교육을 방해하는 요인은 한 학급에 많은 수의 영유아를 수용해야 하는 현실로 인한 교사의 시간 부족과 협소한 놀이 공간이다. 놀이를 통한 효과적인 학습을 진행해나가기 위해서 교사는 영유아 개개인을 잘 관찰하고 영유아와 질 높은 상호작용을 위한 시간을 많이 가져야 한다. 하지만 교사 1인당 담당하는 학생의 수가 많으면 개인차를 고려한 놀이 중심 교육을 진행하기가 어렵다. 유아교육기관에서의 집단 크기와 관련된 연구들(김향자, 1992; 서현정, 1995)은 집단 크기가 클수록 교사들은 획일적이고 구조화된 수업을 전개할 수밖에 없으며, 영유아의 놀이행동도 위축된다고 보고하고 있다. 또한 영유아들이 놀이를 할 수 있는 공간이 협소하면 진정한 놀이 중심 교육을 실현하기가 쉽지 않다. 발달에 적합한 학습의 기회를 제공하기 위한 가장 좋은 수단으로서 놀이를 활성화시키기 위해서는 교사 대 영유아의 비율과 물리적 환경으로서 공간의 크기가 적절해야 한다.

읽고, 쓰고, 셈하기와 같은 기초가 되는 학문적 기술을 가르쳐야 한다는 교육과정의 압력 또한 놀이 중심 교육을 방해하는 요인이 된다. 1970년대 후반에서 1980년대 초에 성행했던 미국의 '기본으로 돌아가자(back-to-basics)'는 운동은 놀이 중심 교육을 쇠퇴시켰다

(Glickman, 1984). 이러한 움직임을 계기로 특히 초등학교 교육은 성인 사회에서 필요한 역할을 준비하기 위한 학문적 기술과 과제에 초점을 맞추는 것으로 인식되어 왔다. 따라서 이러한 목표를 성취하기 위해서는 전적으로 놀이보다 직접적인 교수가 선호되어 왔다.

Goldhaber(1994)는 초등학교 시간표를 분석한 결과, 대부분 교과 중심의 교육과정 영역을 위해 사용되는 토막토막 짧게 분절된 시간 단위는 놀이 중심의 교육과정을 시행하기에 적합하지 않다고 지적하였다. 더불어 초등학교 교실에서는 놀이에 기초한 활동을 위해 필수적인 많은 교구들이 금기시된다고 하였다. 놀이에 관한 초등학교 교장들의 인식을 조사한 Klugman(1990)의 연구에 따르면, 연구 대상의 89%가 놀이가 유아교육과정에 필수적인 부분이 되어야 한다고 믿는 반면, 연구 대상의 9%만이 놀이가 초등학교 3학년 프로그램에 중요한 역할을 한다고 반응했다. 즉, 유아교육기관은 놀이를 하는 곳이지만, 초등학교는 진정한 배움에 초점을 두는 곳이라는 인식이다.

유아교육은 초등교육과의 연계를 고려하지 않을 수 없다. 따라서 초등학교의 이러한 현상은 유아교육에 직접적인 영향을 미치게 된다. 많은 사람들이 유아교육기관은 놀이를 하는 곳이라고 생각할지라도 초등교육과정에서 놀이가 무시된다면 초등교육의 준비를 위한 연계 교육적 차원에서 유아교육과정 역시 놀이 중심으로 이루어지기 어렵다. 유아교육을 담당하는 교사의 신념이 아무리 확고하다고 할지라도 초등교육과정과의 연계를 위한 부모와 사회의 요구에 따라 교육과정의 실제는 달라질 것이다.

유아교육기관에서 놀이 중심 교육을 방해하는 또 하나의 요인은 놀이에서의 성인 참여에 대한 부정적 시각이다. Grinder와 Johnson(1994)은 영유아의 놀이에 참여하는 교사의 행동 양상을 분석한 결과, 전체 행동의 27%가 영유아의 놀이를 방해하는 행동이었다고 보고하였다. 유한구(1983)는 놀이에 교사가 참여함으로써 자발성을 전제로 한 영유아의 놀이가 진정한 놀이의 속성을 잃어버릴 수 있다고 주장했다. 이러한 견해들은 교사로 하여금 영유아의 놀이에 참여하는 것을 두렵게 한다. 하지만 학습과 발달에 기여하는 질 높은 영유아의 놀이를 위해서 교사는 놀이를 준비하고 관찰하고 적절한 방법으로 참여해야 한다.

이상을 종합해볼 때, 교사가 놀이의 가치에 대해 가지고 있는 신념과 교실 내에서의 실제 활동 수행 사이에 격차를 유발해내는 장애요인은 낮은 교사 대 영유아의 비율이 자아내는 시간과 에너지의 부족 및 협소한 놀이 공간, 기본적인 기술을 가르쳐야 한다는 학교 교육과정이 주는 압력, 놀이에 성인의 참여에 대한 부정적 시각 등으로 요약해볼 수 있다.

2 유아교육기관에서의 자유놀이시간

영유아는 유아교육기관에 머무르면서 자유로운 놀이를 좀 더 지원적으로 경험할 수 있게 된다. 유아교육기관에서 놀이가 이루어지는 시간은 실내 · 실외 자유놀이시간이다. 자유놀이시간이란 유아가 개인의 발달 수준과 개별적인 흥미 및 욕구에 따라 스스로 놀이를 선택하고 선택한 놀이에 자유롭게 참여하는 시간을 의미한다. 영유아들은 자유놀이시간 동안 실내 · 외에서 경험할 수 있는 다양한 종류의 놀이를 즐긴다. 본 절에서는 유아교육기관 자유놀이시간의 의의와 운영을 알아보고, 유아의 놀이를 지원하는 교사의 역할을 살펴보고자 한다.

1) 자유놀이시간의 의의

자유놀이시간은 자발적이고 능동적인 학습이 이루어지는 시간, 개별 학습이 이루어지는 시간, 통합적 교육이 이루어지는 시간, 사회적 관계를 학습하는 시간, 자율감과 책임감을 학습하는 시간, 기쁨을 느끼는 시간으로서의 의의를 지닌다(김수영 · 김수임 · 김현아 · 정정희, 2007; 이숙재, 2004).

(1) 자발적이고 능동적인 학습이 이루어지는 시간

자유놀이시간 동안 영유아는 자발적으로 놀잇감을 선택하거나 다양한 놀이를 시도해볼 수 있다. 교사가 주도하는 대집단 활동과는 달리, 스스로 선택한 놀이영역에서 놀잇감을 가지고 창의적인 방법으로 놀이하게 되므로 영유아는 보다 능동적으로 활동하게 되며, 결과적으로 이러한 놀이는 효과적인 학습으로 이어질 수 있다. 즉, 자유놀이시간에는 강요적으로 시켜서 하는 학습이 아니라 스스로 선택하여 능동적으로 참여하는 학습이 이루어지게 된다.

(2) 개별 학습이 이루어지는 시간

자유놀이시간에는 영유아가 개별적 또는 소집단으로 스스로 선택한 다양한 놀이에 적극적으로 참여하게 된다. 따라서 교사는 대집단으로 이루어지는 활동에서 미처 배려하지 못했던 개별적인 특성을 고려하여 영유아와 긴밀한 상호작용을 할 수 있다. 이를 위해 교사는 되도록 자유놀이시간에 이루어지는 놀이가 다양한 수준으로 진행될 수 있도록 놀잇감을 준비하고, 영유아들의 놀이를 개별적으로 자세히 관찰하여 그들의 특성을 파악한 뒤 적절한 지원을 위한 상호작용을 해주어야 한다.

(3) 통합적 교육이 이루어지는 시간

교사는 자유놀이시간 동안 이루어지는 유아들의 다양한 놀이가 교육하고자 하는 학습 주제와 통합될 수 있도록 계획하고 조직하기도 된다. 예를 들어, '가을'이라는 계절 주제가 전개될 때, 쌓기놀이와 역할놀이 영역에서는 가을동산을 구성하고 가을소풍을 가는 놀이를 하며, 과학영역에서는 다양한 낙엽의 모양을 관찰할 수 있도록 하고, 조형영역에서는 낙엽 베껴내기를, 수 · 조작놀이 영역에서는 표시되어 있는 수만큼 낙엽 붙이는 조작놀이를 할 수 있도록 계획한다. 물론 교사의 계획대로 영유아들이 놀아야 하는 것은 절대 아니지만 통합적 계획은 영유아들의 놀이에 아이디어를 제공하고 놀이를 확장시켜 줄 것이다. 이러한 경험을 통해 영유아는 학습 주제를 보다 통합적으로 이해할 수 있게 되며, 동시에 전인적 발달이 가능해진다.

(4) 사회적 관계를 학습하는 시간

자유놀이시간 동안에는 영유아-영유아 및 영유아-교사 간에 활발한 상호작용이 이루어진다. 이러한 상호작용 과정에서 영유아는 갈등을 통해 양보하기, 협력하기, 순서 기다리기, 배려하기, 돕기 등과 같은 친사회적 기술을 획득하게 된다. 자유놀이시간 중에 자연스럽게 경험하는 상호작용을 통해 자기중심적인 사고 단계에 있는 영유아들은 점차적으로 탈중심화되어 가며 보다 사회적으로 성숙한 인간으로 성장하게 된다.

(5) 자율감과 책임감을 학습하는 시간

일상생활에서 부모가 시키는 일을 수동적으로 해오면서 부모에게 의지해왔던 영유아들이 스스로 하고 싶은 놀이를 선택하고 결정해보는 경험을 하는 것은 그들에게 상당한 의미가 있다. 자유놀이시간 동안 자신이 하고 싶은 놀이를 직접 계획하고 참여하며 평가해보는 기회를 가짐으로써 영유아는 자신감뿐만 아니라 스스로 자신을 통제하고 절제하는 자율감과 자신이 해야 할 역할이나 의무를 중요하게 여기고 실천하는 책임감을 기르게 된다.

(6) 자유로운 활동에서 오는 기쁨을 느끼는 시간

자유놀이시간은 영유아의 개별적인 흥미와 욕구를 최대한으로 존중해주는 시간이기 때문에 그 어떤 시간보다도 가장 기쁘고 즐거운 시간이 될 수 있다. 하고 싶은 놀이를 스스로 선택해서 자유롭게 해나갈 때 영유아들은 기쁨을 느낄 수 있다. 대부분의 유아교육기관에서는 하루의 일과를 주로 자유놀이로 시작하는데, 영유아들로 하여금 즐거운 분위기 속에서 기쁨을 느끼게 하여 기관에 대한 긍정적인 생각을 가질 수 있도록 하기 위한 것이다.

2) 자유놀이시간의 운영

자유놀이는 일반적으로 놀이 장소에 따라 실내 자유놀이와 실외 자유놀이로 구분된다. 자유놀이시간의 운영을 실내 자유놀이시간과 실외 자유놀이시간으로 나누어서 살펴보고자 한다.

(1) 실내 자유놀이시간의 운영

실내 자유놀이시간 동안 영유아 자신이 스스로 놀이를 계획하고 실행해보도록 하는 것은 자율성과 주도성뿐만 아니라 책임감을 길러주기 위해 매우 필요한 일이다. 유아교육기관에서는 영유아가 등원하면서부터 대개 1시간~1시간 30분 정도 실내 자유놀이시간을 배정한다. 실내 자유놀이시간은 유아교육기관의 전체 교육시간 중 많은 비중을 차지하는 중요한 시간이다. 이를 위해 교사는 실내 자유놀이시간에 영유아들이 자신의 흥미와 발달 수준에 맞는 놀이를 선택하고 즐길 수 있도록 충분한 놀잇감과 놀이 공간을 마련해주어야 한다.

실내 자유놀이를 위해 유아교육기관의 교사는 실내 환경을 흥미영역으로 구성해준다. 영유아의 실내 자유놀이를 위해 유아교육기관에서 일반적으로 제시되는 흥미영역의 종류로는 언어영역, 쌓기놀이 영역, 역할놀이 영역, 수 · 조작놀이 영역, 조형영역, 과학영역, 음률영역, 물 · 모래놀이 영역, 목공놀이 영역 등을 들 수 있다(실내 흥미영역에 대한 자세한 소개는 제5장 참조). 교사는 영유아의 발달 수준, 흥미, 진행되는 놀이 주제를 고려하여 기본적인 흥미영역을 구성해주고, 영역별 놀잇감을 준비해준다. 다만 기본적으로 구성된 흥미영역과 놀잇감은 유아들의 놀이 욕구에 따라 다양하게 재구성되고 통합적으로 사용될 수 있다. 흥미영역별 놀잇감은 놀이 주제의 변화에 따라 융통성 있게 수시로 교체되어야 한다. 영유아들의 놀이를 관찰하면서 필요한 놀잇감을 교사가 더 첨가해주기도 하고, 영유아들이 스스로 필요한 놀잇감을 찾아보기도 한다. 교실 내 놀이 공간 구성 역시 영유아들의 자유로운 놀이 활성화를 위해 유아와 교사가 함께 변화시키고 확장해가며 변화를 만들어내게 된다.

(2) 실외 자유놀이시간의 운영

실외 자유놀이시간은 영유아들이 활발하게 움직이며 탐색활동을 해볼 수 있는 시간으로 현장에서 바깥놀이 또는 마당놀이라고 표현하기도 한다. 실내와 달리 실외는 보다 넓은 공간과 자연환경을 통해 영유아의 놀이를 확장시켜 주고, 더욱 풍부한 학습의 기회를 제공해준다. 또한 실내에서 생긴 긴장과 억압으로부터 해방감을 느끼도록 도와준다. 실내 자유놀이시간 이상으로 영유아들은 실외 자유놀이시간을 기다리고 좋아한다. 또한 실내와 실외 자유놀이의 균형 있는 안배는 영유아들에게 보다 풍부한 경험을 제공해주고, 놀이의 확장 및 놀이 발달 수준을 높여줄 수 있다.

실외 자유놀이시간을 위해 교사는 우선 실외 놀이 공간을 흥미영역으로 구성해주어야 한다. 대근육 및 신체 운동능력을 발달시킬 수 있는 동적인 영역과 자연현상 관찰과 동식물 사육과 재배 등이 가능한 정적인 활동영역을 마련해준다. 일반적으로 실외 자유놀이시간을 위해 구성해주는 흥미영역으로는 운동놀이 영역, 물 · 모래놀이 영역, 목공놀이 영역, 동식물 기르기 영역, 조용한 놀이 영역, 개방된 영역 등을 들 수 있다(실외 흥미영역에 대한 자세한 소개는 제5장 참조). 각 영역에는 고정시설물과 이동시설물들을 설치해준다. 실외 놀이기구와 시설물들은 수시로 또는 정기적으로 안전 상태를 점검하고 문제가 있을 때에는 즉시 보수하도록 한다.

실외 자유놀이시간은 계절이나 날씨, 영유아의 특성이나 흥미 등에 따라 차이가 있을 수 있으나, 대개 유아교육기관에서 1시간 정도의 시간을 계획한다. 놀이기구는 영유아들이 익숙하게 이용할 수 있을 때까지 그들의 발달 수준에 맞추어 제시해주고, 안전하게 이용하는 방법을 알려주며 규칙을 정한다. 영유아들과 함께 정한 규칙이 잘 지켜지지 않을 때에는 토의시간을 가져, 그 이유와 대책을 의논해봄으로써 영유아들이 스스로 규칙을 내면화할 수 있도록 한다. 자전거나 그네처럼 여러 영유아가 동시에 많이 이용하고 싶어 하는 놀이 시설물이나 기구는 사전에 영유아들과 함께 기구나 시설물을 이용할 수 있는 시간이나 횟수를 정하여 모든 영유아들이 순서대로 골고루 이용할 수 있도록 한다.

날씨가 맑고 온화한 날에는 실내 자유놀이시간에 제시되는 다양한 놀이들을 실외에서도 즐길 수 있도록 변화를 줄 수 있다. 예를 들면, 실내 자유놀이시간에 이루어지는 조형활동, 동화 및 동시 듣기, 동식물의 성장이나 날씨 변화 등에 대한 관찰, 역할놀이 등을 실외 놀이로 확장해서 제시해줄 수 있다. 또한 개방된 영역에서 이루어질 수 있는 다양한 게임이나 신체를 활용한 놀이 등을 제시해줄 수 있다.

3) 교사의 역할

실내 자유놀이시간과 실외 자유놀이시간 중에 일어나는 영유아들의 놀이를 지원하는 교사는 전반적으로 계획 및 조직하는 역할, 관찰 및 평가하는 역할, 상호작용하는 역할, 감독 및 관리하는 역할을 동시에 수행해야 한다.

(1) 계획 및 조직하는 역할

교사는 실내 · 외 자유놀이를 위한 환경을 사전에 계획하여 변화 있게 조성해주는 역할을 수행해야 한다. 놀이는 자발성이 중요하기에 영유아들의 놀이 자체를 교사가 미리 계획해줄 수는 없지만, 영유아들의 놀이를 위한 계획은 해주어야 한다. 다양한 놀이 주제, 교육목표, 영유아 발달의 적합성 등을 고려하여 영유아들의 놀이가 활성화될 수 있도록 계획하고 조직해주어야 한다. 즉, 다양한 놀이를 위한 놀잇감을 제작하거나 선택하여 흥미영역에 제공해주는 역할을 담당해야 한다.

영유아는 자유놀이시간 동안 실내 · 외 공간에서의 놀이를 통해 통합적인 학습을 할 수 있다. 조형영역에서 동물 가면을 만들고, 쌓기놀이 영역에서 블록으로 동물원을 구성하며, 역할놀이 영역에서 동물원 놀이를 하고, 음률영역에서 동물의 사육제 음악을 감상하는 등의 놀이를 통하여 영유아들은 동물과 관련된 학습을 하게 된다. 이를 위해서는 놀이계획 및 조직자로서 교사의 역할이 필요하다. 물론 놀이를 지원함에 있어 유아의 흥미가 바뀔 수 있으므로 미리 진행 방향이 정해진 고정된 계획은 적절하지 않다. 따라서 교사는 보다 융통성 있는 유연한 계획자이자 조직자가 되어야 한다.

(2) 관찰 및 평가하는 역할

교사는 준비된 환경에서 놀이하는 영유아들을 면밀하게 관찰하는 데 많은 시간과 노력을 할애해야 한다. 교사의 민감성은 영유아의 요구에 즉각적으로 대처할 수 있게 한다. 관찰을 통해서 영유아 스스로 문제를 해결할 수 있는지, 지금 바로 개입이 필요한지, 어떤 보충적 도움이 필요한지 등을 정확히 파악해야 한다. 하지만 이 같은 놀이 관찰과 개입이 유아 주도의 자유로운 놀이를 방해하는 것은 아닌지 의문을 품게 할 수도 있다. 놀이는 종종 교수학습의 맥락 밖에서 바라볼 때, 좀 더 흥미롭고 의미 있을 수 있다. 이에 교사는 보다 더 숙련된 관찰자가 되어야 한다. 놀이 관찰은 시간과 연습이 필요한 과정으로 매일매일의 일과에서 보다 체계적인 방법으로 이루어질 필요가 있으며, 체크리스트, 디지털 카메라 등과 같은 전자기기의 사용이 도움이 될 수 있다.

또한 놀이가 진행되는 동안 전체 영유아들의 반응을 관찰하여 그 결과를 체계적으로 기록하고 평가해야 한다. 관찰 기록을 통해 영유아들이 효과적으로 놀이에 잘 참여하고 있는지, 놀이과정에서 나타나는 어려운 점은 무엇인지 등을 평가해야 한다. 평가의 결과는 영유아들에게 보다 풍부한 놀이환경을 마련해주고, 영유아의 발달 수준에 적합한 놀이가 효과적으로 진행될 수 있도록 돕는 데 기초자료로 활용될 수 있어야 한다. 단, 놀이할 때 성인이 근처에 있는 것이 영유아들의 놀이 흐름을 방해할 수도 있고 윤리적인 문제가 발생할 수도 있기 때문에 주의를 요한다.

(3) 상호작용하는 역할

교사는 놀이과정에서 놀이집단의 구성원으로 직접 참여하거나, 필요할 때 조언을 하거나 간접적으로 개입하여 영유아의 놀이가 확장될 수 있도록 도와야 한다. 예를 들면, 역할놀이 영역에서 한 영유아가 의사 가운을 입고 서성이고 있다고 가정해보자. 이때 교사는 인형을 안고, "의사 선생님이시죠? 저희 아기가 열이 많이 나요."라고 말함으로써 놀이 진행을 활성화시켜 줄 수 있다. 영유아의 단순한 역할놀이를 보다 짜임새 있는 병원놀이로 발전시켜 주는 실례다.

또한 교사는 놀이에 열중하고 있는 영유아를 바라보며 미소를 지어주거나 신체적(예 : 어깨 쓰다듬어 주기 등) 또는 언어적(예 : "정말 높은 탑을 쌓았구나." 등)으로 격려해줌으로써 영유아의 놀이를 인정해주는 후원자의 역할도 수행해야 한다. 그 밖에 놀이에 참여하지 못하거나 한 가지 놀이만을 계속하는 영유아와는 개별적으로 상호작용하여 다양한 놀이에 보다 적극적으로 참여할 수 있도록 도와주어야 한다.

그림 6-3 놀이자가 되어 영유아들과 함께 놀이하는 교사

그림 6-4 영유아의 놀이에 관심을 보이며 언어적으로 격려해주는 교사

(4) 감독 및 관리하는 역할

교사는 영유아들의 놀이가 진행되는 동안 전체 교실 상황을 항상 머릿속에 염두에 두고 있어야 한다. 특정 공간에서 개별 영유아와 상호작용을 하고 있는 경우라 할지라도 다른 영유아들이 어느 곳에서 무엇을 하고 있는지, 안전하게 놀이를 하고 있는지, 다른 영유아를 위협하거나 공격하는 영유아는 없는지, 놀잇감을 혼자서 독점하는 영유아는 없는지 항상 살펴야 한다. 이러한 역할은 영유아의 놀이행동을 통제하고 지시하는 것이 아니라 안전하고 지지적인 환경에서 자유롭고 편안하게 놀이가 진행될 수 있도록 돕는 역할이다.

자유놀이시간이 끝나갈 즈음에는 정리할 시간임을 미리 예고하여 놀이가 끝난 뒤에 영유아들이 서로 협동하면서 보다 즐겁게 정리정돈을 할 수 있도록 해야 한다. 또한 놀잇감과 놀이시설물을 정기적으로 점검하여 망가진 것은 수리하고 항상 청결을 유지하며 기관 내에 비품대장이나 비품목록을 마련하여 놀잇감이나 놀이시설물을 보다 체계적으로 관리하는 것도 교사의 중요한 역할이다.

영유아들의 놀이를 지원하기 위한 교사의 역할은 매우 다양하고 복잡하다. Wood(2013)는 유아교육현장에서 영유아들이 좀 더 놀이에 잘 참여할 수 있는 교육학적 접근을 창안해내기 위해서 교사들은 다음의 8가지 방식—유연한 계획자 되기(Be a flexible planner), 숙련된 관찰자 되기(Be a skilled observer), 좋은 경청자 되기(Be a good listener), 유능한 소통가 되기(Be a good communicator), 놀이로부터 영감 받기(Being inspired by play), 안전 · 접근성 · 기회의 평등 감독하기(Supervise for safety, access and equal opportunities), 민감한 공동놀이자 되기(Be a sensitive co-player), 연구자 되기(Be a researcher)—으로 놀이에 참여해야 한다고 하였다. 종합해보면, 영유아들의 놀이에서 교사는 일어나고 있는 상황에 맞추어 상호작용하고, 놀이의 흐름과 정신을 존중해야 한다는 것이 기본 원리라고 볼 수 있다.

3 놀이 활성화를 위한 성인의 놀이 참여

영유아의 교사와 부모는 보다 더 도전적인 교육적 놀이를 격려하기 위해 다양한 방법으로 놀이에 참여하게 된다. 놀이가 단지 오락적인 측면에서만 중시된다면 성인 참여에 대한 논의는 필요가 없지만, 발달과 학습을 촉진하기 위해서는 성인의 놀이 참여에 대해 다양한 각도에서 고려해볼 필요가 있다. 따라서 본 절에서는 성인의 놀이 참여에 대한 부정적인 측면과 긍정적인 측면을 알아보고, 교육적 놀이를 활성화시키기 위한 놀이 촉진 전략을 살펴보고자 한다.

1) 성인의 놀이 참여에 대한 찬반 논쟁

영유아의 놀이에 성인의 참여는 긍정적인 영향과 부정적인 영향을 줄 수 있기 때문에 찬성론자와 반대론자들 사이에서 논쟁이 격렬하다. 찬성론자들은 성인의 놀이 참여가 영유아들의 놀이를 보다 풍부하게 해주고 놀이를 통한 학습을 극대화시킨다고 주장하는 반면, 반대론자들은 성인이 놀이에 참여함으로써 영유아들의 놀이는 중단되거나 위축되고 자연스럽게 놀이를 통해 이루어질 수 있는 학습의 기회가 오히려 사라지게 된다고 주장한다.

역사적으로 살펴보면 1960년대 이전에는 놀이가 내적 갈등을 해소하는 역할을 한다는 정신분석학적인 관점이 지배적이었다. 이 관점에 따르면 성인의 놀이 참여는 영유아들이 놀이 속에서 자신의 내적인 감정을 자연스럽게 드러내지 못하도록 막을 수 있으므로 성인은 되도록 영유아의 놀이에 직접적으로 참여하지 말아야 한다고 경고해왔다. 이러한 입장은 계속해서 이어져왔는데, 미국의 헤드스타트 교사들을 대상으로 이루어진 Spielberger와 McLane(2002)의 연구에서도 연구대상 교사들은 놀이가 중요하지만 교사가 놀이에 직접적으로 참여하여 개입하는 것은 바람직하지 않다고 생각하는 것으로 나타났다.

반면 1960년대 이후 이스라엘에서 저소득층 유아들을 대상으로 놀이훈련을 실시하고 그 효과를 검증한 Smilansky(1968)의 연구와 Vygotsky(1978)의 비계설정이라는 개념이 출현하면서 영유아의 놀이 촉진을 위한 성인 참여를 중요하게 생각하게 되었다. Smilansky(1968)는 사회극놀이에 대한 참여율이 낮은 저소득층 가정의 자녀들이 학업성취도도 낮다는 것을 발견하고 놀이훈련을 통해 사회극놀이 참여와 이를 통한 인지능력의 향상을 증명해보이고자 하였다. 이를 위해 연구대상 유아들을 네 집단, 즉 놀이훈련만을 시킨 집단, 현장견학과 놀이훈련을 함께 시킨 집단, 현장견학만을 제공한 집단, 통제집단으로 나누었다. 현장견학은 직접 경험 차원에서 제공되었으며, 놀이훈련은 교사가 놀이 외부에서 놀이행동을 지도하는 외적 개입과 놀이 내부에서 놀이행동의 모델을 보여주는 내적 개입을 통해 이루어졌다. 연구 결과, 놀이훈련만을 시킨 집단과 현장견학과 놀이훈련을 함께 시킨 집단의 유아들이 사회극놀이의 양과 질에 있어 향상을 보였으며 또한 인지적 능력의 향상에도 효과를 보였다. 이후 수행된 놀이훈련 연구들은 유아들에게 대체로 긍정적인 것으로 나타났다. 즉, 성인이 영유아들에게 놀이 참여 방법을 가르친다면 영유아들이 보다 양적 · 질적으로 우수하게 놀이에 참여할 수 있을 것이며, 이를 통해 놀이와 관련된 다양한 영역의 발달이 이루어진다는 것이다.

1990년대 들어서면서 놀이를 통해 발달과 학습을 향상시키기 위해서는 교사의 역할이 중요하다는 것을 증명하려는 연구들(김정화, 1996; 유애열, 1994; 이윤경, 2001; Enz & Christie, 1997; Jones & Reynolds, 1992)이 많이 이루어지면서 성인의 놀이 참여는 유아교육에서 매우 긍정적이고 필수적인 것으로 여겨져 왔다. 하지만 최근에 유아교육에도 포스트모더니즘과 재개념주의적 시각이 영향을 미치기 시작하면서 교사의 놀이 참여를 부정적으로 인식하는 움직임이 일어나고 있다. 교사의 놀이 참여는 영유아들의 실제 흥미와 다를 수 있다는 것으로 진정한 자유놀이를 위해 교사의 개입과 통제를 거부하는 것이다(나은숙, 2002; 임부연 · 오정희 · 최남정, 2008; Cannella, 1997/2002). 이러한 역사적 흐름을 살펴보면 영유아의 놀이에 성인이 참여하는 것은 긍정적인 측면이 있는 반면 부정적인 측면도 있다는 것을 알 수 있다.

우선 긍정적인 측면을 살펴보면, 첫째, 부모나 교사가 놀이에 참여하게 되면 영유아에게 놀이라는 것이 의미 있고 가치 있는 것이라는 생각을 심어주게 되므로 놀이행동 자체를 긍정적으로 승인해주는 가치가 있다(Manning & Sharp, 1977). 둘째, 성인이 영유아의 놀이에 참여하게 되면 놀이 지속시간이 길어지고 보다 정교한 놀이가 된다. 정교한 놀이란 인지적으로 좀 더 복잡한 형태의 놀이면서 동시에 또래 간의 사회적 상호작용이 풍부한 놀이를 말하는 것으로, 성인의 놀이 참여는 영유아들의 보다 수준 높은 인지적 활동 및 또래 상호작용을 격려한다고 볼 수 있다(Howes & Smith, 1995). 셋째, 영유아들의 놀이 범위를 확장시켜 줌으로써 놀이의 학습효과를 강화시켜 줄 수 있다(Bennett, Wood & Rogers, 1997). 예를 들면, 교사가 제공해준 문해적으로 풍부한 놀이환경과 교사의 개입은 놀이를 통한 읽기와 쓰기 활동의 증가를 가져올 수 있으며, 놀이 속에서 부모와 교사들이 해주는 풍부한 상호작용은 영유아들로 하여금 구어발달을 증진시킬 수 있다.

성인의 놀이 참여는 긍정적인 측면 이외에 부정적인 측면도 있다. Kontos(1999)는 교사들이 영유아들과 놀이를 할 때 상호작용을 많이 하지만 그 내용에 있어서는 질적으로 풍부한 상호작용이 아닌 경우가 많다고 지적하였다. Grinder와 Johnson(1994)의 연구에서도 교사들은 놀이시간 동안 긍정적인 지지를 제공해주기도 하지만 놀이를 방해하는 행동도 많이 한다고 보고하였다. 즉, 부모와 교사들이 보다 민감하게 상호작용을 해주지 않는다면 성인의 놀이 참여가 오히려 영유아들의 놀이를 방해하거나 혼란스럽게 할 수 있다. 3세 유아가 모양판 퍼즐(formboard puzzle)의 공룡 조각을 가지고 상상놀이를 하고 있을 때, 교사가 퍼즐판을 바르게 놓으며 "이 공룡 모양은 어디에 끼워 맞추어야 할까?"라고 하자, 대상 유아가 놀이에 대한 흥미를 잃고 놀이를 중단하는 상황은 현장에서 흔히 관찰할 수 있는 사례다. 또한 또래문화를 알지 못하는 교사가 무작정 유아들의 놀이에 참여하기 위해 "파워레인저가 뭐니? 선생님은 무엇을 맡을까?"라고 말하며 개입하면 유아들은 멀쑥해하며 교사 앞에서 놀이를 중단해버리는 경우도 있다.

성인의 놀이 참여에 대한 찬반 논쟁을 정리해보면, 참여의 양보다는 참여의 질이 중요하다는 것을 알 수 있다. 즉, 영유아들의 놀이에 성인이 참여하느냐 안 하느냐 또는 얼마나 참여하느냐보다는 어떻게 참여하느냐가 중요하다. 영유아의 놀이를 지나치게 구조화시키거나 통제하거나 교육목적을 위해 놀이를 방해한다면 놀이로서의 기능을 상실하게 될 것이다. 성인이 보다 민감하고 반응적이며 지지적으로 참여하여 적절하게 지원한다면 영유아의 놀이를 보다 교육적으로 확장시켜 줄 수 있을 것이다.

2) 놀이 촉진 전략

영유아의 놀이가 학습과 발달에 최대한 긍정적인 영향을 주기 위해서는 성인이 보다 지원적이고 반응적으로 참여하여 놀이를 촉진해주어야 한다. 지원적이고 반응적인 성인은 영유아의 놀이에 직접적으로 참여하여 개입할 뿐만 아니라 놀이 활성화를 위해 간접적으로 자원을 제공하거나 관찰하는 역할을 수행한다. 즉, 교사는 자원을 제공하고 영유아의 놀이를 세심하게 관찰하며, 이러한 관찰을 토대로 영유아의 놀이를 방해하지 않으면서 잠재적 효과를 발휘할 수 있도록 적절히 개입해야 한다. 이 같은 세 단계의 전략은 일직선적이기보다는 상호보완적이다. 성인의 놀이 촉진 전략을 그림으로 제시해보면 **그림 6-5**와 같다.

(1) 자원 제공하기

영유아의 놀이 촉진을 위해 성인은 우선적으로 자원을 제공해주어야 한다. 자원이란 놀이 시간, 놀이 공간, 놀이 자료, 놀이를 위한 사전 경험을 말한다(Johnson, Christie & Yawkey, 1999). 물론 진정한 놀이는 영유아들이 원할 때 언제든지, 또 어느 장소에서든지, 자신의 신체를 포함한 주변의 다양한 자료를 활용하여 사전 경험을 통한 지식에 근거하여 하고 싶은 대로 하는 것이다. 그럼에도 불구하고 자발적인 놀이가 보다 풍부한 교육적 놀이로 승화되기 위해

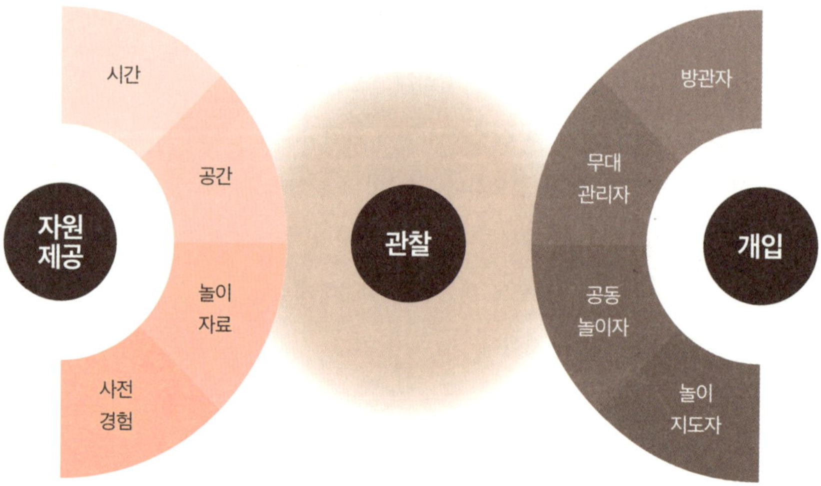

그림 6-5 영유아의 놀이 촉진 전략 단계

서는 교육적으로 준비된 다양한 환경 속에서 영유아의 다양한 선택을 격려하기 위해 부모나 교사가 자원을 제공해줄 필요가 있다.

놀이시간은 충분히 제공되어야 한다. 영유아들이 자료를 탐색하고 자신들의 놀이를 구성하여 준비하며 놀이 속에 몰입하기 위해서는 충분한 시간이 필요하다. 보다 정교한 놀이를 위해 놀이 파트너를 구하고 역할을 정하고 놀이 에피소드를 협상하여 공유해나가기 위해서는 놀이 시간이 여유롭게 주어져야 한다. 물론 영유아의 연령과 놀이 기술에 따라 차이가 있을 수 있지만 하루 동안 짧게 분절적으로 여러 번 주어지는 시간보다는 횟수가 많지 않더라도 한 번에 보다 오랫동안 지속적으로 시간이 주어질 때 영유아들의 놀이는 보다 풍부해질 수 있다. 일반적으로 유아교육기관에서 반일제 프로그램의 경우 실내 자유놀이시간은 1시간 30분에서 2시간 정도, 실외 자유놀이시간은 1시간 정도로 제공해야 한다. 가정에서 부모들은 구조화된 학문적 활동이나 조기 특기교육보다는 자유로운 놀이를 할 수 있는 충분한 시간을 제공하고 동시에 텔레비전 시청을 제한해야 한다.

놀이 공간은 영유아들이 충분히 활동할 수 있도록 적절히 제공되어야 한다. 놀이의 유형에 따라 놀이 공간 사용 정도가 달라지지만, 다양한 놀이를 격려하기 위해서는 충분히 움직일 수 있을 만큼 넓어야 하며, 동시에 기본적인 흥미영역별로 구분하여 배치하는 것이 좋다. 기본적인 흥미영역별 배치는 영유아들이 다양한 놀이를 자율적으로 선택하여 경험할 수 있도록 해주고, 안정된 분위기에서 놀이에 몰두할 수 있도록 해준다. 유아교육기관에서는 놀이스러운 학습을 장려하는 과학, 조형, 언어, 음률 영역 이외에 영유아들의 보다 진정한 놀이를 격려하는 쌓기놀이, 역할놀이, 조작놀이, 물 · 모래놀이, 운동놀이 영역을 변화 있게 준비해주고 영유아들이 자신들의 놀이를 위해 재구성해나갈 수 있도록 격려해야 한다. 가정에서 영유아들은 준비된 놀이방 이외에 가족들이 공동으로 사용하는 다양한 공간에서 놀이를 하려고 한다. 따라서 집안이 항상 어지럽혀지는데, 부모들은 이러한 상황이 곧 자녀들의 놀이 풍부화를 나타내는 것임을 이해하고 좀 더 여유롭게 격려해줄 수 있어야 한다.

놀이 자료는 영유아들이 놀이를 위해 사용하는 모든 물건을 의미하는 것으로, 주변에 어떤 놀이 자료가 제공되느냐에 따라 영유아의 놀이가 달라질 수 있다. 유아교육기관에서는 흥미영역별로 적절한 놀이 자료를 제공해준다. 특히 진행되는 놀이 주제와 관련된 놀이 자료를 풍부하게 제공해주고 놀이 주제가 바뀌거나 교육하고자 하는 주제가 바뀌는 시점을 중심으로 교체해준다. 기본적인 자원의 제공은 물론이고, 영유아의 흥미와 욕구에 따라 놀이 자료는 매일매일 첨가되고 교체되어야 한다. 영유아들이 놀이 도중 공항에 관심을 보이고 공항놀이를 하고 싶어 한다면 영유아들과 함께 역할놀이 영역을 공항으로 꾸미기 위해 비행기 티켓을 만들 수 있는 자료들, 다양한 짐 가방들, 대기의자 등 다양한 자원들을 찾아서 제공해주어야 한다.

사전 경험은 영유아의 놀이를 풍부하게 해준다. 영유아들은 자신이 잘 아는 것을 놀이 속에서 표현한다. 놀이하려고 하는 주제에 대한 경험이나 지식이 없으면 놀이를 지속하기가 어렵다. 대개 연령이 어린 영아들의 경우에는 아직 다양한 경험을 해볼 기회가 많지 않았기 때문에 주로 역할놀이에서 자신이 경험한 엄마, 아빠, 아가를 중심으로 한 놀이를 즐긴다. 부모와 미용실을 다녀온 영유아는 자신이 경험해본 손님의 역할이나 미용사의 역할을 능숙하게 표현하면서 미용실 놀이를 확장시켜 나갈 수 있다. 따라서 부모나 교사는 영유아의 놀이를 촉진하기 위해 다양한 방법으로 사전 경험을 제공해야 한다. 직접적인 경험을 위해 현장 견학을 계획할 수도 있고, 직접 견학이 어려운 경우에는 자원 인사 초청, 관련된 동화 듣기, 이야기 나누기를 통한 경험 나누기, 영상자료 보기 등을 통해 놀이 주제와 관련된 풍부한 경험을 제공할 수 있다.

(2) 관찰하기

놀이를 촉진하기 위한 전략 중 중요한 한 단계가 관찰이다. 성인이 영유아의 놀이를 주의 깊게 관찰하는 것은 진정한 놀이와 배움, 가르침이 통합되기 위한 열쇠다. 우선적으로 놀이하고 있는 영유아를 관찰함으로써 영유아 개인의 놀이에 대한 흥미와 놀이 수준 및 발달을 파악할 수 있다. 영유아가 어떤 놀이와 놀잇감을 선호하는지, 어떤 친구와 주로 놀이를 하는지, 인지적으로나 사회적으로 놀이 수준이 어떠한지를 파악할 수 있으며, 신체, 인지, 정서, 사회, 언어적 발달 수준을 가늠해봄으로써 영유아 개개인에 대해 전반적인 이해를 할 수 있다. 또한 관찰은 영유아의 놀이를 촉진하기 위해 더 필요한 자원이 무엇이고, 언제 어떤 방법으로 개입해야 하는지를 결정할 수 있도록 해준다. 즉, 관찰은 영유아를 위한 놀이시간이 좀 더 필요한지 공간을 변화시킬 필요가 있는지 어떤 사전 경험과 자료들이 필요한지 등을 알려주고, 단순히 옆에 있어주는 개입만이 필요한지 좀 더 구조적인 성인의 개입이 필요한지 등을 결정하는 데 단서를 제공해줌으로써 질적으로 우수한 교육적 놀이를 이끌어내는 데 토대를 마련해줄 것이다.

영유아의 놀이를 보다 체계적이고 객관적으로 관찰하기 위해서는 실내뿐만 아니라 실외 놀이환경에서 충분한 시간을 가지고 반복적으로 관찰하며 관찰자의 편견이 첨가되지 않도록 해야 한다. 이를 위해 놀이를 촉진하는 성인은 관찰의 목적을 정확히 이해하고 목적에 적합한 관찰 및 기록 방법을 선택할 수 있어야 한다. 유아교육기관에서 주로 활용되는 관찰 및 기록 방법에는 서술적 기록(narrative accounts), 행동목록(checklists), 평정척도(rating scales) 등이 있다.

서술적 기록은 주어진 시간 동안 관찰 대상자, 관찰하고자 하는 상황, 참여자의 행동에 대해 서술적으로 기록하는 방법으로, 일화기록과 사후 회상기록이 있다. 일화기록은 사건이 일어날 때 상황이나 사건에 대해 간략히 서술적으로 즉시 기록하는 방법이다. 유아교육기관 현장에서는 색인카드나 포스트잇을 활용하여 관찰대상 영유아의 이름과 기록 날짜를 적고 놀이에서 본 것과 들은 것을 중심으로 사실을 기록한다. 일화기록의 예시는 그림 6-6과 같다. 사후 회상기록은 놀이가 끝난 다음에 사건을 회상하여 기록하는 것으로 일화기록과 동일하나 과거형으로 기록하는 것이 다르다.

행동목록은 관찰해야 할 행동의 목록이 미리 제시되어 있고, 그러한 행동의 유무만을 기록하는 방법이다. 특정한 놀이행동에 초점을 맞추어 보다 체계적으로 관찰할 수 있고 정보를 빨리 기록할 수 있다는 점에서 매우 효율적이나 제한된 정보만을 제공해준다는 단점이 있다. 놀이 관찰을 위한 대표적인 행동목록에는 사회 · 인지적 놀이 척도(Rubin, Watson & Jambor, 1978; Rubin, 1989), 또래놀이 척도(Howes & Matheson, 1992) 등이 있다(그림 6-7, 6-8). 각 척도의 정의는 제3장 '놀이의 발달' 중 '놀이 유형별 발달' 부분에 자세히 소개되어 있다. 사회 · 인지적 척도와 또래 놀이 척도는 시간표집법을 사용하여 무작위로 영유아들의 관찰기록지를 섞어 순서대로 대개 15초간 관찰하고 5초간 기록하는 방법이다.

관찰대상 : 이소은　　　　**관찰일** : 2024년 4월 20일

관찰장면 : 역할놀이 영역(10시 10분)

소은이가 역할놀이 영역에서 소포를 보내는 놀이를 하고 있다. 소은이는 우체국 직원 역할을 맡아 주영이와 함께 놀이를 하고 있다. 손님으로 가장한 주영이가 "커다란 소포상자 주세요."라고 말하자, 상자를 하나 꺼내 저울에 올려놓는다. "이 상자는 무게가 많이 나가 비싸요. 5,000원이요."라고 말한다. 주영이가 카드를 꺼내 소은이에게 주자, 소은이는 카드를 긁는 모습을 흉내내며 "상자에 넣을 물건을 잘 포장해 오세요."라고 말한다.

그림 6-6 일화기록 예시

평정척도는 특정한 행동에 초점을 맞추어 관찰하고 기록한다는 점에서는 행동목록과 동일하나, 행동의 유무를 단순히 체크하는 것이 아니라 행동의 질을 판단하고 정도를 표시하는 것이다. 놀이 관찰과 관련하여 대표적인 평정척도에는 놀이성 척도(Barnett, 1990), Penn의 상호작용적 또래놀이 척도(Fantuzzo, Sutton-Smith, Coolahan, Manz, Canning & Debnam, 1995) 등이 있다. 놀이성 척도는 놀이에 대한 유아의 성향을 알아보는 것으로, 신체적 자발성,

이름 : 관찰일시 :

인지적 수준

사회적 수준	기능놀이	구성놀이	극놀이	규칙이 있는 게임
단독놀이				
병행놀이				
집단놀이				

	비참여/방관자/전이	활동
비놀이		

그림 6-7 사회·인지적 놀이 척도 관찰기록지
출처 : Rubin, Watson & Jambor(1978)

날짜	혼자놀이 수준 0	단순 병행놀이 수준 1	관심 있는 병행놀이 수준 2	단순 사회놀이 수준 3	상호보완적 놀이 수준 4	협동적 사회가작화 놀이 수준 5	복합적 사회가작화 놀이 수준 6	성인 개입	환경과 자료

그림 6-8 또래놀이 척도 관찰기록지
출처 : Howes & Matheson(1992)

사회적 자발성, 인지적 자발성, 즐거움의 표현, 유머 감각에 해당하는 4~5개의 행동에 대해 각각 5점 척도로 평가하도록 되어 있다(그림 6-9). Penn의 상호작용적 또래놀이 척도(PIPPS)는 또래 간의 놀이에서 발견되는 놀이행동을 놀이 상호작용, 놀이 방해, 놀이 단절로 구분하여 각 범주에 해당되는 행동을 4점 척도로 평가하도록 되어 있다(그림 6-10).

위에서 소개된 다양한 관찰 및 기록 방법들은 직접 관찰로 기록할 수도 있지만 최근 들어

항 목	유아의 놀이성 정도				
	전혀	조금	다소	많이	아주 많이
신체적 자발성					
동작이 잘 협응된다.					
신체적으로 능동적이다.					
보다 능동적인 것을 선호한다.					
달리기, 한 발 뛰기, 껑충 뛰기, 도약을 많이 한다.					
사회적 자발성					
타인의 접근에 쉽게 반응한다.					
타인과의 놀이를 제안한다.					
다른 유아와 협동적으로 놀이한다.					
놀잇감을 흔쾌히 공유한다.					
놀이 시 지도자 역할을 한다.					
인지적 자발성					
스스로 게임을 창안한다.					
놀이에서 비전형적인 놀잇감을 사용한다.					
여러 가지 배역을 가장한다.					
놀이하는 동안 활동을 변화시킨다.					
분명한 즐거움					
놀이하는 동안 즐거움을 표현한다.					
놀이하는 동안 충만함을 나타낸다.					
놀이하는 동안 안정을 보인다.					
놀이하는 동안 감정을 표현한다.					
놀이하면서 노래하고 말을 한다.					
유머 감각					
다른 유아들과 농담을 즐긴다.					
다른 사람을 조용하게 놀린다.					
재미있는 이야기를 한다.					
유머러스한 이야기에 웃는다.					
익살부리는 것을 좋아한다.					

그림 6-9 놀이성 척도 관찰기록지

출처 : Barnett(1990)

놀이행동 목록	상호작용적 또래놀이 척도			
	관찰되지 않음	가끔	자주	매우 자주
놀이 상호작용				
아이디어를 공유한다.				
다른 유아를 이끌어 준다.				
다른 유아를 돕는다.				
다른 유아가 참여하도록 격려한다.				
놀이활동에서 창의성을 보인다.				
놀이 방해				
싸움을 걸거나 시비를 건다.				
또래 유아들이 거부한다.				
역할을 바꾸지 않는다.				
고자질한다.				
다른 사람의 물건을 파괴한다.				
언어적으로 공격한다.				
울거나 불평하거나 화낸다.				
다른 유아의 물건을 뺏는다.				
신체적 공격을 한다.				
놀이 위축				
놀이집단 밖에서 배회한다.				
움츠린다.				
목표 없이 쳐다본다.				
다른 사람에 의해 무시된다.				
놀이집단 속으로 초청받지 못한다.				
놀이에서 갈팡질팡한다.				
교사 지시가 필요하다.				
불행해 보인다.				
한 활동에서 다른 활동으로 전이하기가 어렵다.				

그림 6-10 Penn의 상호작용적 또래놀이 척도 관찰기록지

출처 : Fantuzzo, Sutton-Smith, Coolahan, Manz, Canning & Debnam(1995)

다양한 전자매체가 발달되면서 놀이 상황에 대한 비디오 촬영 및 소형 녹음기를 통한 녹음을 통해 보다 상세하게 기록될 수 있다. 또한 보다 시각적인 표상을 위해서는 놀이 장면이나 놀이 결과물에 대한 사진이 놀이 관찰기록을 위해 유용하게 활용될 수 있다. 일화기록, 평정척도, 행동목록, 사진 등 모든 놀이 관찰기록들은 각 영유아의 놀이 포트폴리오에 보관되어야 한다. 놀이 포트폴리오는 영유아 개개인의 놀이 흥미와 성장을 기록하는 데 유용하며, 이를 통해 성인은 보다 적절히 놀이에 개입하고 자원을 제공해줌으로써 영유아들의 놀이를 촉진시킬 수 있다.

(3) 개입하기

영유아의 놀이 촉진을 위해 성인은 세심한 관찰을 토대로 적절히 개입해야 한다. 놀이 촉진 전략 중 '개입하기'는 '자원 제공하기'와 '관찰하기'에 비해 보다 적극적인 성인의 참여 행동으로, 자칫 잘못 개입하면 놀이의 속성이 사라지면서 놀이가 중단될 수 있다는 점에서 매우 신중하게 반응적이고 지원적으로 이루어져야 한다. 신중하다는 것은 개입 전에 영유아의 놀이를 관찰하는 일이 꼭 선행되어야 한다는 것이고, 반응적이란 현재 진행되고 있는 영유아의 놀이 흥미를 이해하고 흥미를 보이는 주제를 중심으로 적절한 개입이 이루어져야 한다는 것이다. 더불어 지원적이란 성인의 적절한 놀이 개입을 통해 영유아의 놀이가 놀이로서의 속성을 잃지 않으면서 잠재적인 발달 및 교육적 효과를 발휘할 수 있도록 해야 한다는 것이다.

우선, 성인이 영유아의 놀이에 개입해야 하는 시점은 영유아가 친구나 놀잇감을 가지고 전혀 놀이하려 하지 않을 때, 복잡한 놀이 주제를 유지하기 위해 지원이 필요할 때, 학습을 위한 결정적인 순간이 일어났을 때, 영유아가 성인을 놀이 상황으로 초대할 때 등이다(Trawick-Smith, 1994/2001). 이러한 순간에는 성인이 놀이에 개입하여 상호작용해줌으로써 영유아의 놀이를 보다 풍부하게 해줄 수 있다. 반면 영유아들이 놀이에 몰입하여 활발히 참여하고 있다면 성인은 개입하지 않는 것이 좋다.

성인의 놀이 개입 유형은 학자들마다 다양하게 제시되고 있다. Wood, McMahon과 Cranstoun(1980)은 성인의 놀이 개입을 병행놀이, 공동놀이, 놀이교수, 현실 대변인으로 분류하였으며, Wolfgang과 Sanders(1982)는 개방적인 모형에서부터 구조적인 모형으로의 연속적인 개입 유형—관찰하기, 비지시적 진술하기, 질문하기, 지시적 진술하기, 모델 보이기, 신체적으로 개입하기—을 제시하였다(그림 6-11). 또한 Shin(1989)은 Spidell(1985)이 제시한 유아교육기관 현장 교사의 개입 유형에 기초하여 환경 구성, 대화, 칭찬, 유지, 시범, 참여, 방향

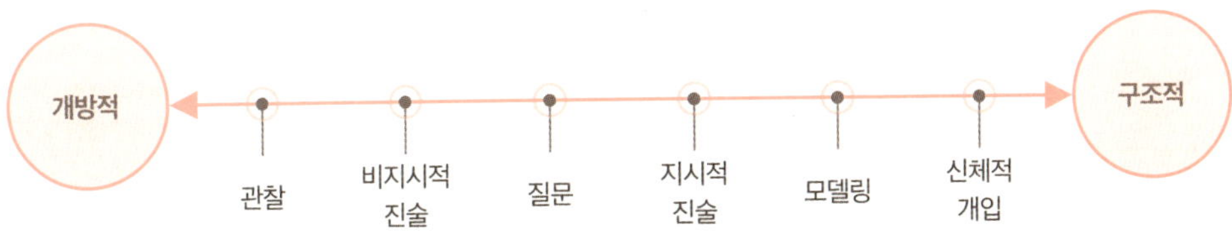

그림 6-11 Wolfgang과 Sanders의 놀이 개입 모형

재지시, 교수, 명령으로 범주화하였다.

이후 Johnson, Christie와 Wardle(2005)은 여러 학자들의 의견을 통합하여 성인의 놀이 개입 유형을 비참여자(uninvolved), 방관자(onlooker), 무대 관리자(stage manager), 공동 놀이자(coplayer), 놀이 지도자(play leader), 감독자 및 방향 전환자(director/redirector)로 구분하여 제시하였다(그림 6-12). 제시된 여섯 가지 유형의 개입 유형은 최소한의 개입부터 최대한의 개입까지 연속선을 형성하는데, 양극에 있는 비참여자와 감독 및 방향 전환자로서의 개입은 부정적인 결과를 가져올 가능성이 높은 위험한 개입 유형이다. 반면 연속선상의 가운데 위치하는 방관자, 무대 관리자, 공동 놀이자, 놀이 지도자로서의 개입은 긍정적이며 촉진적인 유형이라고 보았다. 즉, 놀이 개입 정도를 가로축으로 하고 놀이 개입 효과를 세로축으로 하여 그래프를 그려보면 U자를 엎어놓은 종 모양이 된다. 영유아의 놀이에 극도로 무관심하거나 지나치게 개입하는 것은 놀이 촉진에 효과적이지 못하다.

비참여자(uninvolved)란 영유아의 놀이에 어떠한 관심도 보이지 않고 참여하지 않으며 무시하는 개입 유형이다. 영유아들이 놀이하고 있는 동안 성인이 다른 활동을 준비하거나 행정적인 업무를 하고 다른 성인과 사적인 이야기를 나누는 등 놀이와는 전혀 상관없는 개인적인 업무를 수행하는 것이다. 따라서 어떠한 개입도 하지 않기 때문에 영유아들이 마음대로 놀이를 할 수는 있지만 안전이 문제가 될 수도 있고 보다 높은 수준의 놀이로 확장되기는 어렵기 때문에 촉진적 개입이라고 볼 수는 없다.

방관자(onlooker)는 성인이 영유아의 놀이를 가까운 거리에서 지켜보면서 미소지어주거나 고개를 끄덕이는 등의 비언어적 격려 및 언어적 격려를 통해 놀이에 대한 관심을 표현해주는 것이다. 영유아의 놀이에 직접 참여하여 촉진하거나 방해하는 행동은 절대 하지 않는 것으로 관객으로서의 소극적 개입 유형이다. 이러한 개입은 영유아들에게 성인이 자신의 놀이에 관심

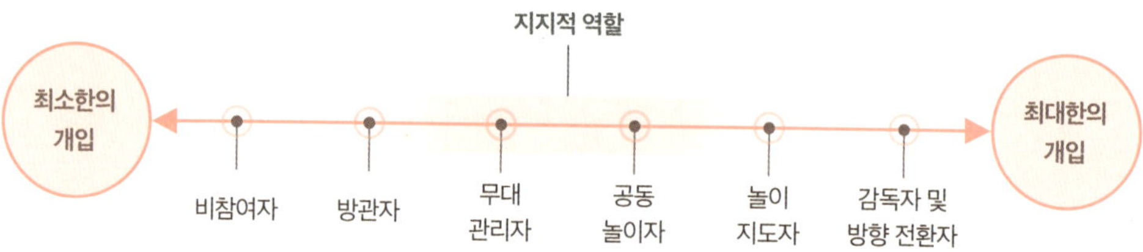

그림 6-12 Johnson, Christie와 Wardle의 놀이 개입 유형

을 갖고 인정하고 있다는 것을 느끼게 해준다. 또한 자연스러운 상황에서 영유아의 놀이 관찰을 통해 다양한 정보를 얻을 수 있고 이를 통해 다음 단계의 적절한 개입을 결정할 수 있도록 해준다.

무대 관리자(stage manager)는 여전히 영유아의 놀이에 직접 참여하지는 않지만 놀이 준비를 보다 적극적으로 돕고 지원한다. 필요한 소품 등의 자료 준비와 무대 구성 및 대본의 제안 등 놀이 에피소드 외부에 머물며 제안을 하고 보조하는 개입 유형이다. 물론 성인이 무대 관리자로서 하는 제안과 도움을 수용할지 무시할지는 놀이하는 영유아들에게 달려 있다.

공동 놀이자(coplayer)는 영유아의 놀이 파트너가 되어 적극적으로 놀이에 참여하는 것을 말한다. 놀이의 주도권은 영유아가 가지고 놀이의 내용과 진행을 통제하며, 성인은 이러한 영유아의 놀이 주도를 따르면서 놀이 친구 역할을 해주는 개입 유형이다. 공동 놀이자로서의 개입을 통해 성인은 영유아들에게 자연스럽게 놀이 기술 및 상호작용 전략의 모델을 보여줄 수 있으며, 보다 친밀감을 형성할 수 있다.

놀이 지도자(play leader)는 영유아의 놀이에 성인이 적극적으로 참여하여 주도권을 가지고 놀이를 이끌며 확장시킨다. 새로운 놀이를 제안하거나, 진행되고 있는 놀이 에피소드를 확장시키기 위해 아이디어를 제시하는 등 성인이 놀이 속에서 보다 주도적으로 영향력을 행사하는 개입 유형이다. 영유아가 스스로 놀이를 시작하지 못하거나 놀이 진행에 어려움을 보일 때 놀이 지도자로서의 개입 유형은 효과적일 수 있다.

감독자 및 방향 전환자(director/redirector)는 성인이 영유아의 놀이를 통제하고, 놀이 시 영유아가 해야 할 것을 말해주거나 놀이와 상관없이 영유아의 관심을 학습목적 쪽으로 전환한다. 감독자로서의 개입 유형은 지나치게 놀이에 개입하여 영유아의 자발적인 놀이 욕구를 침해하는 경우가 많다. 또한 방향 전환자로서의 개입 유형은 놀이를 하는 도중 놀이와는 관계없이 인지학습을 하도록 질문이나 제안을 하여 인지학습을 유도하는 것으로 영유아들의 놀이 흐름을 방해할 가능성이 높다. 따라서 감독자 및 방향 전환자는 촉진적인 놀이 개입 유형이라고 보기 어렵다. 단지 놀이에 참여하지 못하는 영유아에게 놀이 시작 시 짧게 감독자로서 개입할 수 있으며, 놀이 도중 학습이 의미 있게 일어날 수 있는 순간의 기회가 보일 때 진행 중인 놀이와 연관하여 방향 전환자로서 개입할 수 있다. 하지만 영유아가 원하지 않고 거절할 경우에는 절대 강요하지 말아야 한다.

성인은 영유아의 놀이 활성화를 위해 보다 촉진적 개입 유형들을 상황에 따라 융통성 있게 적절하게 사용해야 한다. 더불어 반응적이고 지원적인 개입을 위해서는 영유아의 놀이 상황에 들어가서 개입하는 것뿐만 아니라 적절히 나오는 시점 또한 중요하다. 유능한 교사는 놀이 상황에 들어가서 짧게 영유아의 놀이를 촉진시키고 놀이 진행에 방해가 되지 않게 나올 수 있어야 한다(Trawick-Smith, 2001). 왜냐하면 놀이 개입의 중요한 목적은 성인 주도적으로 놀이를 하도록 강요하는 것이 아니라 영유아들이 자기 주도적으로 놀이를 하면서 또래 간의 상호작용이 활발히 진행되도록 돕는 것이기 때문이다. 성인은 놀이 개입을 통해 놀이 상호작용을 격려하고 영유아가 주도권을 가지고 놀이에 몰두하게 되면 방해받지 않고 놀이가 계속 진행될 수 있도록 아무 말 없이 점진적으로 놀이 상황에서 빠져 나와야 한다.

나 가 는 말

놀이와 교육의 관계는 매우 다루기 힘든 문제로 유아교육기관 현장의 교사들은 유아들이 놀이를 통해 무엇인가를 꼭 배우는 것 같지 않다고 생각하거나, 교사로서 무엇을 가르치고 있다면 유아들은 놀이하고 있는 것이 아니라고 여겨지기에 놀이와 교육을 통합하는 것의 어려움을 느끼고 있다. 역사적으로 교육적 놀이를 중요시해왔던 유아교육현장에서 지나치게 교육을 강조하다보니 놀이가 너무 구조화되어 최근에는 유아 주도적인 놀이, 진정한 놀이, 여가적 놀이의 중요성을 더욱 강조하게 되었다. 그럼에도 불구하고 놀이 중심 교육을 논할 때 **교육적 놀이**의 중요성은 우선적으로 살펴보아야 할 기본적인 개념이다. 따라서 본 장에서는 교육적 놀이의 다양한 관점 및 유아교육과정과 놀이에 대해 살펴보고, 유아교육현장에서 놀이가 이루어지는 자유놀이시간에 대해 알아본 후 이를 토대로 영유아의 놀이 활성화를 위한 성인의 참여에 대해 논의해보았다.

먼저 교육적 놀이는 놀이의 특성을 지니지만 교육목적을 달성하기 위해 교육내용이 놀이활동 속에 포함되어 있는 경우로 놀이 속에 녹아 있는 교과내용, 교과내용에 초점을 둔 놀이, 가르쳐진 교과내용을 활용하여 즐기는 놀이로 구분된다. 교육적 놀이의 가치는 의미 있는 학습 및 연습의 기회와 자기통제 기능을 제공하고 융통성과 창의성을 개발하여 즐거운 학습 분위기를 조성하며 휴식을 제공하고 적극적인 신체적 움직임을 유도하고 있다. 하지만 이러한 다양한 가치에도 불구하고 교육기관에서는 교육적 놀이를 중심으로 교육과정을 운영하지 못하는 경우가 많다. 그 이유는 교육적 놀이가 진보 상황을 기록하기 어렵고 시간이 많이 소모되며, 교육적 놀이 활용에 대한 교사의 준비 부족과 부모와의 갈등을 야기하기 때문이다.

놀이와 유아교육과정의 관계에 대해 살펴보면 교육과정으로부터 생성된 놀이와 놀이로부터 생성된 교육과정으로 나누어볼 수 있다. 교육과정으로부터 생성된 놀이는 교수와 관련하여 초기 학습의 기회 및 연습·강화의 기회를 제공하며, 대표적인 형태는 학문적으로 풍부한 놀이영역과 게임 등이 있다. 반면 놀이로부터 생성된 교육과정이란 영유아의 자연스런 놀이 속에서 나타나는 주제와 흥미를 중심으로 학습경험을 조직하는 것으로, 영유아들의 놀이행동을 교육과정 내용에 반영하는 뱅크 스트리트 프로그램과 프로젝트 접근법을 들 수 있다. 이 두 유형 모두 가치가 있으므로 영유아들의 발달 정도와 교육적 또는 사회·문화적 상황에 따라 적절하게 활용되어야 할 것이다. 놀이와 유아교육과정의 진정한 조화를 위해서는 교사의 역량이 중요하다. 그러나 대부분의 교사들이 놀이의 가치에 대해 신념을 가지고 있더라도 높은 '교사 대 영유아의 비율'로 인한 시간과 에너지의 부족 및 협소한 놀이 공간, 학문적인 기술을 가르쳐야 한다는 교육과정이 주는 압력, 놀이에서의 성인 참여에 대한 부정적인 시각 등으로 놀이를 중심으로 교육과정을 구성해 실제로 수행하는 데 어려움을 겪고 있다.

유아교육기관에서 이루어지는 **자유놀이시간**은 능동적이며 개별적으로 학습이 이루어지고, 통합교육과 사회적 관계, 자율감과 책임감 학습이 이루어지는 시간이다. 또한 자유로움에서 오는 기쁨을 주는 시간으로 그 가치가 높다 할 것이다. 자유놀이시간이 영유아들에게 보다 풍부한 경험을 제공해주고 놀이의 확장 및 놀이 발달 수준을 높여주기 위해서는 실내 놀이뿐만 아니라 실외 자유놀이의 균형 있는 안배가 이루어져야 한다. 그리고 교사는 영유아들의 놀이를 전반적으로 계획 · 조직하고, 관찰 · 평가하며, 상호작용 및 관리 · 감독하는 역할을 동시에 수행해야 한다.

놀이의 활성화를 위한 부모나 교사의 참여는 참여의 양보다 참여의 질이 더 중요하다. 성인이 자원을 제공하고 영유아의 놀이를 세심하게 관찰하며 이러한 관찰을 토대로 놀이를 방해하지 않으면서 잠재적 효과를 발휘할 수 있도록 적절하게 개입한다면 영유아의 놀이를 보다 교육적으로 확장시킬 수 있을 것이다. 또한 성인은 놀이 개입을 통해 놀이 상호작용을 격려하고 영유아가 주도권을 가지고 놀이에 몰두하게 되면 방해받지 않고 놀이가 계속 진행될 수 있도록 점진적으로 놀이 상황에서 빠져 나와야 한다.

요약해보면, 유아교육에서 놀이 중심 교육을 실행하기 위해서는 유아 주도적인 즐기기 위한 여가적 놀이뿐만 아니라 배우기 위한 교육적 놀이가 적극적으로 활용되어야 한다. 교육적 놀이는 긍정적인 측면이 더 많고 부정적인 측면은 충분히 최소화시킬 수 있기 때문에 교사들은 교육적 놀이를 중심으로 교육과정을 운영하면서 적절한 놀이 참여를 통해 보다 더 도전적인 놀이를 격려하고, 놀이 상황을 진정한 평가의 맥락으로 활용해야 할 것이다. 더불어 교사나 부모가 놀이에 보다 반응적이고 지원적으로 개입하기 위해서는 영유아의 놀이 상황에 개입하는 것뿐만 아니라 놀이 진행에 방해가 되지 않게 적절한 시점에서 나올 수 있어야 한다.

사후 활동 주제

- 교육적 놀이란 용어의 적합성과 여가적 놀이의 의미가 교육자들에게 주는 메시지에 대해 논해보시오.
- 수학, 과학, 사회, 음악, 미술 등의 교과 영역 중에 하나를 선택하여 교육목표를 정하고 교육적 놀이를 활용해서 교육목표를 달성할 수 있는 다양한 방법을 고안해보세요.
- 놀이와 교육의 관계에 대한 유아교육기관 현장 교사들의 생각을 인터뷰해보고, 교사들이 자신의 생각을 실제 교육현장에서 잘 실천하고 있는지 관찰해본 뒤, 인터뷰와 관찰내용을 바탕으로 교사들의 신념과 실제를 평가해보세요.
- 가정에서 부모와 영유아 자녀 간에 이루어지는 상호작용이나 유아교육기관에서 교사와 영유아 간에 이루어지는 상호작용을 관찰해보고, 영유아의 놀이를 촉진하는 사례와 방해하는 사례를 찾아보세요.
- 놀이와 교육, 그 조화의 방향에 대해 논하고, 과연 영유아들을 위한 진정한 놀이가 무엇인지, 이를 위해 교육현장의 교사, 행정가, 학자들은 어떤 노력을 기울여야 하는지 제시해보시오.

참고문헌

김수영 · 김수임 · 김현아 · 정정희(2007). **놀이지도**. 파주 : 양서원.

김정화(1996). 극화놀이 영역에서 문식성 자료와 교사의 개입이 유아의 문식성 행동에 미치는 영향. 이화여자대학교 대학원 박사학위논문.

김향자(1992). 학급크기와 교사 수 변화에 따른 유아의 행동 분석. 이화여자대학교 대학원 박사학위논문.

나은숙(2002). 유아교육과정의 재개념주의적 관점에서의 자유놀이 - 포스트모더니즘을 중심으로. 덕성여자대학교 대학원 석사학위논문.

서울대학교 교육연구소 편(2007). **교육학 용어사전**. 서울 : 도서출판 하우.

서현정(1995). 유치원에서의 집단크기에 따른 유아의 행동 분석. 이화여자대학교 대학원 석사학위논문.

엄정애(2004). 놀이와 교육과정 연계에 대한 유치원 교사의 인식과 현황. **유아교육연구**, **24**(1), 145 - 164.

유애열(1994). 유아의 상상놀이와 교사개입에 관한 관찰연구. 연세대학교 대학원 박사학위논문.

유한구(1983). 교육방법으로서의 놀이, 그 인식론적 고찰. **서울교육대학교 논문집**, **16**, 319 - 330.

이기숙(2008). **개정 3판 유아교육과정**. 파주 : 교문사.

이숙재(2004). **제3판 유아를 위한 놀이의 이론과 실제**. 서울 : 창지사.

이영애(2009). 자유놀이 및 집단활동 상황과 유아의 사회지능에 따른 인지적 행동과 정의적 행동. 이화여자대학교 대학원 박사학위논문.

이윤경(2001). 유아의 사회극화놀이수준, 사회적 기술 및 언어능력에 미치는 교사개입의 장기적 효과. **교육학연구**, **39**(3), 73 - 98.

임부연 · 오정희 · 최남정(2008). 비구조적인 자유놀이시간에 유아들이 보여주는 '진짜 재미있는 놀이'에 대한 현상학적 연구. **유아교육연구**, **28**(1), 185 - 209.

Barnett, L. (1990). Playfulness : Definition, design, and measurement. *Play and Culture, 3*, 319 - 336.

Bennett, N., Wood, L., & Rogers, S. (1997). *Teaching through play : Teacher's thinking and classroom practice*. Buckingham, United Kingdom : Open University Press.

Cannella, G. S. (2002). **유아교육이론 해체하기 : 비판적 접근**. 유혜령(역). 서울 : 창지사.(원본발간일, 1997)

Casberque, R., & Kieff, J. (1998). Marbles, anyone? Traditional games in the classroom. *Childhood Education, 74*, 143 - 147.

Christie, J., & Enz, B. (1992). The effects of literacy play interventions on preschoolers' play patterns and literacy development. *Early Education and Development, 3*, 205 - 220.

Cuffaro, H. (1995). *Experimenting with the world : John Dewey and the early childhood classroom*. New York : Teachers College Press.

Edwards, S., Cutter - Mackenzie, A., Moore, D., & Boyd, W. (2017). Finding the balance : A play - framework for play - based learning and intentional teaching in early childhood education. *Every Child, 23*(1), 14 - 15.

Enz, B., & Christie, J. (1997). Teacher play interaction styles : Effects on play behavior and relationships with teacher training and experience. *International Journal of Early Childhood Education, 2*, 55 - 69.

Fantuzzo, J., Sutton - Smith, B., Coolahan, K., Manz, P., Canning, S., & Debnam, D. (1995). Assessment of preschool play interaction behaviors in young low - income children : Penn interactive peer play scale. *Early Childhood Research Quarterly, 10*, 105 - 120.

Ginsburg, H. P. (2006). Mathematical play and playful mathematics : A guide for early education. In D. G. Singer, R. M. Golinkoff, & K. Hirsh - Pasek(eds.), *Play=learning : How play motivates and enhances children's cognitive and social - emotional growth* (pp. 145 - 165). New York : Oxford University Press.

Glickman, C. (1984). Play in public school settings : A philosophical question. In T. Yawkey & A. Pellegrini (Eds.), *Child's play : Developmental and applied* (pp. 255 - 271). Hillsdale, NJ : Erlbaum.

Goldhaber, J. (1994). If we call it science, then can we let the children play? *Childhood Education, 71*, 24 - 27.

Grinder, B., & Johnson, J. (1994, April). *Gender - related teacher behavior and interventions and their consequences for preschool children at free play in day care settings : Preliminary results*. Paper presented at the meeting of the American Educational Research Association, New Orleans.

Howes, C., & Matheson, C. (1992). Sequences in the development of competent play with peers : Social and social pretend play. *Developmental Psychology, 28*, 961 - 974.

Howes, C., & Smith, E. (1995). Relations among child care quality, teacher behavior, children's play activities, emotional security, and cognitive activity in child care. *Early Childhood Research Quarterly, 10*, 381 - 404.

Jarrett, O. (1997). Science and math through role - play centers in the elelmentary classroom. *Science Activities, 34*(2), 13 - 19.

Johnson, J., Christie, J., & Wardle, F. (2005). Play, *Development, and Early Education*. Boston, MA : Allyn and Bacon.

Johnson, J., Christie, J., & Yawkey, T. (1999). *Play and early childhood development* (2nd ed.). New York : Longman.

Jones, E., & Reynolds, G. (1992). *The play's th thing : Teacher's roles in children's play*. New York : Teachers' College Press.

Kamii, C. (1989). *Young Children continue to reinvent arithmetic, 2nd grade : Implications of Piaget's theory*. New York Teachers College Press.

Kamii, C., & Lewis, B. (1992). Primary arithmetic : The superiority of games over worksheets. In V. Dimidjian (Ed.). *Play in place in public education for young children* (pp. 85 - 103). Washington, DC : National Education Association.

Katz, L., & Chards, S. (1993). *Engaging children's minds : The project approach*. Norwood, NJ : Ablex.

Klugman, E. (1990). Early childhood moves into public schools : Mix or meld. In E. Klugman & S. Smilansky (Eds.), *Children's play and learning : Perspectives and policy implications* (pp. 188-209). New York : Teachers College Press.

Kontos, S. (1999). Preschool teachers' talk, roles, and activity settings during free play. *Early Childhood Research Quarterly, 14*, 363-382..

Manning, K., & Sharp, A. (1977). *Structuring play in the early years at school*. London : Ward Lock Educational.

McGee, L., & Richgels, D. (1996). *Literacy's beginnings : Supporting young readers and writers* (2nd ed.). Boston : Allyn & Bacon.

Neuman, S., & Roskos, K. (1992). Literacy objects as cultural tools : Effects on children's literacy behaviors during play. *Reading Research Quarterly, 27*, 203-223.

OECD (2012). *Starting strong III*. Paris : OECD.

OECD (2017). *Starting strong 2017 : Key OECD indicators on early childhood education and care*. Paris : OECD.

Roskos, K. (1994). *Connecting academic work and play at school : Preliminary observations of young children's content-oriented interaction and talk under conditions of play in kindergarten*. Paper presented at the meeting of the American Educational Research Association, New Orleans.

Rubin, K. (1989). *The play observation scale*. Unpublished coding manual, Department of Psychology, University of Waterloo.

Rubin, K., Watson, K., & Jambor, T. (1978). Free-play behaviors in preschool and kindergarten children. *Child Development, 49*, 534-536.

Shin, E. (1989). *Relationships between types of teacher intervention and preschool children's play*. Unpublished doctoral dissertation, University of Illinois, Urbana-Champaign.

Smilansky, S. (1968). *The effects of sociodramatic play on disadvantaged preschool children*. New York : Wiley.

Spidell, R. A. (1985). *Preschool teacher's interventions in children's play.* Unpublished doctoral dissertation, University of Illinois, Urbana-Champaign.

Spielberger, J., & McLane, J. (2002). Can too many cooks spoil the broth? Beliefs about teacher's role in children's play. In C. Brown & C. Marchant (Eds.), *Play in practice : Case studies in young children's play* (pp. 3-12). St. Paul, MN : Redleaf Press.

Sulzby, E., & Teale, W. (1991). Emergent literacy. In R. Barr, M. Kamil, P. Mosenthal, & P. D. Pearson (Eds.), *Handbook of reading research* (Vol. 2). New York : Longman.

Trawick-Smith, J. (2001). **놀이지도 : 아이들을 사로잡는 상호작용**. 송혜린 외(역). 서울 : 다음세대.(원본발간일, 1994)

Van Hoorn, J., Nourot, P., Scales, B., & Alward, K. (1993). *Play at the center of the curriculum*. New York : Macmillan.

Vygotsky, L. (1978). *Mind in society : The development of higher mental processes*. Cambridge, MA : Harvard University Press.

Wisneski, D. B., & Reifel, S. (2012). The place of play in early childhood curriculum. In N. File, J. J. Mueller, & D. B. Wisneski (Eds.), *Curriculum in early childhood education* (pp. 175–187), New York, NJ : Routledge.

Wolfgang, C. H., & Sanders, T. (1982). Teacher's role : A construct for supporting the play of young children. *Early Child Development and Care, 8*, 107–120.

Wood, E. (2010). Developing integrated approaches to play and learning. In P. Broadhead, J. Howard, & E. Wood (Eds.), *Play and learning in the early years : From research to practice* (pp. 9–26). London : SAGE Publications.

Wood, E. (2013). *Play, learning and the early childhood curriculum* (3rd ed.). London, UK : SAGE.

Wood, D., McMahon, L., & Cranstoun, Y. (1980). *Working with under fives*. Ypsilanti, MI : High/Scope.

MEMO

CHAPTER

7

영유아 놀이의 실제

들어가는 말

영유아는 다양한 놀이를 즐긴다. 여러 종류의 놀이에 몰두하고 있는 영유아를 보면 매우 적극적이다. 성인이 준비해준 놀잇감 중에서 자신이 원하는 놀잇감을 선택해서 가지고 노는 영유아가 있는가 하면, 자신들이 놀잇감을 스스로 만들고 찾아서 다양한 놀이에 활용하는 경우도 있다. 물론 물리적인 놀잇감 없이 자신의 신체를 활용해 노는 영유아도 있다. 본 장에서는 영유아가 즐기는 놀이의 실제를 보다 구체적으로 소개해보고자 한다. 유아교육기관이나 가정에서 교사나 부모들이 영유아들의 자발적인 놀이를 이해하고 보다 효율적으로 지원하는 데 도움을 주고자, 다양한 놀이 각각의 발달적 가치와 특징, 놀이별 환경 구성과 지원 방안을 중심으로 살펴볼 것이다.

CHAPTER 7

영유아 놀이의 실제

사전 토의 주제

- 영유아들이 즐기는 놀이의 종류를 나열해보고 기준을 정하여 분류한 뒤, 분류된 놀이들을 각각 정의해보세요.
- 분류된 놀이 중에 하나를 택하여 효율적인 놀이 지원을 위해 어떻게 환경을 구성하고 지도하는 것이 좋을지 생각을 모아보세요.

1 역할놀이

영유아들은 다양한 놀이를 자연스럽게 즐긴다. 교육적으로 가치가 있는 다양한 놀이 중에서 감각 운동기 말부터 전 조작기 영유아들이 가장 많이 즐기는 놀이는 역할놀이다. 역할놀이는 가정이나 병원, 음식점, 가게, 공공기관 등에서 유아들이 흥미롭게 느꼈던 사건이나 경험을 재현해보거나, 자신의 상상이나 생각 등을 행동으로 표현해보는 놀이로서 역할, 사물, 상황의 가작화 요소 중 역할의 자율적인 변형에 초점을 두고 '마치 ~인 것처럼' 표현하는 경우의 놀이를 말한다. 본 절에서는 역할놀이의 발달적 가치, 연령별 역할놀이의 특징, 역할놀이를 위한 환경 구성 및 효율적인 지원 방안에 대해 알아보고자 한다.

1) 역할놀이의 발달적 가치

역할놀이는 영유아의 사회적 · 인지적 · 정서적 · 창의적 · 언어적 발달을 촉진시키므로 영유아교육의 교수-학습 방법으로도 적극 활용되고 있다. 영유아의 전인발달에 기여하는 역할놀이의 발달적 가치를 좀 더 구체적으로 살펴보면 다음과 같다.

(1) 영유아의 사회성 발달을 증진시킨다

영유아는 놀이를 하면서 사회적인 존재로 성장한다. 출생 후 초기에는 가정에서 부모와 놀이를 하면서 긴밀한 상호작용을 하는데, 점차 성장하여 친구들과 놀이할 기회가 많아지면 사회적 능력이 더욱 발달하게 된다. 영유아들의 역할놀이 속에는 새롭고 신기한 작은 세계가 펼쳐지며 영유아들은 그 속에서 풍부한 사회 경험을 하게 된다. 역할놀이를 통해서 영유아는 다른 영유아들과 상호작용을 하며 협동기술을 배우고, 자신이 맡은 역할에 동일시함으로써 사회적 역할 학습은 물론, 자기중심성에서 벗어나 사회적인 존재로 성장하게 된다. 특히 두 명 이상의 영유아가 함께 참여하는 사회적인 역할놀이는 '통제와 타협'의 문제를 탐색하게 해준다. 즉, 유아는 다른 유아와 놀이 속에서의 역할과 주제에 대해 이야기하고 역할을 정할 때 다른 유아와 미묘한 협상의 과정을 거치게 된다. 이러한 협상을 통해 서로가 더 효과적으로 의사소통하고, 상호작용 속에서 일어나는 피할 수 없는 갈등을 해결해나가게 된다.

(2) 영유아의 지적 발달을 촉진시킨다

역할놀이를 하면서 영유아는 실제 사건이나 인물의 모방뿐만 아니라, 가상적인 상황을 경험해봄으로써 상상력이나 문제해결력을 발달시킬 수 있다. Vygotsky(1976)가 언급하길 '영유아의 놀이에는 시각의 장과 의미의 장이 분리되어 있어서 사물과 격리된 사고를 할 수 있을 뿐만 아니라 사물보다 사고에 근거한 행동도 가능하다'고 하였다. 예를 들어, 역할놀이에서 5세 남아가 40대의 멋진 의사 선생님으로 역할을 수행하고 있다면 이미 그 유아의 사고는 실제 자신의 모습과는 분리된 상태이며, 유아가 취하는 행동은 5세 남아에 대한 행동이 아니라 40대 의사 선생님에 대해 생각하는 것을 행동으로 나타내는 것이다. 사물 사용을 예로 들면 좀 더 명확해지는데, 역할놀이에서 숟가락을 마이크로 사용하는 경우 숟가락이라는 사물의 용도나 속성 자체를 초월하여 숟가락을 마이크로 사용함으로써 추상적으로 생각할 수 있는 기회가 주어진다. 이런 추상적 사고의 기회는 다양한 자유 연상을 필요로 하는 문제해결력을 촉진시킬 것이다.

(3) 영유아의 정서발달을 돕는다

영유아들은 역할놀이에서 신데렐라, 백설공주, 포켓몬스터, 용감한 경찰 등 어떠한 역할도 수행할 수 있기 때문에 자신의 욕구와 희망을 충족시킬 수 있다. 이와 같은 역할을 수행함으로써 욕구 충족을 통해 기분도 좋아지고 긍정적인 자아개념을 통해 자신감과 성취감 및 만족감을 갖게 된다. 또한 영유아는 질투, 분노 등 자신의 부정적인 감정을 역할놀이 속에서 발산시킴으로써 감정을 정화시키고 자제력을 회복하는 등 정서적 안정을 되찾을 수 있게 된다. 예를 들어, 역할놀이에서 아기 인형이 말을 안 듣는다고 때려주거나, 혼내주는 행동을 자연스럽게 수행함으로써 마음속에 갖고 있던 새로 태어난 동생에 대한 질투심이 정화되게 된다. 즉, 영유아는 역할놀이에서 내면에 잠재되어 있는 부정적인 감정을 발산시켜서 긴장이 이완되고 자제력을 회복하는 등 정서적 안정을 찾을 수 있게 된다.

더불어 역할놀이를 통해 다른 사람의 정서에 감정이입을 하게 된다. 감정이입이란 타인에 대한 조망을 의미하는데, 역할놀이 중에 영유아들은 감정이입의 기회를 많이 경험하게 된다. 예를 들어, 병원놀이에서 치과 의사 선생님을 맡은 유아는 '나'라는 입장에서 벗어나 '치과 의사'의 입장이 되어 느끼고 생각하며 행동하는 경험을 함으로써 자기중심성에서 탈피할 수 있게 된다.

(4) 영유아의 창의성 발달에 기여한다

역할놀이는 미리 계획된 대본에 의해 전개되는 놀이가 아니라 영유아들이 일상 경험이나 상상한 내용을 자신이 원하는 대로 표현하는 놀이이다. 이를 위해 영유아들은 역할을 만들어내고 적절한 놀잇감을 선택하며 준비하게 되는데, 이러한 과정 중에 많은 것을 새롭게 창조해보는 기회를 갖게 되므로 창의력이 증진된다. 예를 들어, 역할놀이 속에서는 많은 사물들이 '~인 척' 사용된다. 종이 상자가 단지 물건을 담는 상자로서가 아니라 기차, 비행기, 심지어는 목욕통으로도 사용된다. 이러한 점은 놀이 속에서 자연스럽게 보이는 유아들의 멋진 생각이며, 이를 통해 점차 좀 더 수준 높은 창의적 발전을 보이게 된다.

(5) 영유아의 언어발달을 촉진시킨다

역할놀이는 언어발달의 수단이 되며, 언어는 역할놀이 진행에 필수적인 매체의 역할을 한다. 역할놀이를 하면서 다양한 어휘를 배우고, 역할에 알맞은 적절한 언어를 사용할 수 있게 된다. 또한 친구들과 사회적 관계를 맺음으로써 점차 자기중심적 언어에서 탈피하여 남의 말에 귀를 기울여 이해하고 자신의 의견을 교환하는 의사소통능력을 기르게 된다.

듣고 말하는 음성언어뿐만 아니라 역할놀이는 영유아의 읽고 쓰는 문해능력 발달의 수단이 되기도 한다. 역할놀이를 하는 가운데 문자에 대한 개념과 문자의 기능적 사용에 대해 알게 되며 읽기와 쓰기의 문해가 출현하게 된다. 물론 이런 문해 학습의 내용들은 역할놀이가 진행되는 가운데 일어나는 관찰, 탐색과 실험, 또래 간 협동, 교사의 비계설정, 연습 등의 다양한 방법을 통해 학습된다. 예를 들어, 식당놀이를 할 때 자신들이 선택한 놀이를 위해 유아들이 식당의 간판과 메뉴판을 만들어 사용하게 된다. 이 경우 문자를 읽고 쓸 수 없는 영유아들은 역할놀이 속에서 문자의 기능적 사용에 대해 학습하게 된다. 글자를 쓰는 유아들은 직접 간판과 메뉴판에 들어갈 글자를 쓰면서 철자를 인식하게 된다. 이러한 과정을 통해 영유아들은 역할놀이를 하면서 개인차에 맞게 각각 언어학습을 하게 되며 이를 통해 음성 및 문자 언어발달을 이루게 되는 것이다.

이상의 내용을 종합해보면 역할놀이는 다양한 세계와 인물을 상상적으로 경험하는 과정을 통해 사회적 · 정서적 · 인지적 · 창의적 · 언어적 능력의 발달을 촉진하는 가치가 있다고 볼 수 있다.

2) 연령별 역할놀이의 특징

영유아들이 즐기는 역할놀이는 연령별로 그 특징이 나타난다. 상징 사용에 대한 영유아의 발달과 함께 인지적으로 성숙해지고 사회적으로도 발달하면서 역할놀이의 주제와 내용, 사물 사용 및 전반적인 전개 양상에서 특징을 보인다. 1~5세에 이르기까지 영유아들의 역할놀이 특징을 살펴보면 다음과 같다.

(1) 1세 영아의 역할놀이

2세 미만의 영아는 전화기를 들어서 귀에 대거나 컵 안에 수저를 넣는 등의 단순한 모방행동을 한다. 이러한 모방행동이 이 시기 영아의 역할놀이라고 볼 수 있으며, 좀 더 세련된 역할놀이를 위한 전초전이라고 표현할 수 있다. 모방행동이란 다른 사람의 행동을 따라하는 것으로 주로 자신을 양육해주는 양육자의 행동을 모방하게 된다. 처음에는 성인의 소리나 얼굴 표현, 몸동작 등을 단순히 모방하지만, 좀 더 나아가면 이러한 모방을 즐기기 시작한다. 1세 미만의 어린 영아들은 놀잇감의 사회화된 기능에 집착하여 빈 컵을 입에 가져다 대고, 빗을 머리에 대는 행동 등을 많이 한다. 그 이후 놀이행동의 본질을 인식하여 컵을 입에 대고 소리를 내며 마시는 시늉을 하거나 코를 골며 잠자는 시늉을 할 수 있다. 이 시기의 모방행동은 주로 영아 자신의 신체와 일상생활 활동에 집중된다.

따라서 이 시기의 교사는 다양한 소리와 얼굴 표현, 몸동작 등을 많이 보여주고, 영아가 모방하는 행동에 대해 적극적으로 격려하고 반응해주어야 한다. 특히 짝짜꿍이나 까꿍놀이처럼 영아들이 교사의 행동을 모방하며 놀이할 수 있는 교사 주도적인 놀이 기회를 많이 제공해주고, 자신의 신체와 일상생활 활동에 집중되는 유아의 모방행동을 격려하고 반응해주어야 한다.

(2) 2세 영아의 역할놀이

이 시기의 영아들은 마루 닦기, 빨래하기, 아기 인형에게 우유 먹이기, 운전놀이, 전화놀이 등과 같이 주변에서 관찰된 일상생활 속의 한 행동을 역할놀이로 표현한다. 또한 역할놀이를 할 때는 대부분 행동으로 내용을 전달하면서 동일한 놀이를 반복하는데, 때때로 단순한 언어나 효과음을 사용하기도 한다. 2세 영아가 하는 역할놀이의 또 다른 특징은 그때그때의 흥미나 놀잇감에 관련된 놀이를 즉흥적으로 한다는 점이다. 즉, 놀이 주제나 내용이 사전에 계획되

그림 7-1 아빠 행동을 가작화하는 모습

그림 7-2 또래에게 가작화 적용 모습

지 않는다. 예를 들어, 이 시기 영아들은 주스병과 장난감 컵을 보고 주스를 따르는 놀이를 하며, 자동차를 보면 운전놀이를 한다. 또한 역할놀이에 진지하게 참여하는 편이지만 놀이의 지속시간은 비교적 짧으며 친구보다는 혼자서 놀거나 엄마, 아빠, 교사 등 성인과 함께 노는 경우가 많다. 자신의 신체를 중심으로 모방행동을 함으로써 자기 가작화를 주로 하던 1세 미만 영아와는 다르게 이 시기 영아들은 좀 더 분산된 가작화를 보여준다. 분산된 가작화란 다른 사람의 행동을 가작화하거나(예 : 엄마처럼 마루 닦기 등), 가작화를 다른 사람이나 놀잇감에 적용하는 것(예 : 인형에게 우유 먹이기 등)을 말한다.

따라서 교사는 다른 사람의 행동을 가작화하거나, 가작화를 다른 사람이나 놀잇감에게 적용하는 분산된 가작화 행동을 격려하고 적극적으로 반응해주어야 한다. 또한 일상생활에서 사용되는 실물과 유사한 소품을 많이 제공해주는 것이 좋다.

(3) 3세 유아의 역할놀이

3세 유아는 성인의 역할에 관심이 많아지고 상상력이 풍부하여 엄마 · 아빠 역할과 같이 가정생활에 관련된 역할놀이를 많이 하는데, 때때로 생일잔치, 소풍과 같은 내용이 포함되기도 한다. 2세에 비해서 놀이가 덜 즉흥적이다. 즉, 사전에 어떤 놀이를 할지 정하고 놀이하게 되므로 놀이가 여러 내용으로 연결되는 경향을 보인다. 이 시기의 유아들은 대부분 역할놀이에서 영향력이 있는 역할을 선호해 엄마나 선생님이 가장 인기가 있는 역할이다. 또한 놀잇감 사용의 경우에는 제한된 용도로만 사용하는 경직성을 보이기도 한다. 소꿉놀이용 미니 놀잇감 컵은 컵으로만, 식탁은 식탁으로만 사용하여 놀이를 진행하는 경향이 있다. 놀잇감으로 만든 모형 마이크가 없으면 대체할 수 있는 다른 사물을 찾기보다 무조건 노래방 놀이를 할 수 없다고 속상해하는 시기이다. 이 시기 유아는 역할놀이를 할 때 언어 표현을 많이 하고, 친구들과 조금씩 어울리지만 집단 역할놀이가 오래 지속되지는 못한다.

따라서 교사는 친숙한 역할이나 상황(예 : 가정, 음식점 등)을 만들어 역할놀이를 자유롭게 할 수 있도록 하고, 일상생활과 관련된 실물과 유사한 소품을 많이 제공해주는 것이 좋다. 또한 간단한 이야기, 시 또는 다양한 방법을 이용하여 안내된 역할놀이에 적극적으로 참여할 기회를 제공해주도록 한다.

(4) 4세 유아의 역할놀이

이 시기 유아들의 역할놀이는 양적 · 질적으로 확장된다. 역할놀이의 내용은 가정생활과 관련된 놀이 이외에 병원놀이나 가게놀이, 미용실놀이처럼 유아가 직접 경험한 다양한 내용을 놀이로 표현한다. 4세 유아 역할놀이의 또 다른 특징으로는 놀이를 시작하기 전에 계획을 구체적으로 세운다는 것이다. 하지만 실제로는 계획대로 놀이를 하지 않는 경우가 많다. 예를 들어, 이곳이 민수네 집이어서 날씨가 좋아 소풍을 다녀올 것이고 저녁에 도둑이 든다는 이야기를 전개하기로 구체적인 계획을 세울지라도 소풍을 가는 장면에서 몇몇 유아들이 역할놀이보다 다른 놀이에 몰두해 버린다거나 놀이 참여자 간에 갈등이 일어나 해결하는 과정에서 계획대로 놀이가 진행되지 않고 놀이가 중단되는 경우가 많다. 4세 유아는 친구를 좋아하고 다른 사람의 요구를 이해하며 규칙을 어느 정도 지킬 수 있으나 역할을 분담하고 조직적으로 상호작용을 하는 협동놀이는 아직 익숙하지 않아 잘하지 못한다. 특히 이 시기의 유아는 지적 발달의 향상으로 인하여, 모방에 의한 놀이뿐만 아니라 놀잇감이나 의상 활용에 있어서도 창의력을 발휘하여 한 가지 놀잇감을 다양한 용도로 활용하게 된다. 예를 들어, 둥근 바구니를 운전대로 사용하거나 헤어 드라이어로 사용하는 재치를 보이기도 한다.

따라서 이 시기의 유아와 함께 생활하는 교사는 다양한 역할놀이 주제를 위한 의상과 소품을 제공하고, 견학 또는 새로운 사건이나 인물 소개를 통해 역할놀이 주제를 활성화시켜야 한다.

(5) 5세 유아의 역할놀이

유아가 5세가 되면 3, 4세 때에 비해 발전되고 확장된 역할놀이를 하게 된다. 즉, 역할놀이

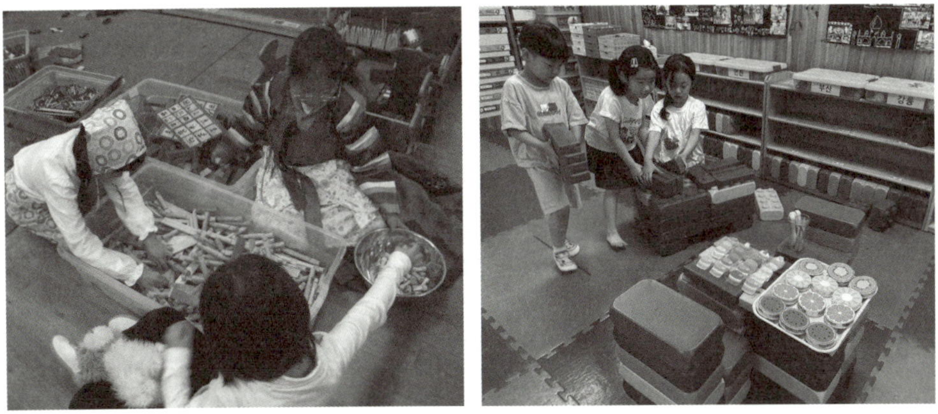

그림 7-3 놀잇감을 다양한 용도로 사용하면서 역할놀이를 확장시키는 모습

내용이 매우 다양해지며 전반적으로 활동성을 띠게 된다. 3, 4세 때 즐기던 일상생활의 내용보다 TV나 책을 통해 본 영웅적 인물(예 : 우주전사 버즈, 배트맨 등)이나 사건을 놀이화하고, 때로는 유아 스스로 내용을 꾸며서 놀이를 한다. 역할놀이를 하는 방법도 사전에 계획을 세우고 역할을 분담하여 진행한다. 놀잇감도 4세 때에 비해 다양한 것을 사용할 뿐만 아니라 실물과 유사하지 않는 형태의 놀잇감을 많이 사용하며, 한 가지 놀잇감을 다양한 용도로 활용하여 놀이한다. 또 이전 연령의 유아보다 덜 자기중심적이고 관대하며 우호적이어서 친구들과 원만한 상호작용을 하면서 사회적인 협동놀이를 하기 때문에 놀이 에피소드가 지속적으로 오랜 시간 유지되는 경향을 보인다. 역할 분담에서도 어린 시기처럼 영향력을 행사하는 인물을 맡겠다고 고집하는 것이 아니라 공격자, 구원자 등과 같이 자신의 희망에 따라 폭넓은 선택을 하게 된다.

이 시기 유아의 교사는 하루의 일과 중 충분한 시간을 할애하여 유아들이 다양한 주제의 역할놀이에 협동적으로 참여할 수 있도록 하며, 역할놀이에 필요한 소품은 유아 스스로 만들어서 사용하도록 격려하는 것이 효과적이다.

3) 역할놀이를 위한 환경 구성

유아교육현장에서 역할놀이는 다양한 영역에서 발생한다. 물론 유아교육기관 실내 흥미영역 중 역할놀이 영역은 영유아들의 역할놀이를 위해 조성된 공간이지만 영유아들은 역할놀이

영역 이외의 다양한 장소에서 역할놀이를 즐긴다. 실내에서는 역할놀이 영역뿐만 아니라 쌓기놀이 영역에서 우주선 놀이, 경찰서 놀이, 동물원 놀이 등의 역할놀이가 많이 발생하며, 실외에서도 넓은 잔디밭이나 운동놀이 기구 위 또는 물 · 모래놀이 영역에서 역할놀이가 이루어진다. 영유아들의 자유로운 역할놀이를 좀 더 활성화하기 위해서는 교사들이 영역 배치와 구성에 좀 더 주의를 기울여야 한다. 역할놀이 영역의 배치와 구성을 위해서 교사들이 고려해야 할 사항들은 다음과 같다.

- 영유아들이 여러 가지 역할을 놀이 속에서 표현하면서 자연스럽게 느낄 수 있도록 역할놀이 영역을 커튼이나 칸막이를 활용하여 아늑한 공간으로 구성해주되, 조용한 영역에서 떨어진 곳에 설치하여 다른 영역의 놀이에 방해가 되지 않도록 한다.
- 역할놀이가 확장될 수 있도록 역할놀이 영역과 쌓기놀이 영역을 인접하게 배치한다. Kinsman과 Berk(1979)는 쌓기놀이 영역과 역할놀이 영역의 구분을 제거했을 때, 여아와 남아의 혼성놀이가 증가되고 쌓기놀이뿐만 아니라 역할놀이가 확장된다고 밝혔다.
- 영유아들의 흥미에 기초하여 역할놀이가 확장될 경우 역할놀이 영역의 공간 크기를 교사가 재구성해준다. 확장되는 경우에는 영유아들의 흥미가 비교적 적다고 보이는 영역을 설치하지 않거나, 병원놀이를 하는 경우 영역의 공간을 확장하면서 언어영역과 과학영역을 함께 설치하는 등 역할놀이 공간과 다른 흥미영역 공간을 합하여 영역을 구성함으로써 최대한 공간을 효율적으로 사용하도록 한다.
- 영유아의 흥미와 요구에 따라 같은 시기에 한 교실 내에 두 개 이상의 역할놀이 공간을 마련해주는 것도 좋다. Griffing(1983)은 유아교육기관 교실에 가정, 우체국, 비행장 영역을 조성하고 유아들의 놀이를 관찰한 결과, 대부분의 유아들이 적극적으로 활동에 참여하였으며 인지 · 사회적으로 높은 수준의 놀이를 보였다. 이러한 연구를 통해 볼 때, 가정집과 병원, 가정집과 미용실과 음식점, 가게와 은행 등 두 개 이상의 역할놀이 공간을 마련하는 것도 효과적이라고 볼 수 있다.
- 영유아가 스스로 자신이 계획한 놀이에 적합하도록 역할놀이 영역을 재구성하는 것을 허용하도록 한다. 예를 들어, 음식점 놀이를 할 때 돈 받는 곳을 만들기 위하여 책상을 끌어오고 가정사 중심의 놀이를 하던 곳을 주방으로 사용하거나 인형극 틀을 창구 수납구로 이용하는 등 영유아들의 요구를 수용하는 것이 좋다.

- 영유아들이 역할놀이를 역할놀이 영역에서만 할 수 있도록 제한하지 말고, 다른 놀이를 하는 영유아들에게 방해가 되지 않는 범위 내에서 다른 장소에서도 역할놀이를 하는 것을 허용하도록 한다.
- 역할놀이 영역을 변화 없이 소꿉놀이 중심으로만 구성하기보다는 진행 중인 놀이 주제와 연관되도록 적절한 변화를 주도록 한다. 엄정애(1996)는 유아교육기관의 역할놀이 영역을 주제와 통합적으로 구성한 결과, 보다 수준 높은 유아들의 놀이행동이 관찰되었다고 밝혔다. Howe, Moller, Chambers와 Petrakos(1993)도 진행 중인 주제와 연결이 되도록 역할놀이 영역이 다양하게 변화되면 특히 남아들의 역할놀이 참여와 수준이 높아진다고 하였다.

역할놀이를 위한 설비와 소품은 역할놀이의 주제를 결정하는 요인이 될 수 있고 영유아의 놀이를 풍부하게 해줄 수 있다. 따라서 교사들은 역할놀이 영역의 설비와 소품을 점검하고 보완 및 확보하는 데도 노력을 기울여야 할 것이다. 소품상자의 준비와 활용에 대해 구체적으로 살펴보면 다음과 같다.

① 소품상자의 준비

역할놀이의 확장을 위한 자료 제공을 위해서 교사는 소품상자(prop box)를 준비하고 다양한 주제와 관련된 자료를 수집하여 활용하는 것이 좋다(Christie & Wardle, 1992). 이러한 소품 상자는 주제와 관련된 체계적인 자료들을 역할놀이 영역에 손쉽게 제공해줌으로써 영역 운영의 다양성에 기여할 수 있다.

소품상자를 준비하는 절차는 다음과 같다. 첫째, 현재 가지고 있는 소품 외에 필요한 것과 영유아들이 주로 관심가지고 놀이했던 역할놀이 주제의 종류를 교사들이 경험으로써 생각해 내고 그에 따른 소품 목록을 작성한다. 둘째, 필요한 소품을 주변에서 수집한다. 특히 부모들에게 협조를 구해 소품들을 기증받을 수 있다. 미용실을 운영하는 가정에서 파마용구를 기증받을 수 있고, 의사가 직업인 부모들에게는 청진기 등 병원 기구를 기증받을 수 있다. 시장에서 필요한 것을 구입할 수도 있고, 폐품을 활용하여 필요한 물품을 제작하거나 기존의 소품을 보다 매력적으로 수선할 수도 있다. 셋째, 이상의 방법으로 소품을 수집한 뒤, 종류와 수량에 따라 각 학급으로 분배를 하거나, 공용으로 사용하는 소품상자를 만든다.

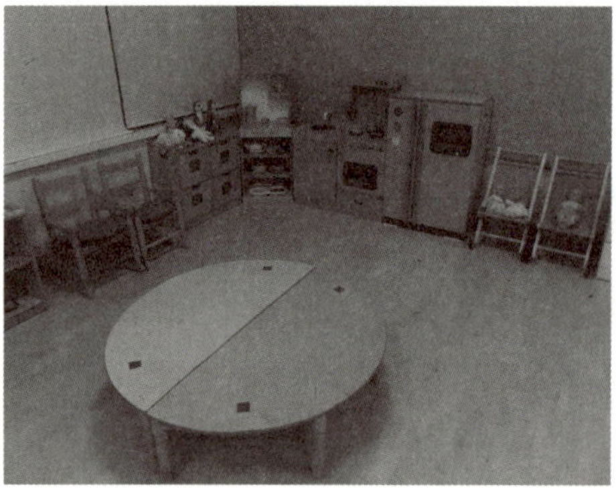

그림 7-4 3세 역할놀이 영역

그림 7-5 5세 역할놀이 영역

② 소품상자의 활용

주제에 따라 소품의 수량이 충분한 경우에는 소품을 분배, 정리한 후 각 학급별로 소품상자를 설치할 수 있는데, 이로 인해 영유아들이 언제든지 역할놀이를 할 때 활용할 수 있도록 한다. 소품은 밖에서도 내용물을 알 수 있도록 반투명 상자에 넣어서 정리하는 것이 효과적이며, 영유아들이 쉽게 꺼내 사용할 수 있도록 영유아의 손이 닿을 수 있는 곳에 설치한다.

4) 효율적인 역할놀이 지원 방안

교사가 역할놀이를 지원하기 위해서는 영유아들의 역할놀이 상황을 정확하게 파악하고 있어야 한다. 영유아들이 많이 참여하는 역할놀이 주제는 무엇인지, 역할놀이에서 각 유아는 주로 어떤 역할을 맡는지, 가장 빈번히 사용되는 놀잇감은 무엇인지, 역할놀이의 집단은 어떻게 구성되는지 등에 관련된 자료를 관찰을 통해 수집해야 한다.

관찰을 통해 수집된 자료를 토대로, 역할놀이의 질을 높이기 위해 사전에 계획을 세우고 환경을 준비를 한다. 먼저, 영유아의 능력이나 경험, 흥미, 놀이 주제 등을 고려하여 역할놀이의 주제를 결정한다. 영유아들에게 적절한 역할놀이 주제는 가족놀이, 가게놀이, 식당놀이, 병원놀이, 미용실 놀이, 은행놀이, 우체국 놀이, 학교놀이, 방송국 놀이, 소방서 놀이 등이다. 주제가 결정되면 효과적인 운영을 위한 경험과 소품을 다양하게 제공한다. 미용실 놀이를 위한 사전경험으로 지역사회 내의 미용실을 견학할지, 어떤 놀잇감을 제공할지 등을 사전에 계획하여

표 7-1 역할놀이 상황에서의 교사 개입

직접 개입의 실례	간접 개입의 실례
교사 : 머리 자르러 왔는데 오래 기다려야 되나요? **미영** : 아니요, 여기 앉으십시오. **교사** : 어떤 모양으로 자르면 저에게 잘 어울릴까요? **미영** : 조금만 다듬으면 어떨까요? **교사** : 날씨가 더워서 덥지 않을까요? **미영** : 그럼, 단발머리로 자르세요.	**교사** : 미영아, 여기는 미용실인가 보구나. 손님이 많이 왔었니? **미영** : 아니요. **교사** : 그럼, 간판을 만들고 미용실을 알리는 광고지를 동네에 돌리면 어떨까?

제공한다. 환경적 준비로서 놀잇감의 제공 이외에 경험의 제공이란 계획된 야외학습, 지역사회 인사 초청, 비디오 보기, 토의, 이야기 나누기, 동화 듣기 등 역할놀이 주제와 관련된 통합적 활동을 교육과정 속에서 계획하고 실시하는 것이다. Sissy Lin(1992)은 견학, 이야기 나누기, 인사 초청 등의 통합적 활동을 사전에 실시한 결과, 자유놀이시간 중 유아들의 역할놀이 질과 양이 증가했다고 보고하였다.

끝으로, 무엇보다도 효율적인 역할놀이를 위해서 교사는 영유아를 심리적으로 편안하게 해주는 정서적 후원자가 되어야 한다. 영유아가 편안하고 자연스러운 분위기에서 자신의 생각과 느낌을 솔직하게 놀이를 통해 표현할 수 있도록 허용하는 분위기를 조성해준다. 필요한 경우에는 역할놀이에 직접 또는 간접적으로 개입할 수 있다. 간접 개입이란 교사가 적절한 질문을 하거나 의견을 제시하여 역할놀이가 원만히 이루어질 수 있도록 돕는 것이고, 직접 개입은 교사가 어떤 역할을 직접 맡아서 영유아와 함께 놀이하는 것이다. **표 7-1**은 유아교육기관에서 교사가 영유아의 역할놀이 상황에 간접 또는 직접적으로 개입하는 실례를 소개한 것이다.

2 블록놀이

영유아들은 태어날 때부터 적극적으로 세상을 탐구한다. 블록은 이와 같이 탐구하며 알아가는 즐거움을 찾는 영유아들의 욕구를 충족시키는 도구다. 블록놀이는 나무토막이나 플라스틱 조각 등 일정한 모양을 가진 다양한 블록을 쌓고 배열하고 끼우면서 다양한 경험을 구성적으로 표현하는 놀이로, 쌓기놀이 또는 구성놀이라고도 한다. 본 절에서는 블록놀이의 역사적 변천, 발달적 가치, 연령별 블록놀이의 특징, 블록놀이를 위한 환경 구성 및 효율적인 지원 방안에 대해 알아보고자 한다.

1) 블록놀이의 역사적 변천

블록의 기원은 분명하지 않지만 현대적 블록으로 불릴 수 있는 것이 나타난 최초의 시기는 17세기 말이다. 영국의 Locke(1693~1964)는 그의 저서《교육에 관한 사고(Some Thoughts concerning Education)》에서 현대의 알파벳 블록으로 발전한 교육적 놀잇감에 대해 언급하였다. 그 이후 점차로 교육적 놀잇감이 인정받고 발달됨에 따라, 19세기에는 교육활동으로서의 블록놀이가 빠르게 전파되고 널리 활용되었다. 블록놀이의 역사적 변천 과정을 시대별로 구분하여 좀 더 구체적으로 고찰해보면 다음과 같다(Provenzo & Brett, 1983/2002; Wellhousen & Kieff, 2001).

(1) 19세기 초반

19세기 초반 Fröebel에 의해 처음으로 유아교육 프로그램 안에서 블록이 체계적으로 사용되었다. Fröebel의 철학을 잘 담아낸 교구가 '은물'이라고 할 수 있는데, 은물 중 세 번째 은물에서부터 여섯 번째 은물은 블록으로 구성되어 있다. 그는 영유아가 복잡하고 세부적인 구조물을 쌓을 수 있게 하기 위해 영유아에게 여러 세트의 블록을 주어야 한다고 했다. 즉, 블록은 Fröebel이 은물의 일부로 개발한 것이다. Fröebel의 블록을 구체적으로 살펴보면 다음과 같다.

세 번째 은물은 하나의 정육면체 가운데를 잘라 여덟 개의 똑같은 크기의 정육면체를 만든 것이다. 네 번째 은물의 경우도 정육면체를 분할한 것으로 정육면체를 네 번 쪼개 직육면체의 벽돌이나 블록 모양을 만든 것이다. 이것은 세 번째 은물보다 폭이 두 배나 길어 두 배 길이의 높이를 만들게 하였다. 다섯 번째 은물은 세 번째의 은물을 응용한 것으로 하나의 정육면체인데, 총 27개의 정육면체로 구성되어 있고, 많은 부분이 대각으로 2등분한 삼각형과 4등분한 작은 삼각형으로 되어 있다. 여섯 번째 은물은 다섯 번째 은물과 크기가 같은 하나의 정육면체인데, 네 번째 은물의 응용으로 27개의 직육면체 블록으로 구성되어 있다. 이것은 세 번째, 네 번째, 다섯 번째 은물을 결합해서 유아가 쌓기와 건축물을 폭넓게 구성할 수 있도록 만들었다.

1870년대 초기에 미국에서 유아교육에 대한 관심이 확대되고 유치원 설립 운동이 일어남에 따라 Fröebel의 블록이 폭넓게 이용되었다.

(2) 19세기 후반

19세기 중반 이후부터 블록은 유럽과 미국에서 영유아에게 가장 인기 있는 놀잇감 중 하나가 되었다. 19세기 후반에는 Crandall 가족이 이끄는 회사들이 매우 독특하고 재미있는 블록을 개발하였다. 그중 길이가 2~3인치로 길지만 폭은 1/3인치로 짧고, 각각의 블록 끝에 빗살같이 맞물려 끼우는 장치가 있는 끼우기 블록은 가장 큰 관심의 대상이 되었다. Crandall 블록 중 가장 오래 사용된 것은 포개넣기(Nesting) 블록이다. 이 블록은 하나의 블록 속에 그보다 조금 작은 블록이 연속적으로 들어갈 수 있도록 만들어져 있다. 이것들은 오늘날까지도 널리 사용되고 있다. 이 외에도 여러 유형의 블록들이 시장에서 판매되었다. 한편 유럽에서 가장 인기 있었던 블록은 Richter 블록이다. 독일에서 제조한 이 블록은 여러 가지의 직사각형, 삼각형, 둥근 모양으로 이루어져 있으며 주조틀로 찍어낸 것으로 복잡한 건물, 다리, 기타 건축물을 만들 수 있게 되어 있다.

(3) 20세기 초반

심리학 같은 학문적 영역의 빠른 성장과 발달은 블록에 관한 관심을 불러일으켰으며, 20세기 초부터 블록 사용이 증가했다. 여러 교육 이론가들은 영유아를 위한 교육과정의 중요한 부분으로서 블록놀이를 도입하기 시작했는데, 초기 이론가 중 가장 중요한 사람이 이탈리아의 Maria Montessori로 그가 제시한 블록은 유아교육과정에서 중요한 위치를 차지한다. Montessori가 제시한 블록 중 첫 단계는 나무로 된 10개의 정육면체로 분홍색이다. 바닥에 다양한 정육면체들을 놓고서 하나의 큰 블록 위에 그 보다 작은 다른 블록을 놓아 위로 올라갈수록 작아져서 탑처럼 만들도록 한다. 이 놀잇감과 비슷한 것은 10개의 사면체 블록으로 표면의 길이는 20cm다. 나무로 된 사면체들을 매트 위에 무작위로 흐트러뜨리고 가장 굵은 블록이나 혹은 가장 가는 블록으로 시작해서 계단 형태로 올라가거나 내려오도록 놓게 한다.

한편, Fröebel 이후 학교 교육과정에 영유아의 블록놀이를 도입하려고 애쓴 사람은 Patty Smith Hill과 Carolin Pratt였다. Hill은 Fröebel 블록보다 16배나 큰 블록을 만들고 영유아들이 마룻바닥에서 자유롭게 블록놀이를 할 수 있도록 하였다. Pratt은 Hill의 영향을 받아 단위 블록(unit block)을 발명한 사람으로 잘 알려져 있다. 단위 블록은 1 : 2 : 4의 비율에 기초하여 만들어져서, 폭과 비교하여 높이가 1/2배이거나 혹은 폭에 비하여 길이가 두 배로 되어 있다. 이 블록은 오늘날 대부분의 유아교육기관에서 사용되고 있는 블록의 표준이 되었고, 이전에 개발된 블록 중에서 체계가 가장 세련되었으며, 20세기 동안에 블록을 예술의 영역으로까지 확대해 놓는 데 기여하였다.

이상의 내용을 살펴보면 블록의 역사적 변천은 유럽과 미국에서 놀잇감 산업의 역사와 성장일 뿐만 아니라만 유아교육 분야의 발달에도 큰 영향을 미쳤다는 것을 알 수 있다.

2) 블록놀이의 발달적 가치

영유아들은 처음부터 다양한 블록의 특성을 살려서 구조물을 만들지는 못한다. 영유아들의 블록 사용 능력은 점진적으로 발달하는데 이러한 발달과정 속에서 사회적 · 인지적 · 정서적 · 신체적 · 언어적 발달이 촉진된다. 영유아의 전인발달에 기여하는 블록놀이의 발달적 가치를 좀 더 구체적으로 살펴보면 다음과 같다.

(1) 영유아의 사회성 발달을 증진시킨다

블록놀이는 블록 자체의 특성에 따라 끼우거나 쌓는 등의 놀이에서 머물지 않고 상상놀이로 연결되는 경우가 대부분이다. 다양한 모양의 블록을 쌓아서 성을 만들기도 하고, 직사각형 블록을 놓아 차도를 만들어 자동차 모형을 가지고 놀이를 하기도 한다. 이와 같은 형태의 놀이를 통해 영유아들은 다양한 경험을 하게 되고 자연스럽게 사회적 기술을 습득하게 된다. 또한 친구가 만들어 놓은 구조물을 쓰러뜨리지 않도록 조심스럽게 행동하게 되며 친구 간에 원하는 블록이 같을 경우에는 서로 나눠 써야 하는 경우도 생기는데, 이러한 경험을 통해 서로 간의 입장을 고려하고 양보하며 협동하는 것을 배우게 된다.

(2) 영유아의 지적 발달을 촉진시킨다

블록놀이를 하면서 영유아는 만들고자 하는 구조물을 위해 다양한 블록 중에서 어떤 블록을 사용해야 할지를 결정해야 하며, 실제로 놀이를 하면서 다양한 형태의 블록을 사용하게 된다. 예를 들어, 크기가 다양한 자동차들을 세울 수 있는 커다란 차고를 만들려고 하는 경우, 먼저 어떤 블록을 사용해야 할지 제시되어 있는 블록들을 관찰해야 하고, 수학적 학습의 기초가 되는 크기 · 길이 · 높이 · 넓이 · 부피 등을 비교하고 분석하여 선택해야 한다. 또한 선택한 블록이 적절한 블록이었는지를 판단할 수 있는 기회를 갖게 되며, 놀이를 하면서 더 적절한 블록의 종류나 구성하는 방법 등을 새롭게 알게 되기도 한다. 이런 과정 속에서 영유아들이 관찰하기, 비교하기, 분류하기, 예측하기, 해석하기 등의 과학적 탐구과정을 하도록 도와주기도 한다. 즉, 블록놀이는 블록을 직접 조작하는 경험을 통해 영유아가 물리적 지식과 논리 · 수학적 지식을 획득하도록 도와준다.

(3) 영유아의 정서발달을 돕는다

블록을 사용하여 놀이하는 방법에는 정답이 없으므로 영유아들은 블록을 정해진 용도로만 사용하지 않으며 자신의 의도에 따라 자유롭게 활용한다. 구성물을 마음대로 쌓았다가 바로 허물기도 하는 등의 과정을 통해 스스로 놀이 상황을 통제하고 있다는 정서적 만족감을 얻게 된다(Church & Miller, 1990). 특히 세밀하게 끼우는 것이 요구되지 않고 늘어놓거나 쌓는 것만으로도 활용이 가능한 블록의 경우에는 좀 더 연령이 어린 영아들이 부담을 느끼지 않고 자유롭게 놀이를 할 수 있도록 해준다. 이러한 점이 영유아들로 하여금 쉽게 성취감과 자신감을 갖도록 해주며, 궁극적으로는 긍정적인 자아 개념이 형성되도록 도와준다.

(4) 영유아의 신체발달에 기여한다

영유아들은 다양한 형태와 크기의 블록으로 여러 가지 구성물을 만든다. 쌓기, 운반하기, 끼우기, 늘어놓기, 세우기 등의 다양한 조작활동이 이루어지는데 이 과정을 통해 다양한 신체 움직임이 동반된다. 예를 들어, 블록을 운반하거나 높은 곳에 블록을 올려놓는 등의 활동을 통해 대근육 발달이 촉진되며, 끼우기나 떨어지지 않게 높이 쌓기 등의 활동을 통해 눈과 손의 협응력 및 양손의 협응력이 증진되고 손과 손가락의 조작력 또한 발달된다.

(5) 영유아의 언어발달을 촉진시킨다

블록놀이는 음성언어 및 문해능력을 향상시키기 위한 기본 토대를 제공한다. 영유아들은 무엇을 만들지, 블록을 어떤 모양으로 쌓을지에 대해 계획하고 친구들과 서로 의견을 교환하기도 하며, 교사에게 무엇을 하는 것인지, 이름이 무엇인지 등에 대해 설명해주고자 한다. 이와 같은 과정은 영유아들의 듣기와 말하기 능력을 향상시켜 준다. 또한 블록놀이는 초기 문해 능력 발달에도 영향을 미친다. 어떻게 만들 것인지 서로 이야기를 나누거나 블록을 선별하고 구성하는 과정 속에서 때로는 수직으로 또는 수평으로 놓아보면서 형태 인지 능력과 형태 변별력 등이 발달하게 되며, 구성물을 만들기 위해 필요한 블록을 가져왔다가 다시 정리하는 과정에서 블록 자리에 붙은 블록 모양과 글자를 매치시키는 과정을 통해 시각적 식별 능력을 기를 수 있다(Stroud, 1995). 이러한 과정은 궁극적으로 읽기, 쓰기 학습에 도움이 된다. 블록놀이는 역할놀이로도 연결되는 경우가 많은데, 이를 통해 어휘력, 다양한 어휘 및 단어 구사력 등의 능력을 기르게 된다.

이상의 내용을 종합해보면 블록놀이는 영유아들이 다양한 블록으로 계획하고 구성하는 가운데 사회적 · 정서적 · 인지적 · 신체적 · 언어적 능력의 발달을 촉진하는 가치가 있다고 볼 수 있다.

3) 연령별 블록놀이의 특징

영유아의 신체적 · 언어적 기술 등이 발달하면서 블록에 대한 인식 및 사용 방법 등에서도 차이를 나타낸다. 이러한 발달과정의 차이를 Johnson(1933/1996)이 구분한 7단계의 블록쌓기 발달 단계에 기초하여 1세부터 5세에 이르기까지 영유아들의 블록놀이 특징을 살펴보면 다음과 같다(Church & Miller, 1990).

(1) 1세 영아의 블록놀이

1세 영아는 자신들의 모든 감각을 이용해서 블록들을 탐색한다. 블록들을 여러 가지 방법으로 만지고 맛보기도 하며, 새로운 소리를 탐색하기 위해 두 개의 블록을 부딪쳐 보는 등 실험하기도 한다. 영유아들은 구조물을 만드는 것보다는 다양한 블록들의 물리적 특성을 즐기고 경험하는 데 더 관심을 둔다. 1세 영아들이 하는 블록놀이의 예를 들면, 블록을 다른 장소로 운반하거나 블록이 담긴 바구니에서 블록을 쏟아내고 다른 영아들이 만든 구조물을 넘어뜨리는 특징을 갖는다.

따라서 이 시기의 교사는 영아가 스스로 블록을 탐색하고 놀이할 시간을 주는 것이 중요하며, 블록을 갖고 할 수 있는 다양한 게임 형태의 활동을 제공해주는 것도 좋다. 예를 들어, 블록의 모양이나 색깔 등을 이용하여 알아맞히기 게임을 하거나 블록으로 장애물 코스를 만들어 신체게임 형식으로 활동을 이끌 수도 있다.

(2) 2세 영아의 블록놀이

2세 영아들도 초기에는 블록을 주면 이리저리 옮기기만 하고 무엇을 만드는 놀이는 거의 하지 않는다. 주로 블록 탐색놀이를 하는데 블록이 얼마나 무거우며, 어떻게 들어야 하는지, 떨어뜨리면 어떤 소리가 나는지 등에 관심을 보인다. 점차 블록으로 줄을 만들기 위해 수평으로 늘어놓거나, 수직으로 쌓아서 탑을 만든다. 가끔은 줄과 탑을 합친 구조물을 만들기도 한다. 수직으로 높게 쌓은 탑은 허물고 다시 만들었다 또다시 허물기를 반복하며 즐긴다. 이와 같은 단순한 형태의 블록 구조물을 반복하여 만드는 가운데 블록의 특성을 이해하게 되고 블록쌓기에 필요한 기술을 익히게 된다.

따라서 교사는 영아들이 충분한 시간을 갖고 블록을 탐색할 수 있도록 기회를 주고 그들의 놀이를 지켜보는 것이 중요하다. 또한 영아들이 블록을 너무 높이 쌓아 안전사고가 발생하지 않도록 주의해야 한다.

(3) 3세 유아의 블록놀이

블록놀이 경험이 풍부해지면서 3세 정도 되면 유아는 좀 더 복잡한 구조물을 만들 수 있게

그림 7-6 블록으로 줄 만들기

된다. 예를 들어, 두 개의 블록을 서로 간격을 두고 세운 후, 다른 블록을 위에 얹어서 다리를 만든다. 다리를 만드는 동안 유아는 균형감, 안정감, 블록의 길이 등에 대해 새로운 인식을 하게 되며 블록 쌓기 기술도 증진된다. 블록으로 다리 만들기를 하는 방법을 익힌 다음에는 자신이 새롭게 배운 기술들을 이용하여 구조물을 만들면서 반복적으로 연습한다. 보다 발전이 되면, 유아는 블록을 가지고 폐쇄 공간을 만들 수 있다. 즉, 공간을 둘러싸기 위해 블록들을 사용하는데, 블록 네 개를 놓아 사각형 모양의 폐쇄된 공간을 만들며 때로는 하나의 폐쇄 공간 옆에 다른 폐쇄 공간을 덧붙여 만드는 경우도 있다. 폐쇄된 울타리 쌓기를 반복적으로 연습하며 다양한 형태의 울타리들로 폐쇄 공간을 만들어간다. 유아는 블록으로 만든 구조물에 이름을 붙여 역할놀이에 사용하기도 한다. 어떤 구조물은 집, 어떤 구조물은 병원이 되는데 구조물의 형태나 기능이 유아가 붙인 명칭에 적합하지 못한 경우도 많다.

따라서 교사는 적절한 조언을 통해 보다 적합한 구조물을 만들 수 있도록 도움을 줄 수 있으며, 유아가 블록놀이에 흥미를 갖도록 다양한 방법으로 지원하는 것이 필요하다. 예를 들어, 유아가 등원하기 전에 단순한 구조물을 쌓기놀이 영역에 만들어 놓거나 블록 구조물을 소개한 화보나 활동 카드 등을 준비해줄 수 있다.

(4) 4세 유아의 블록놀이

이 시기 유아들은 자신이 만든 구조물을 극놀이에 사용한다. 구조물을 만들 때, 구조물의 오른쪽과 왼쪽에 사용하는 블록의 크기나 색깔 등을 맞추거나 노랑, 빨강, 노랑, 빨강 등 색깔의 패

그림 7-7 블록으로 다리와 폐쇄공간 만들기

그림 7-8 또래와 의견을 나누며 패턴 있고 균형 잡힌 구조물 만들기

Johnson의 블록 쌓기 발달단계

Johnson(1933/1996)은 블록놀이 중에서 특히 블록을 쌓는 발달과정을 7단계로 구분하여 제시하였다. 각 단계에 나타나는 블록 쌓기의 특징과 구조물의 예를 제시해보면 다음과 같다.

1단계 : 블록 나르기(carrying)

블록을 주로 이리저리 옮기면서 나르는 단계로 무엇인가를 만들기 위해 블록을 나르지는 않는다. 또한 감각을 이용해 블록을 탐색하거나, 블록을 함께 부딪치거나 다른 물건에 부딪치는 등의 행동 특성을 나타낸다.

2단계 : 쌓기(stacking)

블록들을 수직으로 늘어놓아 탑을 쌓거나 또는 수평으로 늘어놓아 줄을 만드는 단계다. 수직이나 수평으로 블록을 쌓는 행동을 기능적으로 반복하면서 블록의 특성을 이해하고 블록 쌓기에 필요한 기술들을 익히게 된다.

3단계 : 다리 만들기(bridging)

수직으로 세운 2개의 블록 사이의 공간에 3번째 블록을 넘어지지 않게 올려서 다리를 만드는 단계다. 이 단계를 통해 균형감과 안정감을 인식하게 된다.

4단계 : 울타리 쌓기(enclosures)

폐쇄공간을 만드는 단계로, 공간을 둘러싸기 위해 블록들을 목적적으로 배치한다. 네 개의 블록으로 사각형의 폐쇄된 공간 만들기에 성공하면 이를 반복 수행하고 난 뒤, 여러 가지 다양한 울타리 쌓기의 형태들을 만들게 된다.

5단계 : 패턴과 대칭(patterns and symmetry)

장식적 패턴이 나타나는 시기로, 좀 더 많은 블록을 사용하여 균형과 대칭, 장식적인 요소가 있는 보다 정교한 디자인의 구조물을 쌓기 시작하는 단계다.

6단계 : 초기 구상표현(early representational)

앞의 1단계에서 5단계를 통해 습득한 쌓기 기술들을 결합하고, 구조물을 구성하는 동안이나 구성한 이후에 만든 구조물에 이름을 붙이기 시작하는 단계다. 하지만 붙인 이름이 구조물의 형태나 기능에 밀접하게 연관되지 않는 경우가 많다.

7단계 : 후기 구상표현(later representational)

블록에 의한 표상이 활발한 단계로, 자신이 알고 있는 것을 표상하기 위해 블록을 사용한다. 쌓기를 시작하기 전에 구조물의 이름을 말하고, 블록 소품과 구조물을 활용하여 극놀이 활동을 할 수 있다.

출처 : Johnson, H. (1933, 1996). The art of block building. In E. S. Hirsch (Ed.), *The block book* (pp. 9-25). Washington DC : NAEYC. ; Wellhousen, K., & Kieff, J. (2001). *A constructivist approach to block play in early childhood*. Albany, NY : Delmar. pp. 42-43.

턴을 고려하여 구성하는 등 장식적이며 대칭적인 패턴을 인식하여 균형 잡힌 구조물을 만들기 시작한다. 친구들과 의견을 나누며 함께 블록놀이를 하는 것도 이 시기 유아들의 특징이다.

따라서 교사는 사진, 슬라이드, 비디오 등의 매체를 이용하여 유아들이 블록 구조물을 감상하고 공유하도록 도와줄 수 있다. 자신들이 만든 블록 구조물을 사진 찍어 붙여 주거나 앨범을 만들어 주면 유아의 아이디어를 격려하고 자극할 수 있다.

(5) 5세 유아의 블록놀이

5세가 되면 이전에 학습된 블록 조작 기술들을 복합적으로 사용하며, 구조물을 만들기 전에 무엇을 만들지에 대해 자연스럽게 미리 계획을 세우게 된다. 만드는 과정에서도 구조물의 세부 장식, 예를 들어 문, 지붕 등까지 표현할 뿐만 아니라 구조물의 균형과 패턴 등을 보다 섬세하게 고려한다. 이 시기 유아들이 제작한 구조물에는 풍부한 디자인 요소와 상징적 요소가 포함되기도 하고 비율의 개념이 적용된 흔적을 보이기도 한다. 즉, 블록을 이용하여 실제와 비슷한 구조물을 표상화할 수 있다. 이 시기 유아들은 만들어 놓은 구조물을 보관하며, 때로는 수정을 하고 크레파스, 찰흙, 기타 자료를 사용하여 구조물의 세부 장식을 표현하기도 한다.

따라서 교사는 세밀하고 정교하게 구성되는 구조물에 대해 구체적으로 칭찬과 격려를 해줌으로써 유아들에게 자신감을 불어 넣어 주고, 보다 깊은 관심을 갖고 블록놀이를 하도록 지원해야 한다.

4) 블록놀이를 위한 환경 구성

유아교육현장에서 블록놀이는 주로 실내의 쌓기놀이 영역에서 이루어진다. 블록놀이를 위해서는 넓은 공간이 필요한데 Hirsch(1974)는 놀이실 바닥 공간의 약 1/3 정도가 블록놀이 공간이 되어야 한다고 주장하였다. 쌓기놀이 영역의 바닥은 구조물을 안정감 있게 쌓을 수 있도록 평평해야 하며, 블록이 떨어져서 발생하는 소음을 줄이기 위하여 부분 카펫이 필요하기도 하다.

쌓기놀이 영역에 제공되는 블록의 종류는 단위 블록(unit block), 레고나 듀플로 등의 테이블 블록(table block), 나무로 된 할로 블록과 종이벽돌 블록 등의 속이 빈 블록(hollow block), 우레탄 블록 등의 폼 블록(foam block) 등이 있다. 교사는 영유아의 발달 수준에 맞추어 블록의 종류와 수량을 적절히 제공해주고, 블록놀이의 풍부화를 위해 다양한 종류의 소품(예 : 세워놓을 수 있는 동물 모형, 자동차 모형, 사람 인형, 교통표지판 등)을 함께 제공해주는 것이 좋다.

블록은 주로 블록 교구장에 보관하게 되는데 영유아의 키 높이에 알맞아야 하며, 많은 블록의 무게를 지탱할 수 있도록 견고해야 한다. 크고 무거운 블록은 교구장의 아래 칸에 보관하도록 하고, 조각이 작은 테이블 블록들은 적절한 크기의 상자나 바구니에 담아서 보관하는 것이 효율적이다. 또한 블록의 형태를 나타낸 그림이나 실제 사진을 교구장의 보관할 칸에 붙여서 표시해주어 영유아들이 블록놀이가 끝난 뒤 스스로 정리정돈을 할 수 있도록 한다. 블록놀이를 위한 환경 구성 시 유의해야 할 사항을 영유아의 연령별로 좀 더 구체적으로 살펴보면 다음과 같다.

① 1, 2세 학급에 적합한 블록놀이 환경

가볍고 색상이 아름다우며 부드러운 우레탄 블록, 손쉽게 쌓을 수 있는 종이벽돌 블록, 블록을 이곳저곳으로 이동하는 데 필요한 손수레, 덤프 트럭 등을 제공한다.

② 3세 학급에 적합한 블록놀이 환경

복잡한 형태의 블록보다는 정사각형, 직사각형, 삼각형 등과 같이 기본 형태의 블록이나 종이벽돌 블록을 제공한다. 또한 이 시기 유아들은 아직 블록을 높이 쌓았을 때 무너질 것을 예견하는 능력이 부족하므로 스펀지 또는 우레탄 블록을 제공하는 것이 안전하다. 손쉽게 끼우고 뺄 수 있는 플라스틱 블록도 바람직하며 자동차, 물건을 실어 나를 수 있는 끌차, 세울 수 있는 나무 인형 종류 등 실제 형태와 유사한 소품을 제공하는 것이 좋다. 3세 학급 유아들을 위해서는 블록의 종류를 다양하게 준비하기보다 양을 충분히 준비해주는 것이 바람직하다.

③ 4세 학급에 적합한 블록놀이 환경

3세 유아보다 좀 더 복합적인 입체 구조물을 만들므로 기본 형태 이외에도 다양한 형태의 블록을 제공해준다. 또한 조각을 끼워서 구조물을 만드는 다양한 테이블 블록을 준비해주고, 놀이 주제에 따라 동물이나 사람 모형, 자동차와 교통 표지판 등 다양한 소품을 함께 제공한다. 이 시기 유아는 주변 인물을 모방하고 동일시하는 놀이를 많이 하므로 역할놀이에 관련된 소품을 함께 준비해주는 것도 좋다.

④ 5세 학급에 적합한 블록놀이 환경

이 시기 유아는 자신의 일상적 경험뿐만 아니라 경험하지 않은 세계도 표상하므로 레미콘, 잠수함, 도르래 등 보다 다양한 소품을 제공하는 것이 필요하다. 또한 유아의 문제해결 능력과 창의적인 구성 능력을 발달시키기 위해 깡통 블록, 우유팩 블록 등 교사가 제작한 다양한 블록을 제공해줄 수 있다. 다양한 블록놀이 경험을 위하여 건축물 사진이나 쌓기를 위한 활동 카드를 제공하며, 충분한 양의 블록을 제공해주는 것이 필요하다.

그림 7-9 3세 학급 쌓기놀이 영역

그림 7-10 5세 학급 쌓기놀이 영역

5) 효율적인 블록놀이 지원 방안

교사가 영유아들의 블록놀이를 지원하기 위해서는 적절한 개입이 중요하다. 영유아들이 블록놀이를 하고 있을 때, 교사가 개입할 기회는 무한히 많다. 그러나 언제 개입하는 것이 바람직한지에 대해 정확하게 답할 사람은 아무도 없다. 교사는 순간순간, 상황에 따라 적절히 개입하기 위해 결정을 내려야 한다.

우선 교사는 영유아의 블록놀이 상황을 관심 있게 지켜보아야 한다. 관찰을 통해 영유아의 놀이행동을 기록하면서, "지금 ○○는 4개의 블록이 필요하구나!"와 같이 관찰한 것에 대한 반응을 보이는 것도 효과적이다. 또한 사회성 발달이 부족한 영유아들이 모여 놀이를 하기 때문에 영유아들 간에 많은 문제가 발생한다. 이러한 문제는 교사가 모두 해결해주기보다 발달수준을 고려하여 영유아들끼리 해결하도록 지도해주는 것이 바람직하다. 블록놀이를 하면서 발생할 수 있는 문제 상황을 미연에 방지하도록 영유아들과 함께 토의시간을 갖는 것도 좋다. 친구들이 함께 블록놀이를 재미있게 하려면 어떤 규칙을 지켜야 할지, 규칙을 지키지 않으면 어떻게 할지, 정해진 규칙을 누가 써서 어디에 붙여 놓을지 등을 결정한다.

교사는 블록놀이를 위해 적절한 조언을 하고, 흥미를 갖도록 여러 가지 방법으로 지원한다. 예를 들면, "그 크기의 블록은 더 이상 없단다. 대신 사용할 수 있는 다른 블록을 찾아보면 어떨까?", "여기에 어떤 블록을 올려놓으면 대문이 될 수 있을까?" 등의 조언을 해준다. 또는 미완성된 단순한 구조물을 미리 만들어 놓아 흥미를 자극해줄 수도 있고, 구조물의 형태를 소개한 활동카드와 블록을 함께 제공하여 관심을 고취시킬 수도 있다.

블록과 같은 3차원적 놀잇감은 여아들보다 남아들이 더 많이 가지고 노는 경향이 있다(Serbin, 1980). 교사는 모든 활동과 경험에서 남아와 여아가 동등하게 참여할 수 있도록 블록놀이를 격려해야 할 것이다. 쌓기놀이 영역의 크기를 확장함으로써 더 많은 영유아들이 참여하도록 배려하는 것도 도움이 되며, 전통적으로 여아들이 주로 놀이를 하는 역할놀이 영역 옆에 쌓기놀이 영역을 만들고 서로 상호작용을 할 수 있도록 격려하고, 여아들의 흥미를 끌 수 있는 동물 모형이나 인형 집 가구들의 축소 모형과 같은 블록 소품을 제공하는 것이 도움이 될 수 있다. 무엇보다도 교사가 블록놀이에서 흥미를 가지고 많은 시간을 보내는 모델을 보여주는 것이 효과적이며, 남아와 여아들이 함께 블록놀이를 하는 상황의 사진과 그림을 보여주는 것도 유익할 것이다.

또한 블록놀이 시에는 안전관리를 철저히 해야 한다. 안전을 위한 규칙을 만들고 지키도록 하며(예 : 영유아의 키 이상 너무 높이 쌓지 않기, 놀이 시 친구에게 블록을 던지지 않기, 치울 때에는 위에서부터 차례로 하나씩 내려놓기 등), 크고 무거운 블록은 되도록 교구장의 아래 칸에 보관하여 안전관리를 하고 꺼내기도 편리하도록 배려한다. 놀이가 끝나고 나면 정리할 수 있는 시간을 충분히 주어 정리정돈의 책임을 소홀히 하지 않도록 지도한다.

3 조작놀이

조작놀이는 퍼즐이나 구슬 꿰기, 바느질하기, 숫자대로 물체 놓기, 도미노 등 카드게임이나 판 게임 등과 같이 영유아가 책상 위에서 소근육을 사용하여 놀잇감을 맞추고, 끼우고, 배열하는 등의 활동을 하는 놀이를 말한다. 영유아들은 조작놀이에서 주로 개별적인 탐색활동을 많이 하는데, 연령이 증가하면서 보다 심도 있는 개별적인 탐색활동뿐만 아니라 2명 이상의 친구가 함께 모여 조작적인 그룹게임을 즐기게 된다. 본 절에서는 조작놀이의 발달적 가치, 조작놀이를 위한 환경 구성 및 효율적인 지원 방안에 대해 알아보고자 한다.

1) 조작놀이의 발달적 가치

정적이고 탐색적인 조작놀이는 영유아들에게 특정한 기술이나 개념을 가르치기 위해 고안된 놀잇감을 사용하여 놀이가 많이 이루어지기 때문에 다른 놀이에 비해 다소 교수적이고 구조적이며 결과 지향적이다. 따라서 조작놀이를 위해 활용되는 놀잇감은 주로 교육용 놀잇감으로 분류된다. 이러한 조작놀이의 발달적 가치를 구체적으로 살펴보면 다음과 같다.

(1) 영유아의 소근육 및 눈과 손의 협응력을 발달시킨다

조작놀이는 주로 손과 손가락의 소근육을 활용하여 섬세한 조작을 요하는 놀이로, 소근육 및 눈과 손의 협응력을 증진시킨다. 예를 들어, 구슬을 꿰기 위해 끈을 구슬 구멍에 끼우거나 볼트와 너트를 서로 맞추기 위해서는 정교한 소근육 활동이 필요하며, 보는 눈과 조작하는 손의 협응이 필수적으로 요구된다. 처음에는 쉽게 과업을 완수하지 못할지라도 다양한 조작놀이를 즐기는 영유아는 소근육 및 눈과 손의 협응력이 발달하고 이는 곧 두뇌발달을 촉진한다.

(2) 영유아의 학습과 관련된 인지발달에 도움을 준다

영유아는 조작놀이를 통해 개별적인 탐색을 하면서 물리적 지식과 논리 · 수학적 지식을 습득하게 된다. 즉, 형태 · 크기 · 무게 · 질감에 대한 개념뿐만 아니라, 분류 · 서열 · 수와 같은 개념을 습득하게 된다. 예를 들어, 도미노나 빙고 및 주사위 게임 등은 수의 조합과 계산, 기하학적 개념의 발달을 돕고, 패턴활동이나 지시카드 등은 창의적 구성능력과 기억력을 향상시키

그림 7-11 또래와 함께 조작놀이를 하고 있는 모습

그림 7-12 집중하여 조작놀이를 하고 있는 모습

는 등 영유아의 사고력 발달에 도움을 준다. 또한 조작놀이의 대표적인 퍼즐은 부분과 전체의 관계를 인식하게 하며 조각을 맞추어봄으로써 형태지각력과 기억력뿐만 아니라 문제해결력과 인내심을 증진시킴으로써 학습과 관련된 인지발달에 도움을 준다.

(3) 영유아 언어발달의 기초를 제공한다

조작놀이는 영유아의 어휘와 문자 습득에도 영향을 준다. 퍼즐이나 패턴활동 등은 영유아가 다양한 형태를 변별하는 데 도움을 주는데, 이러한 형태 변별력의 증진은 문자를 식별하기 위한 기초를 제공한다. 또한 바느질하기와 구슬 꿰기 등은 영유아의 소근육을 발달시키는데, 이는 곧 영유아가 글자를 쓸 수 있도록 준비시켜 주는 것이다. 또한 함께 놀이하는 또래 간의 언어적 상호작용이 촉진되어 의사소통 기술도 증진된다.

(4) 영유아의 학습태도 형성 및 사회정서 발달을 돕는다

조작놀이는 영유아가 자발적으로 활동에 참여하여 집중할 수 있도록 하여 탐구력, 관찰력 및 주의집중에 많은 도움을 준다. 또한 조작놀이를 하는 과정에서 영유아는 스스로 목표를 달성하기 위한 계획을 세우고 끊임없이 시도하면서 조작하는 방법을 학습하게 된다. 영유아는 이러한 과정에서 바람직한 학습태도를 형성하게 되며 자신의 능력에 대해 자신감과 성취감을 갖게 된다. 더불어 다른 친구의 감정을 존중하고 이해하는 태도도 기른다.

이상의 내용을 종합해보면 조작놀이는 탐색과 조작을 통해서 소근육 발달 및 사물의 모양 · 크기 · 수 개념, 분류와 측정 등에 대한 개념의 이해뿐만 아니라 집중력과 지구력을 증진시키며, 언어 및 사회정서 발달을 촉진하는 가치가 있다고 볼 수 있다.

2) 조작놀이를 위한 환경 구성

조작놀이를 위한 영역은 영유아들이 활동에 집중할 수 있도록 조용하고 다른 놀이영역과 분리되어 사람들의 왕래가 적은 장소에 구성하는 것이 좋다. 주로 책상을 마련하여 의자에 앉아서 놀이할 수 있도록 하거나, 연령이 어린 영아들의 경우에는 낮은 책상을 활용하여 바닥에 편하게 앉아서 놀이를 할 수 있도록 구성한다. 조작놀이를 위한 공간이 마련되면 영유아의 발

그림 7-13 수·조작놀이 영역

달 수준과 흥미에 적합한 조작 놀잇감을 충분히 제시해준다.

조작놀이를 위한 놀잇감은 영유아의 눈높이에 맞는 교구장 선반에 유형별로 나누어 진열해주되 한꺼번에 너무 많이 제시하기보다는 영유아의 발달 수준과 놀이 주제에 따라 적절한 놀잇감으로 교체하도록 한다. 조작놀이에 필요한 작은 소품들(주사위, 게임 말, 수세기를 위한 사물 등)은 잃어버리지 않도록 작은 그릇이나 쟁반, 바구니 등에 담아 제시하고 영유아들이 놀잇감을 잘 정리하고 보관할 수 있도록 자리 표시를 해준다. 즉, 놀잇감이 놓인 교구장 자리에 같은 그림이나 도형, 숫자를 붙여주어 영유아들이 일대일 대응을 해보며 정리정돈을 쉽게 할 수 있도록 한다. 한번 제시한 놀잇감은 일정 시기 이상 두지 않고 교체하며, 정기적으로 점검하여 분실된 조각이나 파손된 부분은 반드시 보완이 이루어지도록 해야 한다.

조작놀잇감의 종류는 상품화된 것부터 교사가 제작한 것에 이르기까지 그 종류가 매우 다양하다. 돌멩이 · 조개껍데기 · 곡식 · 나뭇잎 · 열매 등과 같은 자연물이나 화장품통 등 다양한 용기 · 단추 · 구슬 등의 생활용품을 활용한 놀잇감도 있고, 플라스틱 · 나무 · 우레탄 · 두꺼운 종이 등 다양한 재질을 이용하여 만들어진 놀잇감도 있다. 조작놀이를 위한 놀잇감의 대표적인 유형을 제시하면 다음과 같다.

- **퍼즐** : 나무, 우레탄, 종이, 플라스틱 등 다양한 재질로 만들어지며, 유형에 따라 모양판 퍼즐(formboard puzzle)과 조각 그림 퍼즐(jigsaw puzzle)로 나누어진다. 모양판 퍼즐은 빼내서 끼울 수 있는 모양판으로, 영아들도 쉽게 조작할 수 있도록 조각의 수가 적고 조각마다 꼭지가 부착되어 있는 경우가 많다. 조각 그림 퍼즐은 보다 연령이 높은 유아들

을 위해 고안된 것으로 난이도가 다양하다.

- **포개거나 쌓을 수 있는 놀잇감** : 플라스틱이나 나무로 만든 크기가 다른 상자, 용기, 깡통, 나무 원반 등을 이용하여 만들어진 놀잇감으로 크기의 순서에 따라 포개거나 쌓을 수 있다.
- **끈 끼우기 놀잇감** : 여러 가지 모양과 색깔의 구슬, 빨대 자른 것, 마카로니 등을 끈에 꿰는 놀잇감이다. 구슬은 나무나 플라스틱으로 된 것이 많은데, 구슬의 크기가 3cm 정도가 되어야 쉽게 꿸 수 있으며 끈의 양끝이 빳빳해야 잘 꿰어진다.
- **구슬레일** : 여러 색깔의 나무 구슬을 레일을 따라 움직여 보는 놀잇감이다. 눈과 손의 협응력과 색깔에 대한 개념을 익힐 수 있으며 위, 아래, 오른쪽, 왼쪽으로 구슬을 이동시켜 보는 과정에서 방향에 대한 감각을 기를 수 있다.
- **짝 맞추기 놀잇감** : 여러 조각 가운데 서로 짝을 찾아서 맞추는 놀잇감이다. 주로 색, 모양, 개수, 용도 등을 기준으로 짝 맞추기를 할 수 있다. 그림 찾기판과 카드(lotto), 그림 연결 카드(domino), 같은 용도의 카드 맞추기(연필과 지우개, 글자카드와 해당 사물의 그림 등) 등이 이 유형의 놀잇감에 속한다.
- **같은 모양 끼워 맞추기 놀잇감** : 잘 맞는 모양을 서로 끼워 맞추는 놀잇감이다. 다양한 굵기와 길이의 볼트에 알맞은 너트를 골라서 죄어 보는 볼트와 너트, 다양한 크기와 모양의 열쇠에 알맞은 자물쇠를 열고 잠가보는 열쇠와 자물쇠, 일상생활용품을 활용하여 만든 여러 가지 형태와 크기의 용기와 뚜껑 등이 이에 속한다.
- **디자인과 패턴 만들기 놀잇감** : 늘어놓거나 박거나 꽂아서 자신의 독창적인 패턴을 창조해내는 놀잇감이다. 예를 들어, 여러 가지 도형을 이용하여 새롭고 독창적인 모형을 만드는 탱그램(tangram),[1] 나무못을 못 판에 박아서 놀이를 하는 페그보드(peg board)나 못 판에 뚫려 있는 구멍에 나무못을 꽂아서 여러 형태를 만드는 지오보드(geo board) 등이 있다.
- **일상생활 훈련 놀잇감** : 영유아가 일상생활을 스스로 해나가는 데 필요한 기본적인 조작 활동을 훈련시키는 놀잇감이다. 단추 끼우기, 스냅 채우기, 지퍼 올리고 내리기, 벨트 채

1 탱그램(tangram)은 조각 그림 퍼즐(jigsaw puzzle)의 한 종류로 분류되는 놀잇감으로 삼각형, 사각형, 원형, 타원형 등의 조각을 이어서 새로운 모형을 구성할 수 있다. 직선의 변으로 되어 있는 일곱 개의 조각을 이용한 우리나라의 칠교놀이가 이에 속한다.

우기, 운동화 끈 묶기, 리본 매기 등을 연습해볼 수 있도록 제작된 놀잇감이다.

- **작은 물건 옮겨 담는 놀잇감** : 여러 색상의 구슬이나 콩, 호두, 작은 열매 등을 손가락이나 숟가락, 젓가락을 이용해 옮겨 담아보는 놀잇감이다.

위에 제시된 유형 이외에 수학, 과학, 언어 등과 관련된 교육적 놀잇감들이 조작놀이 놀잇감으로 분류되며, 2명 이상의 유아들이 함께 놀이를 할 수 있는 다양한 게임 자료들, 예들 들면 카드게임이나 판게임 등도 조작놀잇감에 속한다.

3) 효율적인 조작놀이 지원 방안

교사는 영유아의 발달 수준, 흥미, 놀이 주제 그리고 시기의 적절성을 고려하여 적절한 조작놀이 활동을 제시해야 한다. 단순한 놀이활동(예 : 다섯 조각의 퍼즐)에서 시작하여 복잡한 놀이활동(예 : 열 조각의 퍼즐)으로 전개될 수 있도록 놀잇감을 마련하고 단계적인 지원이 이루어지도록 한다.

조작놀이 역시 학습이 아니라 진정한 놀이가 되기 위해서는 교사 주도적이 아니라 영유아가 스스로 놀잇감을 선택하고 다양한 탐색을 통해 문제를 해결할 수 있도록 해야 한다. 따라서 교사는 영유아가 보다 편안하고 다른 사람의 방해를 받지 않는 놀이 공간에서 충분한 시간을 갖고 다양한 탐색을 하면서 조작놀이를 즐길 수 있도록 허용해야 한다.

효율적인 조작놀이를 위해서는 무엇보다도 관찰이 중요하다. 조작놀이를 즐기는 영유아를 관찰하면서 적절한 시기에 영유아의 놀이행동을 언어로 표현해줌으로써("윤수는 동그란 구슬과 네모난 구슬을 번갈아 가며 끈에 끼우고 있구나.") 특정한 개념 학습을 도울 수 있으며 놀이 자체를 격려해줄 수 있다. 자발적인 놀이를 방해하고 간섭하지 않으면서 생각을 확장시킬 수 있는 언어를 사용하여 격려해주면 영유아들은 보다 더 안정된 가운데 자신만의 흥미로운 조작놀이를 즐기게 될 것이다.

영유아가 새로운 놀잇감의 사용법을 잘 몰라 도움을 요청할 때, 조작놀이에 전혀 참여하지 않을 때, 항상 같은 수준의 놀이를 반복할 때는 보다 적극적인 개입이 필요하다. 교사는 놀이에 함께 참여하면서 놀잇감의 사용법에 대해 직접 시범(예 : 크기가 큰 순서대로 당근을 놓아보는 놀이구나. 자, 여기 가장 큰 당근이 있네. 그 다음으로 큰 당근을 찾아서 이 옆에 놓아볼 수 있을까?)을 보여줄 수도 있고, 좀 더 복잡한 조작놀이를 하도록 제안(예 : "크기 순서대로 당근을 놓아보면 어떨까?")을 할 수도 있다. 이러한 보다 직접적인 개입은 적절한 시기에 영유아의 놀이를 격려하고 안내해주는 정도로 끝나야 한다. 너무 오래 지속되면 영유아가 놀이에 흥미를 잃게 된다.

4 운동놀이

인간은 태어나면서부터 주변을 탐색하고 학습하기 위해 몸을 움직이고, 그 움직임의 과정을 통해 많은 것을 습득한다. 신체 또는 운동놀이는 실내 · 외에서 주로 대근육을 활용하여 노는 놀이로, 기본 시설물이나 도구를 이용하여 노는 운동놀이와 아무것도 없는 넓은 공간에서 마음껏 뛰고, 달리고, 뒹굴며 노는 운동놀이를 모두 포함한다. 그네 및 미끄럼 타기, 사다리 오르기, 자전거 타기, 흔들 목마 타기, 공놀이, 팥 주머니 던지기, 후프놀이, 리본막대 흔들기, 낙하산 놀이, 잔디밭에서 마음껏 달리기, 술래잡기 등이 모두 이에 속한다. 본 절에서는 운동놀이의 발달적 가치, 연령별 운동능력 발달의 특징, 운동놀이를 위한 환경 구성 및 효율적인 지원 방안에 대해 알아보고자 한다.

1) 운동놀이의 발달적 가치

선천적으로 움직이길 원하고 요구하는 영유아에게 운동놀이는 단순히 운동기술의 발달뿐만 아니라 전반적인 전인발달에 영향을 준다. 영유아기 운동놀이의 발달적 가치를 구체적으로 살펴보면 다음과 같다.

(1) 영유아의 신체 운동능력 및 안전능력을 발달시킨다

영유아기는 경골화가 되기 이전이므로 몸이 유연하고, 호기심과 모험심이 강하며 감수성이 예민할 뿐만 아니라 비교적 충분한 시간적 여유를 가지고 있기 때문에 보다 많은 시간을 운동

놀이를 하며 보내게 된다. 적절한 운동놀이는 신체발육을 촉진할 뿐만 아니라 다양한 이동, 비이동, 조작적 움직임을 통해 운동능력의 발달에 기여한다. 또한 판단력과 침착성 및 민첩성의 발달을 통해 자신을 위험 상황에서 지킬 수 있는 안전능력을 자연스럽게 습득해나가게 된다.

(2) 영유아의 두뇌활동을 도와 지적 발달을 촉진시킨다

영유아기의 인지발달은 직접적인 경험을 통해 이루어지기 때문에 운동놀이를 통한 몸 움직임은 두뇌활동을 활성화시킨다. 정글짐을 오르내리면서 아래 위, 높고 낮음 등에 대해 알게 되고, 평균대를 걸으면서 균형감각을 기르며, 넓은 운동장을 뛰면서 방향과 거리, 공간개념 등을 익히게 된다. 즉, 운동놀이를 활발히 즐기는 영유아는 높이, 거리, 방향, 무게, 균형 및 공간개념 등을 포함하여 집중력과 추론능력 등의 지적인 발달을 이루게 된다.

(3) 풍부한 사회적 관계를 맺을 수 있도록 돕는다

운동놀이를 즐기는 가운데 영유아들은 다양하고 풍부한 사회적 관계를 형성하게 된다. 친구들과 함께 오르고, 뛰고, 달리면서 경쟁뿐만 아니라 협동을 경험하게 된다. 누가 먼저 달리고 오르는지, 누가 더 멀리 뛰고 오래 매달리는지 등 영유아들은 서로의 운동능력을 경쟁하면서 동시에 좀 더 잘 할 수 있는 비법을 알려주고 서로 붙잡아주고 기다려주는 등 함께하는 경험을 하게 된다. 또한 자신의 감정을 통제하고 타인의 의견을 존중하며 집단의 규칙을 준수하면서 순서를 지키며 서로 돕는 등 사회적 관계 속에서 사회성 발달을 증진시켜 나가게 된다.

그림 7-14 자신의 운동기술을 시험하며 운동놀이를 하는 모습

(4) 영유아의 긍정적 자아개념 형성 및 정서발달을 돕는다

운동놀이를 하면서 열심히 땀을 흘리고 활동에 몰두하면서 영유아는 공격성이나 불안, 미움 등 부정적 감정을 발산하며 정서적 긴장을 해소시키게 된다. 또한 자신의 신체를 원하는 대로 움직일 수 있다는 확신을 통해 자신감과 성취감을 느끼게 되어 건전한 자아개념 형성에도 도움이 된다. 특히 잘할 수 있는 동작은 여러 번 반복하면서 즐거움을 느끼게 된다.

이상의 내용을 종합해보면 운동놀이를 통한 신체 움직임은 생존뿐만 아니라 신체의 성장 발육이나 안전 능력, 정신적 성숙 및 사회성 발달의 향상을 위한 필수적인 활동이라고 볼 수 있다. 즉, 영유아기 신체운동은 신체의 힘과 지구력을 길러주며 신체활동의 긍정적 경험을 통해 삶에 대한 능동적 태도의 기초를 형성하게 한다.

2) 연령별 운동능력 발달의 특징

영유아기 운동놀이를 효과적으로 계획하기 위해서는 영유아의 신체발달 및 운동능력을 정확히 알고 있어야 한다. 영유아기 운동능력 발달의 특징을 연령별로 제시해보면 **표 7-2**와 같다(김정준 · 김정화 · 신유림, 1999; 홍용희 · 이한영 · 최혜로 · 원영신, 2004).

표 7-2 연령별 운동능력 발달의 특징

연령	운동능력
출생~6개월	• 고개를 자유롭게 돌리며 몸을 뒤집을 수 있다. • 엎드린 자세에서 몸을 흔들 수 있다. • 등을 받쳐주면 앉을 수 있다. • 자신의 발을 발견하고 입으로 발을 탐색하기 시작한다. • 우유병이나 딸랑이를 잡을 수 있다.
7~12개월	• 혼자 앉을 수 있으며 가구를 잡고 일어설 수 있다. • 도움을 받아 서게 되며 12개월경 걷기 시작한다. • 눈과 손의 협응력이 발달하여 손을 뻗어 사물을 잡을 수 있다. • 손가락을 이용하여 사물을 쥘 수 있다. • 계단을 기어 올라갈 수 있다.
1세	• 물건을 끌고 다닌다. • 기어오르기를 즐긴다. • 공을 바구니 안에 던져 넣을 수 있다. • 큰 구슬을 꿸 수 있고, 큰 상자 속에 작은 상자를 넣을 수 있다. • 위아래로 점프할 수 있다.

(계속)

연령	운동능력
2세	• 안정된 자세로 걸을 수 있다. • 멈추었다가 달리기, 깡총 뛰기를 할 수 있다. • 발끝이나 발꿈치로 걸을 수 있다. • 던지기와 차기도 하지만 기술 면에서 매우 미숙하다. • 바퀴 달린 물건을 조종할 수 있다. • 높은 곳에서 두 발을 모으고 뛰어내릴 수 있다.
3세	• 한 발로 뛸 수 있다. • 페달을 이용해서 세발자전거를 탈 수 있다. • 연속적으로 달릴 수 있다. • 직선 위를 걸을 수 있다. • 두 발을 바꾸어 성인처럼 계단을 오를 수 있다. • 팔을 아래서 들어 올리면서 공을 던질 수 있다. • 가위를 사용할 수 있으며 젓가락을 쓰기 시작한다.
4세	• 앙감질을 할 수 있다. • 한 발로 균형을 잡고 설 수 있다. • 남이 던진 공을 받을 수 있다. • 롤러스케이트나 보조 바퀴가 달린 자전거를 탈 수 있다. • 가위로 선을 따라 자를 수 있고 구슬 꿰기를 할 수 있다.
5세	• 자신의 운동 기술을 다양하게 실험해보는 놀이를 즐길 수 있다. • 한 발로 뛰거나 스키핑을 할 수 있다 • 색종이 접기, 모양 따라 가위로 오리기, 찰흙 빚기를 할 수 있다. • 안정된 동작으로 달리기, 점프, 균형잡기를 할 수 있다.

3) 운동놀이를 위한 환경 구성

운동놀이는 유아교육기관의 실외 놀이영역에서 주로 이루어지지만 연령이 어린 영아 학급의 경우에는 실내에도 운동놀이를 위한 영역을 구성해주어 활발한 운동놀이가 이루어지도록 한다. 대부분의 유아교육기관들은 실내에 교실과는 별도로 유희실이나 체육실을 마련하여 날씨 등으로 실외 놀이가 불가능한 경우 실내에서도 운동놀이가 이루어질 수 있도록 한다.

운동놀이를 위한 환경을 구성할 때 가장 먼저 중요하게 고려해야 할 사항은 안전이다. 안전한 환경 구성을 위해 교사는 충분한 공간을 제공하고 운동놀이 기구와 시설물의 안전점검을 정기적으로 실시해야 한다. 더불어 영유아의 흥미와 발달에 적합한 운동놀이 기구들을 다양하게 준비해야 한다. 영유아의 발달에 적합한 운동놀이 환경을 구성할 때 유의할 사항을 연령별로 나누어 제시해보면 다음과 같다(김정준 외, 1999; Wittmer & Petersen, 2006).

그림 7-15 실외 놀이터와 유희실

① 1세 영아를 위한 운동놀이 환경

0~8개월 영아들의 경우에는 신체적 운동기술을 연습할 수 있도록 부드러운 담요 위에 영유아를 눕혀주고 교사가 가까이 돌봐주고 있다는 것을 알게 해준다. 영아가 걷기 시작하면 운동기능을 자극할 수 있는 커다란 스펀지 블록이나 스펀지 터널, 놀이 매트, 다양한 크기의 공, 낮은 미끄럼 등을 제공한다.

② 2세 영아를 위한 운동놀이 환경

2세 영아들은 걷고 달리면서 활발한 신체활동을 하기 시작하는 시기로, 공간탐색을 즐길 수 있는 놀잇감을 제공하되 되도록 안전한 기구여야 한다. 활발하게 움직이지만 아직 운동기술이 제한적이므로 다양한 걷기 활동을 해볼 수 있도록 잔디나 모래와 같이 부드러운 지면이 있는 공간과 붙잡고 걸어 오르내리기를 할 수 있는 낮고 푹신한 소재의 계단을 제공해준다. 대근육 발달을 위해 밀고 끌 수 있는 놀잇감과 탈 수 있는 자동차, 자신의 신체를 이용하여 감각운동놀이를 해볼 수 있도록 큰 공, 매트, 풍선과 같은 개인적인 운동놀잇감을 제공한다.

③ 3세 유아를 위한 운동놀이 환경

3세 유아는 운동조절능력이 증진되는 시기로, 밀고, 끌고, 기어오르고, 뛰어 내릴 수 있는 놀이기구와 공간을 제공해준다. 높이가 낮고 폭이 넓은 평균대, 페달이 달린 세발자전거와 여러 가지 오르기 기구 등이 있으며, 외바퀴 손수레도 충분히 조종할 수 있으므로 준비해주고, 소형 탈 것, 흔들 배, 흔들 목마 등과 같이 흔들림을 즐길 수 있는 기구를 실내 · 외에 준비해준다.

④ 4세 유아를 위한 운동놀이 환경

던지고 잡기가 가능하므로 가볍고 크기가 다양한 종류의 공을 준비하고, 보조바퀴가 달린 자전거도 제공해준다. 이 시기 유아는 모험적 욕구가 강해 놀이기구를 보다 모험적으로 활용해보고 싶어하므로 높낮이를 조정할 수 있는 평균대와 다양한 이동식 놀이기구를 준비해준다. 그 밖에 움직임이 많은 기구로 그네, 로프, 흔들 바, 링 등도 제시한다. 다만 아직 판단이 미숙하므로 행동의 결과를 예측하기 어렵고 여러 가지 기구 사용에 위험성이 있으므로 성인의 주의 깊은 감독이 필요하다.

⑤ 5세 유아를 위한 운동놀이 환경

5세 유아는 정확히 던지고, 받고, 찰 수 있으며, 단순한 규칙과 점수를 인식할 수 있다. 따라서 공차기, 공넣기, 표적 맞추기 등을 집단으로 할 수 있는 게임도구인 축구골대와 공, 농구골대와 공, 팥 주머니와 표적 등을 제공한다. 이 시기 유아는 신체를 다양하게 움직이는 욕구와 정확성 및 현실성에 관심이 많아지기에 다양한 운동기술을 실험해볼 수 있는 매트, 뜀틀, 공 등의 놀이기구를 제공해주는 것도 좋다.

4) 효율적인 운동놀이 지원 방안

영유아기 운동놀이는 주변 환경에 대해 지각하고 기본적 운동능력을 기르는 데 중요한 역할을 한다. 하지만 최근 미디어 시대에 들어서면서 텔레비전 시청 및 컴퓨터 활동이 증가하고, 뛰어놀 수 있는 공간 및 시간 부족 등의 이유로 영유아들의 운동놀이는 점차 감소하고 있다. 이로 인해 비만이나 고지혈증 등으로 힘들어하는 영유아들이 늘어나고 있다. 따라서 현대사회 유아교육기관 교사들은 영유아들의 운동놀이를 촉진하기 위해 보다 적극적인 역할을 수행해야 할 것이다.

효율적인 운동놀이 지원을 위해 교사는 영유아의 발달 수준과 놀이 경험 및 개인차를 고려하여 체계적이고 단계적으로 지도해야 한다. 예를 들어, 미끄럼을 탈 때 영유아가 공포심을 갖지 않도록 낮은 경사의 미끄럼부터 타보도록 하며, 필요한 경우에는 손을 잡아 주는 등의 도움을 주면서 점차로 높은 경사의 미끄럼을 타볼 수 있도록 한다. 영유아의 운동능력은 연령에 따라 다를 뿐만 아니라 개인별로 차이가 나며, 한 개인 내에서도 각 운동능력 간에 발달의 차이가 있다. 그러므로 교사는 영유아의 전반적 신체 및 운동능력의 발달 특징과 더불어 개인차를 파악하고 있어야 한다. 영유아가 흥미를 가지고 지속적으로 운동놀이에 참여하도록 가능한 능력의 범위 내에서 시작하여 점진적으로 높은 수준의 단계로 나아갈 수 있도록 지원한다.

교사는 운동놀이를 하는 영유아를 세밀히 관찰하여 적절한 시기에 적절한 방법으로 개입해야 한다. 우선은 영유아가 자신의 신체를 탐색하고 운동능력을 실험해볼 수 있는 기회를 주어 성취감과 만족감을 느끼게 한다. 이 과정에서 세밀한 관찰을 통해 적절한 시기에 영유아에게 제안을 하거나 확산적 질문을 하면서 도움을 주어 운동놀이를 확장시키도록 한다. 필요한 경우에는 시범을 보여주는데, 시범을 보일 때는 구체적이고 정확하게 보여준다. 예를 들어, 공을 잡는 법을 알려줄 때는 말로만 설명하는 것보다는 시각적으로 시범을 보여주는 것이 더 효과적이다. 시범을 보여준 후에는 영유아가 직접 연습해볼 수 있는 기회를 주어야 한다.

운동놀이를 통해 경쟁보다는 서로 협동하는 경험을 하도록 하고, 게임에서도 결과보다는 게임규칙을 지키며 정당하게 참여하도록 한다. 또한 유아의 안전을 위해서 과도한 흥분이 일어나지 않도록 지도하고, 놀이규칙을 잘 지키도록 한다. 영유아들이 기구를 안전하게 사용하도록 사용 규칙에 대해 사전에 약속을 정하고 다른 친구를 밀거나 방해하는 행동의 위험성에 대해서도 이야기 나눈다. 운동놀이에 참여하는 영유아의 인원수를 운동놀이의 종류에 따라 적절하게 조절하여 위험 상황을 미리 예방하도록 한다.

5 물놀이

물은 아주 어린 영아기부터 즐길 수 있는 놀이의 매개체다. 물은 특별한 비용을 지불하거나 따로 저장해 놓지 않아도 되며, 놀이를 위해 쉽게 제공할 수 있는 소재다. 또한 무형, 무색, 무취의 특성이 있는 물은 독특한 감촉을 느낄 수 있는 매력적인 자연물이다. 물놀이는 특별한 놀이 기술이 필요하지 않고 놀잇감이 없어도 즐길 수 있기 때문에, 영유아들이 언제, 어디서나 참여할 수 있는 놀이이다. 본 절에서는 물놀이의 발달적 · 치료적 가치, 물놀이를 위한 환경 구성 및 물놀이의 효율적인 지원 방안에 대해 알아보고자 한다.

1) 물놀이의 발달적 가치

물은 변동성이 있으므로 담는 용기에 따라 모양이 달라진다. 물은 무게, 부피를 가지고 있으며, 어떤 물질들은 녹이고 어떤 물체들은 뜨게 하거나 증발하게 하는 등의 특성이 있다. 무엇보다 물놀이를 할 때 영유아들은 큰 즐거움을 느낀다. 이와 같은 특성을 가진 물놀이의 발달적 가치를 좀 더 구체적으로 살펴보면 다음과 같다.

(1) 영유아의 사회성 발달을 증진시킨다

영유아는 특별한 기술이 필요하지 않은 자유로운 물놀이를 통하여 내면에 잠재되어 있던 나쁜 감정을 발산함으로써 기분이 유쾌해져 다른 때보다 사회적 접촉을 잘 할 수 있게 된다. 소극적인 영유아라도 병행놀이 형태로 친구들과 함께 놀 수 있게 되고, 소극적인 성격을 극복할 수 있게 된다. 인형을 목욕시키거나 요리하기를 하는 등 영유아들이 보여주는 물놀이는 협동적인 놀이로 전개되는 경우가 많다. 또래 친구들과 함께 물놀이를 하면서 기쁨을 나누고, 놀잇감을 함께 사용하며 서로 협동하는 기회를 통해 사회적 적응력이 촉진된다.

(2) 영유아의 지적 발달을 촉진시킨다

물놀이를 하면서 영유아는 다양한 개념과 지식을 학습하게 된다. 예를 들어, 물의 특성인 투명함, 유동성, 증발 및 수압 등을 알게 된다. 또한 물을 그릇에 담고 쏟아보는 놀이를 통해 양의 보존개념과 측정능력이 증진되고 물에 뜨는 물체와 가라앉는 물체, 물에 녹는 것과 녹지 않는 것을 분류할 수 있게 된다. 물과 물감을 혼합하는 놀이를 통해 색깔의 변화를 관찰할 수도 있다. 이와 같이 물놀이는 탐구력을 향상시키고 문제해결능력을 촉진시킨다.

(3) 영유아의 정서발달을 돕는다

물놀이는 영유아에게 실패나 좌절의 감정을 주지 않고 편안함을 느끼게 하여 긍정적 자아개념을 형성하도록 돕는다. 또한 물은 형태가 정해져 있지 않으며 만질 때 매끄러운 감촉을 주기 때문에 영유아들에게 내재되어 있던 불안 및 불만, 긴장 및 공격적 성향 등이 물을 가지고 놀면서 발산되고 해소되어 정서적 안정감을 갖도록 도와준다. 공격적 영유아들은 물놀이를 할 때 특별한 규제나 방식에 제한받지 않고 자기 마음대로 놀이하는 가운데 부정적 정서 상태에서 벗어날 수 있다. 이러한 물의 특성은 특히 소극적인 영유아나 자신감이 없는 영유아에게도 안정감을 주고, 물을 자유롭게 가지고 노는 가운데 성취감과 만족감을 느끼게 해준다.

(4) 영유아의 신체발달에 기여한다

영유아들은 물놀이를 하면서 물을 휘젓고, 퍼 올리고, 붓거나 쏟고 운반하는 등의 대근육 활동을 하게 된다. 그뿐만 아니라 물을 통에 붓거나 이 그릇에서 다른 그릇으로 옮겨 담는 등 눈과 손의 협응력과 소근육 발달을 증진시키는 활동도 하게 된다. 물은 영유아들의 감각 기능을 발달시킬 수 있는 좋은 매개체가 되기도 한다. 물을 잡아보고 만지고 튕기고 부어 보는 가운데 다른 물질들과는 다른 느낌을 경험하게 되며, 여러 용기에 넣고 흔들 때 나는 소리, 물이 흐를 때 나는 소리 등을 들으면서 청각 변별력을 기를 수 있다.

(5) 영유아의 언어발달을 촉진시킨다

영유아들은 물놀이를 하는 가운데 다양한 놀잇감을 사용하면서 구멍 뚫린 채, 깔때기 등의 이름이나 납작한, 길쭉한, 둥근, 네모난, 좁은, 기다란, 두꺼운 등의 상태와 관련된 표현들을 익히게 된다. 또한 물과 관련된 동작과 상태를 나타내는 다양한 표현들도 사용할 수 있게 된다. 예를 들어, 뜨다, 가라앉다, 녹다, 흐르다, 쏟아지다, 엎지르다, 붓다 등이 그것이다. 이와 같은 표현력의 발달은 영유아들 간의 의사소통과 교사와의 대화를 통해 물놀이가 더욱 활성화되는 데 영향을 미치게 된다.

이상의 내용을 종합해보면 물놀이는 다양한 개념과 지식, 정서적 안정감, 협동하는 기회의 제공 및 대소근육과 표현력의 발달 등 사회적 · 정서적 · 인지적 · 신체적 · 언어적 능력의 발달을 촉진하는 가치가 있다고 볼 수 있다.

2) 물놀이의 치료적 가치

인간은 태아 때부터 엄마의 자궁 속에서 양수의 보호 아래 성장을 하기 때문에 물속에 있을 때 편안함을 느끼게 된다. 물은 외부의 충격을 최소화하는 특징이 있으며, 물속에서 활동을 할 경우 상당한 운동효과를 볼 수 있다. 이와 같은 특징을 가진 물은 장애를 지닌 영유아들의 발달을 돕는 매개체 역할을 하며 예방과 재활과 같은 치료적 목적을 위해 활용되고 있다.

물놀이의 치료적 가치를 좀 더 구체적으로 살펴보면 첫째, 재활을 돕는다. 장애를 가진 영유아들이 할 수 있는 활동 정도를 파악하여 수중치료, 수중운동 등 다양한 수중활동을 할 수 있도록 한다. 이러한 방법들은 체력과 지구력을 향상시키고 손상되었거나 제한이 되는 등 자유롭지 못한 신체 부위를 회복시켜 줄 수 있다. 둘째, 사회적 · 정서적 적응력을 길러준다. 장애를 가진 영유아들은 또래 친구들과 함께 놀이할 기회가 많지 않다. 물놀이는 친구들과 함께 할 수 있는 기회의 폭을 넓혀 주어 또래와의 상호작용을 통해 사회적 기술을 습득할 수 있는 기회를 준다. 또한 물놀이를 하며 즐거움을 느낄 수 있고 궁극적으로 사회적 · 정서적 적응력을 기를 수 있다.

3) 물놀이를 위한 환경 구성

물놀이는 실내나 실외 어느 곳에서나 할 수 있는데, 날씨가 따뜻할 때는 실내보다는 실외에서 다양한 물놀이가 이루어진다. 물놀이를 위한 영역은 물을 사용하기 편리한 수도 가까운 곳에 준비해주는 것이 적절하며, 모래놀이와 함께 이루어질 경우 보다 확장된 활동이 이루어질 수 있으므로 모래밭과 인접한 장소라면 더욱 바람직하다. 물놀이 환경을 구성할 때 유의할 사항을 좀 더 구체적으로 살펴보면 다음과 같다.

① 1, 2세 학급에 적합한 물놀이 환경

이 시기의 영아들은 다른 친구들과 어울려 함께 놀이하기보다는 혼자놀이를 하거나 병행놀이를 하는 시기이므로 개인이 할 수 있는 물놀이대와 물통을 제공해주는 것이 바람직하다. 또한 실내에서 물놀이를 할 경우 물을 많이 튀기거나 흘릴 수 있으므로 물놀이대 밑에 커다란 수건을 깔아준다.

② 3세 학급에 적합한 물놀이 환경

3세 유아는 이전 시기보다 대근육 활동이 활발해지는 시기로, 유아들이 물을 자유롭게 탐색하며 물을 담았다가 쏟는 등의 활동을 할 수 있도록 다양한 크기나 모양의 그릇과 놀잇감을 제공하는 것이 좋다. 물에 물감을 넣어 여러 가지 종류의 색깔물을 만들어주면 유아들의 흥미를 더 많이 이끌어낼 수 있다.

③ 4세 학급에 적합한 물놀이 환경

이 시기 유아들의 호기심을 충족시키기 위해서는 다양한 물건을 준비해주는 것이 도움이 된다. 준비한 다양한 물건들을 물에 띄워 보고 물건이 가진 특성들을 알 수 있게 된다. 예를 들어, 물에 뜨는 물건과 가라앉는 물건을 분류할 수 있으며, 물에 녹는 물건과 녹지 않는 물건을 분류할 수 있다. 물의 양을 측정할 수 있는 계량도구나 여러 위치에 구멍이 뚫린 통을 통해 쏟아져 나오는 물줄기의 변화를 관찰할 수 있도록 준비해주는 것도 좋다.

④ 5세 학급에 적합한 물놀이 환경

이 시기 유아들을 위해서는 물을 이용해 보다 다양한 실험을 해볼 수 있도록 물놀이 도구를 다양하게 제공해주는 것이 필요하다. 예를 들어, 펌프나 물레방아를 제공하여 물의 힘을 실험해보게 할 수 있다. 또한 물놀이 영역에서 가능한 게임을 제공하여 즐기게 할 수도 있다.

물놀이를 위한 도구는 보다 즐겁고 활발한 물놀이가 이루어지는 데 영향을 미칠 수 있다. 물놀이 도구는 튼튼하고 안전한 것, 주위에서 쉽게 구할 수 있는 것, 영유아에게 알맞은 크기로 선택하는 것이 좋다. 우선 물 담는 통으로는 플라스틱 대야, 아기 목욕통, 물놀이용 비닐 풀, 짜여진 물놀이대 등을 활용할 수 있으며, 비닐앞치마와 걸레를 준비해준다. 그 밖에 다양한 종류의 폐품을 수집하여 모아두면 물놀이를 할 때 재미있게 활용할 수 있다. 영유아들에게 제공할 수 있는 다양한 물놀이 도구를 제시해보면 다음과 같다.

- **물의 양을 측정하기 위해 필요한 기구** : 계량컵, 비커 등 용량이나 모양이 다른 그릇, 여러 종류의 통 등
- **물에 뜨고 가라앉는 것을 실험하기 위해 필요한 기구** : 공(탁구공, 고무공 등), 병마개, 나무 조각, 스펀지, 수세미, 못, 동전, 장난감 등
- **물 따르기에 필요한 기구** : 크기가 다른 여러 개의 주전자, 여러 종류의 깔때기, 플라스틱 호스(딱딱한 것, 말랑말랑한 것, 굵기가 다양한 것) 등
- **여러 가지 물감을 탈 수 있는 용기** : 식용색소, 그림물감, 깡통, 용량은 같고 모양이 다른 투명한 용기 등

- **비눗방울을 만들거나 거품 내는 데 필요한 기구** : 빨대, 세제(유아용 비누 또는 주방용 액체세제), 계란 거품기, 식용색소 등
- **목욕시키기에 필요한 기구** : 장난감 인형, 비누, 빗, 수건 등
- **그릇 닦기에 필요한 기구** : 스펀지, 다양한 종류의 플라스틱 그릇, 수저 등
- **물 뿌리기에 필요한 기구** : 분무기, 물뿌리개, 길이가 짧거나 긴 고무호스 등

이 외에도 바닥이나 옆면에 구멍이 뚫린 플라스틱 용기, 케첩통, 세제통, 샴푸통, 바늘을 제거한 주사기, 붓, 스포이트, 얼음 얼리는 통 등도 다양하게 사용될 수 있다.

4) 효율적인 물놀이 지원 방안

교사가 영유아들의 물놀이를 위해 유의해야 할 점들을 잘 알고 있으면 효율적으로 놀이를 지원할 수 있다. 먼저 물놀이를 하기 전에 사전 준비를 철저히 하는 것이 중요하다. 소매 걷어 올리기, 비닐로 된 앞치마 입히기, 또는 맘껏 물놀이를 할 수 있도록 수영복을 입힐 수도 있다. 앞치마의 경우 입기 쉽고 옷의 앞면과 옆면을 잘 보호하는 디자인이어야 하며, 천은 가볍고 튼튼하며 빨리 마르는 천이 좋다. 날씨가 따뜻할 때는 실외에서 물놀이를 하고 날씨가 추워지면 실내에서 물놀이를 할 수 있도록 배려하는 것이 좋은데, 바닥에 물이 흘러 젖지 않게 물수건 등을 깔아주는 것이 바람직하다. 물놀이 도구를 제공할 때에는 한 번에 너무 많고 다양한 놀잇감을 제공하기보다는 처음에는 손으로만 물놀이를 하게 하여 물을 충분히 탐색할 수 있는 시간을 주고, 점차로 놀잇감을 늘려 다양한 활동을 할 수 있도록 해주는 것이 필요하다.

무엇보다도 교사는 영유아들의 욕구에 따라 자유롭게 놀 수 있도록 허용적인 분위기를 조성해주는 것이 필요하며, 영유아들의 놀이를 주의 깊게 관찰하여 적절한 지원이 이루어지도록 하고 우발적 사고에 대비해야 한다. 또한 친구들끼리 물을 뿌리지 않기, 더러운 물 또는 비눗물 등을 입에 넣지 않기, 지정된 장소에서만 물놀이하기 등의 규칙을 지키도록 해야 한다.

6 모래놀이

모래는 우리 주변에서 흔히 볼 수 있는 자연물로서 특별한 놀잇감의 첨가 없이 모래 자체만으로도 다양한 놀이를 할 수 있다. 모래는 물에 비해 고정적 형태이며 무게와 부피가 있고 변동성과 견고성을 지니며 불투명하다. 또한 물이 스며들어 젖은 모래는 엉겨 붙기도 하고 잘 흐르지 않는 특성이 있다. 이러한 모래의 특성으로 인해 모래놀이는 영유아들에게 친숙함을 주고 즐겁게 몰입하여 놀이할 수 있도록 도와준다. 본 절에서는 모래놀이의 발달적 · 치료적 가치, 모래놀이를 위한 환경 구성 및 효율적인 지원 방안에 대해 알아보고자 한다.

1) 모래놀이의 발달적 가치

모래는 영유아들이 쉽게 접근할 수 있고 자연스럽게 놀이에 활용할 수 있는 놀이자료로, 모래를 가지고 놀이하는 동안 모래의 특성으로 다양한 인지적 갈등을 겪기도 하고 새로운 아이디어를 창안해내기도 한다. 무정형의 특성을 지녔기 때문에 만든 것을 금방 부수고, 또다시 새롭게 만들 수 있는 등 자유로운 놀이과정을 통해 영유아들에게 만족감을 줄 수 있다. 이와 같은 특성을 가진 모래놀이의 발달적 가치를 좀 더 구체적으로 살펴보면 다음과 같다.

(1) 영유아의 사회성 발달을 증진시킨다

모래놀이는 또래 친구들과 함께 집단 놀이 형태로 이루어지는 경우가 많다. 예를 들어, 영유아들은 힘을 합하여 모래성을 쌓고 마을과 길을 만드는데, 한 친구는 집을 만들고 다른 친구는 길을 만든다. 서로 만든 집과 길이 이어지도록 함께 의논하여 작업을 하고 또 다른 친구는 집과 길을 만든 친구를 도와 더 그럴듯하게 모래집을 완성한다. 이런 놀이 경험을 통해 영유아는 협동하는 마음, 서로의 의견을 존중하고 합의해나가는 방법, 더불어 생활하는 능력이 향상되는 등 다양한 사회적 능력을 기를 수 있다.

(2) 영유아의 지적 발달을 촉진시킨다

모래놀이를 통해 영유아는 물리적 지식과 논리 · 수학적 지식을 획득할 수 있다. 예를 들어,

그림 7-16 또래와 함께 다양한 도구를 활용하여 자유롭게 즐기는 모래놀이

마른 모래는 잘 흘러내리고 뭉쳐지지 않는 특징을 가진 반면, 물과 모래가 합쳐져 젖은 모래가 되면 잘 흘러내리지 않고 잘 뭉쳐지는 특징을 가진다. 또한 젖은 모래는 마른 모래에 비해 색깔이 진해 보이고 무거워지는데, 젖은 모래를 병이나 통에 담았다가 거꾸로 찍어내는 놀이를 해볼 수 있고 이를 통해 모양과 크기의 차이를 비교해볼 수 있다. 모래로 터널, 다리, 성 등을 만들며 모래를 다루는 방법을 터득하고 다양한 방법으로 탐색 및 실험하며 원인과 결과를 비교하는 가운데 창의력과 문제해결능력 및 과학적 사고를 기를 수 있다.

(3) 영유아의 정서발달을 돕는다

모래는 정해진 형태가 없고 놀이 방법도 정형화되어 있지 않아 자유롭게 놀이할 수 있기 때문에 영유아들이 부담을 느끼지 않고 편안하게 접근할 수 있으며 놀이하는 가운데 만족감을 느낄 수 있고 부정적 정서 상태에서 벗어날 수 있다. 마음껏 모래를 파고 쌓고 옮기는 과정 속에서 욕구불만의 감정들이 해소되고 발산될 수 있으며, 마음의 안정 속에서 오는 성취감은 건전한 정서발달을 돕는다.

(4) 영유아의 신체발달에 기여한다

영유아들이 삽으로 모래를 파고 모래놀이 도구로 흙을 긁어모으며, 모래가 가득 담긴 끌차를 끌면서 허리와 다리 등의 대근육 발달이 증진된다. 또한 모래를 각종 모양의 그릇에 담아보고 이 그릇에서 저 그릇으로 옮겨보는 등의 활동은 눈과 손의 협응력 및 소근육 발달을 촉진시킨다. 모래를 손으로 만져 보고 모래 위를 발로 걸어보고, 모래에 물을 뿌려 젖은 모래를 뭉쳐 보는 등의 활동을 통해 촉감적인 자극을 주기도 한다. 무엇보다 주로 개방된 실외 공간에서 맑은 공기를 마시면서 놀이하기 때문에 건강에 도움이 된다.

(5) 영유아의 언어발달을 촉진시킨다

영유아들은 모래놀이를 하며 자신이 만든 구조물에 이름을 붙이기도 하고 상상놀이로 연결하기도 하는데, 이 과정에서 역할에 맞게 또래 또는 교사와 언어적 상호작용을 활발하게 하게 되고 어휘력도 증가하게 된다. 그뿐만 아니라 모래를 갖고 노는 과정을 통해 눈과 손의 협응력 등 소근육이 발달되면서 이후 쓰기 학습의 기초가 되는 능력을 습득하게 된다.

이상의 내용을 종합해보면 모래놀이는 협동능력, 과학적 사고, 성취감, 대소근육 발달 및 어휘력 증가 등 사회적 · 정서적 · 인지적 · 신체적 · 언어적 능력의 발달을 촉진하는 가치가 있다고 볼 수 있다.

2) 모래놀이의 치료적 가치

모래놀이는 영유아들로 하여금 내면의 문제를 스스로 해결할 기회를 갖게 함으로써 치료적 도구로 사용되기도 한다. 즉, 촉각을 이용한 치료가 가능하도록 한다. 모래상자 놀이 요법을 고안한 Lowenfeld(1939)는 영유아들은 성인과 달리 사상, 감정, 감각, 관념, 기억이 불가사의하게 엉켜 있어서 이것들을 충분히 표현하기 위해서는 시각뿐만 아니라 촉각과 같은 감각적 요소를 모두 발휘할 수 있는 기법이 필요하다고 하였다. 이런 치료 기법은 영유아들이 모래에서 놀잇감을 가지고 놀면서 무엇인가를 표현해보게 하는 것인데, 정서 장애아에게는 심상을 자발적으로 표현하도록 도와주어 마음이 이완되고 치유되도록 도울 수 있으며, 신체적 병도 빨리 치료될 수 있게 도와준다.

장애를 가진 영유아들이 자신의 내면을 표현한다는 것은 쉽지 않은 일이다. 보다 효과적으로 표현을 돕기 위해서는 치료자와 내담자가 되는 영유아 사이에 안정된 관계가 형성되어야 한다. 이 관계가 제대로 이루어질 때 모래를 이용한 치료과정은 효과를 볼 수 있다.

3) 모래놀이를 위한 환경 구성

모래놀이는 실내보다는 대체로 실외에서 이루어진다. 실내에서 이루어지는 경우에는 바퀴가 달린 모래놀이 테이블이 필요하며, 미끄러지지 않도록 모래놀이 테이블 아래에는 비닐을 깔고 빗자루와 쓰레받기를 준비하여 흘린 모래를 다시 담을 수 있도록 해야 한다. 모래놀이는 물이 함께 제공될 경우 좀 더 다양하게 놀이가 이루어질 수 있으므로, 모래놀이 영역은 물을 이용할 수 있는 시설과 인접하도록 설치하는 것이 좋다. 모래놀이를 위한 환경을 구성할 때 유의할 사항을 좀 더 구체적으로 살펴보면 다음과 같다.

① 모래밭

모래밭의 형태는 사각형 또는 타원형 등 여러 가지 형태로 만들 수 있는데, 그중 직사각형이 가장 적절하다. 그 이유는 직사각형이 다른 형태보다 모래밭에서 놀이하는 영유아들 간에 서로 방해가 덜 되기 때문이다(Matterson, 1968). 모래밭은 햇볕이 잘 들고 배수가 잘 되는 곳이 좋으며, 그늘진 영역도 필요하므로 독립된 공간에 설치하는 것이 바람직하다. 영역의 크기는 몇 명의 인원수가 놀이에 참여하는지와 실외 놀이터의 전체적 크기에 따라 결정하는 것이 좋다. 모래밭의 테두리는 콘크리트, 나무, 타이어 등의 재료로 만드는데, 모래가 밖으로 튀어 나가지 않도록 하기 위해 모래가 쌓인 높이보다 약 15cm 정도 높게 만들어야 한다. 실내에서 활용되는 모래상자나 실외에서 활용되는 모래밭은 사용하지 않을 때는 덮어 두고, 너무 건조할 때는 물을 뿌려주어 먼지가 나는 것을 방지할 필요가 있다.

② 모래

영유아들에게 제공되는 모래는 이물질이 섞이지 않은 깨끗한 고운 모래여야 한다. 영유아들이 놀이하는 동안 유실되는 양이 많고 먼지가 쌓이기 때문에 1년에 1~2회 정도 보충하거나 바꾸어주는 것이 좋다. 또한 모래 대신 다양한 감각 경험을 제공하기 위하여 옥수수 알갱이, 여러 종류의 곡식, 작은 콩 등을 이용할 수 있다. 때로는 대팻밥, 톱밥, 굵은 소금 등을 준비해 줄 수도 있는데, 이러한 재료들은 건조하게 보관되어야 한다.

③ 모래놀이 용품

모래놀이 영역에 다양한 놀잇감이 제공되었을 때 영유아들에게 보다 높은 수준의 인지적 놀이 행동이 나타난다(김순정, 2008; 양현주, 2003). 따라서 다양한 모래놀이 용품을 준비해주는 것이 모래놀이 활성화를 위해 필요하다. 영유아들에게 제공할 수 있는 모래놀이 용품으로는 다양한 크기와 형태의 깡통이나 용기, 모래 파는 도구(삽, 주걱, 커다란 숟가락, 장난감 포클레인 등), 모형 자동차(배, 트럭, 자동차, 불도저, 비행기, 불자동차, 탱크 등), 측정 도구(계량컵, 숟가락, 저울, 양팔 저울 등), 여러 가지 주방용품(깔때기, 모양 찍기틀, 체, 조리, 국자, 주걱, 플라스틱 바구니, 종이컵 등), 그 밖에 고무호스, 확대경, 자석, 작은 돌멩이나 조개껍데기, 필름통, 굵기와 형태가 다양한 PVC 파이프, 동물이나 사람 모형, 그물망, 블록과 널빤지, 나뭇가지, 병뚜껑 등이 있다.

4) 효율적인 모래놀이 지원 방안

모래놀이 활성화를 위해 교사는 모래놀이에 관심을 갖고 다양한 놀이기구를 제공하며, 영유아의 놀이를 관찰해야 한다. 준비한 모래놀이 도구는 한 번에 다 제시하기보다는 놀이 주제나 영유아들의 요구에 맞추어 종류와 수량을 적절하게 제공하고, 관찰을 통해 영유아의 발달 수준과 놀이 참여도를 고려하여 적절한 상호작용을 해주도록 한다. 모래를 이용하여 터널이나 성, 길 등 다양한 구성물을 만드는 영유아들을 지지하고 격려하며, 영유아들이 만든 구조물이 잘 유지될 수 있도록 보호해준다. 또한 모래놀이 용품을 가지고 놀이하는 것을 주저하는 영유아가 있을 때는 놀이하는 모습을 시범 보여주면서 모래놀이에 참여를 유도할 수 있다.

모래놀이 상황에서는 안전과 관련하여 모래를 던지거나 모래를 입에 넣는 등 위험한 행동이 발생할 수 있다. 따라서 교사는 안전규칙을 정하고 영유아들이 그 규칙을 잘 지키면서 놀이하도록 해야 한다. 즉, 모래를 친구에게 뿌리지 않기, 모래를 입에 넣지 않기, 모래놀이 용품으로 친구를 때리지 않기, 모래를 다른 장소로 옮기지 않기, 모래에 다른 이물질을 섞지 않기, 모래놀이가 끝난 뒤에는 놀잇감을 정리하고 신발과 옷에 묻은 모래를 털고 나오기 등의 규칙을 지키도록 한다.

또한 교사는 날씨와 상황에 따라 융통성 있게 적절한 모래놀이 환경을 구성해야 한다. 날씨가 더울 때는 물을 함께 제공하여 놀이하도록 해주고, 그늘을 만들어 시원하게 놀이할 수 있도록 해준다. 또한 영유아들이 모래로 형태를 주조할 수 있도록 모래가 너무 건조한 경우에는 물을 뿌려 습기를 적당히 유지시킨다.

7 목공놀이

목공놀이는 망치, 톱, 드라이버, 펜치 등의 연장과 기타 목공 재료들을 이용하여 탐색하고 조작하며 나무로 구성물을 만들어보는 놀이다. 목공놀이를 위한 연장은 모형 놀잇감이 아니라 실제 도구들이므로 다소 위험하여 성인들은 영유아들의 목공놀이를 허용하지 않는 경우가 많다. 하지만 목공놀이를 통한 영유아들의 성취감과 만족감은 그 어떤 놀이보다 커서 이에 대한 지속적인 연구가 이루어지고 있으며 흥미롭고 가치 있는 놀이로 여겨지고 있다. 본 절에서는 목공놀이의 발달적 가치, 연령별 목공놀이의 발달 특징, 목공놀이를 위한 환경 구성 및 효율적인 지원 방안에 대해 알아보고자 한다.

1) 목공놀이의 발달적 가치

영유아들은 망치와 톱을 사용하여 마음껏 두드리고 자르면서 만족감을 느끼고 나무로 무엇인가를 만들어내면서 성취의 기쁨을 느낄 수 있기 때문에 목공놀이를 좋아한다. 영유아들에게 매력적인 목공놀이의 발달적 가치를 좀 더 구체적으로 살펴보면 다음과 같다.

(1) 영유아의 정서발달을 증진시킨다

영유아는 마음껏 톱질을 하거나 망치를 두드리면서 스트레스를 풀게 된다. 못을 두드려 박아보고, 톱으로 나무를 자르기 위해 땀을 흘리면서 정서적 · 신체적 긴장을 이완시키고 부정적인 충동을 발산하는 기회를 갖게 된다. 또한 이 과정에서 자신이 무엇인가를 할 수 있으며 실제 사물로 어떤 결과물을 만들어낼 수 있다는 것에 흥분하며 열중하는 즐거움을 느낀다. 즉, 성인들만 사용할 수 있는 것으로 알고 있던 망치, 못, 드라이버 등의 조작하기 어려운 도구들을 영유아가 직접 다루어보면서 자신감과 성취감을 갖게 되어 정서적 만족감을 느끼게 된다.

(2) 영유아의 신체발달을 돕는다

영유아는 목공놀이에서 톱을 이용해 자르고 못으로 나무를 연결하거나 고정하는 등의 활동을 반복해봄으로써 대소근육의 발달뿐만 아니라 눈과 손의 협응력이 발달한다. 특히 나무에 홈을 파거나 작은 나무에 망치질하기, 사포로 문지르기 등은 섬세한 소근육 및 감각 기능을 발달시키게 된다.

(3) 영유아의 인지적 발달을 돕는다

영유아는 목공놀이를 통해 물리적 지식과 논리 · 수학적 지식을 학습할 수 있는 기회를 갖는다. 목공놀이를 통해 나무의 무게, 질감, 부피, 길이, 넓이 등을 눈과 손으로 느껴보면서 물리적 지식을 습득할 수 있으며, 크기 비교 및 길이 측정 등을 통해 논리 · 수학적 개념을 발달시킬 수 있다. 또한 나무 조각들을 연결하고 못을 박는 과정을 통해 부분과 전체의 관계, 공간관계, 원인과 결과의 관계를 파악하게 된다. 무엇보다도 영유아들의 호기심을 자극하는 매력적 활동으로 목공놀이를 통해 영유아들은 학습의 기초가 되는 몰입의 경험을 하게 되며, 이 놀이를 계획하고 실행하는 과정에서 문제해결력이 발달한다.

(4) 영유아의 입체적 구성력과 창의적 표현력을 촉진한다

영유아들은 나무 조각을 세우고 연결하고 구성해보면서 입체적 공간 구성력을 발달시키며, 다양한 시도를 통해 자신만의 독특한 구성물을 만들어내는 창의적 표현력이 증진된다. 이 과정에서 영유아 자신이 만들고 싶어하는 작품에 표현되는 선, 형태, 색, 질감을 직접 경험함으로써 예술적 요소에 대한 이해와 함께 심미적 감각도 발달하게 된다(Sosna, 2000). 나무를 이용하여 작품을 창의적으로 구성하면서 탐색하고 표현하며 동시에 타인의 작품을 감상할 수 있는 기회를 통해 예술적 능력과 창의성이 증진된다.

(5) 영유아의 사회성 및 언어능력을 발달시킨다

영유아는 함께 협력하여 목공놀이를 하면서 다른 사람을 이해하고 도와주는 친사회적 기술이 발달한다. 서로 망치질할 때 받침이 흔들리지 않도록 잡아주고 서로서로 친구의 도움에 고

마음을 느끼게 된다. 함께 놀이하면서 집단 내의 규칙을 알고 지키게 되고, 다른 영유아의 작품을 감상하고 칭찬하는 태도가 길러진다. 또한 집단으로 목공놀이에 참여하여 놀이를 하는 가운데 활발한 의사소통을 경험하게 되고, 이를 통해 어휘력도 발달하며, 읽기와 쓰기 학습의 기초능력이 촉진된다.

이상의 내용을 종합해보면 목공놀이는 다양한 실제 연장과 도구들을 사용하여 구성물을 만들어 나가는 가운데 자신감과 성취감을 통한 정서발달은 물론 신체적 · 인지적 · 창의적 · 사회 및 언어적 발달을 촉진시킨다고 볼 수 있다.

2) 연령별 목공놀이의 발달 특징

활발한 목공놀이를 위해 안전한 환경을 제시하고 지원하기 위해서는 우선적으로 목공놀이에서 나타나는 영유아의 연령별 발달 특징을 이해해야 한다. 2~3세 영유아들은 목공놀이 도구나 재료를 탐색하기 시작하고, 4세가 되면 접착제와 못을 사용하여 목공놀이 재료를 덧붙이는 놀이를 즐긴다. 5세 유아들은 처음부터 무엇을 만들겠다는 의도를 가지고 목공놀이를 시작한다. 이러한 발달과정을 3단계로 구분하여 제시해보면 다음과 같다.

(1) 제1단계 : 2~3세

목공놀이에 관심을 보이면서 탐색을 시작하는 단계로, 2~3세 영유아들이 이 단계에 해당된다. 무엇인가를 구성해서 작품을 만드는 데는 관심을 보이지 않으며, 나무토막들을 이리저리 옮기면서 쌓거나 무너뜨리는 데 흥미와 관심을 보인다. 즉, 이 단계의 영유아들은 자신의 감각을 활용하여 목공놀이용 도구나 재료들을 탐색하기 시작한다. 아직 나무에 못을 박거나 접착제로 붙여보는 등의 놀이는 하기 어려운 단계로 보다 단순한 목공놀이를 해볼 수 있도록 도와주어야 한다. 예를 들면, 스티로폼 판에 플라스틱 못을 박아보는 등의 활동을 제시해줄 수 있다.

(2) 제2단계 : 4세

목공놀이 도구나 재료에 대한 호기심이 충족되면 접착제와 못을 사용하여 목공놀이 재료들을 연결하고 덧붙이는 놀이를 즐기게 되는 단계로, 4세 유아들이 이 단계에 속한다. 실제 연장 도구의 사용은 4세 이후가 되어야 사용이 가능하다. 이 단계의 유아들은 도구를 마음껏 탐색하고 사용해봄으로써 도구 사용 기술이 향상되면 동시에 무엇인가를 만드는 데 관심을 보이기 시작한다. 무엇인가 작품을 구성하는 첫 단계로 주로 재료들을 연결하는 놀이에 흥미를 보이고, 연결하여 구성한 작품에 이름을 붙이기도 한다.

(3) 제3단계 : 5세

목공놀이의 절정기로 놀이의 시작부터 무엇을 만들겠다는 의도를 가지고 특정 사물을 만들기 시작하는 생산의 단계다. 5세 유아들이 이 단계에 해당되는데, 처음부터 의도를 가지고 사물을 만들지만 그 의도가 중간에 변경되거나 의도대로 만들어지지 않을 수도 있다. 목공놀이 경험을 많이 하여 도구를 다루는 기술이 발달해 익숙해지면 보다 복잡한 형태의 작품을 만들려고 시도하게 되는데, 유아들은 이 단계에서도 사실상 결과보다는 놀이의 과정을 즐긴다. 이 단계의 유아를 지원하는 성인은 다양한 도구의 용도를 정확하게 안내하고 안전에 주의를 기울이도록 한다.

3) 목공놀이를 위한 환경 구성

목공놀이는 충분한 공간의 확보가 이루어진다면 실외뿐만 아니라 실내에서도 가능하다. 그러나 목공놀이에는 실제 연장이 사용되므로 안전한 놀이환경을 구성하고 지속적으로 관리하는 데 세심한 주의를 기울여야 한다. 목공놀이를 위한 환경을 구성할 때 고려해야 할 점들을 구체적으로 제시해보면 다음과 같다.

- 소음이 많이 발생하므로 영유아들의 왕래가 적으면서 다른 놀이에 방해가 되지 않는 장소나 별도의 공간에 목공놀이를 위한 영역을 배치하되, 교사가 쉽게 관찰할 수 있는 곳이어야 한다. 실내에 설치할 경우에는 방음 및 울림 방지를 위해 목공놀이용 작업대 아래 고무판을 까는 것이 좋다.
- 영유아는 목공놀이 도구를 사용할 때 세부근육을 사용하기보다는 대근육을 사용하여 몸을 많이 움직이게 된다. 따라서 목공놀이에 직접 참여하거나 놀이를 관찰하는 영유아들

모두 안전거리를 확보할 수 있도록 충분한 공간을 제공한다.

- 목공놀이 영역에는 영유아의 키 높이에 적절한 약 55~60cm 높이의 목공놀이용 작업대를 제공한다. 작업대의 면은 톱질이나 못질을 해도 손상되지 않는 재료로 처리되어 있어야 하며, 톱질이나 망치질을 돕는 C-크램프나 바이스를 부착할 수 있도록 되어 있어야 한다.
- 목공놀이 도구와 재료를 충분히 준비한다. 목공놀이 도구는 튼튼하고 견고하며 영유아의 신체보다 너무 크지 않고 적합한 크기의 것으로 준비한다. 기본적인 연장도구로는 망치(310~370g), 톱(40~50cm), 스크루 드라이버, 나무토막을 고정하는 C-크램프나 바이스, 대패, 펜치, 송곳, 드릴 등과 목공놀이 재료로 크기가 다양한 부드러운 재질의 나무토막들, 스티로폼 조각들, 두꺼운 골판지 조각 등을 제공한다. 기타 부재료로 못, 나사, 자(줄자, 막대자, 접자, T자), 모래종이, 접착제, 보안경, 면장갑, 끈, 철사, 페인트, 연필, 자석 등도 함께 제공한다.
- 목공놀이 도구와 재료는 꺼내기 쉽고 정돈하기 편리하도록 종류별로 분류하여 보관할 수 있는 보관함을 준비해준다. 예를 들어, 연장도구들은 나무못에 걸어 놓을 수 있는 도구함을 설치하여 보관하고, 못이나 나사 등은 작고 투명한 플라스틱 상자에 분류하여 보관하도록 한다.
- 목공놀이 도구들은 녹이 슬기 쉬운 철제류가 많으므로 습기가 차지 않도록 마른 걸레로 잘 닦아서 건조한 장소에 보관하고, 수시로 점검하여 필요한 경우 수리를 하거나 교체한다.

4) 효율적인 목공놀이 지원 방안

영유아들이 안전하게 목공놀이를 즐기면서 발달적 · 교육적 가치를 달성할 수 있도록 교사는 영유아의 발달 단계를 고려하여 단계별로 활동을 계획하고 다양한 사전활동을 실시하며, 목공놀이가 이루어지는 동안에는 관찰하면서 적절한 상호작용을 통해 영유아의 놀이를 격려하고 지지해주어야 한다.

첫째, 교사는 영유아의 발달 단계를 고려하여 단계별로 적절한 활동을 계획하여 목공놀이를 활성화시켜야 한다. 나무를 직접 다루는 것이 힘든 영유아는 스티로폼 조각에 못을 박아보거나, 작은 고무망치로 스티로폼 판에 소독저를 잘라서 만든 나무못을 박아보게 할 수 있다.

톱 대신에 케이크 칼로 스티로폼을 잘라보게 할 수도 있다. 점차 눈과 손의 협응력이 발달하고 근육 조정능력이 생겨나면 부드러운 나무를 이용하여 망치질을 하거나 톱으로 잘라보기 등을 시도해보게 할 수 있다. 영유아가 처음부터 무리한 계획을 세우지 않도록 모래종이로 나뭇결 다듬기, 접착하기, 못질하기, C-크램프나 바이스로 조이기, 구멍 뚫기, 톱질하기, 볼트·너트 돌리기, 대패질하기 등 다양한 목공놀이 활동을 단계적으로 경험할 수 있도록 계획하고 소개한다.

둘째, 영유아가 목공에 대한 다양한 기초 지식을 얻고 목공놀이에 흥미를 가질 수 있도록 관련 도서를 제공하거나, 견학 및 자원인사 초청 등의 사전활동을 계획하여 실시한다. 목공과 관련된 도서를 읽거나 관련 영상물을 시청하고 난 뒤, 이야기를 나누어봄으로써 간접적으로 목공활동을 경험해볼 수 있도록 한다. 또한 목공활동이 이루어지는 목공소나 제재소 또는 가구공장 등을 직접 견학해보는 기회를 제공할 수도 있고, 목공과 연관되는 일을 하는 목수, 조각가, 건축가, 가구 제조업자를 유아교육기관에 초청하여 영유아들과 이야기를 나누어보게 할 수도 있다.

셋째, 목공놀이 영역은 특별한 안전관리가 요구되는 영역으로, 교사는 항상 목공놀이의 안전관리와 감독에 유념해야 한다. 교사는 목공놀이 일일점검표를 만들어 항상 점검하는 것이 중요하다. 일일점검표에는 목공놀이를 할 수 있는 나무와 못 등이 충분히 준비되어 있는지, 도구와 재료들이 제자리에 정리되도록 관리했는지, 도구가 안전한지 수시로 점검했는지, 파손된 도구와 재료는 치웠는지 등의 내용이 포함될 수 있다(Nielsen, 2006). 목공놀이를 위해 제공되는 연장과 도구들의 안전하고 정확한 사용법을 미리 알려주고 시범을 보여주며, 놀이 전에 지켜야 할 안전규칙을 미리 알려주고 놀이 중에도 항상 감독하면서 규칙을 상기시키도록 한다. 또한 목공놀이를 할 때에는 반드시 보안용 안경을 써서 눈을 보호하게 하며, 도구 사용 시에는 그 활동에 시선을 집중시키도록 한다. 만약 영유아가 목공놀이 중 상처를 입었을 경우에는 적절한 응급조치를 취하도록 한다. 가시가 박혔을 때에는 핀셋이나 바늘로 가시를 뺀 후 비누로 깨끗하게 씻어주며, 긁히거나 작은 상처가 난 경우에는 소독을 한 후 1회용 반창고를 붙여준다. 또한 멍이 들었을 때에는 얼음찜질로 통증을 덜어준다.

넷째, 목공놀이는 영유아의 자신감을 발달시키기에 효과적인 활동으로, 영유아의 목공놀이에 교사가 진지하게 관심을 보여주는 것이 필요하다. 교사는 영유아가 구성하는 것에 흥미를 보이고, 영유아의 작업에 대해 이야기를 나누거나 작품의 완성에 대해 함께 기쁨을 나누어야 한다. 특히, 영유아의 목공놀이 과정에 초점을 맞추어 다양한 탐색이 일어나도록 격려하고 스스로 많은 생각을 하면서 목공놀이에 참여할 수 있도록 적절한 질문을 하는 등 적극적으로 상호작용해주는 것이 효과적이다.

목공놀이를 위한 안전지침

목공놀이를 지도할 때 무엇보다도 우선시되어야 할 것은 안전지침의 준수다. 환경 구성부터 직접적인 지도에 이르기까지 Wardle(2003)이 제시한 목공놀이를 위한 안전지침을 구체적으로 제시해보면 다음과 같다.

- 목공놀이 작업대에서 한 번에 두 명 이상의 영유아가 함께 몰려서 놀이하지 않도록 한다.
- 목공놀이를 하는 영유아별로 목공도구를 충분히 제공한다.
- 작업대가 튼튼하여 튀거나 흔들리지 않고 잘 고정되어 있어야 한다.
- 작업대에 사용하지 않는 도구, 나무, 못이나 다른 용품이 없도록 한다.
- 목재 및 도구의 보관 장소가 작업대 가까이에 위치하여 쉽게 꺼내 사용할 수 있도록 한다.
- 송곳을 뚫거나 톱질할 때는 바이스나 C-크램프로 나무 조각을 단단히 고정시켜 준다.
- 도구를 사용하는 영유아는 반드시 보안경을 착용하도록 한다.
- 도구를 용도에 맞게 안전하고 정확하게 사용하도록 한다.
- 목공놀이를 하는 영유아는 자신이 하는 일에 온전히 주의집중하도록 한다. 지쳐 있거나 주의가 산만하거나 어슬렁거리거나 좌절해 있거나 싸우는 영유아는 다른 곳으로 이동시킨다.
- 지속적으로 성인이 감독한다.
- 응급처치 용품들이 채워져 있는 응급처치 상자를 목공놀이 영역 가까이에 둔다.

출처 : Wardle, F. (2003). *Introduction to early childhood education : A multidimentional approach to child-centered care and learning*. Boston, MA : Allyn and Bacon.

나 가 는 말

영유아들은 다양한 놀이를 즐긴다. 본 장에서는 영유아들이 유아교육기관에서 주로 즐기는 역할놀이, 블록놀이, 조작놀이, 운동놀이, 물놀이, 모래놀이, 목공놀이에 대해서 알아보았다.

첫째, **역할놀이**는 영유아들이 흥미롭게 느꼈던 사건이나 경험을 재현해보거나, 자신의 상상이나 생각 등을 행동으로 표현해보는 놀이로서 영유아들은 다양한 세계와 인물을 상상으로 경험하는 과정을 통해 전인적으로 발달한다. 연령에 따라 주제와 내용, 사물 사용 및 전개 양상에서 특징을 보인다. 교사는 다양한 역할을 자연스럽게 표현하고 느낄 수 있도록 아늑한 공간과 다른 영역의 놀이에 방해가 되지 않도록 환경을 구성해준다. 또한 역할놀이가 확장될 수 있도록 쌓기놀이 영역을 인접하게 배치하고, 놀이가 확장될 경우 놀이에 참여하는 영유아들과 함께 영역을 재구성해준다. 역할놀이의 질을 높이기 위해 교사는 관찰을 통해 수집된 자료를 토대로 사전 계획 및 환경적 준비를 도와줄 뿐만 아니라 영유아를 심리적으로 편안하게 해주는 정서적 후원자가 되어야 한다.

둘째, **블록놀이**는 나무토막이나 플라스틱 조각 등 일정한 모양을 가진 다양한 블록을 쌓고 배열하고 끼우면서 다양한 경험을 구성적으로 표현하는 놀이다. 영유아들은 다양한 블록을 갖고 놀이하는 가운데 성장한다. 영유아들은 발달하면서 블록에 대한 인식 및 사용 방법 등에서도 차이를 나타낸다. 교사는 영유아의 발달 수준에 맞추어 블록의 종류와 수량을 적절히 제공해주고, 블록놀이의 확장을 위해 다양한 종류의 소품을 함께 제공한다. 교사는 관찰을 통해 적절한 조언을 하고, 흥미를 갖도록 유도하며, 남아와 여아가 동등하게 참여할 수 있도록 격려하고, 놀이하는 영유아들과 함께 규칙 만들기 등을 통해 안전관리를 한다.

셋째, **조작놀이**는 영유아가 책상 위에서 소근육을 사용하여 놀잇감을 맞추고, 끼우고, 배열하는 등의 활동을 하는 놀이다. 조작놀이는 탐색과 조작을 통해서 소근육 발달 및 사물의 모양 · 크기 · 수 개념, 분류와 측정 등에 대한 개념의 이해뿐만 아니라 집중력과 지구력을 증진시키며, 언어 및 사회정서 발달을 촉진한다. 연령이 증가하면서 영유아들은 보다 심도 있는 개별적인 탐색활동뿐만 아니라 두 명 이상의 친구가 함께 모여 조작적인 그룹게임을 즐기게 된다. 조작놀이 영역은 영유아들이 놀이에 집중할 수 있도록 조용하고 다른 영역과 분리되어 사람들의 왕래가 적은 장소에 구성해주는 것이 좋다. 교사는 영유아의 발달 수준, 흥미, 놀이 주제를 고려하여 적절한 활동을 제시하고, 진정한 놀이가 되기 위해서는 교사 주도가 아니라 영유아가 스스로 놀잇감을 선택하고 다양한 탐색을 통해 문제를 해결할 수 있도록 한다.

넷째, **운동놀이**는 실내 · 외에서 대근육을 활용하여 노는 놀이로 신체의 성장 발육이나 안전능력, 정신적 성숙 및 사회성 발달을 통해 삶에 대한 능동적 태도의 기초를 형성시킨다. 안전한 환경 구성을 위해 교사는 충분한 공간을 제공해주고, 기구와 시설물의 안전 점검을 정기적으로 실시하며, 영유아의 흥미와 발달에 적합한 기구들을 다양하게 준비해주도록 한다. 교사는 영유아의 발달 수준과 놀이 경험 및 개인차를 고려하여 체계적이고 단계적으로 지원해야 하고, 운동놀이를 하는 영유아를 세밀히 관찰하여 가능하면 자신의 신체를 탐색하고 운동능력을 실험해볼 수 있는 기회를 주어 성취감과 만족감을 느끼게 해주며, 적절한 시기에 적절한 방법으로 개입해야 한다. 또한 영유아가 운동놀이를 통해 경쟁보다는 서로 협동하는 경험을 하도록 하고, 게임에서도 결과보다는 정당하게 게임규칙을 지키며, 안전하게 놀이할 수 있도록 지원한다.

다섯째, **물놀이**는 특별한 놀이 기술이 필요하지 않고 언제 어디서나 참여할 수 있는 놀이로 다양한 개념과 지식, 정서적 안정감, 협동하는 기회의 제공 및 대소근육과 표현력을 발달시킨다. 특히 물놀이는 장애 예방과 재활과 같은 치료적 목적으로 활용되기도 한다. 확장된 활동을 위해 모래놀이와 인접하고 물을 사용하기 편리한 수도 가까운 곳에 환경을 구성해주는 것이 적절하며, 튼튼하고 안전하며 주위에서 구할 수 있는 물놀이 도구를 제공해주는 것도 좋다. 교사는 영유아들이 자유롭게 놀 수 있도록 허용적인 분위기를 조성해주어야 하며, 주의 깊게 관찰하여 적절한 개입이 이루어지도록 하고 규칙을 지키도록 격려해서 우발적 사고에 대비하도록 한다.

여섯째, **모래놀이**는 영유아들이 쉽게 접근할 수 있고 자연스럽게 놀이에 몰입할 수 있는 놀이로서 모래의 특성으로 다양한 인지적 갈등을 겪기도 하고 아이디어를 창안하기도 하며 부수고 새로 만드는 과정을 통해 만족감을 느끼고, 협동능력 및 과학적 사고, 대소근육 발달이 이루어진다. 특히 모래놀이는 감각적 요소를 발휘하여 내면의 문제를 스스로 해결할 기회를 갖게 함으로써 치료적 도구로 사용되기도 한다. 교사는 모래놀이에 관심을 갖고 다양한 놀이기구를 제공해주며, 관찰한 내용과 영유아의 발달 수준 및 놀이 참여도를 고려하여 적절한 상호작용을 해주고, 영유아들과 함께 규칙을 정해 그 규칙을 잘 지키면서 놀이하도록 한다.

일곱째, **목공놀이**는 연장과 목공 재료들을 이용하여 탐색하고 조작하며 나무로 구성물을 만들어보는 놀이로 실제 연장과 도구들을 사용하여 구성물을 만들어나가는 가운데 자신감과 성취감을 통한 정서발달은 물론 전인적인 발달이 가능하게 한다. 교사는 발달에 따라 단계별로 활동을 제시하고, 도서 제공, 견학 및 자원인사 초청 등 다양한 사전활동을 계획하며, 실제 연장이 사용되므로 안전한 환경을 구성하고 목공놀이가 이루어지는 동안에도 철저히 감독하여 안전관리에 유념해야 한다. 또한 교사는 목공놀이에 교사가 관심을 가지고 놀이과정에서 다양한 탐색이 일어나도록 격려하며, 놀이에 참여할 수 있도록 적절한 질문을 하는 등 적극적인 상호작용을 통해 영유아의 놀이를 격려하고 지지해주어야 한다.

요약해보면 역할놀이, 블록놀이, 조작놀이, 운동놀이, 물놀이, 모래놀이, 목공놀이는 영유아들이 즐길 뿐만 아니라 교육적으로도 가치가 있다. 그러므로 교사로서 각 놀이의 발달적 가치, 연령별 놀이 특징, 환경 구성 및 효율적으로 지원하는 방법에 대해 이해하고 이를 토대로 질 높은 놀이가 확장될 수 있도록 해야 할 것이다.

사후 활동 주제

- 7조로 나누어 조별로 역할놀이, 블록놀이, 조작놀이, 운동놀이, 물놀이, 모래놀이, 목공놀이 중 하나의 놀이를 선택하세요. 선택한 놀이의 실제 장면을 유아교육기관이나 가정, 지역사회 놀이터 등에서 관찰하고 영유아들의 놀이 사례를 보고서로 작성한 뒤, 조별로 발표해보세요.
- 성인이 적절하게 또는 부적절하게 지원하여 영유아의 놀이가 촉진되거나 방해되는 실례를 조사해보세요.

참 고 문 헌

김순정(2008). 모래놀이 영역의 복합성 수준에 따른 유아의 상상놀이 행동. 이화여자대학교 대학원 석사학위논문.

김정준 · 김정화 · 신유림(1999). **유아에게 적합한 125가지 놀잇감**. 서울 : 창지사.

양현주(2003). 모래놀이에서 소품 및 물의 제공이 유아의 놀이 형태에 미치는 영향. 덕성여자대학교 대학원 석사학위논문.

엄정애(1996). 주제와 통합된 극놀이 영역이 유아의 놀이행동 및 상호주관성에 미치는 영향. 이화여자대학교 대학원 박사학위논문.

홍용희 · 이한영 · 최혜로 · 원영신(2004). **유아를 위한 동작 교육의 이론과 실제**. 서울 : 다음세대.

Christie, J., & Wardle, F. (1992). How much time is needed for play? *Young Children, 47*(3), 28 - 32.

Church, E. B., & Miller, K. (1990). *Learning Through Play : Blocks, A Practical Guide for Teaching Young Children*. New York : Scholastic Inc.

Griffing, P. (1983). Encouraging dramatic play in early childhood. *Young Children, 38*(4), 13 - 22.

Hirsch, E. S. (1974). Block Building : Practical Considerations for the Classroom Teacher. In E. S. Hirsch (Ed.), *The Block Book* (pp. 88 - 100). Washington DC : NAEYC.

Howe, N., Moller, L., Chambers, B., & Petrakos, H. (1993). The Ecology of Dramatic Play Centers and Children's Social and Cognitive Play. *Early Childhood Research Quarterly, 8*, 235 - 251.

Johnson, H. (1933/1996). The art of blockbuilding. In E. S. Hirsch (Ed.), *The block book* (pp. 9 - 25). Washington DC : NAEYC.

Kinsman, C., & Berk, L. (1979). Joining the block and housekeeping areas : Changes in play and social behavior. *Young Children, 35*(1), 66 - 75.

Locke, J. (1693/1964). *Some thoughts concerning education*. Woodbury, NY : Barron's.

Lowenfeld, M. (1939). The world pictures of children : A method of recording and studying them. *British Journal of medical Psychology, 18*, 65 - 101.

Matterson, E. M. (1968). *Play and Playthings for the Preschool Child*. Baltimore, Maryland : Penguin Books.

Nielsen, D. M. (2006). *Teaching Young Children, Preschool - K : A Guide to Planning Your Curriculum, Teaching Through Learning Centers, and Just About Everything Else* (2nd ed). Thousand Oaks, CA : Corwin Press.

Provenzo, E. F. Jr., & Brett, A. (2002). **블록, 그 놀잇감의 모든 것**. 오은순 · 이경자(역). 서울 : 다음세대.(원본발간일, 1983)

Serbin, L. (1980). Play activities and the development of visual - spatial skills. *Equal Play, 1*(1), 6 - 9.

Sissy Lin, Mei - Chun (1992). *The effect of integrated classroom activity on dramatic and sociodramatic play in preschool children*. Unpublished doctoral dissertation, Arizona State University.

Sosna, D. (2000). More about Woodworking with Young Children. *Young Children, 55*(2), 38-39.

Stroud, J. (1995). Block Play : Building a foundation for literacy. *Early Childhood Education Journal, 23*(1), 9-13.

Vygotsky, L. (1976). Play and its role in the mental development of the child. In J. Bruner, A. Jolly, & K. Sylva (Eds.), *Play : Its role in development and evolution* (pp. 537-554). New York : Basic Books.

Wardle, F. (2003). *Introduction to early childhood education : A multidimentional approach to child-centered care and learning*. Boston, MA : Allyn and Bacon.

Wellhousen, K., & Kieff, J. (2001). *A constructivist approach to block play in early childhood*. Albany, NY : Delmar.

Wittmer, D. S., & Petersen, S. H. (2006). *Infant and toddler development and responsive program planning : A relationship-based approach*. Upper Saddle River, NJ : Pearson Merrill Prentice Hall.

INDEX

찾아보기

용어

저자 소개

엄정애

이화여자대학교 사범대학 유아교육과(문학사)

이화여자대학교 일반대학원 유아교육학과(문학석사)

이화여자대학교 일반대학원 유아교육학과(문학박사)

이화여자대학교 사범대학 부속 이화유치원 교사 및 원장

배재대학교 부속 배재유치원 원장

배재대학교 유아교육과 조교수

현재 이화여자대학교 사범대학 유아교육과 교수